# BEM MAIS QUE IDEIAS
## A interseccionalidade como teoria social crítica

PATRICIA HILL COLLINS

# BEM MAIS QUE IDEIAS
## A interseccionalidade como teoria social crítica

Tradução: Bruna Barros e Jess Oliveira

© desta edição, Boitempo, 2022
© Duke University Press, 2019

Título original: *Intersectionality as Critical Social Theory*

| | |
|---:|:---|
| *Direção-geral* | Ivana Jinkings |
| *Edição* | Frank de Oliveira |
| *Coordenação de produção* | Livia Campos |
| *Assistência editorial* | João Cândido Maia |
| *Tradução* | Bruna Barros e Jess Oliveira |
| *Preparação* | Mariana Echalar, Wanda Caldeira Brant |
| *Revisão* | Sílvia Balderama Nara |
| *Diagramação* | Antonio Kehl |
| *Capa* | Flavia Bomfim (concepção e bordado © 2022) |

*Equipe de apoio* Camila Nakazone, Elaine Ramos, Erica Imolene, Frederico Indiani, Higor Alves, Isabella Meucci, Ivam Oliveira, Kim Doria, Leandro Nunes, Lígia Colares, Luciana Capelli, Marcos Duarte, Marina Valeriano, Marissol Robles, Maurício Barbosa, Pedro Davoglio, Raí Alves, Thais Rimkus, Tulio Candiotto, Uva Costriuba

---

CIP-BRASIL. CATALOGAÇÃO NA PUBLICAÇÃO
SINDICATO NACIONAL DOS EDITORES DE LIVROS, RJ

C674c

Collins, Patricia Hill, 1948-
 Bem mais que ideias: a interseccionalidade como teoria social crítica / Patricia Hill Collins ; tradução Bruna Barros, Jess Oliveira ; orelha: Elaini Cristina Gonzaga da Silva. - 1. ed. - São Paulo : Boitempo, 2022.

 Tradução de: Intersectionality as critical social theory
 Inclui bibliografia
 ISBN 978-65-5717-138-7

 1. Interseccionalidade - Sociologia. 2. Interação social. 3. Mudanças sociais. I. Barros, Bruna. II. Oliveira, Jess. III. Silva, Elaini Cristina Gonzaga da. IV. Título.

22-76471                                                                                                               CDD: 303.4
                                                                                                                                      CDU: 316.42

Gabriela Faray Ferreira Lopes - Bibliotecária - CRB-7/6643

---

É vedada a reprodução de qualquer
parte deste livro sem a expressa autorização da editora.

1ª edição: março de 2022

BOITEMPO
Jinkings Editores Associados Ltda.
Rua Pereira Leite, 373
05442-000 São Paulo SP
Tel.: (11) 3875-7250 / 3875-7285
editor@boitempoeditorial.com.br
boitempoeditorial.com.br | blogdaboitempo.com.br
facebook.com/boitempo | twitter.com/editoraboitempo
youtube.com/tvboitempo | instagram.com/boitempo

Este livro é dedicado à memória de meus pais,
Eunice Randolph Hill e Albert Hill

# SUMÁRIO

Agradecimentos ............................................................................. 9
Introdução .................................................................................... 13

Parte I – Delimitando as questões: intersseccionalidade e teoria social crítica ...........................................................................35
1. Intersseccionalidade como investigação crítica ...........................37
2. O que há de crítico na teoria social crítica? ...............................81

Parte II – Como o poder tem importância: intersseccionalidade e resistência intelectual ...........................................................125
3. Intersseccionalidade e projetos de conhecimento resistente .....127
4. Intersseccionalidade e resistência epistêmica ............................175

Parte III – Teorizando a intersseccionalidade: a ação social como modo de conhecimento ..............................................221
5. Intersseccionalidade, experiência e comunidade ......................223
6. A intersseccionalidade e a questão da liberdade ......................267

Parte IV – Afiando a lâmina crítica da intersseccionalidade ..........309
7. Relacionalidade na intersseccionalidade ...................................311
8. Intersseccionalidade sem justiça social? ....................................347

Epílogo – Intersseccionalidade e mudança social ..........................389
Apêndice – Sumário detalhado ......................................................395
Referências bibliográficas ..............................................................399
Índice remissivo ............................................................................417

# AGRADECIMENTOS

O tempo em que trabalhei no Departamento de Sociologia da Universidade de Maryland, na cidade de College Park, foi essencial para que eu pudesse escrever este livro. Agradeço a meus colegas George Ritzer e Laura Mamo, que me acolheram em nossa especialização em teoria. Ao longo dos anos, as conversas com meus colegas docentes da área de sociologia enriqueceram muito os pensamentos que eu tinha acerca desse projeto. Entre eles, encontram-se Bill Falk, Feinian Chen, Harriett Presser, Stanley Presser, Sonalde Desai, Meyer Kestnbaum, Kris Marsh, Jeff Lucas, Rashawn Ray e Dawn Dow. Um agradecimento especial vai para Roberto Patricio Korzeniewicz, não só por seu apoio à minha bolsa de estudos, mas também por sua justiça e humanidade fundamentais em relação às questões abordadas neste livro. Que belo presente ele ser chefe de departamento quando eu terminava este manuscrito.

Por ter trabalhado em vários aspectos deste livro durante todo o meu período na Universidade de Maryland, não poderia ter concluído vários estágios desse projeto sem a ajuda de um miniexército de estudantes de pós-graduação. Ensinar e orientar em bancas de teses e dissertações nas áreas de sociologia, estudos americanos, educação, cinesiologia, jornalismo e estudos sobre mulheres enriqueceu muitíssimo o conhecimento que eu trouxe para esse projeto. O trabalho intensivo com estudantes, assim como o contato que tive com notáveis alunos de graduação e pós-graduação em minhas aulas e conversas casuais nos corredores nutriram esse projeto. Agora que o sofrimento ficou para trás, eu quero agradecer aos estudantes cujas dissertações em sociologia orientei ou pelas quais fui corresponsável: Tony Hatch, Michelle Corbin, Nazneen Kane, Paul Dean, Valerie Chepp, Margaret Austin Smith, Kendra Barber, Kathryn Buford, Michelle Beadle, Danny Swann, Rachel Guo e Sojin Yu. Agradeço ainda aos estudantes cujas teses e dissertações tratam de aspectos importantes deste livro. Obrigada, Emily Mann, Daniel Williams, Michelle Smirnova, Nihal

Celik, Jillet Sam, Chang Won Lee, Aleia Clark, Les Andrist, Wendy Laybourn, Thurman Bridges, Christine Muller, Amy Washburn, Benli Shecter, Rod Carey, Laura Yee, Aaron Allen, Dina Shafey, Kristi Tredway, Allissa Richardson e Kevin Winstead. Agradeço igualmente a estudantes que não mencionei aqui, mas que, por meio de seus serviços como assistentes de pesquisa ou de ensino ou de conversas inesquecíveis, contribuíram para esse projeto. Agradecimentos especiais para Nicole de Loatsch, Zeynep Atalay, Carolina Martin, Beverly Pratt, Shanna Brewton-Tiayon, Melissa Brown, Anya Galli, Bill Yagatich, Dave Stroehecker, Kimberly Bonner, Bryan Clift, Joe Waggle, Heather Marsh e o inesquecível Mehmet Ergun. Listo todos porque, embora eu possa ver a amplitude e o alcance da criatividade que trouxeram para mim, muitas vezes vocês nem chegaram a se conhecer.

 Ao longo dos anos, minhas conversas com colegas dos velhos tempos e de agora enriqueceram minha percepção das práticas atuais e de possibilidades futuras da interseccionalidade. Não posso nomear todos vocês, mas sou grata mesmo assim. Agradecimentos especiais para Margaret Andersen, Sirma Bilge, Nira Yuval-Davis, Bonnie Thornton Dill, Kanisha Bond, Brittney Cooper, Ana Claudia Pereira, Djamila Ribeiro, Kristi Dotson, Evelyn Nakano Glenn, Angela Y. Davis, Angela Randolpho Paiva, Ângela Figueiredo, Laura Trout, Marcus Hunter, Colin Koopman, Waverly Duck, Kathryn T. Gines, Theresa Perry, Shawn Copeland, Juan Battle, Troy Duster, Erin Tarver, Beverly Guy-Sheftall, Elizabeth Higginbotham, Howard Winant, Kimberlé Crenshaw, Linda Tuhiwai Smith, Graham Hingangaroa Smith, Jessie Daniels, Catherine Knight Steele e Emek Ergun.

 Gostaria de agradecer a todas as pessoas que me convidaram para visitar seus *campi*, participar de conferências e ir a comunidades. Desenvolvo minhas ideias por meio de conversas, e os fóruns públicos que vocês possibilitaram foram inestimáveis para esse projeto. Há tantas pessoas para mencionar individualmente que não serei capaz de fazê-lo, mas espero que saibam quanto sou grata pela oportunidade de contribuir para suas iniciativas.

 A equipe de pessoas da Duke University Press que trabalhou comigo nesta obra mostrou profissionalismo e uma paciência excepcional. A publicação do livro não teria sido possível sem o gerenciamento cuidadoso e atencioso de Gisela Concepción Fosado, minha editora. Nossa primeira conversa me convenceu de que Gisela acreditava muito neste livro, e seu compromisso com ele foi um marco importante para mim ao longo de sua produção. Agradeço às duas pessoas que fizeram a leitura crítica anonimamente e enfrentaram grandes dificuldades ao lidarem com uma versão anterior e mais hermética deste manuscrito. Não sei como fizeram isso, mas elas viram que o argumento era promissor e me encorajaram a persistir. A equipe de produção desse projeto foi de primeira: agradeço de forma especial a Andrea Klingler, a intrépida editora que se viu diante de muitos desafios ao ler o manuscrito; bem como a Jessica Ryan, editora executiva; Sara Leone, coordenadora de edição; e Alejandra Mejía, editora associada.

Enfim, uma vida plena e equilibrada é necessária para estimular a mente e dar suporte a um projeto dessa magnitude. Agradeço às amizades do passado, do presente e do futuro, do tap, da zumba e do tai chi, por me lembrarem da necessidade de me movimentar. Minha amiga e de certa forma minha irmã Patrice L. Dickerson me ouviu com muita atenção ao longo desse projeto. E, como sempre, minha família – Roger, Valerie, Lauren, Harrison e Grant – deu muito amor e muitas risadas. Minha família é tudo para mim.

# INTRODUÇÃO

A interseccionalidade passou a ter relevância e grande aceitação no século XX, durante um período de imensas mudanças sociais. Lutas anticoloniais nos continentes africano e asiático, assim como na América Latina; a emergência de um movimento global de mulheres; os movimentos pelos direitos civis em democracias multiculturais; o fim da Guerra Fria e a derrota do *apartheid* na África do Sul sinalizaram o fim de formas de dominação de longa data. Ainda assim, ficou evidente que as desigualdades sociais profundamente arraigadas, tal como os problemas sociais que elas geraram, não desapareceriam do dia para a noite. O que mudou foi ter surgido um novo modo de olhar para as desigualdades sociais e para possibilidades de mudança social. Enxergar os problemas sociais causados pelo colonialismo, pelo racismo, pelo sexismo e pelo nacionalismo como interconectados conferiu uma nova perspectiva às possibilidades de mudança social. Muitas pessoas passaram a ter esperança em algo melhor, imaginando novas possibilidades para sua própria vida e para a de outras pessoas.

A interseccionalidade parte desse legado e o leva adiante. O que outrora eram noções difusas sobre a interconexão entre pessoas, problemas sociais e ideias agora são ideias centrais para a interseccionalidade como uma forma reconhecida de investigação e práxis críticas. No entanto, enquanto a interseccionalidade amadurecia, tanto ela quanto o mundo ao seu redor passaram por mudanças. A descolonização se transformou em neocolonialismo, o feminismo enfrenta uma misoginia profundamente arraigada, os direitos civis patinham nos bancos de areia de um racismo daltônico, o pensamento da Guerra Fria persiste com forma substituta em guerras não declaradas, e o *apartheid* racial se reformulou tanto dentro das fronteiras nacionais quanto através delas. A desigualdade social parece tão duradoura como sempre. Nessas novas condições sociais, novos problemas sociais complementam outros do passado, há muito tempo existentes. A mudança parece estar em toda parte, mas não da maneira que as primeiras pessoas a defender a interseccionalidade imaginavam que ela iria se desdobrar. Instituições democráticas que antes prometiam a realização de ideais de liberdade, justiça social, igualdade e direitos humanos estão cada vez mais esvaziadas por líderes que parecem mais comprometidos em se manter no poder que em servir ao povo. Esses grandes ideais podem parecer menos relevantes agora – noções peculiares que foram úteis durante os séculos passados, mas talvez menos atingíveis atualmente. Dado o escopo e a durabilidade da desigualdade social assim como dos problemas sociais que ela engendra, é difícil não se desiludir. Por um lado, como as pessoas se envolvem em ações sociais durante épocas de mudança como a nossa? Por outro, que ideias vão se mostrar mais úteis para o desenvolvimento de tais ações?

Isso conduz ao motivo de eu ter escrito este livro específico, e de ter decidido terminá-lo agora. Vejo paralelos importantes entre os desafios enfrentados por intelectuais-ativistas que no início contribuíram para o surgimento da interseccionalidade e os atuais. Nesta obra, defendo que a interseccionalidade é muito mais ampla do que imagina a maioria das pessoas, inclusive muitas que a utilizam na prática. Ainda temos de entender todo o potencial da constelação de ideias abarcadas sob o guarda-chuva do termo *interseccionalidade* como ferramenta da mudança social. Como discurso, a interseccionalidade agrupa ideias oriundas de lugares, tempos e perspectivas distintas, possibilitando que pessoas compartilhem pontos de vista outrora proibidos, ilegais ou simplesmente ocultados. No entanto, como ideias por si só não promovem mudanças sociais, a interseccionalidade não é apenas um conjunto delas. Acima de tudo, por se referirem à ação social, as ideias da interseccionalidade têm consequências no mundo social.

A interseccionalidade está a caminho de se tornar uma teoria social crítica capaz de abordar problemas sociais contemporâneos e mudanças sociais necessárias para solucioná-los. Contudo, só poderá fazê-lo se as pessoas que a utilizarem na prática a entenderem e, ao mesmo tempo, a cultivarem como teoria social *crítica*. Uma forma de investigação e práxis críticas, a interseccionalidade ainda não percebeu seu potencial como teoria social crítica nem democratizou de maneira adequada seus próprios processos de produção de conhecimento. Mas o alicerce está disponível. A interseccionalidade possui uma base de conhecimento; uma série de perguntas em curso; um grande número de pessoas engajadas em atividades interdisciplinares; e tradições de práticas que coletivamente tratam de suas possibilidades teóricas. A interseccionalidade está a postos para desenvolver um espaço teórico independente que possa guiar suas questões e preocupações atuais. Contudo, sem uma autorreflexão séria, ela facilmente poderia se tornar apenas mais uma teoria social que defende, de forma implícita o *status quo*. Se quem a pratica não adotar suas possibilidades teóricas críticas, a interseccionalidade pode se converter, como disse uma amiga, simplesmente em outra forma de "bobagem acadêmica" que reúne um arsenal de projetos cujo potencial progressista e radical perdeu a força. Ela poderia se tornar apenas mais uma ideia que surgiu e se foi.

A teoria social crítica encontra-se em um ponto ideal entre a análise crítica e a ação social, com teorias que podem cultivar as conexões mais fortes entre ambas, provando ser bastante resiliente e útil. Desenvolver a interseccionalidade como teoria social crítica implica dois desafios. Por um lado, esse é o momento de investigar os parâmetros da interseccionalidade com um olhar voltado para a elucidação de suas possibilidades teóricas críticas. Por outro, o tempo pode estar acabando para o avanço da interseccionalidade como teoria social crítica na academia. Se a interseccionalidade não explicitar seu próprio projeto teórico crítico, outros o farão por ela.

## POR QUE TEORIA SOCIAL CRÍTICA? A INTERSECCIONALIDADE NA ENCRUZILHADA

Neste livro, uso a interseccionalidade como lente para examinar como a análise crítica e a ação social podem se influenciar mutuamente. Quero saber como e por que a interseccionalidade pode se tornar uma teoria social crítica que mantém a análise crítica e a ação social em jogo. Na academia, a interseccionalidade está fazendo um trabalho substancial na pesquisa, no ensino e na administração, porém não há consenso sobre o que ela realmente é. Na literatura acadêmica, a interseccionalidade foi conceituada das mais diversas maneiras: paradigma, conceito, estrutura, dispositivo heurístico e teoria[1]. Na minha avaliação, essa heterogeneidade tem sido algo positivo até agora, pois convida à participação na construção da interseccionalidade de muitas perspectivas diferentes, sinalizando assim sua natureza dinâmica. O escopo de trabalho que agora existe sob o guarda-chuva do termo *interseccionalidade* fornece uma base promissora para especificar suas questões, preocupações e análises características.

---

[1] Patricia Hill Collins e Sirma Bilge, *Intersectionality: Key Concepts* (Cambridge, GB, Polity, 2016) [ed. bras.: *Interseccionalidade*, trad. Rane Souza, São Paulo, Boitempo, 2021].

Ao mesmo tempo, a permanência da interseccionalidade na academia a deixou cara a cara com as práticas acadêmicas de controle de acesso no que concerne à teoria social. Quando se trata de teoria social, a interseccionalidade corre muito mais risco nos debates acadêmicos que a discussão sobre se o marxismo está mesmo morto ou por que o pós-estruturalismo não é crítico o bastante. A teoria social não se limita às ideias contidas em um argumento; ela se refere também às práticas de teorização que produzem tais ideias. O significado de uma teoria social específica não reside apenas em suas palavras, mas também em como suas ideias são criadas e usadas. Como campo de estudo em desenvolvimento, a interseccionalidade precisa avaliar os critérios e práticas que influenciam sua teorização. Há muito tempo, as teorias sociais ocidentais têm sido colocadas a serviço de vários sistemas de dominação. É importante não apenas ler o que as teorias dizem, mas também compreender como as teorias sociais funcionam nas sociedades, especialmente se afirmam ser teorias sociais *críticas*.

Quando se trata de teoria social crítica, a interseccionalidade está em uma encruzilhada. Para mim, caracterizá-la como "teoria social" sem uma análise crítica séria sobre o que isso significa seria prematuro e problemático. A crescente e aparentemente leviana caracterização da interseccionalidade como teoria social na área de estudos interseccionais se assemelha à corrida inicial em direção à própria interseccionalidade. Na década de 1990, muitas pessoas adotaram as ideias da interseccionalidade durante um período relativamente curto. No início, esse período de descoberta foi energizante. No entanto, a interseccionalidade como forma de investigação crítica e práxis amadureceu e continua a ser descoberta por ainda mais gente. Portanto, as pessoas que a defendem devem se tornar mais autorreflexivas acerca dos objetivos, análises e práticas da interseccionalidade. De forma mais específica, a interseccionalidade precisa encontrar maneiras de considerar perspectivas amiúde conflitantes sobre o que ela é, o que deveria estar fazendo e por que deveria estar fazendo. O fato de haver tantas pessoas professando a interseccionalidade e usando-a de maneiras tão díspares gera dilemas para sua definição[2]. Não examinar as dimensões teóricas da interseccionalidade apenas aumenta esses dilemas. Sem investigar como suas análises críticas e ações sociais se inter-relacionam, a interseccionalidade pode ficar presa em sua própria encruzilhada, ser arrastada em várias direções e se afogar em ideias. Sem uma

---

[2] Patricia Hill Collins, "Intersectionality's Definitional Dilemmas", *Annual Review of Sociology*, n. 41, ago. 2015, p. 1-20.

autorreflexão fundamentada, a interseccionalidade será incapaz de ajudar alguém a lidar com a mudança social, incluindo mudanças em sua própria práxis.

Neste livro, defendo que a teoria social constitui um tipo específico de conhecimento. Teorias sociais têm o objetivo de *explicar* o mundo social oferecendo interpretações acerca de como e por que as coisas são como são, bem como acerca do que elas podem ou não se tornar. Por explicarem o mundo social, as teorias afetam este último, mesmo que a influência que exerçam não seja visível. Algumas teorias sociais têm o poder de oprimir, e o fazem de maneira bastante eficaz, sem que a maior parte das pessoas perceba o poder da teoria na manutenção de uma ordem social injusta. Outras teorias sociais suscitaram considerável ação social, provendo explicações críticas do mundo social que foram catalisadoras de grandes e pequenas rebeliões. Teorias sociais justificam ou contestam as ordens sociais vigentes. Dentro desse universo da teoria social, a teoria social crítica tanto explica quanto critica as desigualdades sociais vigentes com o olhar voltado para a criação de possibilidades de mudança. Em outras palavras, teorias sociais críticas visam reformar o que está posto com a esperança de transformá-lo em algo diferente.

A teoria social crítica também é um tipo específico de conhecimento porque põe em foco o mundo social. Esse é um mundo criado por seres humanos e transformado por nós. Para a teoria social crítica, esse foco no mundo social se refere a um vocabulário de termos inter-relacionados – a saber: desigualdade social, problemas sociais, ordem social, justiça social e mudança social. Em relação a esses termos, é importante lembrar que, sem interação entre pessoas, não existe mundo social. Para as teorias sociais críticas, entender e transformar o mundo social é o objeto primário de investigação. Essas análises aprofundam o entendimento do mundo social, mas não o substituem.

A distinção entre teoria e teorização social crítica também é importante para este livro. Entender a teorização como um processo de explicar o mundo social e a teoria social como produto da análise crítica democratiza a criação de conhecimento. As elites não são as únicas que teorizam. Muitas pessoas de nosso cotidiano oferecem explicações contundentes de seus mundos sociais. Por exemplo, em trabalhos anteriores, examinei o pensamento feminista negro como um exemplo de teoria social crítica que não veio das elites[3]. Pessoas da

---

[3] Patricia Hill Collins, *Fighting Words: Black Women and the Search for Justice* (Minneapolis, MN, University of Minnesota Press, 1998). Ver também Patricia Hill Collins, *Black Feminist Thought: Knowledge, Consciousness, and the Politics of Empowerment* (2. ed., Nova York, Routledge, 2000)

academia bem-informadas não são as únicas que produzem teoria social crítica, mas costumam ser as que mais a professam e se beneficiam dela. Ainda assim, onde quer que trabalhemos, dentro e fora da academia, seja quem for entre nós que tenha instrução, educação formal e oportunidades, não pode desperdiçar esses recursos escassos encarando sua produção intelectual como propriedade pessoal e acumulá-la em benefício próprio. Minhas experiências como professora de ciências sociais em escolas de ensino primário e ensino fundamental; como professora universitária de estudos da história e da cultura africanas, sociologia e teoria social; como acadêmica, escrevendo sobre essas questões ao longo de várias décadas e lendo trabalhos estimulantes e promissores de ativistas que fazem parte da academia, me convenceram a respeito da importância de ideias, análises e teoria social crítica. Ativistas da academia em Baltimore, Soweto, São Paulo, Birmingham (a dos Estados Unidos e a do Reino Unido), Vancouver, Havana, Auckland e Istambul realizam trabalho intelectual em contextos muito diferentes. Podem até nunca se encontrar pessoalmente, mas trabalham com problemas sociais extremamente similares. De maneira significativa, buscam fazer análises complexas e convincentes acerca de como o colonialismo, o patriarcado, o racismo, o nacionalismo e o capitalismo neoliberal, seja de forma singular ou conjunta, tratam suas realidades. A interseccionalidade é um projeto intelectual e político amplo e colaborativo com diversos agentes sociais. Sua heterogeneidade não é uma fraqueza; pelo contrário, talvez seja uma de suas maiores forças.

## VISÃO GERAL DO LIVRO

Este livro introduz e elabora conceitos centrais e princípios orientadores do que será necessário para desenvolver a interseccionalidade como teoria social crítica. Não detalho o que a interseccionalidade como teoria social crítica realmente é. Em vez disso, construo um conjunto de ferramentas conceituais para podermos levar a interseccionalidade ao processo de tornar-se uma teoria social crítica. Em outras palavras, esta obra provê uma base provisória para pensar a interseccionalidade como uma teoria social crítica em construção.

Reconheço que o livro, como a interseccionalidade, cobre uma gama ampla de materiais. Para que seja possível visualizar o desenrolar dos meus principais

---

[ed. bras.: *Pensamento feminista negro: conhecimento, consciência e a política de empoderamento*, trad. Jamille Pinheiro Dias, São Paulo, Boitempo, 2019].

argumentos, incluí no apêndice um sumário detalhado que busca demonstrar toda a arquitetura da obra. Inseri esse esquema como uma ferramenta de navegação para mostrar como o argumento é sequenciado e para ajudar você, leitor ou leitora, a ver o escopo do argumento geral. Por favor, retorne a esse esquema durante a leitura; com ele será possível localizar mais facilmente em que parte do texto sua leitura se encontra. Como poderá ver no escopo do esquema no apêndice, talvez você já tenha familiaridade com alguns dos assuntos e não com outros. Por exemplo, talvez tenha familiaridade com a teoria feminista, mas saiba pouco sobre o pragmatismo estadunidense; talvez tenha domínio sólido acerca de epistemologia, mas não de feminismo negro; talvez esteja ciente da importância do pensamento crítico para a psicologia cognitiva e a educação, mas não conheça bem a história da eugenia.

Muitas pessoas acham a teoria social maçante e acusam-na de ser abstrata demais e irrelevante. Enquanto quem produz teoria considera a linguagem especializada importante para explicar ideias complexas, pessoas leigas talvez a encarem como excludente. A questão é que tanto as pessoas que produzem teoria quanto as leigas possuem linguagem especializada que reflete experiências complexas e pontos de vista diversos. Reconhecendo esse dilema, tive de encontrar uma forma de escrever para um público leitor amplo. Minha solução é lhe ensinar o que você precisa saber para que possa compreender as abstrações dos argumentos contidos neste livro. Essa decisão tornou a escrita da obra extremamente difícil, porém necessária.

Ao ler o livro, tenha em mente que *Bem mais que ideias: a interseccionalidade como teoria social crítica*, assim como a interseccionalidade propriamente dita, trata de uma ampla gama de tópicos, temas, teorias e argumentos que, de forma geral, não costumam aparecer juntos. Este livro requer uma leitura diferenciada, requer que você se imagine como parte de uma comunidade interpretativa de pessoas cujas áreas de especialidade são bastante diferentes das suas. Escrevi capítulos e, em alguns casos, seções de capítulo de modo que possam ser lidos como ensaios independentes acessíveis a pessoas de origens e contextos variados. Ao longo da leitura, tenha em mente que esta obra foi escrita no espaço interseccional que coloca ideias diferentes para dialogar umas com as outras. Meu objetivo é poder falar com um público leitor heterogêneo sem comprometer a integridade dos argumentos aqui apresentados. Trabalhar com a interseccionalidade é assim.

Em termos organizacionais, *Bem mais que ideias: a interseccionalidade como teoria social crítica* está dividido em quatro partes, que proveem ferramentas conceituais para a construção teórica da interseccionalidade. A parte I identifica o vocabulário básico para trazer uma gama de agentes sociais para a mesa da construção teórica. Uma noção do escopo do que se considera interseccionalidade entre as pessoas que a praticam (capítulo 1) e do que se considera teoria social crítica entre as pessoas que formulam teoria social (capítulo 2) apresenta cada uma dessas comunidades interpretativas – com frequência, são vistas como discrepantes – para a outra. A parte II concentra-se na resistência intelectual, uma dimensão importante do mandato crítico da interseccionalidade. Esta tem vínculo com diversos conhecimentos resistentes, entre os quais muitos servem como fonte de suas ideias e práticas (capítulo 3), e também deve estar atenta a como o poder epistêmico afeta os limites e a possibilidade de sua própria resistência intelectual (capítulo 4). A parte III analisa a ação social como modo de conhecimento como um aspecto importante da teorização da interseccionalidade. Maneiras de conceituar experiência e ação social no contexto da comunidade (capítulo 5) e a forma como a ação social pode influenciar os limites definidores da interseccionalidade (capítulo 6) constituem dimensões importantes da teorização interseccional. A parte IV aborda dois construtos centrais subestimados na interseccionalidade, argumentando que, como teoria social crítica, ela deve analisar autorreflexivamente cada um deles. A relacionalidade é um tema central dentro da interseccionalidade, que demanda análise crítica (capítulo 7), e o compromisso da interseccionalidade com a justiça social não pode mais ser presumido – precisa ser construído (capítulo 8).

Não se iluda: a escrita deste livro foi muito desafiadora, e a leitura, provavelmente, também o será. Diante de tudo que está em jogo, principalmente durante nosso atual período de mudança, não vi melhor forma de escrevê-lo. Fiz o melhor que pude para tornar acessíveis os argumentos complexos nele contidos. Será preciso fazer o melhor possível para interpretar o que os argumentos aqui apresentados significam para você.

## PARTE I. DELIMITANDO AS QUESTÕES: INTERSECCIONALIDADE E TEORIA SOCIAL CRÍTICA

Quando se trata dos contornos teóricos da interseccionalidade, é importante não confundir o *ideal* de interseccionalidade como teoria social crítica com sua realidade atual. A interseccionalidade é um daqueles campos em que tantas pessoas gostam da ideia em si e em consequência acreditam compreender também o campo. Na verdade, a interseccionalidade é muito mais ampla do que a maioria das pessoas imagina, mesmo muitas daquelas que a estudaram por algum tempo. Tenho dificuldade de assimilar tudo o que surge quando se faz uma busca simples do termo *interseccionalidade* nessa literatura. A quantidade abundante de estudos que utiliza esse termo e sua respectiva terminologia – como *raça, classe* e *gênero* – fornece uma série ampla de materiais para mapear a interseccionalidade como um campo de investigação e de práxis. Em relação ao conteúdo da interseccionalidade, é quase como se o material fosse extenso demais para categorizar. Há, agora, estudos suficientes para elucidar dimensões importantes da arquitetura cognitiva da interseccionalidade para a teoria social crítica[4].

Ter uma noção melhor da interseccionalidade requer um olhar mais apurado para suas próprias dinâmicas internas. Quando membros da academia, ativistas ou pessoas que a praticam dizem que seus projetos são "interseccionais" ou que estão "praticando a interseccionalidade", o que querem dizer com isso? No capítulo 1, "Interseccionalidade como investigação crítica", analiso os fundamentos cognitivos da interseccionalidade. Investigo três dimensões de como as pessoas *usam* a interseccionalidade para analisar o mundo social, isto é, como uma metáfora, como uma heurística e como um paradigma. Argumento que tais usos característicos da interseccionalidade fornecem uma fundamentação conceitual para seu desenvolvimento teórico. Meu objetivo é especificar as ferramentas do pensamento crítico subjacentes às práticas internas da interseccionalidade, de modo a apresentá-la como teoria crítica em elaboração. Como quem pratica a interseccionalidade pode construir essa base cognitiva para desenvolver o potencial teórico da interseccionalidade? No capítulo 1, também apresento premissas importantes acerca da interseccionalidade como teoria social crítica que desenvolvo ao longo do livro. Por um lado, por ter abrangência tão vasta, a interseccionalidade se encontra em tensão contínua entre concepções da teoria social nas ciências sociais e nas áreas interpretativas como a filosofia e as ciências humanas em geral. A compreensão mais ampla da teoria social que as pessoas têm em mente quando usam a interseccionalidade reflete tais tensões. Esses entendimentos distintos da teoria social também influenciam as percepções das pessoas acerca de se a interseccionalidade é uma teoria social, bem como suas avaliações sobre seu *status*. Por outro lado, há uma distinção significativa entre o conteúdo da teoria social

---

[4] Patricia Hill Collins e Sirma Bilge, *Intersectionality*, cit.

e seu processo de elaboração. Em outras palavras, a teoria social é um conjunto de conhecimentos que explicam o mundo social, e teorizar é um processo ou um modo de trabalhar que produz a teoria social. Desenvolver a interseccionalidade como teoria social crítica requer dar atenção a ambos.

Essas distinções entre o modo como as ciências humanas ou as ciências sociais definem a teoria social, e também entre o conteúdo da teoria social e os processos de teorizar que criam tal conteúdo são importantes. Ainda assim, é significativo que nenhum desses aspectos da teoria social seja inerentemente crítico. As ciências humanas e as ciências sociais contêm teorias sociais que ora sustentam as coisas como são, ora as criticam, ou as sustentam e, ao mesmo tempo, criticam. Da mesma forma, não há nada inerentemente crítico sobre o conteúdo de qualquer teoria social e os processos de elaborá-la. Como teoria social crítica em formação, a interseccionalidade aposta em evidenciar o que significa ser crítica acerca de seu próprio projeto. No capítulo 2, "O que é crítico em matéria de teoria social crítica?", analiso como as diferentes percepções do significado de ser crítica têm implicações igualmente variadas para a interseccionalidade. Examino três vertentes específicas da teoria social crítica de diferentes tradições nacionais e períodos históricos: a Teoria Crítica da Escola de Frankfurt (1930-1940), os estudos culturais britânicos (1970-1980) e vertentes da teoria social francófona (1950-1960). Quando se trata de teoria social crítica, nenhum modelo, protótipo, receita ou conjunto de regras pode ser seguido como inerentemente crítico. A teoria social crítica emerge de um contexto específico e responde a esse contexto particular.

A análise desses contextos específicos da teoria social crítica identifica dois aspectos importantes dessa crítica. O primeiro é conhecido: a teoria crítica como julgamento ou como crítica de alguma ideia, prática ou comportamento. Criticar é algo comumente entendido como exercer a crítica. Mas também apresento um sentido menos familiar, ou seja: o termo crítico pode caracterizar algo essencial, necessário ou crucial para que algo aconteça. Por exemplo, a água é um fator crítico para sustentar a vida e o amor pode ter uma importância crítica para o desenvolvimento humano. Ideias como a interseccionalidade podem servir a um semelhante propósito crítico no mundo social? Levanto essa questão no início do livro, mas deixo-a sem resposta.

Juntos, esses capítulos iniciais exploram dois aspectos importantes do desenvolvimento da interseccionalidade como teoria social crítica: um envolve a dinâmica interna da interseccionalidade, e o outro a relação da interseccionalidade com teorias sociais críticas estabelecidas. Olhar para suas próprias práticas e para as de outrem é um exercício capaz de delimitar as questões mais amplas que inspiram a investigação crítica da interseccionalidade. Além disso, os capítulos 1 e 2 apresentam não só a interseccionalidade em si, mas também tradições teóricas acadêmicas selecionadas. Quando lidos em conjunto, esses capítulos justapõem a abertura da interseccionalidade, como esforço teórico emergente, às tradições estabelecidas de construção de cânones teóricos na academia. Assim como ainda não há nenhum acordo sobre a maneira de fazer a interseccionalidade, as tradições da teoria social crítica examinadas aqui ilustram que não há uma maneira única de pensar e elaborar teoria social crítica. No entanto, elas também perturbam o cenário acadêmico, ilustrando como algumas teorias sociais críticas são mais amplamente aceitas que outras. Em suma, quão críticas ou resistentes podem ser as teorias sociais críticas dentro dos muros da academia se continuarmos a pensar no ato de teorizar como um esforço puramente acadêmico? Que possibilidades existem de conhecimentos resistentes, sobretudo de teoria social crítica, serem gerados ou impossibilitados por essa suposição?

## PARTE II. COMO O PODER TEM IMPORTÂNCIA: INTERSECCIONALIDADE E RESISTÊNCIA INTELECTUAL

Muitas narrativas intelectuais negligenciam a importância das relações de poder na formulação das questões, das suposições, do conhecimento e no impacto de uma dada teoria social. Na parte II do livro, analiso as relações de poder não com base na ênfase na dominação, mas no desenvolvimento do conceito de resistência intelectual e na análise das conexões da interseccionalidade com ela. Nessa parte, investigo os elos da interseccionalidade com a resistência intelectual numa empreitada de duas fases. A própria interseccionalidade pode ser vista como um projeto de conhecimento de resistência, no qual a análise crítica sustenta sua resistência intelectual. A interseccionalidade também enfrenta desafios epistemológicos à sua resistência intelectual. Projetos de conhecimento específicos são espaços de resistência intelectual, e a teoria social crítica é uma forma particular de resistência intelectual.

Um cenário político e intelectual mais amplo influencia a teorização da interseccionalidade muito mais que as teorias sociais acadêmicas. Gênero, raça, etnia, nacionalidade, sexualidade, capacidade e idade não são apenas categorias destinadas a tornar a interseccionalidade mais compreensível para a pesquisa acadêmica. Para ser mais precisa, esses termos também se referem a tradições de conhecimento resistente importantes de povos subordinados que se opõem às desigualdades e injustiças sociais que vivenciam. Esses projetos visam lidar com as profundas inquietações de pessoas subordinadas a expressões internas e globais de racismo, sexismo, capitalismo, colonialismo e sistemas afins de dominação política e exploração econômica. Seja qual for a forma de opressão a que estão submetidos – raça, classe, gênero, sexualidade, idade, capacidade, etnia e nacionalidade –, os grupos subordinados têm fortes motivos pessoais para resistir a ela.

O capítulo 3, "Interseccionalidade e projetos de conhecimento resistente", examina os modos como os estudos raciais críticos, o feminismo e os projetos de conhecimento sobre a descolonização demonstram diferentes dimensões da resistência intelectual. Com frequência, a investigação crítica que começa nos pressupostos de projetos de conhecimento resistente tem acesso a um repertório mais amplo de ideias críticas que aquela que se origina nos pressupostos da teoria social acadêmica. Selecionei esses três campos de produção de conhecimento resistente porque eles respondem a questões importantes relativas à teorização crítica, à resistência intelectual e à interseccionalidade. Os três projetos se desenvolvem dentro e fora da academia. E todos têm histórias de ativismo político que reconhecem a importância da teorização por meio da práxis. Nenhum por si só é uma teoria social crítica com o mesmo sentido das teorias críticas na academia discutidas no capítulo 2. No entanto, ao demonstrar variadas formas de resistência intelectual, os três dão contribuições importantes ainda que distintas para o projeto teórico da interseccionalidade.

A teoria racial crítica, de modo geral, há muito desafia teorias raciais elaboradas em disciplinas acadêmicas na Europa e nos Estados Unidos, e para isso se baseia sobretudo em tradições de conhecimento resistente indígenas e da diáspora negra. Ao apresentar uma crítica contundente do preconceito de gênero no conhecimento ocidental, o feminismo acadêmico conseguiu progredir de fato, ao ganhar visibilidade como campo de estudo fidedigno. Ainda que a teoria feminista tenha obtido cada vez mais legitimação como teoria social crítica, o feminismo em larga escala continua a enfrentar a misoginia arraigada em muitas instituições. Apesar desses desafios, o feminismo serve como modelo de uma forma útil de análise crítica autorreflexiva de suas próprias práticas. Os projetos de conhecimento sobre a descolonização têm se tornado cada vez mais visíveis, especialmente ao passo que a vertente crítica dos estudos pós-coloniais, ao que parece, aos poucos tem diminuído na academia. Projetos de conhecimento resistente sobre descolonização demonstram uma resposta crítica tanto às limitações de um discurso acadêmico que, supostamente, os representa, quanto às formas contínuas, embora mutáveis, das relações neocoloniais contemporâneas.

No capítulo 4, "Interseccionalidade e resistência epistêmica", analiso como a resistência epistêmica é vital na oposição ao racismo, sexismo, exploração de classe e fenômenos sociais semelhantes. Ao defender a necessidade de resistência epistêmica para a interseccionalidade, concentro-me na epistemologia e na metodologia nos espaços acadêmicos. Juntas, epistemologia e metodologia influenciam diferentes aspectos da produção de conhecimento. Por um lado, a interseccionalidade está situada *em* quadros epistemológicos mais amplos que regulam as definições acerca do que se considera teoria e de como as teorias serão avaliadas. Por meio desses processos de definição e avaliação, epistemologias exercem poder na regulação das teorias sociais. A epistemologia está envolvida com relações de poder; não é uma espectadora passiva durante a construção social de conhecimento. Por outro lado, a interseccionalidade se baseia em metodologias como condutoras para uma teorização crítica que pode sustentar ou derrubar o poder epistêmico. Mas ela não pode usar metodologias existentes de forma acrítica; em vez disso, talvez precise desenvolver seus métodos específicos. Para isso, apresento o engajamento dialógico como estrutura orientadora para a metodologia da interseccionalidade que também utilizo ao longo deste livro.

Juntos, esses capítulos analisam diversos aspectos da resistência intelectual. Compreender a interseccionalidade como teoria social crítica em construção requer uma ampla gama de ferramentas analíticas que considerem tanto suas ideias quanto suas práticas. Na academia, as resistências política e intelectual ocorrem no terreno da epistemologia e metodologia, áreas durante muito tempo vistas como imparciais, portanto apolíticas. Ainda assim, epistemologia e metodologia dialogam de forma direta com a interseccionalidade como teoria crítica em elaboração. Elas não estão fora da política, mas diretamente implicadas no desenvolvimento ou na supressão de conhecimentos de resistência. Como as teorias sociais da interseccionalidade podem refletir suas práticas metodológicas e vice-versa? A experiência de fazer interseccionalidade é práxis, e tal práxis influencia a teorização interseccional.

## PARTE III. TEORIZANDO A INTERSECCIONALIDADE: A AÇÃO SOCIAL COMO MODO DE CONHECIMENTO

Como as tradições de conhecimento resistente investigadas neste livro sugerem, a ação social e a experiência têm sido importantes dimensões interdependentes de teorização desenvolvidas por grupos subordinados. Para povos penalizados pelo colonialismo, patriarcado, racismo, nacionalismo e demais sistemas de poder, experiências de opressão são geralmente catalisadoras para analisar de maneira crítica tais sistemas e para agir dentro deles. Experiências dão motivo para as pessoas se disporem a enfrentar a difícil tarefa de teorizar. No entanto, a ação social racional, símbolo da análise da experiência, também tem se configurado uma dimensão importante da teorização crítica. Essa noção de aprender fazendo sugere que pensar e agir não são esforços separados, mas sim relacionados. Além disso, a experiência e a ação social estão ligadas ao contexto social, pois constituem formas de fundamentar a teorização no âmbito das relações de poder, não como reação ao poder, mas como ação social em resposta às relações de poder.

Na teoria social ocidental, ações sociais e as experiências que elas engendram são, com frequência, interpretadas como dados a serem incluídos nas teorias sociais existentes ou como desvios a serem excluídos delas. A experiência não é valorizada como modo de conhecimento, e teorizar por meio da ação social pode não ser aceito como teorizar. Essas suposições epistemológicas desvalorizam ferramentas teóricas poderosas que catalisam e influenciam o próprio conhecimento resistente. Grupos que promovem estudos raciais críticos, estudos sobre o feminismo, e sobre a descolonização, entre outros, enfrentam acusações de serem demasiado particularistas tanto por invocarem suas próprias experiências, ao analisar o mundo, quanto por se concentrarem na opressão e na dominação. Suas ações para mudar o mundo social não os tornam mais conhecedores do assunto, e sim bastante tendenciosos. Essa estrutura epistemológica tem implicações importantes para a interseccionalidade. Uma consequência é que a interseccionalidade tem sido criticada por ser demasiado associada a ideias e interesses de mulheres, pessoas negras, pobres e das demais pertencentes a grupos subordinados. Outra é que tais críticas limitam as possibilidades teóricas da interseccionalidade porque restringem ferramentas importantes para a teorização no âmbito de tradições de conhecimento resistente. Além disso, tais pressupostos acabam por reduzir os grupos de pessoas primariamente considerados confiáveis para elaborar teoria social, bem como as ideias que essas pessoas trazem para o processo de teorização.

Do ponto de vista metodológico, a interseccionalidade sugere algo muito mais radical a respeito do processo de teorização que a contemplação pacífica feita por uma intelectual solitária isolada do mundo social. Em vez de rejeitar a experiência e a ação social como dimensões de sua teorização crítica, sugiro que seria melhor a interseccionalidade redefinir a ação social como modo de conhecimento que, por valorizar a experiência, torne possível o fortalecimento da teorização interseccional. Desenvolver um argumento sobre como e por que a ação social e a experiência constituem dimensões importantes da teorização crítica da interseccionalidade é a melhor maneira de responder à crítica da interseccionalidade. Com esse objetivo, pergunto: que concepção de ação social como modo de conhecimento a interseccionalidade pode desenvolver para seu arcabouço teórico? Como a experiência pode aprimorar a teorização interseccional?

Os capítulos 5 e 6 oferecem abordagens distintas e lentes diferentes para essas conexões entre experiência, ação social como modo de conhecimento e a teorização crítica da interseccionalidade. No capítulo 5, "Interseccionalidade, experiência e comunidade", estabeleço um diálogo entre o pensamento feminista negro e o pragmatismo estadunidense a fim de lançar luz sobre duas controvérsias atuais que se confrontam com a interseccionalidade. Uma trata de como experiências constituem uma ferramenta importante, ainda que por vezes esquecida, da teorização crítica. Por ocorrerem no mundo social, experiências são janelas para esse mundo. Experiências podem ser teorizadas de maneira tão detalhada quanto livros, filmes e textos. Os indivíduos têm experiências, mas o significado que atribuem a elas deriva dos lugares que ocupam em suas famílias, seus grupos, suas nações e em outras coletividades que constituem seu mundo social. Os textos de análise do discurso não podem rebater teóricas e teóricos. Mas as pessoas que são sujeito de estudo de pesquisas o fazem, com frequência, usando suas experiências como fonte de conhecimento. A outra controvérsia diz respeito à necessidade de um vocabulário para analisar o mundo social como algo mais que uma constelação de indivíduos. Aqui, a ação social entra em jogo porque o mundo social está sempre em construção tanto por indivíduos quanto por grupos sociais. O construto de comunidade como forma de entender identidade e ação coletivas é bastante útil, sobretudo nas comunidades heterogêneas de pesquisa da interseccionalidade e por meio delas. O feminismo negro e o pragmatismo estadunidense são discursos bem diferentes, mas lê-los em conjunto oferece perspectivas complementares acerca de experiência, comunidade e, por conseguinte, de ação social como modo de conhecimento.

No capítulo 6, "Interseccionalidade e a questão da liberdade", investigo como repensar a ação social como forma de conhecimento pode influenciar a teorização crítica da interseccionalidade. O capítulo examina o trabalho de Simone de Beauvoir (1908-1986) e Pauli Murray (1910-1985), duas importantes intelectuais feministas cujos envolvimentos com o existencialismo, com o pensamento social e político afro-estadunidense, ou com ambos oferecem pontos de vista distintos sobre seus entendimentos acerca de liberdade. Estabelecer um diálogo entre as ideias dessas duas intelectuais feministas evidencia como as respectivas análises de opressão e liberdade de ambas usam a experiência e a ação social como forma de conhecimento. A análise de liberdade de cada uma delas tem implicações na ênfase que a interseccionalidade coloca na relação de recursividade entre ideias e ação social. Beauvoir é conhecida por sua análise existencialista de liberdade; porém, apesar de ter familiaridade com as opressões de raça, gênero, classe e sexualidade, a teórica nunca desenvolveu uma análise interseccional de opressão ou de liberdade. A vida e a produção intelectual de Murray tomaram um caminho diferente. Suas análises cada vez mais sofisticadas sobre opressão e liberdade foram aprimoradas em um espaço de recursividade entre a análise das lutas por liberdade e as lutas propriamente ditas. O trabalho intelectual e político de Murray ilustra o processo de trabalhar dialogicamente ao longo do tempo com raça, classe, gênero, sexualidade e nacionalidade na hábil preparação de uma agenda intelectual e política. Considerando que o arcabouço intelectual de Murray não veio pronto, sua ação social engajada sugere uma jornada intelectual bem sustentada, que serve como modelo para a teorização interseccional.

Juntos, esses dois capítulos reiteram duas importantes dimensões metodológicas da interseccionalidade introduzidas em capítulos anteriores e que aparecem ao longo do livro. Uma delas diz respeito à importância do engajamento dialógico para a teorização interseccional: no capítulo 5, por meio do diálogo estabelecido entre o pensamento feminista negro e o pragmatismo estadunidense no intuito de repensar experiência e ação social; no capítulo 6, por meio do diálogo entre as ideias de Beauvoir e Murray como caminho para teorizar opressão e liberdade. Juntos, esses capítulos demonstram a importância do engajamento dialógico para a teorização interseccional.

A outra questão metodológica está relacionada à importância de ampliar o contexto de descoberta da interseccionalidade, de modo a assegurar que ela construa comunidades inclusivas de investigação. Em capítulos anteriores, voltei o olhar para discursos que estão fora do cânone da interseccionalidade – a saber: teorias sociais críticas reconhecidas e projetos de conhecimento resistente – em busca de ideias que possam contribuir para desenvolver a teorização da interseccionalidade. Nos capítulos 5 e 6, ao trazer para o centro da análise o pensamento feminista negro e Pauli Murray como uma ativista intelectual feminista negra, demonstro os possíveis benefícios da ampliação dos contextos de descoberta da interseccionalidade e de suas comunidades de prática.

## PARTE IV. AGUÇANDO A LÂMINA CRÍTICA DA INTERSECCIONALIDADE

A interseccionalidade floresceu porque as pessoas que a praticam compartilham alguns construtos centrais e premissas orientadoras. Mas poderá continuar a florescer sem autorreflexão baseada em suas próprias ideias e práticas fundamentais? Como teoria social crítica em construção, a interseccionalidade não pode desconsiderar nenhuma de suas conquistas anteriores. Desde sua chegada à academia, ela já tinha uma forte lâmina crítica que refletia seus vínculos com projetos de conhecimento resistente e seu compromisso com conhecimentos descolonizadores em espaços acadêmicos. Mas quão crítica é a interseccionalidade atualmente? Já não basta proclamar que ela promove análise crítica inovadora. Como um discurso em amadurecimento, a interseccionalidade precisa começar a especificar os termos de sua própria prática, não de forma defensiva, em resposta a quem a critica, mas de forma afirmativa, por meio da autorreflexão acerca de seus princípios paradigmáticos e suas práticas metodológicas. Aguçar a lâmina crítica da interseccionalidade requer o desenvolvimento de acordos mútuos, ainda que provisórios, sobre seus construtos centrais e premissas orientadoras.

A relacionalidade e a justiça social constituem dois construtos centrais que circulam acriticamente no interior da interseccionalidade. Por serem pressupostos sempre presentes e dados como certos, não são necessariamente analisados ou avaliados de maneira crítica; em vez disso, moldam a erudição e a prática da interseccionalidade.

A relacionalidade é um construto central essencial para a própria interseccionalidade. Não existiria interseccionalidade sem relacionalidade: o foco nas relações *entre* entidades constitui uma característica definidora da interseccionalidade. Todavia, que tipo de relacionalidade é necessária para a interseccionalidade como teoria social crítica? Pensar sobre a relacionalidade também tem implicações importantes para a hipótese de trabalho da interseccionalidade acerca da natureza relacional das relações de poder. A premissa de que raça, gênero, classe e outros sistemas de poder se constroem de forma mútua agora serve como verdade absoluta na interseccionalidade. Mas onde está a evidência de que a interseccionalidade produz explicações melhores acerca das relações de poder que as de outras teorias sociais? O tema da relacionalidade também passa pela trama deste livro, aparecendo ora como um arcabouço para o engajamento dialógico entre discursos e comunidades de pesquisa, ora como estratégia metodológica para produzir teorização interseccional. Mas essa afirmação é em si hegemônica. Onde está a evidência de que análises relacionais de fenômenos sociais produzem explicações melhores acerca do mundo social que as de outros tipos de análise?

No capítulo 7, "A relacionalidade na interseccionalidade", busco analisar o desafio de conceitualizar as dinâmicas da interseccionalidade na investigação interseccional. Pergunto: como pode a interseccionalidade desenvolver um argumento teórico substancial que explique os processos relacionais que se encontram em seu próprio âmago? Para abordar essa questão, esboço três modos de pensamento relacional dentro da interseccionalidade – a saber, a relacionalidade por meio de adição, articulação e interdependência. Para mim, sistematizar a lógica relacional que se refere ao estudo e ao ativismo interseccional oferece um promissor primeiro passo para elucidar os contornos da relacionalidade em si. Como os modos de pensamento relacional por meio de adição, articulação e interdependência constituem pontos de partida, não pontos de chegada para analisar a racionalidade, eles oferecem uma forma de organizar as ferramentas de pensamento que as pessoas utilizam em diversos projetos interseccionais.

No capítulo 8, "Interseccionalidade sem justiça social", analiso as premissas dadas como certas de que a justiça social é parte inerente da interseccionalidade e que fazer o estudo interseccional é, de certa forma, o mesmo que trabalhar pela justiça social. Faço essa análise com base no diálogo que estabeleço entre a interseccionalidade e a eugenia, uma ciência outrora estreitamente associada com o ultranacionalismo. Argumento que a eugenia não tinha um compromisso com a justiça social, porém sua efetividade era baseada numa lógica relacional deveras semelhante à da interseccionalidade. A eugenia utilizou, de maneira significativa, entendimentos acerca de raça, gênero, classe, nacionalidade, idade, etnia, sexualidade e habilidade de modo a tornar suas premissas centrais e, de forma concomitante, obter apoio para seus objetivos políticos. Que lições a interseccionalidade pode tirar do caso da eugenia no que tange à importância de um compromisso ético na produção intelectual? Qual o lugar da ética na interseccionalidade em termos gerais e, de maneira particular, como teoria social crítica?

Juntos, esses dois capítulos visam aguçar a lâmina crítica da interseccionalidade. Mas fazem mais perguntas que respondem, deixando para os leitores a tarefa de decidir se a interseccionalidade precisa analisar essas questões e, se sim, como deve fazê-lo. Nesse sentido, os capítulos 7 e 8 mantêm o espírito de fazer perguntas e tentar responder a elas, presente no livro todo, reconhecendo que, em vista da interseccionalidade ser fundamentalmente dialógica, ninguém e nenhum grupo terá todas as respostas. Desenvolver a interseccionalidade como teoria social crítica, ou seja, não apenas como um conjunto de ideias é um esforço coletivo e colaborativo.

Tenho consciência de que *Bem mais que ideias: a interseccionalidade como teoria social crítica* faz mais perguntas que responde, mas talvez seja esse o propósito de produzir teoria social crítica. Teorizar de maneira crítica significa se posicionar e, ao mesmo tempo, reconhecer a natureza provisória das posições que assumimos. Significa praticar a autorreflexão, não só em relação ao comportamento de outrem, mas também em relação a sua própria práxis. De modo a criar uma base para essa autorreflexividade interna e externa, ao longo deste livro investigo como critérios epistemológicos e políticos influenciam tanto os contornos da interseccionalidade como um conhecimento resistente quanto seu *status* como teoria social crítica. Trago a epistemologia para a frente do palco de modo a mostrar como formas de entender a verdade enquadram os projetos de conhecimento em geral e, de modo particular, a interseccionalidade. Por conta do entrelaçamento profundo da verdade com as questões políticas, também dou muito mais ênfase ao poder e à política neste livro do que é costumeiro em narrativas intelectuais de teoria social. Ao fazê-lo, tenho o objetivo de oferecer uma forma complexa, abrangente, porém não muito complicada, de atuar não só nas questões e controvérsias teóricas da interseccionalidade como por meio de ambas.

\* \* \*

Livro nenhum pode significar tudo para todo mundo, e este não é uma exceção. *Bem mais que ideias: a interseccionalidade como teoria social crítica* é um trabalho feito com amor, que traz mais uma lente para meu ativismo intelectual contínuo[5]. Ele se baseia nas dimensões do meu engajamento de longa data com a interseccionalidade e as amplia. Em uma série de livros e artigos, venho trilhando com muito cuidado meu caminho, que passa por diferentes grandes áreas de estudos acadêmicos sobre raça, gênero, classe, sexualidade, nacionalidade e idade, entre outras categorias analíticas. Em *Pensamento feminista negro: conhecimento, consciência e a política do empoderamento*[6], fiz uma análise interseccional da produção intelectual de mulheres negras estadunidenses, argumentando que o feminismo negro constituía um projeto de conhecimento independente que utilizou um ponto de partida característico e, em resposta à opressão, se engajou em uma política particular. Em *Black Sexual Politics: African Americans, Gender, and the New Racism* [Política sexual negra: afro-estadunidenses, gênero e o novo racismo][7], analisei o racismo, o sexismo e o heterossexismo como sistemas de poder que se constroem mutuamente, argumentando que a luta política afro-estadunidense precisava levar todos em conta. *From Black Power to Hip Hop: Racism, Nationalism, and Feminism* [Do black power ao hip-hop: racismo, nacionalismo e feminismo][8] desenvolveu uma estrutura que incorporou o nacionalismo como sistema de poder ao meu trabalho intelectual, com foco tanto nas ideologias do racismo, nacionalismo e feminismo quanto nas políticas públicas e no ativismo político que delas resultou. Em nove edições de *Race, Class, and Gender: An Anthology* [Raça, classe e gênero: uma antologia][9], Margaret Andersen e eu fizemos uma revisão da nova literatura sobre raça, classe, gênero, sexualidade, etnia, nacionalidade e idade, realizando um mapeamento efetivo do campo a cada três anos, pesquisando o que as pessoas estavam publicando. Ao selecionarmos artigos que refletiam a análise interseccional e identificarmos as limitações que persistiam na interseccionalidade (o tratamento de classe social) bem como novas áreas de pesquisa (sexualidade e transnacionalismo), conseguimos traçar, em tempo

---

[5] Ver, por exemplo, Patricia Hill Collins, *On Intellectual Activism* (Filadélfia, Temple University Press, 2013).
[6] Patricia Hill Collins, *Pensamento feminista negro*, cit.
[7] Patricia Hill Collins, *Black Sexual Politics: African Americans, Gender, and the New Racism* (Nova York, Routledge, 2004).
[8] Patricia Hill Collins, *From Black Power to Hip Hop: Racism, Nationalism, and Feminism* (Filadélfia, Temple University Press, 2006).
[9] Margaret L. Andersen e Patricia Hill Collins, *Race, Class, and Gender: An Anthology* (9. ed., Belmont, CA, Wadsworth, 2016).

real, como o campo se desenvolveu. Coletivamente, essas e outras publicações prepararam uma base sociológica para tratar do conteúdo temático, das práticas características e dos contornos teóricos da interseccionalidade. Detalho meu envolvimento com a interseccionalidade para ilustrar que trato esse material com seriedade. Não é um modismo para mim e, como ilustrado por minha própria trajetória intelectual, não há atalhos para a interseccionalidade.

Este é um grande livro cheio de ideias grandiosas. Há muito em jogo para entender a interseccionalidade de forma precisa em nossos contextos atuais sociais, intelectuais e políticos. A interseccionalidade emergiu em meados do século XX durante mudanças sociais maciças catalisadas e refletidas por uma ampla gama de movimentos sociais. Ainda que a interseccionalidade contemporânea acolha esse legado e desenvolva ferramentas críticas para lidar com os desafios de nossos tempos, ela mantém atualmente potencial semelhante. No presente, a interseccionalidade é muito maior que sua história da segunda metade do século XX. Ela desenvolveu vida própria em áreas diversas como: direitos humanos, políticas públicas, redes sociais e movimentos sociais. De maneira significativa, também traçou seu caminho na academia e lá criou raízes, demonstrando admirável determinação para alcançar seu objetivo. O alcance da interseccionalidade vai além dos grupos que inicialmente promoveram suas reivindicações por meio de ideias críticas e ações. A interseccionalidade nem sempre funcionou nas melhores condições – mas provou ser combativa e resiliente em condições difíceis. Muitas pessoas acreditam que a interseccionalidade é uma importante ferramenta intelectual, política e ética para o empoderamento. O que será necessário para que ela permaneça sendo? Este livro trata disso.

# PARTE I
## DELIMITANDO AS QUESTÕES:
## INTERSECCIONALIDADE E TEORIA SOCIAL CRÍTICA

# 1
# INTERSECCIONALIDADE COMO INVESTIGAÇÃO CRÍTICA

Tanto aconteceu desde a década de 1990 que não há mais necessidade de advogar *pela* interseccionalidade. Uma admirável variedade de intelectuais, ativistas, pessoas que pensam políticas, profissionais digitais e intelectuais independentes reconhecem a interseccionalidade como uma forma importante de investigação crítica e de práxis[1]. Tanto dentro quanto fora da academia, profissionais de administração, docentes, assistentes sociais, profissionais de aconselhamento e profissionais de saúde pública têm usado cada vez mais análises interseccionais para lançar luz em problemas sociais importantes relacionados à educação, saúde, emprego e pobreza[2]. Ativistas de comunidades de base, ativistas de redes sociais e participantes de movimentos sociais seguem se baseando nas ideias da interseccionalidade para moldar seus projetos políticos. Nos Estados Unidos, por exemplo, as ideias interseccionais ressurgem nos movimentos por justiça social de pessoas negras estadunidenses; mulheres; imigrantes sem documentos; lésbicas, gays, bissexuais, trans, *queer* (LGBTQ); pobres; e minorias religiosas[3]. Ironicamente, grupos nacionalistas brancos também recorrem a uma variação da análise interseccional para defender suas alegações de que homens estadunidenses brancos da classe trabalhadora constituem uma minoria negligenciada. O alcance da interseccionalidade não se limita aos Estados Unidos. Em um contexto global, ativistas de base e ativistas que defendem os direitos humanos compreendem que o foco da interseccionalidade na interconexão das categorias

---

[1] Patricia Hill Collins e Sirma Bilge, *Intersectionality: Key Concepts* (Cambridge, GB, Polity, 2016) [ed. bras.: *Interseccionalidade*, trad. Rane Souza, São Paulo, Boitempo, 2021].

[2] Michele Berger e Kathleen Guidroz (orgs.), *The International Approach: Transforming the Academy through Race, Class, & Gender* (Chapel Hill, University of North Carolina Press, 2009); Bonnie Thornton Dill e Ruth Zambrana (orgs.), *Emerging Intersections: Race, Class, and Gender in Theory, Policy, and Practice* (New Brunswick, NJ, Rutgers University Press, 2009).

[3] Ver, por exemplo, Veronica Terriquez, "Intersectional Mobilization, Social Movement Spillover, and Queer Youth Leadership in the Immigrant Rights Movement", *Social Problems*, v. 62, n. 3, 2015, p. 343-62.

de raça, classe, gênero, sexualidade, etnia, nacionalidade, idade e competência lança nova luz sobre como as desigualdades sociais locais se articulam com os fenômenos sociais globais[4].

Desde a década de 1990, a interseccionalidade tem influenciado cada vez mais a produção intelectual, a pesquisa e as escolhas curriculares em faculdades e universidades. Um grande número de estudiosos das ciências humanas e sociais agora se autoidentifica como interseccional, com antologias que enfatizam diferentes aspectos da própria interseccionalidade, bem como várias configurações das categorias centrais de análise da interseccionalidade[5]. É possível encontrar uma produção intelectual que trata da interseccionalidade tanto em campos interdisciplinares quanto em disciplinas acadêmicas mais tradicionais[6]. Por mais que critérios de diversidade estejam sendo conceitualizados e aplicados de maneira imperfeita em faculdades e corporações, eles constituem um resultado do impacto da interseccionalidade. Intelectuais da interseccionalidade geraram várias monografias que investigam esses e outros aspectos da interseccionalidade como campo de investigação e práxis[7].

Parece que a interseccionalidade veio para ficar, pelo menos por enquanto. No entanto, sua velocidade, expansão e as formas heterogêneas que agora assume apontam para novos dilemas acerca da definição de seu *status* atual e de suas perspectivas futuras[8]. Ela não pode repousar sobre suas conquistas passadas

---

[4] Patricia Hill Collins e Sirma Bilge, *Intersectionality*, cit., p. 88-113.

[5] Patrick R. Grzanka (org.), *Intersectionality: A Foundations and Frontiers Reader* (Boulder, CO, Westview Press, 2014); Bonnie Thornton Dill, "Work at the Intersections of Race, Gender, Ethnicity, and Other Dimensions of Difference in Higher Education", *Connections: Newsletter of the Consortium on Race, Gender, and Ethnicity*, 2002, p. 5-7; Helma Lutz, Maria Teresa Herrera Vivar e Linda Supik (orgs.), *Framing Intersectionality: Debates on a Multi-Faceted Concept in Gender Studies* (Surrey, GB, Ashgate, 2011); Michele Berger e Kathleen Guidroz (orgs.), *The International Approach*, cit.; Margaret L. Andersen e Patricia Hill Collins, *Race, Class, and Gender: An Anthology* (9. ed., Belmont, CA, Wadsworth, 2016).

[6] Patricia Hill Collins, "The Difference That Power Makes: Intersectionality and Participatory Democracy", *Investigaciones Feministas*, n. 8, 2017, p. 19-39; Helma Lutz, Maria Teresa Herrera Vivar e Linda Supik (orgs.), *Framing Intersectionality*, cit.; Vivian M. May, *Pursuing Intersectionality, Unsettling Dominant Imaginaries* (Nova York, Routledge, 2015).

[7] Anna Carastathis, *Intersectionality: Origins, Contestations, Horizons* (Lincoln, NE, University of Nebraska Press, 2016); Patricia Hill Collins e Sirma Bilge, *Intersectionality*, cit.; Ange-Marie Hancock, *Intersectionality: An Intellectual History* (Nova York, Oxford University Press, 2016); Vivian M. May, *Pursuing Intersectionality, Unsettling Dominant Imaginaries*, cit.; Robyn Wiegman, *Object Lessons* (Durham, NC, Duke University Press, 2012).

[8] Patricia Hill Collins, "Intersectionality's Definitional Dilemmas", *Annual Review of Sociology*, n. 41, ago. 2015, p. 1-20.

e seu *status* atual. Em vez disso, parece ser o momento certo para analisar o que ela é, o que não é e o que pode vir a ser. Os debates atuais no âmbito da interseccionalidade fornecem uma produção crítica muito necessária sobre os dilemas de sua definição. Assim como a interseccionalidade é ampla e complexa, os comentários críticos sobre ela em espaços intelectuais, na imprensa popular e nos espaços digitais são também diversos. Neles, as áreas de discussão abrangem perspectivas variadas acerca das origens da interseccionalidade, da parcialidade de sua lista crescente de categorias, se ela é uma teoria ou uma metodologia, sobre suas ligações com o trabalho em prol da justiça social e até mesmo uma reflexão sobre se estamos em uma fase pós-interseccionalidade ou se devemos avançar em sua direção. Dado o amplo escopo da interseccionalidade, é provável que o consenso entre as pessoas que a praticam permaneça indefinido. Talvez seja mais produtivo identificar importantes vias de investigação em seu interior que possam acomodar pontos de vista heterogêneos.

Pensar nos contornos teóricos da interseccionalidade constitui um próximo passo importante em seu desenvolvimento. Como ela abrange tradições de ação social e de produção intelectual acadêmica, está em uma posição única para desenvolver análises teóricas críticas do mundo social. A interseccionalidade pode desenvolver uma teoria social crítica que reflita a ampla gama de ideias e agentes que hoje estão sob seu amplo guarda-chuva. No entanto, não é possível fazer isso sem pensar de forma sistemática nos contornos da teoria social crítica, bem como em seu próprio conhecimento teórico e nas práticas de teorização. Como um trabalho em andamento, a interseccionalidade é uma teoria social crítica em construção que já pode estar fazendo um trabalho teórico substancial sem ser reconhecida como tal.

Neste capítulo, investigo como profissionais da interseccionalidade conceituam e utilizam as ideias a ela relacionadas. Trato menos do conteúdo do conhecimento interseccional e mais das maneiras de pensar que as pessoas usam para criar tal conhecimento[9]. Usando essa abordagem, identifico ferramentas de pensamento importantes que fornecem uma base cognitiva para a

---

[9] Diversos artigos e livros oferecem visões gerais acerca do conteúdo da interseccionalidade. Ver, por exemplo, Anna Carastathis, *Intersectionality*, cit.; Patricia Hill Collins e Sirma Bilge, *Intersectionality*, cit.; Bonnie Thornton Dill e Marla H. Kohlman, "Intersectionality: A Transformative Paradigm in Feminist Theory and Social Justice", em Sharlene Hesse-Biber (org.), *Handbook of Feminist Research: Theory and Praxis* (Thousand Oaks, CA, Sage, 2012), p. 154-74; Ange-Marie Hancock, *Intersectionality*, cit.; Vivian M. May, *Pursuing Intersectionality, Unsettling Dominant Imaginaries*, cit.

interseccionalidade como uma teoria social crítica em elaboração. Cho, Crenshaw e McCall[10] proveem um ponto de partida útil para identificar essas ferramentas. Elas caracterizam a interseccionalidade como uma sensibilidade analítica cujo significado emerge durante o uso. Elas afirmam que

> o que torna uma análise interseccional não é o uso do termo "interseccionalidade" nem seu posicionamento em uma genealogia familiar, nem tampouco o uso que ela faz de listas de citações padronizadas. Em vez disso, o que torna uma análise interseccional [...] é sua adoção de uma forma interseccional de pensar sobre o problema da semelhança e da diferença e sua relação com o poder.[11]

Essa definição sugere várias questões importantes que inspiram os argumentos deste livro. O que exatamente é uma "forma de pensar interseccional"? Isso significa que intelectuais interseccionais usam ferramentas cognitivas especiais? Ou que utilizam formas convencionais de análise crítica de novas maneiras ou para fins diferentes? A questão da semelhança e diferença é essencial para a interseccionalidade? Como as relações de poder influenciam o conteúdo teórico da interseccionalidade e os processos empregados para desenvolver esse conhecimento[12]?

Analiso essas questões ao longo deste livro, mas, neste capítulo, estabeleço uma base para examiná-las por meio da discussão acerca do uso de pensamento metafórico, heurístico e paradigmático no âmbito da interseccionalidade como um campo de investigação[13]. Primeiro, examino como o uso metafórico

---

[10] Sumi Cho, Kimberlé Williams Crenshaw e Leslie McCall, "Toward a Field of Intersectionality Studies: Theory, Applications, and Praxis", *Signs*, v. 38, n. 4, 2013, p. 785-810.

[11] Idem, p. 795.

[12] O uso de genealogia por Michel Foucault (*Power/Knowledge: Selected Interviews and Other Writings, 1972-1977*, trad. Colin Gordon, Nova York, Pantheon, 1980) e por Colin Koopman ("Genealogical Pragmatism: How History Matters for Foucault and Dewey", *Journal of Philosophy of History*, v. 5, n. 3, 2011, p. 533-56) fornece uma estrutura metodológica importante para este livro. A genealogia é uma metodologia histórica que traça o surgimento e o declínio das tecnologias e práticas utilizadas para produzir discursos – nesse caso, discursos de interseccionalidade. A genealogia também é uma forma de crítica política que diagnostica como tais discursos, práticas e tecnologias estão inseridos em relações de poder desiguais – nesse caso, como os padrões variantes de relações de poder desiguais moldam o surgimento da interseccionalidade. Uma consideração genealógica da interseccionalidade não presumiria nem buscaria postular as chamadas hipóteses científicas sobre a interseccionalidade. Em vez disso, uma consideração genealógica analisaria as estruturas sociais de poder e de conhecimento que possibilitaram, no primeiro momento, que intelectuais produzissem afirmações sobre a interseccionalidade. A genealogia constitui uma alternativa às narrativas lineares da história e às análises causais das ciências sociais.

[13] A descrição do pragmatismo estadunidense feita pelo filósofo John Stuhr ("Introduction: Classical American Philosophy", em John J. Stuhr (org.), *Pragmatism and Classical American*

da interseccionalidade propicia uma nova visão das relações sociais como entidades interconectadas. A metáfora da interseccionalidade é, de maneira concomitante, uma nova forma de conceituar as relações de poder e uma ferramenta de pensamento que se apoia no poder das metáforas no processo de teorização. Em seguida, examino o pensamento heurístico da interseccionalidade – ou seja, de que maneira seu uso como regra tácita ou atalho para o pensamento provê uma ferramenta importante para a resolução de problemas. A interseccionalidade visa explicar o mundo social, e o pensamento heurístico fornece um caminho acessível para pessoas que a utilizam para tratar de problemas sociais específicos. Feito isso, examino como os construtos centrais e as premissas orientadoras da interseccionalidade contribuem para mudanças de paradigma em relação ao poder e à desigualdade social. Essas discussões investigam as ferramentas ou processos de pensamento que as pessoas usam para produzir a própria interseccionalidade. Os pensamentos metafórico, heurístico e paradigmático mapeiam as maneiras como as pessoas adentram a interseccionalidade, respondem a ela e a configuram como forma de investigação crítica. De maneira coletiva, eles descrevem uma base conceitual ou uma arquitetura cognitiva para desenvolver a interseccionalidade como uma teoria social crítica.

## INTERSECCIONALIDADE COMO METÁFORA

Kimberlé Crenshaw não tinha como saber que estava nomeando a interseccionalidade como forma de investigação crítica e práxis quando, no início dos anos 1990, publicou seus dois artigos inovadores sobre o assunto[14]. Os artigos

---

*Philosophy: Essential Readings and Interpretive Essays*, Nova York, Oxford University Press, 2000, p. 2-3) também propõe uma maneira útil de pensar sobre a interseccionalidade como um campo: "Ela pode ser definida pelas atitudes, propósitos, problemas filosóficos, procedimentos, terminologia e crenças comuns de suas e seus expoentes. É em virtude de tal complexo compartilhado de características que identificamos, entendemos e diferenciamos desenvolvimentos, movimentos e 'escolas de pensamento' filosóficos. Tal caráter uno, devemos reconhecer, não é uma essência única e simples, características necessárias e suficientes da filosofia estadunidense clássica, uma propriedade sempre e somente presente na filosofia estadunidense clássica. Em vez disso, é uma configuração identificável, uma forma característica, uma semelhança, uma sobreposição e entrelaçamento de características (presentes em diferentes graus nos escritos individuais de filósofas e filósofos) que, como um todo relacional, permeia e constitui essa filosofia e essas pessoas que se dedicam a ela".

[14] Kimberlé Williams Crenshaw, "Demarginalizing the Intersection of Race and Sex: A Black Feminist Critique of Anti-Discrimination Doctrine, Feminist Theory and Anti-Racist Politics",

acadêmicos de Crenshaw constituem uma guinada importante nas relações variantes entre as comunidades ativistas e acadêmicas[15]. Na segunda metade do século XX, movimentos sociais pressionaram por uma transformação institucional nos setores de moradia, educação, emprego e saúde. A transformação das instituições educacionais e do conhecimento que elas incorporavam foi fundamental para essas iniciativas. Povos indígenas, pessoas negras estadunidenses, mulheres, pessoas LGBTQ, pessoas latinas e grupos subordinados de maneira semelhante desafiaram tanto o conteúdo do conhecimento acerca de suas experiências quanto os arranjos do poder nas escolas primárias, secundárias, faculdades e universidades que catalisaram esse conhecimento. Muitos desses grupos produziram conhecimento de oposição ou resistente baseado em suas próprias experiências e que desafiava as interpretações prevalecentes sobre eles (ver capítulo 3). O ensino superior foi um campo importante para a transformação social. Os apelos para a transformação das práticas curriculares na academia estimularam uma série de programas que deram início a uma missão semelhante de transformação institucional[16]. A nomeação da interseccionalidade feita por Crenshaw fez parte desses importantes processos de transformação institucional junto à academia.

No âmbito das sensibilidades neoliberais contemporâneas, o compromisso dos movimentos sociais com a ideia de transformação social em meados do século XX pode ser difícil de entender. No entanto, uma compreensão mais ampla do significado de resistência por pessoas subordinadas sugere que pessoas negras, povos indígenas, mulheres, pessoas latinas, LGBTQ, pessoas com diversidade funcional, minorias religiosas e étnicas e pessoas apátridas continuam a ver a transformação das instituições sociais como necessária. As reivindicações de transformação social podem parecer idealistas e ingênuas, mas, em retrospecto, as aspirações de transformação social em eras anteriores influenciam as realidades contemporâneas. De maneira mais específica, muitas das mudanças visíveis em faculdades e universidades nas últimas décadas refletem esforços anteriores de transformação institucional[17].

---

*The University of Chicago Legal Forum 1989*, art. 8; ver também, da mesma autora, "Mapping the Margins: Intersectionality, Identity Politics, and Violence against Women of Color", *Stanford Law Review*, v. 43, n. 6, 1991, p. 1.241-99.

[15] Ver, por exemplo, Patricia Hill Collins e Sirma Bilge, *Intersectionality*, cit., p. 65-77.

[16] Patricia Hill Collins e Sirma Bilge, *Intersectionality*, cit., p. 77-81; Bonnie Thornton Dill e Ruth Zambrana (orgs.), *Emerging Intersections*, cit.

[17] Bonnie Thornton Dill e Marla H. Kohlman, "Intersectionality", cit., p. 154-74; Bonnie Thornton Dill, "Intersections, Identities, and Inequalities in Higher Education", p. 229-52; Devon Abbott

Em uma entrevista de 2009, duas décadas após publicar seus artigos emblemáticos, Crenshaw refletiu sobre as experiências que a levaram a usar o termo *interseccionalidade* nas condições sociais mais amplas da época. Para ela, seu ativismo na faculdade e, de maneira mais específica, na faculdade de direito, revelou as inadequações tanto do antirracismo quanto das perspectivas feministas, limitações que tornaram esses dois projetos políticos incapazes de abordar completamente os problemas sociais que pretendiam remediar. Parecia não haver linguagem que pudesse resolver os conflitos entre os movimentos sociais antirracistas – que eram, nas palavras de Crenshaw, "profundamente sexistas e patriarcais" – e o ativismo feminista, no qual "a raça aparecia de uma forma um tanto paralela"[18]. Para Crenshaw, a ação social a que se referiam ambos os movimentos exigiam novos ângulos de visão. Esse problema social específico impulsionou sua busca de uma linguagem provisória que ela poderia utilizar para analisar e corrigir as limitações do pensamento monocategórico em relação a raça e gênero. Crenshaw descreve o que tinha em mente quando introduziu o termo *interseccionalidade*:

> Esse foi o engajamento ativista que me trouxe a este trabalho. E *o próprio uso que fiz do termo "interseccionalidade" foi apenas uma metáfora* [grifo nosso]. Estou surpresa com a forma como ele é superutilizado e subutilizado; às vezes, nem consigo mais reconhecê-lo na literatura. Eu estava simplesmente olhando para a forma como todos esses sistemas de opressão se sobrepõem. Mas, sobretudo, observava como no processo dessa convergência estrutural, a política retórica e a política identitária – baseadas na ideia de que sistemas de subordinação não se sobrepõem – abandonavam questões, causas e pessoas que eram de fato afetadas por sistemas de subordinação sobrepostos. Sempre me interessei tanto pela convergência estrutural quanto pela marginalidade política. Foi assim que cheguei no termo.[19]

Para Crenshaw, interseccionalidade nomeia a convergência estrutural entre sistemas interseccionais de poder que criaram pontos cegos no ativismo antirracista e no ativismo feminista. Crenshaw indicou que os movimentos antirracistas

---

Mihesuah e Angela Cavender Wilson, *Indigenizing the Academy: Transforming Scholarship and Empowering Communities* (Lincoln, NE, University of Nebraska Press, 2004); Joe Parker, Ranu Samantrai e Mary Romero (orgs.), *Interdisciplinarity and Social Justice: Revisioning Academic Accountability* (Albany, NE, State University of New York Press, 2010).

[18] Kathleen Guidroz e Michele Tracy Berger, "A Conversation with Founding Scholars of Intersectionality: Kimberlé Williams Crenshaw, Nira Yuval-Davis, and Michelle Fine", em Kathleen Guidroz e Michele Berger (orgs.), *The Intersectional Approach: Transforming the Academy through Race, Class and Gender* (Chapel Hill, NC, University of North Carolina Press, 2009), p. 63.

[19] Ibidem.

e feministas estariam prejudicados enquanto vissem suas lutas de maneiras separadas e não interligadas. O racismo e o sexismo não apenas fomentaram as desigualdades sociais, mas também marginalizaram indivíduos e grupos que não se encaixavam facilmente em estruturas monocategóricas apenas de gênero ou de raça. Mulheres *of color*\* permaneceram politicamente marginalizadas em ambos os movimentos, um resultado que refletiu os danos causados pelo racismo e pelo sexismo e limitou a eficácia política de ambos os movimentos. A compreensão de Crenshaw do termo *interseccionalidade* é importante para seu uso subsequente. Seu trabalho sugere que, desde o início, a ideia de interseccionalidade funcionou em múltiplos registros de reconhecimento da importância dos arranjos estruturais sociais de poder, de como as experiências individuais e coletivas refletem essas intersecções estruturais e de como a marginalidade política pode engendrar novas subjetividades e nova atuação[20].

Até agora, é amplamente aceito que *interseccionalidade* é o termo que se fixou. De todas as palavras que Crenshaw poderia ter selecionado, e de todos os idiomas em que ele poderia ser significativo para pessoas que são adeptas dele, por que esse termo específico fez sentido para tantas pessoas quando Crenshaw o usou pela primeira vez? O comentário de Crenshaw de que seu uso do termo *interseccionalidade* era "apenas uma metáfora" dá uma pista importante.

Muitas pessoas pensam nas metáforas como artifícios literários confinados à ficção e aos ensaios. No entanto, as metáforas também são importantes para moldar como as pessoas entendem as relações sociais e participam delas. Pessoas de todas as esferas da sociedade usam metáforas cotidianamente. Como fundamentais para o pensamento e para a ação, as metáforas ajudam pessoas a compreender e vivenciar uma coisa por meio dos termos de outra. Uma metáfora pode desencadear uma sensação instantânea de compreensão, proporcionando um senso imediato de conhecido ao que antes era desconhecido[21].

---

\* Optamos por conservar em inglês a expressão "*of color*". Por se tratar de um termo de aliança nos contextos dos Estados Unidos, Canadá e Europa, sua tradução literal ("de cor") não consegue abranger seus contextos de origem, tampouco as subjetividades que o termo abarca. Não há, até onde sabemos, um termo de aliança utilizado entre pessoas racializadas no Brasil. Seguindo o mesmo raciocínio, também optamos por manter a expressão "*people of color*". (N. T.)

[20] Patricia Hill Collins e Sirma Bilge, *Intersectionality*, cit., p. 71-7.

[21] A teoria da metáfora conceitual fornece uma análise abrangente de como as metáforas contribuem para compreender e vivenciar uma coisa através dos termos de outra (George Lakoff e Mark Johnson, *Metaphors We Live By*, Chicago, University of Chicago Press, 2003, p. 4). Lakoff e Johnson oferecem uma análise muito mais abrangente das metáforas conceituais do que eu poderia tentar aqui: "Quando dizemos que um conceito é estruturado por uma metáfora, queremos

Essencialmente, a capacidade de pensar e agir é metafórica por natureza[22]. Como metáfora, a interseccionalidade nomeia um processo comunicativo contínuo que tenta entender raça em termos de gênero ou gênero em termos de classe. Em vez de seguir a cadeia de metáforas (raça é semelhante e diferente de gênero), a metáfora da interseccionalidade forneceu um atalho que se fundamentou nas sensibilidades existentes para poder enxergar as interconexões.

O teórico cultural Stuart Hall dá outra pista para explicar por que a interseccionalidade como uma metáfora particular se alastrou tão rapidamente. Em um artigo publicado na década de 1990, Hall argumenta que as metáforas estão frequentemente ligadas à transformação social, às maneiras pelas quais as pessoas podem passar do que lhes é familiar para imaginar o desconhecido. Hall postula que as metáforas relacionadas com a transformação social devem fazer pelo menos duas coisas:

> Elas nos permitem imaginar como seria quando valores culturais predominantes fossem desafiados e transformados, as velhas hierarquias sociais fossem derrubadas e os velhos padrões e normas desaparecessem [...] e novos significados e valores, configurações sociais e culturais começassem a aparecer. No entanto, essas metáforas também devem ter valor analítico. Elas devem, de alguma forma, fornecer maneiras de pensar sobre a relação entre os domínios social e simbólico nesse processo de transformação.[23]

---

dizer que ele é parcialmente estruturado e que pode ser estendido de algumas maneiras, mas não de outras" (p. 13). Os processos cognitivos de metáforas conceituais incluem metáforas estruturais, metáforas de orientação e metáforas ontológicas. As experiências básicas do uso humano do espaço dão origem a metáforas de orientação. A maioria de nossos conceitos fundamentais é organizada nos termos de uma ou mais metáforas de espacialização, com a ideia de que essas metáforas espaciais estão enraizadas na experiência física e cultural e explicam fenômenos sociais. As experiências das pessoas com objetos físicos, especialmente seus próprios corpos, fundamentam a base para uma ampla variedade de metáforas relacionadas que, por sua vez, moldam formas de ver eventos, atividades, emoções e ideias como entidades e substâncias (Lara Trout, *The Politics of Survival: Peirce, Affectivity, and Social Criticism*, Nova York, Fordham University Press, 2010, p. 25). O exemplo de personificação pelo qual o objeto físico (ou conceito) é especificado como se fosse uma pessoa, "a interseccionalidade nos diz, ou a interseccionalidade nos disse [...]" possivelmente explica por que a narrativa pessoal é tão importante na interseccionalidade, tanto nas narrativas pessoais de indivíduos quanto na metáfora de contar a história da interseccionalidade. "Conceituamos nosso campo visual como um contêiner e conceituamos o que vemos como se estivesse dentro dele. Até mesmo o termo '*campo* visual' sugere isso" (ibidem, p. 30).

[22] Ibidem, p. 3.
[23] Stuart Hall, "For Allon White: Metaphors of Transformation", em David Morley e Kuan-Hsing Chen (orgs.), *Stuart Hall: Critical Dialogues in Cultural Studies* (Nova York, Routledge, 1996), p. 287-305.

Como metáfora relacionada à transformação social, a interseccionalidade invoca ambos os elementos. Ela surgiu em meio a lutas contínuas para resistir às desigualdades sociais provocadas pelo racismo, sexismo, colonialismo, capitalismo e sistemas de poder semelhantes. A metáfora da interseccionalidade poderia se mover entre e em todas essas formas de dominação, fornecendo uma visão instantânea de suas semelhanças e diferenças como uma forma de observar suas interconexões. A interseccionalidade como metáfora não determinou como seria a transformação social, nem mesmo a melhor maneira de chegar lá. Em vez disso, o uso da interseccionalidade como metáfora proveu valor analítico ao ligar as estruturas sociais e as ideias que as reproduzem – nos termos de Hall, os laços entre os domínios social e simbólico da mudança social. Para pessoas que, como Crenshaw, estavam interessadas na transformação social, a metáfora da interseccionalidade expressava as aspirações da época.

A metáfora de Crenshaw era reconhecível por muitas pessoas porque invocava as relações espaciais tangíveis da vida cotidiana. Todas as pessoas estão localizadas no espaço físico e todas tiveram que seguir um caminho ou passar por algum tipo de intersecção. As pessoas poderiam pegar essa metáfora, imaginando diferentes tipos de caminhos e encruzilhadas, e utilizar a interseccionalidade como uma metáfora para entender coisas muito diferentes. A ideia de uma intersecção onde duas ou mais vias se encontram é uma ideia familiar no espaço físico e geográfico. As estradas ou caminhos não precisam ser retos ou pavimentados para provocar essa sensação de uma intersecção espacial. Todas as culturas têm intersecções ou lugares onde as pessoas se cruzam, sejam autoestradas ou caminhos parcamente indicados em uma floresta. Além disso, os lugares onde as pessoas se cruzam são amiúde locais de encontros, espaços onde diferentes tipos de pessoas se envolvem umas com as outras. Estar em uma intersecção ou passar por alguma é uma experiência familiar. Essa metáfora espacial também invoca a ideia de ver vários caminhos possíveis a partir de uma posição estratégica na intersecção e ter que enfrentar a decisão de qual caminho seguir. Nesse sentido, a própria metáfora espacial é irrestrita e sujeita a muitas interpretações. A interseccionalidade como metáfora funcionou tão bem por ser, concomitantemente, familiar e deveras elástica.

Essa metáfora espacial que podia ser vista no mundo material promoveu, de maneira implícita, uma afirmação teórica mais abstrata sobre a estrutura social – a saber, que os lugares para os quais os sistemas de poder convergiram possivelmente fornecem melhores explicações para os fenômenos sociais que aqueles que ignoram tais intersecções. O racismo e o sexismo podem ser conceituados como fenômenos estruturais distintos, mas, examiná-los a partir de sua intersecção propicia novos ângulos de visão de cada sistema de poder, e de como eles se cruzam e divergem um do outro. Politicamente, a ideia de interseccionalidade também funcionou. O termo *interseccionalidade* englobou a convergência de vários projetos de justiça social e práticas críticas de longa data na academia.

O uso que Crenshaw fez do termo *interseccionalidade* como uma metáfora para estruturar seu argumento tirou proveito desse poder da metáfora para propiciar um panorama instantâneo das relações sociais complexas durante um período de considerável mudança social. De maneira significativa, a metáfora de Crenshaw não se limitou a explicar o racismo, o sexismo e sistemas semelhantes de poder. A metáfora da interseccionalidade emergiu no contexto da resolução de problemas sociais causados por sistemas de poder múltiplos e aparentemente distintos. Em sua leitura cuidadosa dos artigos emblemáticos de Crenshaw sobre interseccionalidade, a filósofa Anna Carastathis[24] analisa como Crenshaw usou a interseccionalidade como um conceito "provisório" para conceber seu argumento sobre a resistência à opressão. Para pessoas envolvidas em projetos ativistas, a interseccionalidade permitiu que aquelas que utilizavam o termo entendessem, por exemplo, um racismo já conhecido a partir do ponto de vista de um sexismo ainda desconhecido, ou uma violência já conhecida contra mulheres *of color* como indivíduos do ponto de vista de uma análise menos conhecida da violência do colonialismo sancionada pelo Estado. Usar a interseccionalidade como metáfora propiciou um arcabouço útil, ainda ilimitado, para construir o significado do mundo social. Nesse sentido, a interseccionalidade como metáfora foi um convite a uma série de atores sociais que estavam pensando sobre coisas semelhantes em diferentes cenários sociais e de diversas posições estratégicas.

A importância dessa metáfora em particular está em usar essas ideias sobre o espaço físico para aplicá-las a compreensões simbólicas mais amplas e menos visíveis de raça, classe e gênero. Usar a interseccionalidade como metáfora propiciou novas perspectivas acerca de cada sistema de poder, acerca de como esses sistemas se cruzam e divergem uns dos outros e acerca de possibilidades políticas sugeridas por essa nova análise. Nesse sentido, a metáfora da

---

[24] Anna Carastathis, "The Concept of Intersectionality in Feminist Theory", *Philosophy Compass*, v. 9, n. 5, 2014, p. 304-14.

interseccionalidade como encruzilhada funciona bem como um mapa mental que incentiva as pessoas a olharem para intersecções particulares com o intuito de orientarem seu trabalho intelectual e prática política. Essa metáfora também promove uma nova visão do mundo social que pode ser revelada ao se trabalhar em intersecções específicas. Além disso, ela abrange ideias sobre a atuação humana e a intencionalidade em um espaço de indecisão.

Quando Crenshaw ponderou a interseccionalidade como apenas uma metáfora, ela não pôde prever o impacto dessa metáfora específica, por sua influência, na investigação crítica e na mudança social. Em vez disso, o uso que Crenshaw fazia da interseccionalidade aparentemente disponibilizava a metáfora certa no momento certo. À medida que a interseccionalidade cresceu, a importância de seu pensamento metafórico tornou-se mais evidente. O uso da interseccionalidade como metáfora por Crenshaw não foi incidental para o desenvolvimento subsequente da interseccionalidade; pelo contrário, provou ser um pilar fundamental para a arquitetura cognitiva e para o pensamento crítico da interseccionalidade.

## POR QUE METÁFORAS IMPORTAM

Se nomear as ideias que a interseccionalidade invoca fosse tão simples quanto escolher entre uma série de termos predeterminados já submetidos ao escrutínio acadêmico, faria sentido debater os méritos da interseccionalidade nesse universo de termos alternativos. A interseccionalidade pode não ser a melhor metáfora para explicar os fenômenos sociais, mas é a que mais tem persistido. Um certo número de intelectuais reconhece a importância da interseccionalidade como metáfora, mas ainda assim oferece alternativas que aparentemente explicam melhor a realidade social. Por exemplo, o uso que Ivy Ken[25] fez do açúcar como metáfora visa a uma compreensão fluida e mais fundamentada historicamente da interseccionalidade. Com o mapeamento de como o açúcar como ideia e produto é ao longo das relações históricas e contemporâneas do capitalismo, do racismo e do sexismo, a metáfora do açúcar sugerida por Ken é um ponto de entrada inovador e alternativo na constelação de ideias referenciadas pela interseccionalidade. O açúcar pode servir melhor para as ideias que a interseccionalidade invoca, mas de forma pragmática, teria funcionado também?

---

[25] Ivy Ken, "Beyond the Intersection: A New Culinary Metaphor for Race-Class-Gender Studies", *Sociological Theory*, v. 26, n. 2, 2008, p. 152-72.

O quebra-cabeça a ser resolvido aqui diz respeito ao motivo pelo qual o *termo* interseccionalidade continua a fazer sentido para tantas pessoas como uma forma preferida de conceituar um conjunto amorfo de *ideias*. O açúcar como metáfora pode fazer o mesmo trabalho metafórico que a interseccionalidade? A teoria da metáfora conceitual ajuda a explicar por que a interseccionalidade como metáfora persiste[26]. Por um lado, a interseccionalidade como metáfora fornece um dispositivo cognitivo para pensar sobre a desigualdade social nas relações de poder. Ela convida as pessoas a pensar além das perspectivas já conhecidas que consideram apenas raça ou apenas gênero a fim de lançar um novo olhar sobre os problemas sociais. Por outro lado, a interseccionalidade como metáfora fornece uma estrutura para aproveitar o que as pessoas já sabem sobre racismo para aprender sobre sexismo e vice-versa. De maneira significativa, como metáfora, a interseccionalidade sugere que racismo e sexismo estão relacionados, e que este é o primeiro passo para estabelecer correspondências conceituais entre esses dois construtos. Nesse sentido, utilizar a interseccionalidade como metáfora acaba com as análises monocategóricas para então focar nas correspondências conceituais ou relações entre racismo e sexismo. E esse processo não precisa se ater apenas a raça e gênero. O artigo de Crenshaw nomeou um ponto de partida para o desenvolvimento de correspondências conceituais.

A interseccionalidade pode não ter nascido como uma metáfora conceitual central para a compreensão da desigualdade social, mas, com o tempo, tem funcionado cada vez mais como tal. O uso da metáfora tem sido, de maneira considerável, uma parte crucial da própria teorização social. Assim como a criação de significados sociais na vida cotidiana se baseia em metáforas, o conhecimento teórico também se baseia de alguma forma no pensamento metafórico para construir conhecimento. Em sua obra clássica *Whose Science? Whose Knowledge?* [A ciência de quem? O conhecimento de quem?][27], a filósofa feminista Sandra Harding analisa como as metáforas desempenharam um papel importante no processo de modelar a natureza e de especificar o domínio apropriado de

---

[26] Uma vez que a teoria da metáfora conceitual examina como as metáforas funcionam dentro do pensamento crítico sobre o mundo social, ela lança luz sobre a resiliência da interseccionalidade. Em um estudo sobre o uso de metáforas pela imprensa espanhola ao tratar de corrupção, Isabel Negro (Isabel Negro, "'Corruption Is Dirt': Metaphors for Political Corruption in the Spanish Press", *Bulletin of Hispanic Studies*, v. 92, n. 3, 2015, p. 213-6) fornece uma extensa bibliografia da teoria da metáfora conceitual, bem como uma discussão acerca dos desenvolvimentos recentes nesse campo.

[27] Sandra Harding, *Whose Science? Whose Knowledge? Thinking from Women's Lives* (Ithaca, NY, Cornell University Press, 1991), p. 84-5.

uma teoria. Harding aponta que as metáforas são dimensões importantes na elaboração da teoria social; por exemplo, o caso de imaginar a sociedade em termos metafóricos – a sociedade como uma máquina, um organismo ou um computador – e, por conseguinte, mudar a metáfora central de um campo, muda sua orientação teórica para o mundo social. Apresentada originalmente no contexto dos estudos científicos críticos, essa perspectiva crítica desenvolvida pela filosofia feminista precedeu a atenção mais recente às metáforas como uma dimensão importante da teorização social[28]. Por exemplo, em seu livro *The Art of Social Theory* [A arte da teoria social], Richard Swedberg comenta sobre essas conexões entre as metáforas na vida cotidiana e as do sofisticado processo de teorização: "As metáforas são abundantes na linguagem cotidiana, nas artes e nas ciências. Seu poder pode ser imenso, como evidenciado pela metáfora do cérebro como um computador. De forma geral, ela é vista como uma metáfora que contribuiu para o surgimento da ciência cognitiva"[29]. Nesse sentido, a reflexão de Crenshaw de que a interseccionalidade é *apenas* uma metáfora subestima o poder das metáforas conceituais para a análise crítica.

A metáfora da interseccionalidade sobre a conexão entre diferentes sistemas de poder provou ser importante para teorizar relações de poder e identidades políticas. Por exemplo, o estudo de Norocel[30] sobre o movimento populista de direita radical na Suécia fornece um exemplo importante de uso explícito tanto da teoria da metáfora conceitual quanto da interseccionalidade como metáfora. Norocel analisa como a direita radical usou a ideia de *Folkhem* (a casa do povo [sueco]) como uma metáfora conceitual para fundamentar seu projeto político. Como metáfora, *Folkhem* ajudou a estruturar masculinidades da direita radical, especificamente masculinidades heteronormativas, na intersecção entre gênero, classe e raça. Norocel também identifica a importância da teoria da metáfora conceitual para esse projeto:

> A escolha de uma certa metáfora conceitual em um contexto social específico [...] tem impacto crucial na maneira como estruturamos a realidade, determinando assim o que é explicado e [...] o que fica de fora dessa estrutura de inteligibilidade,

---

[28] Andrew Abbott, *Methods of Discovery: Heuristics for the Social Sciences* (Nova York, W. W. Norton, 2004); Richard Swedberg, *The Art of Social Theory* (Princeton, NJ, Princeton University Press, 2014).
[29] Richard Swedberg, *The Art of Social Theory*, cit., p. 89.
[30] Ov Cristian Norocel, "'Give Us Back Sweden!' A Feminist Reading of the (Re) Interpretations of the *Folkhem* Conceptual Metaphor in Swedish Radical Right Populist Discourse", *Nordic Journal of Feminist and Gender Research*, v. 21, n. 1, 2013, p. 4-20.

destacando assim as várias relações de poder atuantes naquele discurso específico [...]. Em outras palavras, a análise das metáforas deve ser feita tendo em vista o próprio discurso em que estão inseridas.[31]

No estudo de Norocel, a ideia de gênero, classe, raça e sexualidade propiciou uma metáfora de enquadramento que poderia ser estendida para explicar um fenômeno político em um contexto nacional específico.

A teórica feminista Chela Sandoval também reconhece a importância das metáforas para teorizar as relações de poder. Em uma seção intitulada "Power in Metaphors" [O poder nas metáforas] em seu livro emblemático *Methodology of the Oppressed* [Metodologia das pessoas oprimidas][32], Sandoval descreve como diferentes metáforas destacam distinções importantes entre entendimentos hierárquicos e pós-modernos de poder. Imaginar relações de poder como uma pirâmide hierárquica difere bastante de imaginar relações de poder por meio de uma metáfora plana e espacial de centros e margens. Sandoval observa que o afastamento de um "modelo soberano" hierárquico de poder permite que o poder seja figurado como uma força que circula horizontalmente:

> Como no modelo de poder anterior, soberano e piramidal, a posição de cada pessoa cidadã pode ser distintamente mapeada nessa grade de poder horizontal plana pós-moderna de acordo com atributos como raça, classe, gênero, idade ou orientação sexual, mas essa circulação reterritorializada de poder redireferencia, agrupa e classifica identidades de maneiras distintas. Por estarem situadas horizontalmente, parece que tais identidades-como-posições politizadas podem acessar da mesma maneira suas próprias e únicas formas raciais, sexuais, nacionais ou de gênero de poder social. Tais constituintes são então percebidos como se falassem "democraticamente" uns com os outros e em oposição uns aos outros, numa troca que é lateral, horizontal – não piramidal –, embora parta de localizações geográficas, de classe, etárias, sexuais, raciais ou de gênero *espacialmente* diferentes.[33]

Essa guinada metafórica tem implicações importantes para a interseccionalidade[34]. A interseccionalidade como uma metáfora conceitual central tem

---

[31] Ibidem, p. 9.
[32] Chela Sandoval, *Methodology of the Oppressed* (Minneapolis, MN, University of Minnesota Press, 2000).
[33] Ibidem, p. 72-3.
[34] Patricia Hill Collins, "Controlling Images", em Gail Weiss, Ann Murphy e Gayle Salamon (orgs.), *50 Concepts for a Critical Phenomenology* (Evanston, IL, Northwestern University Press, 2018).

se alastrado bem, estimulando muitos trabalhos inovadores no âmbito da interseccionalidade. No entanto, o uso do pensamento metafórico para a análise interseccional levanta várias questões. Alguns aspectos da interseccionalidade como metáfora funcionam mais para abordar certos problemas sociais e menos para abordar outros? Que experiências as pessoas precisariam trazer para o uso metafórico da interseccionalidade para que este tenha significado?

A crítica levanta uma questão válida sobre os limites da interseccionalidade como metáfora quando usada para invocar a imagem de uma encruzilhada literal. Em seu livro emblemático *Borderlands/La Frontera: The New Mestiza* [Fronteiras/La Frontera: a nova *mestiza*][35], a escritora feminista chicana Gloria Anzaldúa expande a metáfora da interseccionalidade como uma encruzilhada literal administrada por policiais de trânsito para a metáfora da fronteira como um ponto de encontro. A fronteira é também um lugar que reflete as relações sociais da fronteira física que influenciaram as experiências de Anzaldúa, que cresceu no sul do Texas. Nesse sentido, fronteiras são locais estruturais que refletem relações hierárquicas de poder e estão fora das categorias aceitáveis de pertencimento[36]. Os espaços de fronteira mostram o funcionamento das relações de poder hierárquicas, ou os efeitos sedimentados de, nas palavras de Sandoval, um "modelo piramidal soberano de poder". Mas a fronteira de Anzaldúa é, ao mesmo tempo, uma maneira de descrever as experiências de transitar por espaços marginais, fronteiriços e de forasteiro em espaços criados por diversos tipos de fronteira. Esse é o potencial para trocas "democráticas" em espaços fronteiriços ou interseccionais.

O trabalho de Anzaldúa ilustra as possibilidades e limitações das metáforas espaciais de poder. Como AnaLouise Keating[37] aponta, Anzaldúa é geralmente definida como uma autora "lésbica-feminista *chicana*", mas ela se descreveu de forma mais ampla como alguém que está em vários limiares, ao mesmo tempo dentro e fora de múltiplas coletividades. Anzaldúa é comprometida com múltiplos movimentos e se situa em múltiplos mundos:

"Seu compromisso é com La Raza, o movimento chicano", dizem as pessoas de minha raça. "Seu compromisso é com o Terceiro Mundo", dizem minhas amizades

---

[35] Gloria Anzaldúa, *Borderlands/La Frontera: The New Mestiza* (São Francisco, Spinsters/Aunt Lute Press, 1987).
[36] Nira Yuval-Davis, *The Politics of Belonging: Intersectional Contestations* (Londres, Sage, 2011).
[37] AnaLouise Keating, "Introduction: Reading Gloria Anzaldúa, Reading Ourselves Complex Intimacies, Intricate Connections", em AnaLouise Keating (org.), *The Gloria Anzaldúa Reader* (Durham, NC, Duke University Press, 2009), p. 2.

negras e asiáticas. "Seu compromisso é com seu gênero, com as mulheres", dizem as feministas. Depois, há meu compromisso com o movimento gay, com a revolução socialista, com a Nova Era, com a magia e o ocultismo. E há minha afinidade com a literatura, com o mundo da pessoa artista. O que eu sou? *Uma feminista lésbica do terceiro mundo com inclinações marxistas e místicas.* Então me cortavam em fragmentos pequeninos e marcavam cada pedaço com um rótulo.[38]

Anzaldúa usa suas experiências com vários grupos como a base de sua análise, embora ela tenha menos interesse em ter liberdade de se extrair de vários grupos para se encontrar e mais interesse em compreender como sua semelhança e sua diferença dos múltiplos grupos fomentam novas experiências de si. Como Keating descreve esse posicionamento: "Embora cada grupo contingencie a adesão de membros a seu próprio conjunto de regras e demandas que, com frequência, são excludentes, Anzaldúa recusa todas elas sem rejeitar as pessoas ou grupos"[39]. Para a autora, a fronteira sugere não apenas um lugar para abrigar experiências, mas também uma forma de trabalhar, tanto política quanto intelectualmente.[40]

A interseccionalidade pode ser a metáfora que se tornou o descritor para descrever o próprio campo, mas a metáfora espacial da fronteira também aprofunda entendimentos acerca da intersecção nas relações de poder. O trabalho de Anzaldúa conecta experiências, metáforas espaciais, poder e engajamento político, sinalizando uma abordagem importante para a teorização crítica. Ao discutir a importância do trabalho de Gloria Anzaldúa no âmbito da interseccionalidade, Patrick R. Grzanka descreve a metáfora da "fronteira" de Anzaldúa como uma metáfora que significa uma paisagem geográfica, afetiva, cultural e política que não pode ser explicada pela lógica binária (negro/branco, gay/heterossexual, mexicano/estadunidense etc.) ou mesmo pela noção de liminaridade, ou seja, *o espaço entre uma coisa e outra*. Para Anzaldúa, as fronteiras são um espaço muito *real* de relações sociais reais que não podem ser captadas

---

[38] Idem.
[39] Idem.
[40] Gloria Anzaldúa é cada vez mais reconhecida como uma importante teórica feminista. Veja, por exemplo, a introdução de Mariana Ortega ("Speaking in Resistant Tongues: Latina Feminism, Embodied Knowledge, and Transformation", *Hypatia*, v. 31, n. 2, 2016, p. 313-8) a um conjunto de artigos no *Hypatia*, uma revista de filosofia feminista, que analisa como "latinas e latinos que se dedicam à filosofia e à teoria na contemporaneidade perturbam e, ao mesmo tempo, enriquecem os entendimentos filosóficos tradicionais acerca de conhecimento, individualidade, libertação e transformação".

pela teoria social existente. Grzanka descreve as conexões entre a metáfora da interseccionalidade e a das fronteiras:

> O trabalho de Anzaldúa exemplifica o conceito de interseccionalidade talvez melhor que a metáfora do cruzamento no trânsito tão central para o campo e para a articulação inicial do conceito de Crenshaw, porque Anzaldúa nega qualquer lógica que presuma que tenham existido em dado momento pequenas dimensões de diferença que colidiram em algum ponto específico: nas fronteiras, mistura, hibridez, síntese inacabada e amalgamação imprevisível já estavam acontecendo desde sempre e estão sempre em andamento.[41]

Nesse sentido, o conceito de fronteira ilustra o poder da metáfora que, nesse caso, não só complementa, mas também aprofunda a postura metafórica da interseccionalidade.

Como metáforas, nem a interseccionalidade nem a ideia das fronteiras imprimem coerência, consistência ou conclusão. Ambas viajam, às vezes trabalhando juntas em alguns projetos e separadas em outros. Elas ilustram que, quando um conceito é estruturado por uma metáfora, ele é apenas parcialmente estruturado e pode ser estendido de algumas maneiras, mas não de outras[42]. As metáforas fornecem uma imagem mental holística de fenômenos inter-relacionados, bem como novos *insights* e ângulos de visão sobre as relações sociais. As heurísticas oferecem ferramentas para investigar as ideias que surgem por meio do pensamento metafórico da interseccionalidade. As heurísticas fornecem ferramentas de raciocínio em geral usadas para resolver problemas. Elas são versáteis e podem ser aplicadas a uma série de questões específicas.

## O PENSAMENTO HEURÍSTICO DA INTERSECCIONALIDADE

Heurísticas são técnicas para resolução, aprendizagem e descoberta de problemas sociais. Assim, o pensamento heurístico informa como as pessoas abordam novos e velhos enigmas, sejam eles problemas sociais no mundo social ou enigmas a respeito de como pensar melhor a produção intelectual. Em seu uso no cotidiano, as heurísticas incluem técnicas tais como usar regras baseadas na prática, fazer suposições fundamentadas e confiar no bom senso. Esse uso de heurísticas baseia-se em experiências cotidianas com o intuito de moldar

---

[41] Patrick R. Grzanka (org.), Intersectionality, cit., p. 106-7
[42] Lara Trout, *The Politics of Survival*, cit., p. 13.

estratégias de ação na vida diária. Em seu sentido mais técnico, as heurísticas também fornecem um conjunto de suposições ou lentes provisórias que podem ser usadas em uma disciplina acadêmica ou campo de estudo para resolver problemas sociais. De acordo com Abbott[43], "heurística é a ciência de encontrar novas formas de resolver problemas".

Em suma, por um lado, o uso metafórico da interseccionalidade propicia novos ângulos de visão sobre muitos tópicos. Esse uso sugere que seria benéfico deixar de ver os fenômenos sociais como separados e distintos e passar a encarar as interconexões entre eles. Por outro, usar a interseccionalidade como uma heurística aponta para estratégias de ação sobre *como* avançar na resolução de problemas sociais e na luta contra os enigmas existentes. As heurísticas informam as questões para um determinado estudo, para um plano de ação política e para a resolução de problemas da vida cotidiana. As heurísticas oferecem orientação, como regras práticas ou práticas comuns, para a ação social. O senso comum, as regras da interseccionalidade tidas como certas, como uma heurística, fornecem assim um vocabulário preliminar para a produção intelectual e a práxis da interseccionalidade.

Utilizar a interseccionalidade como uma heurística facilitou o processo de repensar o conhecimento existente – a saber, problemas sociais como violência, instituições sociais como trabalho e família e construtos sociais importantes como identidade. O artigo clássico de Kimberlé Crenshaw "Mapping the Margins: Intersectionality, Identity Politics, and Violence against Women of Color" [Mapeando as margens: interseccionalidade, política identitária e violência contra mulheres *of color*][44] ilustra o uso heurístico da interseccionalidade para repensar o conhecimento existente sobre a violência como um problema social. A preocupação imediata de Crenshaw era analisar a violência contra mulheres *of color*, com o objetivo de fortalecer o ativismo de base e as reações jurídicas a ele. Na falta do termo *interseccionalidade*, Crenshaw utiliza a heurística existente de raça/classe/gênero como fenômenos interconectados como um ponto de partida para a resolução de problemas relativos à violência. Nesse sentido, sua abordagem ilustra o uso da interseccionalidade (a heurística de raça/classe/gênero) como uma forma de gerar conhecimento utilizável para as ciências sociais como um instrumento para a "resolução de problemas sociais"[45].

---

[43] Andrew Abbott, *Methods of Discovery*, cit., p. 81.
[44] Kimberlé Williams Crenshaw, "Mapping the Margins", cit.
[45] Charles E. Lindblom e David K. Cohen, *Usable Knowledge: Social Science and Social Problem Solving* (New Haven, CT, Yale University Press, 1979), p. 4.

Ainda assim, no contexto da utilização da heurística raça/classe/gênero, ela reconhece suas limitações para seu projeto particular e o adapta para seu contexto específico. Crenshaw manteve a ideia de interseccionalidade, mas incorporou e considerou categorias mais adequadas para mulheres *of color*. De maneira específica, Crenshaw subestima a classe como categoria explicativa para tratar da violência contra mulheres *of color*. Em vez disso, ela inclui a categoria "*status* de imigrante", que em si mesmo é um construto que invoca discursos de nação (*status* de cidadania) e etnia (cultura como indicador de cor, raça e, muitas vezes, religião). Por meio dessa adaptação, Crenshaw argumenta que a combinação provisória de raça, gênero e *status* de imigrante se ajusta melhor às experiências do grupo em questão, bem como aos problemas sociais com a violência que elas enfrentaram. No entanto, nem a estrutura existente de raça/classe/gênero nem a nova estrutura que enfatiza raça, gênero e *status* de imigrante foram suficientes por si só. Crenshaw então oferece o termo *interseccionalidade* como uma forma de responder ao desafio de resolver problemas sociais que não poderiam ser incorporados na rubrica raça/classe/gênero. Essa mudança de raça/classe/gênero para interseccionalidade ilustra a utilidade das heurísticas – ironicamente, nesse caso, ao nomear a interseccionalidade.

Certamente as análises da violência, bem como as categorias interseccionais que foram usadas para estudá-la, se expandiram tremendamente desde o artigo emblemático de Crenshaw. Como a violência contra mulheres tem sido um catalisador poderoso para a interseccionalidade, as análises interseccionais deste tópico, além de bem difundidas, também informaram ativismo político e políticas públicas[46]. As análises da violência que se baseiam na interseccionalidade reaparecem em uma ampla gama de tópicos, como a violência do militarismo e da guerra praticada pelo Estado-nação[47], a forma como o direito penal internacional trata a violência sexual e étnica e o discurso de ódio como parte das relações de violência[48]. As soluções para a violência contra mulheres seguirão improváveis se tal violência for imaginada através de lentes monocategóricas, como as lentes de gênero de perpetradores homens e vítimas mulheres, ou as lentes raciais que colocam a violência policial contra homens negros estadunidenses

---

[46] Patricia Hill Collins e Sirma Bilge, *Intersectionality*, cit., p. 48-55.
[47] V. Spike Peterson, "Thinking Through Intersectionality and War", *Race, Gender and Class*, v. 14, n. 3-4, 2007, p. 10-27.
[48] Mari J. Matsuda et al., *Words that Wound: Critical Race Theory, Assaultive Speech, and the First Amendment* (Boulder, CO, Westview Press, 1993).

acima da violência doméstica contra mulheres negras estadunidenses. Ver a violência através de uma lente interseccional tem o potencial de criar formas de política transversal para enfrentá-la[49].

Usar a interseccionalidade como heurística facilitou o processo de repensar as instituições sociais, como trabalho, família, mídia, educação, saúde e instituições sociais fundamentais semelhantes por meio do que parecem ser abordagens heurísticas bastante diretas. Um ponto forte do pensamento heurístico diz respeito a como é fácil utilizá-lo para criticar o conhecimento existente e postular novas questões. Por exemplo, no que diz respeito ao estudo do trabalho, fazer perguntas simples como: "Isso se aplica a mulheres?" ou "O trabalho de pessoas escravizadas está incluído na definição de trabalho?" ou "Por que trabalhadores brancos e homens são o foco dos estudos do trabalho?" identifica áreas que recebem ênfase exagerada ou insuficiente para a compreensão do trabalho. As experiências de um determinado grupo de trabalhadores industriais homens, brancos da classe trabalhadora ou gerentes e executivos de classe média, também brancos e homens, atraíram a maior parte da atenção acadêmica. Quais são os efeitos de tratar as descobertas acerca desse grupo em particular como universais na produção acadêmica que diz tratar de trabalho? A eficácia do pensamento heurístico reside em sua simplicidade – seu uso muda as perspectivas estabelecidas sobre o conhecimento e a prática. A heurística de perguntar como uma estrutura interseccional mudaria o que é considerado fixo e fixaria o que estava em fluxo sinaliza uma mudança radical no processo de produzir conhecimento.

As grandes mudanças na produção intelectual sobre trabalho na sociologia depois da introdução da interseccionalidade ilustram esse processo. Em primeiro lugar, o trabalho remunerado de um determinado grupo de homens que trabalham em empregos específicos em sociedades ocidentais não é mais considerado sinônimo de trabalho. A interseccionalidade abriu a porta para redefini-lo. O trabalho constitui um conceito importante que abarca uma produção intelectual cheia de nuances acerca de como a organização do mercado de trabalho, a segregação ocupacional, o equilíbrio entre trabalho e família e os aspectos do trabalho reprodutivo remunerado e não remunerado sustentam desigualdades sociais complexas. Esses temas propiciaram um terreno bastante rico para

---

[49] Patricia Hill Collins, "On Violence, Intersectionality and Transversal Politics", *Ethnic and Racial Studies*, v. 40, n. 9, 2017, p. 1-14.

estudos interseccionais, desde a época dos estudos de raça/classe/gênero até análises contemporâneas acerca do capitalismo global[50]. Refletindo as origens dos movimentos sociais dos estudos de raça/classe/gênero, a produção acadêmica interseccional sobre o trabalho na década de 1980 examinou os mercados de trabalho segmentados e as maneiras pelas quais mulheres e pessoas *of color* eram encaminhadas para empregos ruins e trabalhos sujos[51]. Com base nas análises do capitalismo que examinaram como empregos bons e ruins dos mercados de trabalho foram organizados usando desigualdades sociais de gênero, raça e classe econômica, os estudos sobre trabalho doméstico, mais especificamente, abriram a porta para mostrar como o trabalho era fundamental para a exploração de mulheres e homens *of color*[52]. Essa produção acadêmica fundamental sobre o trabalho foi prenúncio de orientações importantes da pesquisa contemporânea no campo das ciências sociais como, por exemplo, intersecções de raça e gênero no mercado de trabalho[53], o processo de dessegregação do ambiente de trabalho no setor privado[54], a situação de profissionais homens negros estadunidenses no local de trabalho[55] e os contornos emergentes do trabalho reprodutivo remunerado[56].

O uso da interseccionalidade como heurística também se mostrou deveras valioso para repensar os importantes construtos sociais de identidade e subjetividade. A ideia do senso comum de que a identidade individual é moldada por vários fatores cuja proeminência muda de um contexto social para outro

---

[50] Aihwa Ong, *Flexible Citizenship: The Cultural Logics of Transnationality* (Durham, NC, Duke University Press, 1999).

[51] Teresa L. Amott e Julie Matthaei, *Race, Gender, and Work: A Multicultural Economic History of Women in the United States* (Boston, South End Press, 1991).

[52] Evelyn Nakano Glenn, *Unequal Freedom: How Race and Gender Shaped American Citizenship and Labor* (Cambridge, MA, Harvard University Press, 2002); Pierrette Hondagneu-Sotelo, *Domestica: Immigrant Workers Cleaning and Caring in the Shadow of Affluence* (Berkeley, CA, University of California Press, 2001); Judith Rollins, *Between Women: Domestics and Their Employers* (Filadélfia, Temple University Press, 1985).

[53] Irene Browne e Joya Misra, "The Intersection of Gender and Race in the Labor Market", *Annual Review of Sociology*, v. 29, 2003, p. 487-513.

[54] Donald Tomaskovic-Devey e Kevin Stainback, *Documenting Desegregation: Racial and Gender Segregation in Private Sector Employment since the Civil Rights Act* (Nova York, Russell Sage Foundation, 2012).

[55] Adia Harvey Wingfield e Renee Skeete Alston, "The Understudied Case of Black Professional Men: Advocating an Intersectional Approach", *Sociology Compass*, v. 6, n. 9, 2012, p. 728-39.

[56] Mignon Duffy, "Doing the Dirty Work: Gender, Race and Reproductive Labor in Historical Perspective", *Gender and Society*, v. 21, n. 3, 2007, p. 313-36.

deve muito à facilidade de utilização da interseccionalidade como heurística. Em um nível básico, uma pessoa não precisa mais perguntar: "eu sou negra ou sou mulher ou sou lésbica antes de qualquer coisa?". A resposta de ser *simultaneamente* negra e mulher e lésbica expande esse espaço de subjetividade para abarcar múltiplos aspectos da identidade individual. Em vez de uma identidade fixa e essencialista que uma pessoa carrega de uma situação para outra, as identidades individuais agora são vistas como desempenhadas de forma diferente entre um contexto social e outro[57]. O processo de construção de um senso único de identidade que se baseia em múltiplas possibilidades gerou novas questões sobre como essas identidades foram interconectadas e são interdependentes, em vez de como elas foram ou deveriam ser classificadas[58].

A interseccionalidade não é uma teoria da identidade, mas muitos acadêmicos e ativistas intelectuais a entendem através dessa lente, sobretudo porque o uso heurístico da interseccionalidade aplicada ao tópico da identidade é comum. Dada a atenção desordenada devotada à identidade e sua aparente associação com a interseccionalidade, voltar ao trabalho de Stuart Hall, escrito mais ou menos na mesma época que o de Butler, pode ser útil. Ao contrário de Butler, Hall afirma que *tanto* a natureza performativa da identidade *quanto* os arcabouços das estruturas sociais são importantes:

> A identidade não é um conjunto de atributos fixos, a essência imutável do eu interior, mas um processo de *posicionamento* em constante mudança. Temos a tendência de pensar que a identidade nos leva de volta às nossas raízes, à parte de nós que permanece essencialmente a mesma ao longo do tempo. Na verdade, a identidade é sempre um processo nunca concluído de devir – um processo que envolve a variação de *identificações* em vez de um estado de ser singular, completo, terminado.[59]

---

[57] Judith Butler, *Gender Trouble: Feminism and the Subversion of Identity* (Nova York, Routledge, 1990) [ed. bras.: *Interseccionalidade*, trad. Rane Souza, São Paulo, Boitempo, 2021].

[58] O trabalho de Judith Butler (idem) influenciou muito essa abordagem emergente da identidade, especialmente por meio da teoria *queer*. A ideia importante de Butler acerca de subjetividades performativas está frequentemente ligada à estrutura da interseccionalidade de fenômenos interconectados e interdependentes. No entanto, Butler se distanciou da interseccionalidade. Veja, por exemplo, os comentários desdenhosos sobre a interseccionalidade em sua obra clássica, *Gender Trouble* (ibidem, p. 182). Ironicamente, muitas pessoas recorrem tanto aos argumentos de Butler sobre performatividade quanto às percepções da interseccionalidade sobre a interdependência, a ponto de a interseccionalidade ser com frequência entendida como uma teoria social da identidade.

[59] Stuart Hall, *Familiar Stranger: A Life between Two Islands* (Durham, NC, Duke University Press, 2017), p. 16.

Outra linha intelectual examina a identidade em relação à desigualdade social e à ação política, como, por exemplo, as possibilidades de categorias de identidade como coalizões em potencial[60], ou estudos de caso acerca de como dar atenção a identidades que se interseccionam cria solidariedade e coesão para a mobilização de diversos movimentos em democracias participativas[61].

Usar a interseccionalidade como heurística não só facilitou o repensar do conhecimento existente – violência e problemas sociais semelhantes, trabalho e instituições sociais semelhantes, bem como identidade e construtos sociais semelhantes – mas também trouxe novos sistemas de poder ao panorama geral. A análise interseccional agora incorpora sexualidade, etnia, idade, capacidade e nação como categorias de análise semelhantes[62]. De forma mais específica, o aumento da atenção direcionada aos temas nação, nacionalismo, Estado-nação e identidade nacional tem como objetivo alinhar as relações de poder da nação com análises estruturais sobre racismo, capitalismo e patriarcado[63]. A literatura sobre o Estado-nação e suas políticas de cidadania tem se beneficiado de estruturas interseccionais; é o caso da análise do Estado racial feita por Goldberg[64] ou do estudo de Evelyn Glenn[65] sobre trabalho, cidadania estadunidense e o poder do Estado-nação. Estruturas interseccionais também aprofundaram a compreensão das ideologias nacionalistas, como evidenciado na análise sobre masculinidade e nacionalismo feita por Joane Nagel[66] ou na obra clássica de George Mosse[67] sobre nacionalismo e sexualidade. O comportamento político de grupos subordinados à medida que visam se empoderar também gerou análises interseccionais como, por exemplo, o estudo etnográfico de Ana Ramos-Zayas[68] sobre a identidade

---

[60] Anna Carastathis, "Identity Categories as Potential Coalitions", *Signs*, v. 38, n. 4, 2013, p. 941-65.
[61] Jone Martinez Palacios, "Equality and Diversity in Democracy: How Can We Democratize Inclusively?", *Equality, Diversity and Inclusion: An International Journal* 3, v. 35, n. 5-6, 2016, p. 350-63.
[62] H. J. Kim-Puri, "Conceptualizing Gender-Sexuality-State-Nation: An Introduction" *Gender and Society*, v. 19, n. 2, 2005, p. 137-59.
[63] Nira Yuval-Davis, *Gender and Nation* (Thousand Oaks, CA, Sage, 1997).
[64] David Theo Goldberg, *The Racial State* (Malden, MA, Blackwell, 2002).
[65] Evelyn Nakano Glenn, *Unequal Freedom*, cit.
[66] Joane Nagel, "Masculinity and Nationalism: Gender and Sexuality in the Making of Nations", *Ethnic and Racial Studies*, v. 21, n. 2, 1998, p. 242-69.
[67] George L. Mosse, *Nationalism and Sexuality: Middle-class Morality and Sexual Norms in Modern Europe* (Nova York, H. Fertig, 1985).
[68] Ana Y. Ramos-Zayas, *National Performances: The Politics of Race, Class, and Space in Puerto Rican Chicago* (Chicago, University of Chicago Press, 2003).

porto-riquenha, em um bairro de Chicago, que ilustra os benefícios de incorporar o nacionalismo aos estudos sobre política local. As análises interseccionais do poder do Estado-nação se expandiram para considerar também processos transnacionais, por exemplo, ao inserir análises do turismo transnacional em processos interseccionais de autonomia erótica, descolonização e nacionalismo[69].

O uso heurístico da interseccionalidade gerou uma enorme quantidade de novos conhecimentos, muito mais que qualquer indivíduo ou grupo de indivíduos pode analisar. Quando este livro foi escrito, alguns campos de estudo já haviam acumulado evidências acadêmicas suficientes para explorar os modelos de estudos interseccionais em suas próprias áreas de investigação. O uso heurístico da interseccionalidade na sociologia, história, antropologia, educação, serviço social e disciplinas estabelecidas semelhantes certamente suscitou um número considerável de pesquisas publicadas. No entanto, essas comunidades de investigação trazem suas próprias estruturas interpretativas e convenções acadêmicas para o conteúdo do conhecimento interseccional criado dentro de seus parâmetros. Usar a interseccionalidade como uma heurística tem o potencial de fomentar a reforma disciplinar. Em contrapartida, campos interdisciplinares de investigação, como estudos sobre mulheres, gênero e sexualidade; estudos étnicos; estudos sobre negros; estudos sobre a mídia; estudos sobre estadunidenses; e os estudos culturais desfrutam de semelhante uso heurístico da interseccionalidade, mas enfrentam menos barreiras disciplinares. Esses campos interdisciplinares geralmente dão mais liberdade intelectual, mas muitas vezes à custa de menos apoio institucional. Eles também estão limitados a atitudes de reforma, desta vez não de seus próprios arcabouços e práticas, mas das universidades que os abrigam.

Em algum momento, a pessoa esbarrará nas limitações do pensamento heurístico. Nesse sentido, os modos como os estudos de raça/classe/gênero têm se desdobrado desde a década de 1980 podem servir de alerta para a vasta quantidade de dados que atualmente está sendo produzida pelo uso heurístico da interseccionalidade. Os estudos de raça/classe/gênero estabeleceram bases

---

[69] M. Jacqui Alexander, "Erotic Autonomy as a Politics of Decolonization: An Anatomy of Feminist and State Practice in the Bahamas Tourist Industry", em M. Jacqui Alexander e Chandra Talpade Mohanty (orgs.), *Feminist Genealogies, Colonial Legacies, Democratic Futures* (Nova York, Routledge, 1997), p. 63-100; M. Jacqui Alexander, "Imperial Desire/Sexual Utopias: White Gay Capital and Transnational Tourism", em M. Jacqui Alexander, *Pedagogies of Crossing: Meditations on Feminism, Sexual Politics, Memory, and the Sacred* (Durham, NC, Duke University Press, 2005), p. 66-88.

substanciais para o uso metafórico e heurístico da interseccionalidade. Intelectuais e ativistas que trabalham nos campos dos estudos de raça/classe/gênero assim como esforços interdisciplinares semelhantes usavam rotineiramente a frase "raça, classe e gênero" para uma ampla gama de projetos[70]. O uso heurístico de "raça, classe e gênero" como um termo substituto provisório para a miríade de projetos que surgiram nas disciplinas acadêmicas e entre elas catalisou uma produção intelectual considerável. Entender raça, classe e gênero como fenômenos interconectados aparentemente implicava um vago conjunto de suposições: (1) raça, classe e gênero não se referiam a sistemas de poder singulares, e sim interseccionais; (2) desigualdades sociais específicas refletem essas relações de poder de um contexto para o outro; (3) identidades individuais e coletivas (grupais) de raça, gênero, classe e sexualidade são socialmente construídas dentro de múltiplos sistemas de poder; e (4) os problemas sociais e os métodos para resolvê-los são fenômenos que se interseccionam de maneira semelhante. Cada uma dessas premissas serviu como ponto de partida para uma série de projetos. A interseccionalidade extraiu e expandiu o uso heurístico desses pressupostos que fundamentam os estudos de raça/classe/gênero.

Tanto os estudos de raça/classe/gênero quanto a interseccionalidade dependem do pensamento heurístico, mas, embora possam parecer intercambiáveis, eles têm abordagens distintas para a resolução de problemas sociais. Usar a estrutura de análise de raça/classe/gênero lembra quem faz pesquisa de considerar raça, classe e gênero como categorias *específicas* de análise. De forma individual ou quando combinadas, as categorias de raça, classe e gênero identificam bases estruturais distintas para as desigualdades sociais; por exemplo, o racismo da supremacia branca, a exploração de classe associada ao capitalismo e o sexismo inerente ao patriarcado. Raça, classe e gênero não se referem apenas a sistemas específicos de poder; cada categoria tem suas próprias tradições históricas de produção intelectual e ativismo feito pelas comunidades interpretativas que se desenvolveram em torno de cada categoria. Ironicamente, a história particular do próprio campo foi vista como um obstáculo às suas possibilidades universais. O campo era visto como muito específico porque confinava a análise à raça, classe e gênero. Algumas pessoas que os utilizavam presumiram erroneamente que esses conceitos específicos, quando considerados de forma literal, deveriam

---

[70] Margaret L. Andersen e Patricia Hill Collins, *Race, Class, and Gender*, cit.; Patricia Hill Collins e Sirma Bilge, *Intersectionality*, cit.

estar presentes em todas as análises, e que a ausência de qualquer categoria comprometia a integridade dos estudos de raça/classe/gênero. Por ser considerado muito associado aos grupos sociais subordinados específicos vistos como centrais para sua criação e crescimento, o campo de raça/classe/gênero também foi visto como possuidor de outro tipo de problema de especificidade. "Raça" significava pessoas negras, "gênero" significava mulheres e "classe" significava pessoas pobres. Ainda assim, raça/classe/gênero nunca argumentaram que seus conceitos estavam confinados a pessoas subordinadas – era perfeitamente possível estudar privilégios em categorias de raça, classe e gênero. Da mesma forma, raça, classe e gênero nunca foram concebidos para serem usados como uma lista fixa de entidades que poderiam ser aplicadas a qualquer momento e em todos os lugares. Em vez disso, raça/classe/gênero era uma heurística que apontava para outras combinações que não apenas eram possíveis, mas também mais adequadas a uma série de questões e contextos específicos.

O uso heurístico da interseccionalidade oferece diferentes vantagens e limitações. Como a interseccionalidade não especifica a configuração das categorias, ou mesmo o número de categorias relevantes para uma análise específica, ela aparentemente oferece mais flexibilidade que os estudos de raça/classe/gênero. Ao fornecer um novo termo que era elástico o suficiente para incorporar as particularidades dos estudos de raça/classe/gênero e, ao mesmo tempo, expandi-los para incluir conceitos específicos adicionais, a interseccionalidade aparentemente resolveu o problema de especificidade de raça/classe/gênero. No entanto, a busca de universalidade pela interseccionalidade – e isso é importante para seu *status* de teoria social em construção – significava que ela não precisava se preocupar com sua própria história específica. Usar a interseccionalidade como heurística, referindo-se a uma interseccionalidade *genérica* sem se ater às particularidades das próprias categorias, ou às questões sociais que catalisaram os estudos de raça/classe/gênero e a interseccionalidade, criou novos problemas. A rápida adoção da interseccionalidade pela adição de ainda mais categorias sugere um paralelismo entre essas categorias, o que implica que cada sistema de poder é fundamentalmente o mesmo. Em outras palavras, se as categorias raça, classe e gênero, entre outras, são equivalentes e substitutas potenciais umas das outras, então os sistemas de poder subjacentes à interseccionalidade são igualmente equivalentes. Compreender um deles significa compreender os outros.

Esta suposição de equivalência e intercambialidade pode promover a facilidade de uso heurístico da interseccionalidade, mas, ao mesmo tempo, limita o potencial teórico da interseccionalidade. Por exemplo, a categoria classe tem sido frequentemente mencionada dentro da interseccionalidade, embora com menos frequência tratada como uma categoria analítica que é equivalente a raça e gênero. Além disso, as categorias nação, sexualidade, etnia, idade, religião e capacidade se assemelham, mas não podem ser agrupadas umas nas outras sob o título de interseccionalidade genérica. Cada uma é uma categoria analítica que não pode ser simplesmente adicionada e combinada com as outras. As relações entre essas categorias estão em suas especificidades – elas devem ser estudadas e teorizadas de maneira empírica, e não simplesmente presumidas por conveniência heurística. Essa breve comparação entre raça/classe/gênero e interseccionalidade sugere que, se um dispositivo heurístico for aplicado acriticamente, mais como uma fórmula que como uma ferramenta inventiva para a resolução criticamente engajada de problemas sociais, ele pode perder a capacidade de fomentar a inovação[71].

Como a interseccionalidade pode fazer sentido por si mesma, especialmente em relação a seu potencial como teoria social crítica em construção? A interseccionalidade oferece uma janela para se pensar sobre a importância das ideias e da ação social na promoção da transformação social. A metáfora da interseccionalidade dá nome e rosto a um projeto comum de uso de estruturas mais holísticas para explicar e abordar problemas sociais. A interseccionalidade como heurística oferece regras tácitas provisórias para repensar uma série de problemas sociais, bem como estratégias para criticar como a intelectualidade os estuda. Nesse sentido, o pensamento metafórico e heurístico da interseccionalidade fornece ferramentas conceituais importantes para a resolução de problemas. Essas estratégias continuam importantes, mas seu uso não deve ser confundido com teorização.

A interseccionalidade é um ponto de encontro de sua própria criação, no qual os conhecimentos e práticas catalisadas por suas práticas metafóricas e heurísticas convergem e crescem. Os efeitos da interseccionalidade são de longo alcance – ela catalisou mudanças significativas nas disciplinas acadêmicas em relação a

---

[71] No capítulo 3, desenvolvo esse tema da relação entre especificidade e universalidade ao analisar as ligações da interseccionalidade com as tradições de conhecimento de resistência com componentes de ação social. Os estudos raciais críticos visam resistir ao racismo, os estudos feministas resistem ao heteropatriarcado e os estudos sobre a descolonização resistem ao neocolonialismo. Nesse sentido, cada projeto reflete os problemas sociais específicos enfrentados por pessoas negras, por mulheres e pessoas colonizadas. Mas cada projeto também enxerga além das especificidades de qualquer grupo.

algumas de suas estruturas mais queridas, como o caso mencionado anteriormente do trabalho na sociologia. A interseccionalidade também influenciou os contornos dos estudos de mulheres, gênero e sexualidade; estudos de mídia; e campos interdisciplinares de investigação semelhantes. O conhecimento e as práticas da interseccionalidade decorrentes da forma como as pessoas que a praticam a utilizam podem ter catalisado uma grande quantidade de novos conhecimentos em muitos campos de estudo. Para mim, a interseccionalidade atingiu um marco importante em sua própria jornada, um lugar onde catalisou mudanças de paradigma em muitos campos de estudo, mas onde também deve passar um tempo examinando seu próprio pensamento paradigmático. Em outras palavras, dar atenção ao *pensamento paradigmático* da interseccionalidade adiciona outra dimensão a sua arquitetura cognitiva.

## INTERSECCIONALIDADE E MUDANÇAS DE PARADIGMA

Os paradigmas fornecem estruturas que descrevem, interpretam, analisam e, em alguns casos, explicam tanto o conhecimento que está sendo produzido quanto os processos utilizados para produzi-lo. O pensamento paradigmático envolve ter em mente um modelo ou explicação provisória, um exemplo típico de algo, um conjunto distinto de conceitos ou padrões de pensamento. Esse tipo de pensamento costuma ser difícil de reconhecer como tal, porque os paradigmas costumam estar implícitos, presumidos e tomados como certos. Por exemplo, durante certo tempo, pressupostos sobre a biologia e o mundo natural exerceram enorme influência nas pesquisas sobre gênero e identidades sexuais, nas políticas públicas que entendiam a cidadania por meio de conjuntos binários de corpos adequados e inadequados, bem como nas explicações evolutivas mais amplas dos mundos natural e social. Apoiar-se em explicações biológicas soava mais como a própria verdade que apenas como um paradigma entre muitos.

Quando o pensamento paradigmático em um campo muda, as ideias e as relações sociais desse campo também podem mudar de forma bastante dramática. A descrição de Thomas Kuhn[72] sobre como as mudanças de paradigma ocorrem nas ciências naturais fornece um modelo útil para compreender os efeitos da interseccionalidade nos campos de estudo existentes. Ironicamente, Kuhn analisou

---

[72] Thomas S. Kuhn, *The Structure of Scientific Revolutions* (Chicago, University of Chicago Press, 1970) [ed. bras.: *A estrutura das revoluções científicas,* trad. Beatriz Vianna Boeira e Nelson Boeira, São Paulo, Perspectiva, 2017].

a maneira como os paradigmas mudaram nas ciências naturais como uma crítica implícita às ciências sociais; ele queria demonstrar como os paradigmas nas ciências naturais forneciam certezas para as disciplinas científicas – certezas que as ciências sociais aparentemente não possuíam. No entanto, essa dimensão de seu trabalho foi ofuscada pela rapidez com que o conceito de uma mudança de paradigma se transportou para as ciências sociais, bem como para a linguagem cotidiana[73].

Uma mudança de paradigma é uma mudança não só em ideias, mas também na forma como um campo de estudo reorganiza suas práticas para facilitar alcançar seus objetivos de resolução de problemas. Quando os campos encontram anomalias ou enigmas que não podem mais ser resolvidos com base nas convenções de seu paradigma dominante, eles mudam, muitas vezes de forma bastante dramática. O antigo paradigma pode desaparecer rapidamente, com o surgimento de um novo para ocupar seu lugar. Uma mudança de paradigma ocorre ao longo de três dimensões: o novo paradigma (1) resolve de forma convincente problemas previamente reconhecidos; (2) tem problemas não resolvidos suficientes para fornecer enigmas para investigação posterior; e (3) atrai especialistas o bastante para formar o núcleo de novas explicações provisórias acordadas para o tema em questão. Quando aplicado à interseccionalidade, o conceito de mudança de paradigma sugere: que a interseccionalidade lida, de forma convincente, com reconhecidos problemas sociais relativos à desigualdade e aos problemas sociais que ela engendra; que suas heurísticas fornecem novos caminhos de investigação para estudar a desigualdade social; e que ela atraiu uma constelação vibrante de intelectuais e profissionais que a reconhecem como uma forma de investigação crítica e de práxis. Essa comunidade, heterogênea e recém-formulada, de investigação tanto faz sentido para a metáfora da interseccionalidade como identidade coletiva quanto se baseia no pensamento heurístico para a resolução de problemas sociais.

Esse conceito de mudança de paradigma é especialmente útil para refletir sobre as mudanças que a interseccionalidade engendrou nos campos disciplinares e interdisciplinares. O argumento de Kuhn é voltado para mudanças nas ciências

---

[73] Uso aqui o trabalho mencionado de Kuhn não como uma teoria a ser testada, mas sim como uma heurística ou modelo para abordar a interseccionalidade. A estrutura de Kuhn para mudanças na ciência tem sido criticada a partir de várias perspectivas. Mas, como sua estrutura básica foi extrapolada do contexto específico da ciência, essa abordagem de paradigmas é útil como heurística (idem). Em *Chaos of Disciplines* (Chicago, University of Chicago Press, 2001), Andrew Abbott oferece uma análise mais complexa e abrangente de como o conhecimento muda nas ciências sociais. Sua análise do construcionismo é especialmente significativa para a interseccionalidade.

naturais, nas quais paradigmas consistem em suposições compartilhadas em um campo de estudo *existente*, em subcampos de uma disciplina particular, ou em ambos. No entanto, quando desvinculado da suposição de que as mudanças de paradigma ocorrem principalmente em campos de investigação existentes, o argumento básico de Kuhn sobre as mudanças de paradigma também se aplica a estruturas interpretativas mais amplas. As mudanças de paradigma são significativas porque descrevem o que acontece quando as estruturas tradicionais não mais explicam as realidades sociais o suficiente e, portanto, tornam-se ineficazes. Nesse sentido, o conceito de mudança de paradigma é especialmente importante para a interseccionalidade como teoria social crítica em construção, porque uma mudança de paradigma identifica uma guinada importante quando as teorias sociais estabelecidas perdem sua lâmina crítica e quando outras teorias sociais as deslocam.

Sem dúvida, a interseccionalidade contribuiu para mudanças de paradigma no pensamento sobre como as relações de poder mutuamente construídas determinam os fenômenos sociais. Em todas as disciplinas acadêmicas, os paradigmas tradicionais abordavam a desigualdade racial e a desigualdade de gênero, por exemplo, como fenômenos distintos, separados e desconectados. Como raça, classe, gênero, sexualidade, idade, etnia, nação e capacidade foram conceituados como fenômenos separados, suas interações permaneceram invisíveis porque ninguém pensou em procurá-las. Usar a interseccionalidade como uma metáfora desafiou fundamentalmente essa suposição dada como certa, e usá-la como heurística desenvolveu um novo conhecimento como evidência para argumentos interseccionais. Nesse sentido, a interseccionalidade não era apenas um ajuste para a normalidade. Ela apontou para uma mudança de paradigma fundamental no pensamento sobre a intersecção de sistemas de poder e suas conexões com a intersecção de desigualdades sociais.

Pensar como a interseccionalidade promoveu mudanças de paradigma nos campos de estudo existentes levanta uma questão fundamental: a própria interseccionalidade está emergindo como um paradigma em si? A utilização da interseccionalidade como metáfora não especificava seu conteúdo. Isso é parte do que a torna tão fácil de usar e abraçar. Da mesma forma, usá-la como heurística significa aplicar suas estratégias básicas a temas e problemas específicos. Em contraponto, explorar o pensamento paradigmático da interseccionalidade significa voltar a lente analítica para a própria interseccionalidade. E isso requer uma análise autorreflexiva sustentada de suas ideias e práticas internas.

Na próxima seção, esboço construtos centrais selecionados e premissas orientadoras da interseccionalidade extraídas de minhas leituras acerca da investigação interseccional, bem como do meu entendimento de sua prática. Quando combinados, esses construtos centrais e premissas orientadoras fornecem um modelo provisório para analisar as ideias e práticas da interseccionalidade. Meu objetivo é abordar algumas ideias de uso paradigmático da interseccionalidade, ou seja, os construtos centrais e premissas orientadoras encontrados na investigação crítica da interseccionalidade.

## Quadro 1.1 – Ideias paradigmáticas da interseccionalidade

| CONSTRUTOS CENTRAIS | PREMISSAS ORIENTADORAS |
| --- | --- |
| Relacionalidade<br>Poder<br>Desigualdade social<br>Contexto social<br>Complexidade<br>Justiça social | (1) Raça, classe, gênero e sistemas similares de poder são interdependentes e constroem mutuamente uns aos outros.<br><br>(2) A intersecção das relações de poder produz desigualdades sociais complexas e interdependentes de raça, classe, gênero, sexualidade, nacionalidade, etnia, capacidade e idade.<br><br>(3) A localização social de indivíduos e grupos na intersecção das relações de poder determina suas experiências e perspectivas no mundo social.<br><br>(4) Resolver problemas sociais dentro de um dado contexto regional, nacional ou global requer análises interseccionais. |

O quadro 1.1 fornece um esquema provisório das ideias paradigmáticas que formam o conteúdo da investigação crítica da interseccionalidade. Essas ideias vêm de seus usos metafóricos, heurísticos e paradigmáticos. Esse esquema faz uma distinção entre os construtos centrais que reaparecem na interseccionalidade e as premissas orientadoras que influenciam a análise interseccional.

Os construtos centrais da interseccionalidade aparecem de maneira habitual na investigação interseccional, seja como temas de investigação ou como premissas metodológicas que orientam a própria pesquisa. Eles são (1) relacionalidade; (2) poder; (3) desigualdade social; (4) contexto social; (5) complexidade; e (6) justiça social[74]. Por exemplo, quando se trata de pesquisa em ciências sociais, a interseccionalidade requer atenção à complexidade, seja nas perguntas feitas, nos

---

[74] Patricia Hill Collins e Sirma Bilge, *Intersectionality*, cit., p. 25-30 e 194-204.

métodos usados em um estudo ou na interpretação dos resultados. As análises interseccionais são, por natureza, complexas e complicadas.

As premissas orientadoras da interseccionalidade são hipóteses de trabalho ou suposições que influenciam a investigação e a práxis da interseccionalidade. Tais ideias exercem influência sobre projetos intelectuais e políticos específicos. Essas premissas orientadoras são reconhecíveis por pessoas que, na prática, utilizam a interseccionalidade. Assim como profissionais do ramo da biologia ou da área de direitos humanos sabem que, ao trabalhar em seus respectivos campos, compartilham certas suposições sobre biologia e direitos humanos com outras pessoas de sua área, as pessoas que fazem investigação interseccional compartilham perguntas, abordagens e justificativas comuns acerca do motivo pelo qual praticam a interseccionalidade em primeiro lugar. Juntos, os construtos centrais da interseccionalidade e as premissas orientadoras são fundamentais para a investigação crítica da interseccionalidade porque constituem blocos de construção para o conteúdo da interseccionalidade como teoria social crítica e processos de teorização crítica que podem caracterizar sua práxis.

## CONSTRUTOS CENTRAIS E PREMISSAS ORIENTADORAS

Os construtos centrais da interseccionalidade constituem uma dimensão importante do pensamento paradigmático da interseccionalidade. Os temas de relacionalidade, poder, desigualdade social, contexto social, complexidade e justiça social reaparecem na interseccionalidade como uma forma de investigação crítica e prática[75]. Quando se trata de produção intelectual, esses temas não estão todos presentes em um determinado trabalho, a forma como se trata deles varia consideravelmente entre as tradições de pesquisa e a relação entre eles está longe de ser coerente. Meu objetivo aqui é identificar os construtos centrais da interseccionalidade que, de forma individual ou conjunta, reaparecem na produção intelectual interseccional. Na academia, nenhum desses temas é exclusivo da interseccionalidade de maneira significativa. Eles também aparecem em diversos projetos com pouca conexão aparente com a interseccionalidade. Nesse sentido, a interseccionalidade muitas vezes compartilha terminologia e sensibilidade com projetos semelhantes, mas não provém deles. Identificar esses construtos centrais constitui um primeiro

---

[75] Idem.

passo promissor para esboçar o uso paradigmático da interseccionalidade na produção intelectual. De maneira significativa, a forma como esses construtos são usados no âmbito da interseccionalidade oferece uma janela para a investigação crítica da interseccionalidade.

A *relacionalidade* constitui o primeiro tema central que dá forma a projetos interseccionais heterogêneos[76]. Essa ênfase na relacionalidade muda o foco das qualidades essenciais que aparentemente estão no centro das categorias para os processos relacionais que as conectam. A ideia de relacionalidade é essencial para a interseccionalidade em si. O próprio termo *interseccionalidade* invoca a ideia de interconexões, engajamento mútuo e relacionamentos. Raça, gênero, classe e outros sistemas de poder são constituídos e mantidos por meio de processos relacionais, ganhando significado por meio da natureza dessas relações. A importância analítica da relacionalidade na pesquisa interseccional demonstra como várias posições sociais (ocupadas por agentes, sistemas e arranjos estruturais políticos/econômicos) necessariamente adquirem significado e poder (ou a falta deles) em relação a outras posições sociais[77].

A importância do *poder* constitui um segundo tema central da investigação crítica da interseccionalidade. A intersecção das relações de poder produz divisões sociais de raça, gênero, classe, sexualidade, capacidade, idade, país de origem e *status* de cidadania que, isoladas, dificilmente serão compreendidas de forma adequada. A produção intelectual não interseccional presume que raça, classe e gênero são variáveis não conectadas ou características da organização social que podem ser estudadas como fenômenos singulares – por

---

[76] Ann Phoenix e Pamela Pattynama, "Intersectionality", *European Journal of Women's Studies*, v. 13, n. 3, 2006, p. 187-192.

[77] A relacionalidade é uma construção central tão importante que eu a considero em vários lugares ao longo deste livro. Os capítulos subsequentes enfatizam um ou mais desses construtos paradigmáticos, apresentando diferentes configurações deles no que diz respeito à relacionalidade; por exemplo, críticas ao uso das categorias raça e gênero por Simone de Beauvoir como uma análise feminista da opressão imposta às mulheres que carece de uma análise interseccional (Kathryn T. Gines, "Sartre, Beauvoir, and the Race/Class Analogy: A Case for Black Feminist Philosophy", em Maria Del Guadalupe Davidson, Kathryn T. Gines e Donna-Dale L. Marcano (orgs.), *Convergences: Black Feminism and Continental Philosophy* (Albany, NY, State University of New York Press, 2010), p. 35-61; o manifesto de Emirbayer (Mustafa Emirbayer, "Manifesto for a Relational Sociology", *American Journal of Sociology*, v. 103, n. 2, 1997, p. 281-317) por uma sociologia relacional, o qual não faz menção à interseccionalidade; e análises da globalização por meio de lentes de complexidade e análises de rede que fazem menções escassas a raça, gênero, sexualidade e categorias semelhantes de poder (Carlos A. Torres, "Critical Social Theory: A Portrait", *Ethics and Education*, v. 7, n. 2, 2012, p. 115-24).

exemplo, gênero ou raça como aspectos distintos da identidade individual, ou patriarcado ou racismo como sistemas monocategóricos de poder. A interseccionalidade postula que os sistemas de poder coproduzem uns aos outros de modo que reproduzem tanto resultados materiais desiguais quanto as experiências sociais distintas que caracterizam as experiências das pessoas de acordo com as hierarquias sociais. Em outras palavras, racismo, sexismo, exploração de classe e opressões semelhantes podem construir-se mutuamente, recorrendo a práticas e formas de organização semelhantes e distintas que influenciam coletivamente a realidade social.

Terceiro, a interseccionalidade catalisou um repensar a respeito da *desigualdade social*. Na academia, as estruturas prevalecentes explicaram as desigualdades sociais como entidades distintas; por exemplo, desigualdade de classe, desigualdade racial, desigualdade de gênero e desigualdades sociais de sexualidade, nação, capacidade e etnia. As causas da desigualdade social, com frequência, residem em forças fundamentais que estão fora das particularidades de raça, classe e gênero. No entanto, tratar a desigualdade social como resultado de outros processos sociais, aparentemente mais fundamentais, sugeria que a desigualdade social era inevitável porque estava ligada ao mundo social, à natureza individual ou a ambos. A interseccionalidade rejeita essas noções que normalizam a desigualdade, retratando-a como natural e inevitável. Em vez disso, ela aponta para o funcionamento das relações de poder na produção de desigualdades sociais e os problemas sociais que elas engendram.

Um quarto tema central na investigação crítica da interseccionalidade enfatiza a importância do *contexto social* para a produção de conhecimento. Este tema é especialmente importante para compreender como as comunidades interpretativas, tanto acadêmicas quanto ativistas, organizam a produção de conhecimento. Essa premissa se aplica à dinâmica interna de uma dada comunidade interpretativa como, por exemplo, a maneira como profissionais da sociologia ou intelectuais dos estudos sobre mulheres realizam seu trabalho; às relações entre comunidades interpretativas, como, por exemplo, a forma como a sociologia e os estudos sobre a história e cultura da África, na academia, desenvolvem diferentes interpretações de raça e racismo; à forma como as comunidades de investigação são hierarquicamente organizadas e valorizadas: por exemplo, como as faculdades e universidades ocidentais classificam as ciências exatas acima das humanas. O contexto social também é importante para a compreensão de como as localizações sociais distintas de indivíduos e grupos na intersecção das relações de poder exercem influência sobre a produção intelectual.[78]

Gerenciar a *complexidade* constitui um quinto tema central da investigação crítica da interseccionalidade. Os projetos de conhecimento interseccional alcançam níveis maiores de complexidade porque são iterativos e interacionais, analisando sempre as conexões entre categorias de análise aparentemente distintas. A complexidade é dinâmica – as categorias raça, classe, gênero e sexualidade da interseccionalidade, entre outras, são um ponto de partida útil para a investigação. Trazer múltiplas lentes para a investigação interseccional facilita análises mais complexas e abrangentes. Gerenciar a complexidade também diz sobre os contornos metodológicos da interseccionalidade. Questões complexas podem exigir estratégias igualmente complexas de investigação.

A *justiça social* constitui outro construto central que fundamenta a investigação crítica da interseccionalidade. O construto da justiça social levanta questões sobre a ética da produção intelectual e da prática interseccionais. Em espaços acadêmicos contemporâneos, a importância da justiça social como tema central da interseccionalidade é cada vez mais desafiada por normas que colocam a justiça social, a liberdade, a igualdade e questões éticas afins como preocupações secundárias dentro da produção intelectual aceitável. Enxergar a teoria e a prática em termos binários não promove apenas uma divisão entre verdade e poder dentro da interseccionalidade; também desafia o compromisso ético de longa data da interseccionalidade com a justiça social. Historicamente, a justiça social foi tão central para a interseccionalidade que havia pouca necessidade de analisá-la ou invocá-la. Atualmente, muitos projetos interseccionais não tratam da justiça social de forma substancial, mas os argumentos que cada discurso apresenta e a práxis que ele busca têm importantes implicações éticas para a equidade e a justiça.

Introduzi relacionalidade, poder, desigualdade social, contexto social, complexidade e justiça social como categorias distintas, mas na realidade esses conceitos centrais estão relacionados uns aos outros. Projetos interseccionais variados colocam graus variados de ênfase em cada um. Na verdade, analisar como intelectuais

---

[78] A ideia de epistemologia do ponto de vista está fundamentada no conceito de contexto social. Pessoas que ocupam várias posições sociais na intersecção das relações de poder catalisam diversos pontos de vista, epistemologias e conhecimentos (Marcel Stoetzler e Nira Yuval-Davis, "Standpoint Theory, Situated Knowledge and the Situated Imagination", *Feminist Theory*, v. 3, n. 3, 2002, p. 315-33). Essa heterogeneidade do contexto social pode ser uma fonte de novas ideias – mais uma vez, tem potencial de contribuir para uma análise interseccional inovadora.

e quem utiliza a interseccionalidade na prática usam os construtos centrais em seus projetos fornece uma maneira útil de mapeá-la ao longo do tempo, como é o caso, por exemplo, da influência decrescente da justiça social na interseccionalidade. De maneira similar, a crescente influência dos estudos da complexidade, bem como dos acontecimentos na própria interseccionalidade, sinalizam novas formas de pensar sobre ela e a complexidade[79]. Em vez de usar esses construtos centrais como uma lista de critérios para ver quantos pontos um projeto específico marca, pode ser mais útil investigar como e de que maneiras esses conceitos reaparecem, de forma individual ou conjunta, na investigação interseccional.

Como esses construtos centrais na investigação crítica da interseccionalidade podem influenciá-la? Alguns conceitos são tão fundamentais para a interseccionalidade em si que removê-los comprometeria o próprio significado de interseccionalidade. A relacionalidade constitui um construto central. Ela se reflete no próprio nome do campo, dá forma às premissas metodológicas de projetos interseccionais e descreve o conteúdo do conhecimento interseccional. A própria questão das conexões *entre* os construtos centrais da interseccionalidade é, fundamentalmente, uma questão de relacionalidade. Em compensação, outros temas centrais são mais contingentes. Por exemplo, sistemas interseccionais de poder, bem como desigualdades sociais de raça, classe, gênero e categorias de análise semelhantes ocupam lugares de destaque no âmbito da interseccionalidade. No entanto, a ausência de uma categoria específica de análise na investigação interseccional de alguma forma diminui seu valor? Da mesma forma, alguns estudos interseccionais não prestam atenção às relações de poder ou aos padrões éticos de justiça social. Essa ausência torna esses projetos menos autenticamente interseccionais? Alguns construtos centrais são diferencialmente contingentes. Eles podem ser usados para estruturar um estudo, caso estejam presentes no contexto social, ou podem ser utilizados para avaliar resultados; por exemplo, um estudo específico é mais forte porque a interseccionalidade promoveu maior complexidade?

Isso me leva a outra dimensão importante da investigação crítica da interseccionalidade – ou seja, minha lista provisória de premissas orientadoras que distinguem a produção intelectual interseccional (ver quadro 1.1). Tais premissas devem ser reconhecíveis para quem pratica a interseccionalidade da mesma forma que aquelas de qualquer campo de investigação o são para as

---

[79] Sylvia Walby, "Complexity Theory, Systems Theory, and Multiple Intersecting Social Inequalities", *Philosophy of the Social Sciences*, v. 37, n. 4, 2007, p. 449-70.

pessoas que neles trabalham com pesquisa, lecionam ou são estudantes. Essas premissas orientadoras sintetizam os pressupostos que as pessoas que praticam a interseccionalidade levam em seus projetos a fim de orientar seu trabalho: (1) raça, classe, gênero e sistemas semelhantes de poder são interdependentes e se constroem mutuamente; (2) a intersecção das relações de poder produz desigualdades sociais complexas e interdependentes de raça, classe, gênero, sexualidade, nação, etnia, capacidade e idade; (3) a localização social de indivíduos e grupos na intersecção das relações de poder influencia suas experiências e perspectivas no mundo social; (4) resolver problemas sociais em dado contexto regional, nacional ou global requer análises interseccionais[80]. Juntos, esses construtos centrais e as premissas orientadoras fornecem um vocabulário para descrever a mudança de paradigma da interseccionalidade. Essa mudança levanta questões importantes sobre como a arquitetura cognitiva da interseccionalidade pode exercer influência sobre a teorização interseccional. Essa estrutura dos construtos centrais e das premissas orientadoras também oferece uma maneira de ver os limites do pensamento paradigmático e as possibilidades dos primórdios da teorização. Como os construtos centrais da interseccionalidade podem influenciar as premissas orientadoras dentro do próprio campo da interseccionalidade? No sentido inverso, como essas premissas orientadoras podem lançar luz sobre o significado dos construtos centrais da interseccionalidade?

## Figura 1.1 – Arquitetura cognitiva da interseccionalidade

| DIMENSÕES DO PENSAMENTO CRÍTICO | | |
|---|---|---|
| **METÁFORA** | **CONSTRUTOS CENTRAIS** | |
| | Relacionalidade | **PREMISSAS ORIENTADORAS** |
| | Poder | Raça, classe e gênero como sistemas de poder são interdependentes |
| **HEURÍSTICA** | Desigualdade social | |
| | Contexto social | A intersecção das relações de poder produz desigualdades sociais complexas |
| | Complexidade | |
| | Justiça social | A intersecção das relações de poder molda experiências individuais e coletivas |
| **PARADIGMA** | | Resolver problemas sociais requer análises interseccionais |

---

[80] Escrevi extensamente sobre essas premissas em "Intersectionality's Definitional Dilemmas" [Os dilemas definidores da interseccionalidade] (Patricia Hill Collins, "Intersectionality's Definitional Dilemmas", cit.) e em *Intersectionality: Key Concepts*, em coautoria com Silma Bilge (*Intersectionality*, cit., p. 25-30). A versão das premissas orientadoras da interseccionalidade

A figura 1.1 organiza as dimensões da arquitetura cognitiva da interseccionalidade – ou seja, seu conteúdo temático como teoria social e os processos por meio dos quais a interseccionalidade pode teorizar o mundo social. Esses construtos centrais e premissas orientadoras fornecem ferramentas para mapear o conteúdo específico do conhecimento interseccional. No caso da interseccionalidade, como seus construtos centrais são compartilhados por muitos outros projetos, especificar o que eles significam e como serão usados na investigação interseccional constitui um desafio importante e contínuo. Da mesma forma, as premissas orientadoras constituem um ponto de partida para identificar as suposições compartilhadas que organizam a base de conhecimento da interseccionalidade. Os pensamentos metafórico, heurístico e paradigmático constituem as ferramentas do pensamento crítico que giram em torno do processo de elaboração da teoria social. A figura 1.1 identifica as dimensões do pensamento crítico que, no uso atual da interseccionalidade, possivelmente influenciam a teoria. O pensamento paradigmático está mais estreitamente alinhado com a teorização porque ele especifica conceitos centrais e premissas orientadoras. No entanto, a literatura acadêmica não é elucidativa a respeito de se as teorias sociais estão abrigadas em paradigmas, caso em que uma disciplina científica tem um paradigma abrangente que abriga várias teorias que funcionam dentro de seus parâmetros; ou se os paradigmas estão alojados em teorias sociais, caso em que a filosofia ou a crítica literária fornecem uma teoria social abrangente do pós-estruturalismo que abriga estruturas ou paradigmas explicativos menores. A diferença pode ser semântica, uma diferença que envolve analisar palavras para se adequar a diferentes realidades disciplinares e interdisciplinares. Minha ideia é que, visto que a interseccionalidade engloba uma constelação de diferentes projetos extraídos das ciências sociais e humanas, a interseccionalidade como investigação crítica pode abrigar múltiplos paradigmas para orientar sua descoberta e análise.

De qualquer forma, as mudanças de paradigma são importantes porque marcam o momento em que as estruturas tradicionais se tornam ineficazes e as teorias sociais existentes não explicam mais as realidades sociais de maneira suficiente. Nesse sentido, a ideia de uma mudança de paradigma é muito

---

apresentada aqui se baseia nesses trabalhos anteriores. Uma vez que as utilizo em todo este livro, listei-as no quadro 1.1 e as analiso mais detalhadamente nos próximos capítulos. Estou menos interessada em investigar a verdade dessas várias premissas (por exemplo, testando-as empiricamente) que em interpretar como as pessoas as usam na prática interseccional.

importante para o desenvolvimento de uma teoria social em geral e, particularmente, de uma teoria social *crítica*, porque as mudanças de paradigma identificam possibilidades especialmente ricas para a teorização crítica. Stuart Hall descreve essas conexões entre mudanças de paradigma e elaboração de teoria social, sugerindo que:

> se os paradigmas forem fechados [...] novos fenômenos serão muito difíceis de interpretar, porque dependem de novas condições históricas e incorporam novos elementos discursivos. Mas se entendermos a teorização como um horizonte aberto, que se move no campo magnético de alguns conceitos básicos, mas que é constantemente aplicado de maneira nova ao que é genuinamente original e recente em novas formas de práticas culturais, e que reconhece a capacidade de sujeitos se reposicionarem de maneira diferente, então vocês não precisam sentir que fracassaram.[81]

Em outras palavras, a interseccionalidade se move em direção a um "horizonte aberto" sugerido pelo uso de metáforas, heurísticas e paradigmas, reconhecendo como seus construtos centrais e suas premissas orientadoras constituem uma mudança de paradigma. Nesse sentido, o uso paradigmático da interseccionalidade por meio dessa constelação atual de temas centrais e premissas orientadoras, conforme descrito aqui, constitui mais um ponto de partida para o desenvolvimento de uma teoria social crítica, e não o ponto final da interseccionalidade como investigação crítica.

## INTERSECCIONALIDADE, TEORIA SOCIAL E TEORIZAÇÃO

A caracterização aparentemente arrogante da interseccionalidade como uma teoria social nos estudos interseccionais é um dos motivos pelos quais decidi escrever este livro. Cada vez que encontro um artigo que identifica a interseccionalidade como uma teoria social, me pergunto que concepção de teoria social a pessoa que o escreveu tem em mente. Não presumo que a interseccionalidade já seja uma teoria social. Em vez disso, acho que é possível argumentar que a interseccionalidade é uma teoria social em construção. Mas que tipo de teoria social, com que finalidade e usando quais ferramentas?

---

[81] Stuart Hall citado em Lawrence Grossberg, "On Postmodernism and Articulation: An Interview with Stuart Hall", em David Morley e Kuan-Hsing Chen, *Stuart Hall: Critical Dialogues in Cultural Studies* (Nova York, Routledge, 1996), p. 138.

Compreensões baseadas no senso comum sobre teoria social e teorização fornecem um bom ponto de partida para responder a essas perguntas. O sociólogo Richard Swedberg, por exemplo, afirma que "a teoria é... *uma afirmação sobre a explicação de um fenômeno*. E teorizar, nessa perspectiva, é *o processo por meio do qual uma teoria é produzida*"[82]. Aqui, Swedberg apresenta a importante distinção entre a teoria social como um corpo de conhecimentos que explica um fenômeno e a teorização social como o processo usado para criar esse corpo de conhecimentos. Com base nessa estrutura, a interseccionalidade como teoria social precisaria *explicar* um dado fenômeno social, não simplesmente descrevê-lo. E a teorização interseccional seria o *processo* ou metodologia usada no desenvolvimento dessas explicações.

Essa definição fornece um ponto de partida útil, mas também obscurece algumas diferenças fundamentais a respeito de como diferentes disciplinas e campos de estudo conceituam a teoria social, bem como os processos que usam para gerá-la. A interseccionalidade precisa percorrer algumas diferenças significativas que distinguem como as ciências sociais e as ciências humanas entendem e produzem a teoria social. As ciências sociais ocidentais baseiam-se em uma visão específica da teoria social. Nas áreas de sociologia, ciência política, economia, geografia e antropologia, a teorização surge para explicar as verdades do mundo social. O próprio mundo social não é apenas uma soma de indivíduos. Em vez disso, o mundo social possui estruturas sociais que podem ser descobertas por meio de processos científicos. As teorias sociais contam com dados empíricos para sustentar suas explicações, mas a verdade das teorias sociais reside em saber se podem ser testadas de forma confiável. Uma verdade científica não é absoluta, mas sim a melhor explicação para a evidência empírica. Nas ciências sociais, uma teoria social é uma explicação para um fenômeno social, e a metodologia descreve o processo de chegar a essa verdade. O método científico é um paradigma que orienta o processo de teorização.

As ciências humanas têm uma abordagem diferente. Filosofia, crítica literária e história, bem como campos interdisciplinares como os estudos culturais e os estudos de mídia influenciados por essas ciências, não buscam verdades absolutas ou mesmo provisórias sobre o mundo social; buscam investigar o significado da condição humana. Teorizar sobre temas filosóficos amplos como democracia, desigualdade, liberdade, justiça social e amor deriva de esforços

---

[82] Richard Swedberg, *The Art of Social Theory*, cit., p. 17; grifos no original.

para dar sentido à vida e experiência humanas. Não há argumentos certos ou errados nem verdades absolutas, apenas narrativas ou histórias mais ou menos relevantes para a busca de sentido. Como a interseccionalidade abrange as ciências sociais e humanas, ela pode ser conceituada ora como uma teoria social que orienta a busca da verdade, ora como uma teoria social que orienta a busca do significado social[83].

A interseccionalidade ainda não é uma teoria social; caso fosse, como ela transitaria nessas diferentes perspectivas sobre verdade e significado como fundamentais para a teoria social? A interseccionalidade pode facilmente se polarizar em torno desses diferentes entendimentos da teoria social. Em resposta a essa ameaça, em vez de introduzir a interseccionalidade através das lentes de debates frequentemente polêmicos entre as tradições científicas e narrativas, entrei nesses debates examinando o que já faz parte da interseccionalidade. Meu interesse se situa nas práticas existentes que podem fornecer uma base para a teorização interseccional. A arquitetura cognitiva de metáforas, heurísticas e paradigmas discutida neste capítulo fornece não só um roteiro para, como afirmam Cho, Crenshaw e McCall[84], uma "maneira interseccional de pensar", mas um vocabulário para analisar a teorização interseccional. Metáforas, heurísticas e paradigmas juntos constituem diferentes aspectos da arquitetura cognitiva da interseccionalidade que fazem parte do *kit* de ferramentas da teorização interseccional nas ciências sociais e nas ciências humanas. A metáfora fornece um conceito, uma ideia que marca a visibilidade do campo. As heurísticas fornecem estratégias orientadoras para fazer as coisas, premissas ou hipóteses de trabalho

---

[83] O teórico social Craig Calhoun especifica ainda mais essas distinções entre ciências sociais e ciências humanas. Calhoun afirma que a teoria constitui "exame sistemático e construção do conhecimento – no caso da teoria social, conhecimento sobre a vida social" (Craig Calhoun, *Critical Social Theory: Culture, History, and the Challenge of Difference*, Malden, MA, Blackwell Publishers, 1995, p. 4). Quando se trata de conhecimento sobre o mundo social, Calhoun identifica uma distinção entre verdade e significado, que ele descreve como "causal" e "narrativa", o que invoca as abordagens distintas das ciências sociais e humanas: "[a teoria social] pode ser causal ou narrativa na forma, com cada forma sugerindo diferentes abordagens para generalização e especificação. Embora o raciocínio causal possa ser aplicado a eventos distintos, é mais comumente usado nas ciências sociais para se referir a classes de fenômenos, tratados como internamente equivalentes, que influenciam outras classes de fenômenos similarmente equivalentes [...]. [A linha de pensamento da] narrativa, ao contrário, é muitas vezes descrita como inerentemente particularizante, mas (1) as particularidades podem ser globais (como nas narrativas da história mundial), e (2) as comparações entre narrativas promovem um modo de conhecimento geral de situações inter-relacionadas".

[84] Sumi Cho, Kimberlé Williams Crenshaw e Leslie McCall, "Toward a Field of Intersectionality Studies", cit.

com base na ação social ou com vistas a ela, ou as duas coisas. Os paradigmas fornecem estruturas para analisar e, muitas vezes, explicar tanto o conhecimento que está sendo produzido quanto os processos utilizados para produzi-lo. Não há propriamente progressão linear acerca de como pessoas, de fato, usam ou deveriam usar esses aspectos da análise interseccional. A interseccionalidade é um esforço coletivo, e as pessoas entram em campo em momentos diferentes, em lugares diferentes e por meio de vários projetos. Quando chegam, nenhuma teoria interseccional está esperando por elas. Em vez disso, a teorização interseccional ou a construção de teorias para a interseccionalidade emerge por meio do pensamento crítico que se torna possível de acordo com a forma como indivíduos e grupos usam essas ferramentas de pensamento crítico.

Neste livro, assumo a posição de que as ciências sociais e as abordagens narrativas da teoria e da teorização sociais já coexistem na interseccionalidade e que essa coexistência pode ser um ponto forte para a teorização interseccional. Como a interseccionalidade se baseia tanto na busca da verdade que sustenta as ciências sociais quanto na busca de um significado que caracteriza as ciências humanas, é importante preservar a tensão criativa existente entre esses dois entendimentos da teoria social.

As distinções entre teoria e teorização sociais, como o processo de geração de teoria social, as distinções entre abordagens científicas sociais e abordagens narrativas da teoria e da teorização e os usos metafóricos, heurísticos e paradigmáticos da interseccionalidade fornecem um vocabulário para a interseccionalidade como uma teoria social em construção. Em minha investigação da interseccionalidade como uma teoria social em construção, conto com esse vocabulário ao longo de todo o livro. Mas também afirmo que a interseccionalidade não é um modismo acadêmico nem uma teoria social imatura. Em vez disso, vejo a interseccionalidade como um tipo diferente de teoria social em construção, na qual sua associação com movimentos de justiça social acrescenta outra dimensão à sua teorização. A interseccionalidade tem sido associada a aspirações de transformação social e mudança social.

Ao seguir procedimentos bem estabelecidos de teorização, a interseccionalidade pode, sem dúvida, se tornar uma teoria social no sentido tradicional, tal como entendida nas ciências sociais e nas ciências humanas. No entanto, isso representaria um amadurecimento da interseccionalidade ou uma atenuação de suas possibilidades? Em seu âmago, a interseccionalidade é um conjunto de ideias críticas ao mundo social estabelecido. Que processos estão no cerne da teorização *crítica*? O que seria necessário para a interseccionalidade desenvolver uma teoria social *crítica* sobre o mundo social? Como discuto no próximo capítulo, simplesmente rotular uma teoria como crítica não a torna crítica. Como as teorias sociais acadêmicas que já são reconhecidas como críticas elucidam o significado de ser crítico para a interseccionalidade?

# 2
# O QUE HÁ DE CRÍTICO NA TEORIA SOCIAL CRÍTICA?

A academia contemporânea parece inundada pelo termo *crítica*. Livros, periódicos, simpósios e várias áreas de estudo usam esse termo para se distinguir de algo que não são. Por exemplo, estudos raciais críticos, realismo crítico, estudos étnicos críticos e estudos científicos críticos usam o termo *crítico* para se diferenciar de seus pares mais tradicionais[1]. No entanto, usar *crítico* como adjetivo evita o desafio de dar uma definição e deixa que os campos de investigação falem por si mesmos em seus próprios termos. De modo significativo, essas ambiguidades que cercam o significado de ser crítico são especialmente importantes para as teorias sociais críticas, bem como para os processos de teorização que elas engendram. Na academia, novas teorias sociais visam deixar suas marcas, criticando e tentando derrubar suas predecessoras mais convencionais. Quanto mais contundente e antagônico um argumento pareça ser para derrubar o saber convencional, mais crítico se presume que ele seja. Numa situação passível de se transformar em luta pelo domínio entre as teorias sociais, uma mudança de paradigma pode instalar a teoria antes *outsider* como nova teoria estabelecida que, por sua vez, estará à espera de uma nova crítica para derrubá-la de seu trono.

---

[1] Esse uso do termo *crítica/crítico* lembra um uso semelhante do prefixo *pós* para sinalizar uma sensação temporal de que o autor se encontra após algo com o qual ele está conectado, mas que não é mais central, como pós-colonialismo, pós-modernismo, pós-estruturalismo, pós-realidade e pós-feminismo. O uso tanto do prefixo quanto do adjetivo indica o uso da diferenciação do outro – ou seja, marca os limites de um projeto por meio da referência ao que ele não é. Às vezes, um projeto invoca os dois significados. Por exemplo, em *Critical Resistance: From Poststructuralism to Post-Critique* [Resistência crítica: do pós-estruturalismo à pós-crítica] (David Couzens Hoy, *Critical Resistance: From Poststructuralism to Post-Critique,* Cambridge, MA, MIT Press, 2004), David Hoy combina os dois significantes com o objetivo de destrinchar as dimensões *críticas* da resistência implícita no *pós*-estruturalismo e nos projetos teóricos envolvidos na *pós*-crítica. Esse é um motivo válido; no entanto, os capítulos do livro seguem uma lógica familiar. Capítulos sobre as tradições intelectuais de Nietzsche, Foucault, Bourdieu, Levinas e Derrida invocam figuras representantes de uma escola de pensamento crítico, com um capítulo sobre o pós-marxismo usando o prefixo *post* para significar a teoria social do marxismo após o marxismo.

Em contextos acadêmicos, ideias teóricas quase nunca são inerentes e progressistas ou conservadoras para sempre. Tais ideias, ao contrário, são repetidamente reinterpretadas em resposta a contextos sociais em constante mudança. O significado de quão crítica (ou não) uma teoria social é considerada reflete suas dimensões espaciais e temporais – a saber: onde ela está localizada e quando ocorre. Por exemplo, as teorias feministas acerca do patriarcado foram marginalizadas por muito tempo dentro das práticas disciplinares das instituições acadêmicas ocidentais, definindo assim a teorização feminista como uma crítica perpétua do preconceito de gênero dentro das teorias sociais estabelecidas. Essa crítica pode ser necessária, mas também oferece uma compreensão restrita do significado de ser crítica para a teoria social crítica. Nesse caso, intelectuais que fizeram estudos sobre mulheres e filósofas e filósofos feministas também desenvolveram uma forma paralela de crítica que foi além de tentativas de serem terem atenção no contexto do conhecimento ocidental. Ao centrar-se nas análises feministas do mundo social como essenciais para seu projeto, pensadores e pensadoras feministas conquistaram visibilidade e aceitação para a teoria feminista. Como resultado, a teoria feminista tornou-se cada vez mais popular, frequentemente posicionada como a teoria social crítica estabelecida que outras teorias criticam de acordo com o que entendem ser crítica. Nesses ambientes, o significado de ser crítica não é simplesmente uma questão de debate intelectual sobre compreensões teóricas acerca da categoria gênero, mas também emerge das relações políticas mutáveis entre o que é estabelecido e o que não é.

A interseccionalidade enfrenta problemas semelhantes. Muitas pessoas que a praticam se orgulham de serem defensoras da análise crítica, associando sua crítica e sua aparente rejeição do discurso dominante com o significado de serem críticas. No entanto, quão crítica é a interseccionalidade? Sem dúvida, sua genealogia oferece mais oportunidades para desenvolver uma compreensão abrangente da investigação crítica e da práxis. A interseccionalidade está situada em uma encruzilhada intelectual em que vários projetos de conhecimento se encontram, com perspectivas críticas igualmente diversas sobre o conhecimento estabelecido. A interseccionalidade tem um pé em dois mundos inter-relacionados. Por um lado, sua inserção em contextos acadêmicos fornece acesso à rica história das tradições de teorização das ciências sociais e humanas. Contudo, por outro lado, como a interseccionalidade também inclui ativistas, artistas, profissionais e intelectuais cujos trabalhos cruzam as fronteiras acadêmicas, seu contexto político e intelectual é muito mais amplo que a própria academia. O alcance da interseccionalidade é intencionalmente amplo e inclusivo, com pouco consenso sobre o que significa ser crítica.

Este capítulo investiga como as diferentes percepções sobre o significado de ser crítica têm implicações também variadas para a interseccionalidade. No capítulo 1, apontei como as tensões contínuas entre as concepções de teorias sociais no âmbito das ciências sociais e dos campos interpretativos influenciam a teoria social da interseccionalidade e seus processos de teorização. Nenhuma dessas compreensões distintas da teoria social são, de maneira significativa, inerentemente críticas. Como uma teoria social *crítica* ainda em construção, a interseccionalidade está interessada em explicar o que significa ser crítica dentro de seu próprio projeto. Como o sociólogo Craig Calhoun[2] aponta: "a ideia de crítica é obviamente muito antiga na filosofia, mas também difícil de definir". Tendo esta dificuldade em mente, analiso três tradições distintas da teoria social crítica encontradas na teoria social ocidental que fornecem diferentes visões sobre o significado de ser crítica. Suas perspectivas têm implicações variadas para a interseccionalidade como uma teoria social crítica em construção, bem como para a teorização da crítica da interseccionalidade[3].

Começo com a teoria crítica desenvolvida no Instituto de Pesquisa Social da Universidade de Frankfurt, na Alemanha (a Escola de Frankfurt). Esse projeto interdisciplinar é, com frequência, apresentado como um ponto de origem e predecessor da teoria social crítica contemporânea[4]. Neste livro, capitalizo Teoria Crítica para distinguir o discurso específico da Escola de Frankfurt como uma escola de pensamento singular. De forma diferente, uso a expressão *teoria social crítica* para me referir a uma série de projetos teóricos que se autodefinem ou podem ser classificados como críticos. De modo significativo, os estudiosos de

---

[2] Craig Calhoun, *Critical Social Theory: Culture, History, and the Challenge of Difference* (Malden, MA, Blackwell Publishers, 1995), p. 13.

[3] Muitas tradições filosóficas e as teorias que elas engendram também se prestam a esse tipo de análise comparativa; por exemplo, o pós-modernismo, o pós-estruturalismo, o positivismo, o marxismo, a fenomenologia e o realismo crítico. Não estou sugerindo de forma alguma que as três áreas discutidas aqui sejam os únicos ou os melhores casos para meu argumento.

[4] Ver, por exemplo, James Bohman, "Critical Theory", em Edward N. Zalta (org.), *The Stanford Encyclopedia of Philosophy* (Palo Alto, CA, Stanford University, 2016); Craig Calhoun, *Critical Social Theory*, cit.; e David Held, *Introduction to Critical Theory: Horkheimer to Habermas* (Berkeley, CA, University of California Press, 1980).

Frankfurt tentaram fundir os entendimentos científicos e filosóficos da teoria social e transformá-los na própria definição de teoria social crítica[5].

Em seguida, analiso os estudos culturais britânicos como um projeto teórico crítico autorreflexivo cujas ideias também influenciaram as compreensões contemporâneas da teoria social crítica. Concentro-me nos estudos culturais britânicos no Centre for Contemporary Cultural Studies [Centro de Estudos Culturais Contemporâneos] (CCCS) da Universidade de Birmingham, no Reino Unido, porque foi um projeto explicitamente crítico. Os estudos culturais britânicos destacaram muitos temas familiares à teoria social contemporânea – a saber, marginalidade, exílio, *status* de pessoa refugiada, cidadania e questões de pertencimento à identidade nacional – e tem um grande rastro no que diz respeito aos contornos da análise crítica contemporânea.

Por fim, investigo a teoria social francófona das décadas de 1950 e 1960, um período importante em que as relações entre as várias vertentes da teoria social ocidental sofreram uma grande reviravolta. Trato desse caso de maneira detalhada porque, ao contrário da teoria social crítica da Escola de Frankfurt ou da escola dos estudos culturais de Birmingham, os contornos críticos da teoria social pós-moderna francesa que se tornou dominante na academia na década de 1990, se baseiam nesse período anterior. Além disso, boa parte da intelectualidade que se formou na academia na década de 1990, muitas vezes não tem consciência dos debates anteriores da teoria social francófona e vê o pós-estruturalismo como normativo e, ao mesmo tempo, crítico. Eu forneço contexto para essa compreensão específica do significado de ser crítica[6].

---

[5] Uso o termo *discurso* como equivalente a termos do senso comum como *narrativa* ou *história*. No entanto, *discurso* tem um significado específico que gera considerável atenção para a análise do discurso. Neste texto, *discurso* refere-se ao sistema complexo de relações de poder em que ideias, ações, crenças e práticas constroem subjetividade e estruturas sociais. Comunidades de investigação são importantes, pois apontam uma análise de poder que possivelmente explica por que obtemos certas expressões da teoria social crítica, quando as obtemos, e seus efeitos.

[6] Versões-padrão da teoria social baseiam-se em histórias intelectuais de ideias, tratando de fato o contexto social no qual as teorias se desenvolvem como pano de fundo passivo para o processo ativo de teorização. Investi aqui numa abordagem diferente, reivindicando uma compreensão mais ampla do discurso que entende a investigação crítica como influenciada pela relação recursiva entre as relações de poder e os conhecimentos derivados dela que, por sua vez, influenciam as relações de poder (Michel Foucault, *Power/Knowledge: Selected Interviews and Other Writings, 1972-1977*, trad. Colin Gordon, Nova York, Pantheon, 1980). O discurso crítico não inclui apenas o conhecimento (ideias, ações e crenças) desenvolvido em determinado ambiente social, mas também se refere a como intelectuais se situam nas instituições sociais, as oportunidades e limitações que vivenciam, além de como suas escolhas metodológicas fazem parte das relações de poder.

## A TEORIA CRÍTICA DA ESCOLA DE FRANKFURT

Para uma boa parte da produção filosófica e de teoria social na Europa e na América do Norte, a Teoria Crítica da Escola de Frankfurt serve como ponto de partida para uma genealogia da teoria social crítica ocidental[7, 8]. A maioria das histórias da teoria social crítica tem suas origens na teoria crítica desenvolvida na década de 1930 por um grupo de filósofos, sociólogos, psicólogos sociais e críticos culturais afiliados ao Instituto de Pesquisa Social da Universidade de Frankfurt na Alemanha. Conhecida coletivamente como a Escola de Frankfurt, Max Horkheimer, Theodor Adorno, Eric Fromm, Herbert Marcuse, Walter Benjamin e outros intelectuais do Instituto partiram da filosofia da Europa continental para desenvolver uma postura crítica em relação à teoria social estabelecida[9]. No entanto, seus trabalhos teóricos e, por extensão, suas compreensões do que significava ser crítico não se deram na segurança da reclusão acadêmica. Em vez disso, apesar de serem acadêmicos e não ativistas, eles trabalharam em um contexto social no qual expressar as ideias erradas podia ser perigoso.

Por trabalharem na Europa no período que antecedeu a Segunda Guerra Mundial, intelectuais da Escola de Frankfurt não puderam ignorar a ameaça que o regime nazista recém-instalado representava para a Europa e para sua própria segurança[10]. Horkheimer, Adorno, Fromm, Marcuse e Benjamin eram todos membros de uma elite intelectual europeia bem estabelecida, e por isso eram bem versados na filosofia continental e compreendiam a importância das tradições intelectuais alemãs para o conhecimento ocidental. Contudo, seus trabalhos intelectuais se desenvolveram no contexto social específico de um governo explicitamente fascista que pretendia eliminar judeus, povos ciganos, homossexuais, dissidentes políticos, pessoas "multirraciais", e outras consideradas ostensivamente indesejáveis pelo Estado-nação alemão. Além disso, como

---

[7] James Bohman, "Critical Theory", cit.; Craig Calhoun, *Critical Social Theory*, cit.; David Held, *Introduction to Critical Theory*, cit.

[8] A teoria crítica da escola de Frankfurt teve um efeito amplo e importante além dos grupos de intelectuais discutidos nesta seção. Por exemplo, o trabalho de Jürgen Habermas se relaciona com os de outras tradições filosóficas, a exemplo da semelhança entre a teoria crítica e o pragmatismo estadunidense (Hans Joas, *Pragmatism and Social Theory*, Chicago, University of Chicago Press, 1993); Neil Gross, "Pragmatism, Phenomenology, and Twentieth-Century American Sociology", em Craig Calhoun (org.), *Sociology in America: A History* (Chicago: University of Chicago Press, 2007), p. 183-224].

[9] David Held, *Introduction to Critical Theory*, cit.

[10] Idem; Kyung-Man Kim, *Discourses on Liberation: An Anatomy of Critical Theory* (Boulder, CO, Paradigm, 2005).

intelectuais que conheciam as contribuições de intelectuais judeus para a teoria europeia, também estavam bem cientes das raízes profundas do antissemitismo na Europa. Como indivíduos, a questão de afirmarem uma identidade judaica tinha menos peso que as políticas antissemitas de um Estado-nação alemão cada vez mais fascista. Um grande número de intelectuais refugiou-se, enfrentando os mesmos desafios contemporâneos enfrentados por docentes, jornalistas e intelectuais que fogem de ditaduras. O *status* do Instituto de Pesquisa Social também ilustra a natureza precária do trabalho intelectual realizado por intelectuais da Escola de Frankfurt. Embora seja associado ao seu período em Frankfurt, o instituto mudou de lugar várias vezes. Fundado em 1924, Max Horkheimer tornou-se seu diretor em 1929 e recrutou muitos de seus membros. Enquanto a situação piorava na Europa, o instituto foi deslocado para Genebra em 1933. Dois anos depois, transferiu-se para Nova York, onde se afiliou à Universidade Columbia.

Como intelectuais da Escola de Frankfurt conseguiram fazer análises críticas nessas condições precárias? O pensamento crítico, marca registrada do trabalho teórico, era desencorajado em ambientes fascistas, e ser uma pessoa abertamente crítica em relação ao governo era altamente arriscado. Trabalhar nessas condições exigia que os membros da Escola de Frankfurt tivessem certeza de quais eram os objetivos de seu trabalho intelectual, bem como os processos que desenvolviam para realizá-lo. Os temas que enfatizaram e os argumentos que apresentaram refletem sua atenção voltada para os processos de teorização. Esse grupo tinha de saber que público-alvo era do seu interesse, bem como o possível impacto que seus trabalhos intelectuais teriam em pessoas reais, incluindo eles próprios.

O conteúdo temático da Teoria Crítica da Escola de Frankfurt é extenso, mas aqui vou me ater a resumir de forma breve a importância com que tratava a cultura. Os estudiosos da Escola de Frankfurt identificaram o aumento da cultura de massa como uma de suas principais preocupações. Em *Dialética do esclarecimento*, Horkheimer e Adorno[11] postularam que desenvolvimentos tecnológicos possibilitaram a distribuição em grande escala de produtos culturais, como música, filme e arte, alcançando todas as pessoas conectadas pela tecnologia na sociedade. A tecnologia aparentemente gerou uma mesmice na produção e na formação do conteúdo das estruturas culturais. Ela fomentou

---

[11] Max Horkheimer e Theodor W. Adorno, *Dialectic of Enlightenment* (Nova York, Continuum, 1969) [ed. bras.: *Dialética do esclarecimento*, trad. Guido Antonio de Almeida, Rio de Janeiro, Zahar, 1985].

também uma mesmice relacionada à experiência com a cultura, permitindo que uma massa de pessoas consumisse conteúdo cultural passivamente, em vez de se envolver com ele de forma ativa. Eles argumentaram que essas novas formações culturais fomentaram a passividade política. A cultura de massa suprimiu o pensamento crítico e a ação social que ele poderia gerar.

Diante de perspectivas contemporâneas, os argumentos de Horkheimer e Adorno sobre a cultura de massa podem parecer fatalistas. Os dois fizeram uma crítica implícita ao fascismo num contexto social em que era perigoso fazê-lo. O fascismo exigia passividade política, e a mídia de massa era um mecanismo cada vez mais importante para reproduzi-lo[12]. No entanto, a ideia principal aqui não se encontra no conteúdo de seu argumento, e sim na maneira como eles foram capazes de desenvolver, sob condições extremamente difíceis, análises críticas convincentes que, em grande parte, resistiram à prova do tempo. Compreender os processos de teorização em um determinado contexto social é crucial para compreender o conteúdo de qualquer teoria social. A análise de Horkheimer e Adorno sobre a cultura de massa ilustra como a teorização crítica, em geral, reflete as possibilidades e restrições que intelectuais enfrentam em contextos sociais específicos. Para uma série de intelectuais que enfrentam a censura, a questão é com frequência se a história pode ser contada e, em caso afirmativo, como pode ser contada.

A cultura foi um dos vários temas da Teoria Crítica. Mas, como sugerido até agora, a abordagem da Escola de Frankfurt para a teoria crítica também exigiu um processo distinto de teorização. Trabalhar em um ambiente precário e se dedicar à análise crítica nesse cenário destacou a importância da autorreflexividade como parte do processo de teorizar. Como teóricos críticos trabalhando em um contexto social perigoso, os membros da Escola de Frankfurt precisaram ser politicamente experientes e autorreflexivos sobre sua práxis teórica. Com esse objetivo, eles procuraram distinguir seus objetivos,

---

[12] Ao longo deste livro, uso o termo mais genérico *fascismo* para aludir a uma ideologia e a um conjunto de práticas que foram associados a eventos específicos na Alemanha ou na Itália, mas que vão além desses casos específicos. A Alemanha se tornou um Estado-nação fascista quando nazistas assumiram o poder dentro do governo. Essa foi a ameaça fascista que os acadêmicos da escola de Frankfurt enfrentaram. A queda do Estado nazista não eliminou o fascismo. Abordo esse tema do fascismo ao longo deste volume, especialmente no capítulo 8. Para noções acessíveis sobre o fascismo, ver Kevin Passmore, *Fascism: A Very Short Introduction* (Nova York, Oxford University Press, 2002); Madeleine Albright, *Fascism: A Warning* (Nova York, HarperCollins, 2018) [ed. bras.: *Fascismo: um alerta*, trad. Jaime Biaggio, São Paulo, Planeta, 2018]; e Jason Stanley, *How Fascism Works: The Politics of Us and Them* (Nova York, Random House, 2018).

métodos, teorias e formas de explicação das compreensões tradicionais nas ciências naturais e sociais, e usaram o termo *crítica* para sinalizar essas distinções. Os fundadores da Escola de Frankfurt escolheram o nome Teoria Crítica para sinalizar sua abordagem aos problemas sociais, políticos e culturais que buscava unir teoria e pesquisa empírica[13]. Nesse sentido, foram além dos objetivos instrumentais da ciência para apoiar a "'emancipação humana' em circunstâncias de dominação e opressão"[14].

## A definição de Teoria Crítica de Horkheimer

Em seu ensaio clássico, "Teoria tradicional e teoria crítica", Max Horkheimer[15] fornece apontamentos para distinguir a Teoria Crítica de sua contraparte tradicional. Nesse ensaio, publicado originalmente em 1937, Horkheimer esboça o que vê como distinções importantes entre teorias sociais que alternadamente reivindicam e rejeitam o *status* de *crítica*. A compreensão de Horkheimer da teoria tradicional baseava-se em sua compreensão da promessa de que a ciência ocidental trazia possíveis benefícios para o mundo. Usando a ciência como um protótipo para sua compreensão da teoria social tradicional, Horkheimer recusou-se a rejeitar as ferramentas conceituais ou metodologias da ciência, de modo geral.

Apesar da disseminação da eugenia como ciência normal (ver capítulo 8), Horkheimer acreditava na capacidade que tinha a ciência de trazer o bem-estar social e também valorizava seus apelos por objetividade e pelo uso sensato de evidências.

Horkheimer também fez uso da teoria social marxista para destacar as dimensões que faltam na teoria social tradicional. O materialismo histórico do pensamento social marxista enfatizou as tradições narrativas da história e da filosofia, tradições que investigavam o significado dos fenômenos sociais. No entanto, como o próprio pensamento social marxista desenvolveu explicações estruturais dos fenômenos sociais e se valeu da mesma evidência fundamentada da teoria social tradicional, ele poderia ser visto como uma ciência alternativa

---

[13] Craig Calhoun, *Critical Social Theory: Culture, History*, cit., p. 13.
[14] James Bohman, "Critical Theory", cit., p. 1-2.
[15] Max Horkheimer, "Traditional and Critical Theory", em Max Horkheimer (org.), *Critical Theory: Selected Essays* (Nova York, Continuum, 1982 [1937]), p. 188-243 [ed. bras.: *Teoria crítica*, São Paulo, Perspectiva, 1982].

da sociedade, em vez de uma tradição filosófica distinta. Os intelectuais da Escola de Frankfurt não constituíam uma escola de pensamento marxista nem pretendiam expandir o marxismo como filosofia ou política. Em vez disso, já que a teoria social marxista se configurava como uma dimensão visível e importante da filosofia da Europa continental, eles adaptaram esse arcabouço teórico crítico para seu próprio projeto.

O ensaio de Horkheimer refletiu essas tensões criativas entre as tradições científicas e narrativas. Ele parecia não estar disposto a renunciar a nenhuma das duas, optando, em vez disso, por recorrer à promessa compartilhada de trazer conhecimentos científicos com uma série de informações, um tradicional e outro crítico, para lidar com importantes questões sociais. Horkheimer abraça os benefícios positivos da razão para melhorar a sociedade – uma dimensão compartilhada pelas teorias tradicional e crítica –, todavia rejeita a tendência da teoria tradicional a naturalizar e, assim, justificar as formas existentes de organização social.

Horkheimer construiu sua noção de Teoria Crítica fundamentada numa ideia de teoria que diferia do uso ordinário do termo. Sua tese de que a Teoria Crítica é uma teoria dialética da sociedade refere-se tanto à teoria social como um produto, quanto à teorização como um processo. Yvonne Sherratt[16] descreve essa distinção, observando que, para Horkheimer,

> "teoria" não se tratava do desenvolvimento de uma série de afirmações conectadas que representavam a natureza do mundo ao nosso redor. Ele não acreditava que a palavra "teoria" deveria simplesmente se referir a um conjunto estático de proposições. Pelo contrário, ele pensava que a teoria se referia a um tipo de *atividade* gerada em um determinado contexto social. Para ele, teoria significava essencialmente o que você e eu normalmente consideraríamos *teorização*.

Além disso, Horkheimer[17] foi bastante explícito ao explicar o que ele quis dizer com o termo *crítica*:

> A atitude crítica da qual estamos falando desconfia totalmente das regras de conduta com as quais a sociedade atualmente constituída fornece a cada um(a) de seus e suas integrantes. A separação entre indivíduo e sociedade, em virtude da qual o

---

[16] Yvonne Sherratt, *Continental Philosophy of Social Science: Hermeneutics, Genealogy, and Critical Theory from Greece to the Twenty-First Century* (Nova York, Cambridge University Press, 2006), p. 198.
[17] Max Horkheimer, "Traditional and Critical Theory", cit., p. 207.

indivíduo aceita os limites prescritos para suas atividades, é relativizada na teoria crítica. Esta considera o quadro geral condicionado pela interação desmedida das atividades individuais (isto é, a atual divisão de trabalho e as distinções de classe) como uma função que se originou na ação humana e, portanto, como um possível objeto de uma decisão planejada e da determinação racional de objetivos.

Aqui, Horkheimer rejeita notoriamente a fé sem questionamentos nas regras que as sociedades buscam inculcar em seus membros. Quando a ciência ou as teorias sociais tradicionais produzem acriticamente conhecimento que naturaliza e normaliza a ordem social, elas tiram o poder das pessoas. Pensar criticamente sobre essas regras permite que as pessoas desmascarem as regras sociais que promovem a passividade e se recusem a aceitá-las. Horkheimer identifica as regras que regulam o trabalho como fomentadoras de uma passividade que convence as pessoas a aceitarem a "interação sem questionamentos de atividades individuais". Quando o autor argumenta a favor de uma "decisão bem planejada e determinação racional de objetivos", ele percebe os benefícios da racionalidade modelada pela ciência para criticar as normas sociais que produzem desigualdades de classe e os problemas sociais que disso decorrem.

Horkheimer identifica vários elementos centrais da Teoria Crítica que a distinguem de suas contrapartes tradicionais: (1) uma *teoria* distinta *de como a mudança social foi e pode ser provocada;* (2) adesão a uma *estrutura de justiça social ética* que aspira a uma sociedade melhor; (3) engajamento na *análise dialética* que conceitua a análise crítica no contexto das relações de poder socialmente situadas; e (4) *responsabilidade reflexiva sobre as próprias práticas da teoria crítica.* De modo geral, a discussão de Horkheimer sobre a Teoria Crítica fornece um ponto de partida útil para especificar os contornos da teoria social crítica. Ela também fornece um importante conjunto de ideias para conceituar o significado da investigação crítica proposta pela interseccionalidade.

Em primeiro lugar, como parte de seu objetivo geral, a Teoria Crítica desenvolve uma teoria particular a respeito de como a *mudança social* foi e pode ser provocada. Como Horkheimer descreve, "a teoria tem um objeto histórico mutável que, contudo, permanece idêntico em meio a todas as mudanças"[18]. A Teoria Crítica vê a mudança como inerente à sociedade; e também postula que todas as sociedades contêm certos princípios básicos que permanecem os

---

[18] Ibidem, p. 239.

mesmos, embora possam mudar sua forma e expressão. A mudança pode ser vital para a Teoria Crítica, mas a questão é, quais aspectos da mesma mudança merecem atenção da teoria social crítica?

Com base na lógica de Horkheimer, um argumento interseccional explicaria *a mesma mudança* de relações de poder como determinada pela atuação humana por meio de sistemas de poder múltiplos e interdependentes. A desigualdade social é o problema social que precisa ser mudado. No entanto, uma análise interseccional que trata das relações de poder também veria expressões múltiplas e interdependentes de desigualdade social – desigualdade econômica, desigualdade racial, desigualdade de gênero, e desigualdade sexual, por exemplo – como também específicas em suas organizações e impactos, embora universais em sua realidade material. Tornar a mudança social o foco da teoria social crítica inevitavelmente levanta questões sobre o que precisa mudar.

Em segundo lugar, essa ênfase na explicação da mudança sugere que a Teoria Crítica tem aspirações éticas ou normativas explícitas – ela visa melhorar a sociedade por meio *tanto* da compreensão *quanto* do trabalho para mudá-la. Em seu ensaio de 1937, Horkheimer menciona a justiça social, apontando para a teoria social crítica como um local possível de resistência à injustiça: "Devido a sua visão sobre os passos individuais na mudança social e toda a concordância de seus elementos com as teorias tradicionais mais avançadas, *a teoria crítica não tem nenhuma influência específica a mais, exceto a preocupação com a abolição da injustiça social*"[19] (itálicos no original). Horkheimer sugere que a luta contra a injustiça social é uma atividade central da teoria crítica: "Mas a interação não ocorrerá por meio de práticas solidamente estabelecidas e formas fixas de agir, e sim por meio da preocupação com a transformação social. Tal preocupação necessariamente sempre será reativada pela injustiça prevalecente, mas deve ser moldada e guiada pela própria teoria e, por sua vez, reagir à teoria"[20]. Tendo em vista que as teorias sociais podem ser organizadas para fins opressores ou emancipatórios, as questões de ética permeiam toda a produção de conhecimento.

Infelizmente, a injustiça social persiste apesar da atenção de Horkheimer a esse tema moral e ético. Desde a década de 1930, o mundo sobreviveu a vários genocídios, guerras contínuas assim como à dificuldade de erradicar a pobreza

---

[19] Ibidem, p. 242.
[20] Ibidem, p. 241.

e aos problemas sociais que acompanham tais eventos. A injustiça social também criou alguns problemas totalmente novos, ou, pelo menos, percebeu que eles existem. A degradação ambiental provocada pela mudança climática, que agora está se tornando evidente, tem raízes na Revolução Industrial. Ativistas costumam recorrer a teorias sociais críticas para assumirem posições públicas em relação à injustiça social. No entanto, as análises cuidadosamente calibradas da Teoria Crítica da Escola de Frankfurt sugerem que respostas mais flexíveis e ponderadas à injustiça social, com frequência, servem melhor às teorias sociais críticas. As normas científicas de objetividade militam contra posturas éticas como a introdução de partidarismo e preconceitos na construção do conhecimento. Esse aspecto da Teoria Crítica tem implicações importantes para a interseccionalidade. A justiça social já foi um pressuposto central e orientador da investigação crítica da interseccionalidade, mas, desde sua nomeação na década de 1990, é mais frequentemente uma questão a ser examinada (ver capítulo 8).

Em terceiro lugar, Horkheimer argumenta que a Teoria Crítica é uma teoria dialética da sociedade, originada não na "crítica idealista da razão pura", mas sim em um processo dialético que é crítico das formas como a economia política é organizada[21]. Visto que relações sociais são inerentemente relações de poder, a Teoria Crítica se engaja em uma *análise dialética* ciente tanto das estruturas de poder quanto de sua própria relação com elas. Por conseguinte, essa abordagem dialética critica os resultados dos arranjos sociais atuais – na época de Horkheimer, as injustiças sociais que foram associadas ao crescimento do fascismo na Itália e na Alemanha. Essa estrutura de pensamento crítico rejeita o quadro epistemológico da teoria tradicional – de que a ciência opera como um espelho do mundo – em favor de uma concepção dialética do conhecimento na qual o que conta como teorias, fatos ou ambos é parte de um processo histórico contínuo, no qual a forma como olhamos para o mundo social (teoricamente ou não) e a forma como olhamos para as estruturas do mundo social são determinadas reciprocamente.

A construção da análise dialética de Horkheimer se assemelha ao que discuto nos capítulos subsequentes, como o compromisso da interseccionalidade com o engajamento dialógico (ver capítulos 4 e 7). Mas também difere de forma significativa. Entendimentos contemporâneos com base no senso comum acerca do engajamento dialógico conceituam diálogos como conversas projetadas para

---

[21] Ibidem, p. 206.

lançar luz sobre as diferenças e, de maneira ideal, alcançar algum tipo de consenso. A própria ideia de interseccionalidade invoca a ideia de relacionalidade, de modo geral, e de engajamento dialógico, de modo específico. No entanto, o foco de Horkheimer nos processos dialéticos nos lembra que as relações de poder influenciam todos os diálogos, desafiando a suposição de que eles ocorrem entre iguais. A noção de dialética invoca duas ou mais posições distintas sobre um determinado tema, duas ou mais perspectivas sobre uma entidade específica, que podem ser opostas e inconciliáveis. O engajamento dialético entre múltiplas perspectivas é uma negociação contínua marcada por fases de consenso e conflito. Quando se trata de compreender como a opressão epistêmica e a resistência epistêmica influenciam a teorização interseccional, esse construto da análise dialética pode ser especialmente útil.

Finalmente, nos apontamentos de Horkheimer, a Teoria Crítica expressa uma *responsabilidade reflexiva* sobre sua própria prática. Em outras palavras, a Teoria Crítica avalia criticamente sua metodologia e se responsabiliza pelos efeitos que seu conhecimento possa ter. Na superfície, é possível que a teoria social crítica e a teoria social tradicional compartilhem esse valor central. Porém, o que está incluído no escopo das questões de responsabilidade é importante. Como a teoria tradicional distingue os efeitos das relações de poder em suas próprias práticas, ela se apega a um conjunto mais restrito de critérios de avaliação. O método científico que visa reduzir o preconceito na pesquisa empírica ilustra as maneiras pelas quais as epistemologias e metodologias dão destaque para certas formas de autorreflexividade em paradigmas predeterminados e simplesmente eliminam a autorreflexividade sobre outros aspectos do processo de pesquisa. De modo mais específico, a fonte das questões de pesquisa reflete um contexto estreito de descoberta, por meio do qual temas que já preocupam intelectuais são pré-selecionados de acordo com sua aceitação. Contudo, para a teoria social crítica, a responsabilidade é importante – não há "conhecimento pelo conhecimento", por meio do qual uma estudiosa ou um estudioso pode produzir conhecimento e seguir sem preocupações acerca de como ele é usado. A Teoria Crítica demonstra a reflexividade *tanto* sobre suas próprias práticas *quanto* acerca de como sua localização social nas relações de poder influencia tais práticas. A reflexividade faz parte da prática crítica, sobretudo quando o conhecimento tem possíveis efeitos na vida das pessoas.

Meu entendimento de interseccionalidade é que essa ideia de responsabilização reflexiva está em seu cerne. Em grande medida, um dos objetivos deste livro é estimular a responsabilidade reflexiva sobre a interseccionalidade em sentido amplo, e a interseccionalidade como teoria social crítica, de maneira específica. A discussão do capítulo 1 sobre a arquitetura cognitiva da interseccionalidade fornece ferramentas de pensamento crítico para o tipo de responsabilidade reflexiva que entendo como essencial para a interseccionalidade como uma teoria social crítica em formação. Em particular, apresentei quatro premissas orientadoras que caracterizam a prática interseccional como parte da minha discussão sobre o pensamento paradigmático da interseccionalidade. Também apresentei relacionalidade, poder, desigualdade social, contexto social, complexidade e justiça social como coestruturas no pensamento paradigmático da interseccionalidade (ver capítulo 1, figura 1.1). A interseccionalidade já possui em sua teoria e prática um amplo conjunto de ideias e práticas que permitem que ela seja autorreflexiva e responsável. Mas quão autorreflexivas são as pessoas que praticam a interseccionalidade em relação a sua própria investigação e práxis? Além disso, dado o crescimento exponencial de materiais que se autoidentificam como interseccionais, por onde começar a construir uma análise crítica autorreflexiva da interseccionalidade? Essa arquitetura cognitiva fornece um conjunto provisório de ferramentas para examinar as maneiras pelas quais a compreensão de Horkheimer da Teoria Crítica influenciou e pode influenciar a interseccionalidade. Mas a tarefa de teorizar a própria interseccionalidade é contínua e extensa.

A Teoria Crítica desenvolvida por intelectuais da Escola de Frankfurt fornece um importante referencial para discussões subsequentes da teoria social crítica. Outras perspectivas se constroem sobre essa base, identificando vários aspectos das preocupações de intelectuais da Escola de Frankfurt como fundamentais para a teoria social crítica em larga escala[22]. Por exemplo, o sociólogo Craig Calhoun[23] identifica a teoria pós-estruturalista e a teoria feminista dessa maneira, interpretando suas preocupações com a ideia de diferença como o objeto central de investigação para a teoria social crítica contemporânea. Agger[24] assume uma posição semelhante, identificando a teoria feminista e os estudos culturais como projetos teóricos críticos arquetípicos para a teoria social crítica.

---

[22] Ben Agger, *Critical Social Theories* (3. ed., Nova York, Oxford University Press, 2013); James Bohman, "Critical Theory", cit.; Craig Calhoun, *Critical Social Theory*, cit.; David Held, *Introduction to Critical Theory*, cit.

[23] Craig Calhoun, *Critical Social Theory*, cit.

[24] Ben Agger, *Critical Social Theories*, cit.

Bohman agrupa uma variedade de projetos críticos, observando que "qualquer abordagem filosófica com objetivos práticos semelhantes poderia ser chamada de 'teoria crítica', inclusive o feminismo, a teoria racial crítica e algumas formas de crítica pós-colonial"[25].

Com base nessa suposição de que essas teorias *já* são críticas, definir a teoria social crítica torna-se um projeto de extrapolar critérios universais para ela a partir das especificidades desses casos pré-selecionados. No entanto, essa tendência de usar uma pequena lista de teorias sociais existentes e definidas *a priori* como arquétipos "críticos" para a própria teoria social crítica desvia a atenção dessa teoria como um projeto intelectual contínuo. A maior parte dos estudos produzidos pela Escola de Frankfurt é nitidamente importante. Para seu crédito, a Teoria da Crítica leva a sério as questões de sua própria prática. Mas a compreensão da teoria social crítica pela Escola de Frankfurt também é uma perspectiva entre muitas. Seria suficiente eleger qualquer uma ou mesmo uma pequena lista de teorias sociais como modelo para todas as outras? Que outras tradições teóricas críticas existem na teoria social ocidental que lançam luz sobre o significado de ser crítico?

## ANÁLISE CRÍTICA E ESTUDOS CULTURAIS BRITÂNICOS

Os estudos culturais britânicos oferecem uma rara oportunidade de traçar a trajetória de um campo acadêmico de estudo que colocou a análise crítica no centro de sua práxis em desenvolvimento[26]. Desde seu início na década de 1960,

---

[25] James Bohman, "Critical Theory", cit., p. 2.
[26] Aqui, concentro-me nos estudos culturais britânicos como expressão inicial dos estudos culturais em grande escala. O campo dos estudos culturais é amplo demais para que eu possa fazer jus a ele aqui. *Cultural Studies* [Estudos culturais], um enorme livro de 730 páginas que contém quarenta artigos apresentados em uma conferência realizada em 1990 nos Estados Unidos, marca um momento importante em que as ideias dos estudos culturais britânicos foram adotadas por intelectuais com origens e preocupações disciplinares distintas (Lawrence Grossberg, Cary Nelson e Paula A. Treichler (orgs.), *Cultural Studies*, Nova York, Routledge, 1992). Este livro fornece um mapa do campo quando ele estava emergindo, rejeitando os limites disciplinares em prol de uma metodologia que extraísse de "todos os campos que fossem necessários para produzir o conhecimento requerido por um projeto específico" (p. 2). A equipe editorial ressalta que o campo de estudos culturais "na verdade não possui uma metodologia distinta [...]. Trata-se de uma metodologia ambígua desde o início, que poderia ser mais bem compreendida como uma bricolagem. Sua escolha pela prática [...] é pragmática, estratégica e autorreflexiva" (p. 2). Nesta seção, confio na visão geral e na análise do campo feita por Lee (Richard Lee, *Life and Times of Cultural Studies: The Politics and Transformation of the Structures of Knowledge* (Durham, NC, Duke University Press, 2003).

a Escola de Estudos Culturais de Birmingham, aqui chamada alternativamente de estudos culturais britânicos, era inerentemente crítica da política de classe, nacional e imperial da Grã-Bretanha. Ela também incorporou a autorreflexividade em suas práticas internas como um campo de investigação crítica. O CCCS da Universidade de Birmingham foi fundado em 1964 e Richard Hoggart foi seu primeiro diretor. Em 1969, Stuart Hall tornou-se diretor interino do CCCS e permaneceu nessa posição até 1979.

Sob a liderança de Hall, muito do trabalho do CCCS foi colaborativo, interdisciplinar e focado na investigação de problemas sociais específicos da sociedade britânica[27]. O grupo de intelectuais atraídos pelo CCCS nas décadas de 1960 e 1970 era composto por jovens nos primeiros estágios de suas carreiras e contava com a presença de minorias raciais, étnicas e mulheres. Como a escola de Birmingham era interdisciplinar, o CCCS acomodou perspectivas teóricas heterogêneas em seu ambiente institucional.

Uma dimensão digna de nota dos estudos culturais britânicos diz respeito a seu compromisso com a natureza colaborativa da produção intelectual. A organização do CCCS ilustrou uma maneira diferente de trabalhar muito mais colaborativa que a de ambientes acadêmicos tradicionais. O centro atraiu uma constelação heterogênea de intelectuais que, por se engajarem com a investigação crítica interdisciplinar, não podiam contar com paradigmas disciplinares prevalecentes para orientar seus estudos. Seus trabalhos intelectuais tinham como objetivo criticar os paradigmas prevalecentes sobre classe e nação no âmbito da Grã-Bretanha e, por meio de suas investigações críticas, catalisar mudanças de paradigma. A análise feita por Stuart Hall de metáforas de transformação social descreve essas mudanças paradigmáticas. A transformação social exige desafiar e transformar valores culturais prevalecentes e derrubar velhas hierarquias sociais. Em seu lugar, aparecem novos significados, valores e configurações culturais[28].

O grupo de intelectuais do CCCS criou novas estruturas de organização interdisciplinar, mas também precisou identificar novas estruturas conceituais para guiar sua investigação crítica. Seu trabalho intelectual precisava de um

---

[27] Hall escreveu extensamente sobre vários aspectos da obra desde o centro até a década de 1980 (Stuart Hall, *Familiar Stranger: A Life between Two Islands*, Durham, NC, Duke University Press, 2017); Kobena Mercer (org.), *The Fateful Triangle: Race, Ethnicity, Nation* (Cambridge, MA, Harvard University Press, 2017b); David Morley e Kuan-Hsing Chen (orgs.), *Stuart Hall: Critical Dialogues in Cultural Studies* (Nova York, Routledge, 1996).

[28] Stuart Hall, "For Allon White: Metaphors of Transformation", em David Morley e Kuan-Hsing Chen (orgs.), *Stuart Hall: Critical Dialogues in Cultural Studies*, cit., p. 287.

centro conceitual que pudesse unir seus vários projetos, tornando os de conhecimento individual reconhecíveis entre si. Ao mesmo tempo, esse centro conceitual precisou fornecer espaço para a inovação individual e experimentação que permitisse o crescimento do campo.

A cultura forneceu essa espécie de âncora – ela foi ao mesmo tempo amorfa e específica. Nesse sentido, a cultura constituiu um núcleo dinâmico do trabalho do Centro que era flexível o bastante para abrigar os diversos interesses e perspectivas de seu grupo de intelectuais. No CCCS, os estudos culturais britânicos expandiram as compreensões da cultura, redefinindo-a como um espaço institucional crucial para as desigualdades estruturais sociais. Indo além das análises marxistas que, muitas vezes, confundiam cultura com ideologia política, ou das noções de senso comum da cultura de massa como uma entidade que produzia uma falsa consciência, os estudos culturais deram destaque às possibilidades críticas da análise cultural. Uma crítica do capitalismo forneceu a base para análises dos problemas sociais na sociedade britânica feitas por Hall e por outras pessoas do CCCS[29]. As raízes materialistas históricas da teoria social marxista analisavam as pessoas como trabalhadoras, teorizando sobre como o trabalho constituía uma dimensão essencial do capitalismo[30]. Intelectuais do CCCS também apresentaram uma compreensão da cultura que se inspirou tanto nas ciências sociais quanto nas tradições narrativas da teorização. Muitos aspectos da cultura podiam ser analisados como textos sociais em que os significados não flutuavam livremente e estavam separados dos interesses sociais, das relações de poder e da vida material.

A cultura redefinida dessa forma estimulou várias áreas ricas de investigação nos estudos culturais britânicos. Uma importante via de investigação envolveu um interesse revitalizado nas conexões entre cultura popular e desigualdade

---

[29] Stuart Hall, "The Meaning of New Times", em David Morley e Kuan-Hsing Chen (orgs.), *Critical Dialogues in Cultural Studies*, cit., p. 223-37; "The Problem of Ideology: Marxism without Guarantees", em David Morley e Kuan-Hsing Chen (orgs.), *Critical Dialogues in Cultural Studies*, cit.

[30] A tese de Louis Althusser (*Lenin and Philosophy and Other Essays*, Nova York, Monthly Review Press, 2001)] sobre o aparato ideológico do Estado identificou novas vias de investigação com maior ênfase nas análises culturais. Ironicamente, essa foi uma dimensão do marxismo francês que entrou no contexto britânico durante um período em que o marxismo na França estava tentando resolver seu legado pós-Segunda Guerra Mundial. Para uma discussão acerca de como as ideias de Althusser e de outros nomes marxistas construíram uma base para os estudos culturais, ver Richard Lee, *Life and Times of Cultural Studies: The Politics and Transformation of the Structures of Knowledge*, cit.), p. 86-9.

social. Por exemplo, na década de 1990, um grande número de intelectuais analisou como a cultura era usada para endossar as normas sociais que reproduziam as relações de classe social. Mas o trabalho desse grupo de intelectuais não considerou apenas os usos da cultura de cima para baixo. Seu trabalho foi pioneiro na análise acerca de como grupos (ou classes) subordinados também usavam a cultura popular para resistir à subordinação. Por exemplo, *"There Ain't No Black in the Union Jack": The Cultural Politics of Race and Nation* ["Não há cor preta na bandeira do Reino Unido": políticas culturais de raça e nacionalidade][31], de Paul Gilroy, e *Welcome to the Jungle: New Positions in Black Cultural Studies* [Boas-vindas à selva: novas perspectivas nos estudos culturais][32], de Kobena Mercer, analisam a cultura popular negra como um espaço de engajamento político. De maneira específica, a produção cultural da juventude da classe trabalhadora caribenha e africana em matéria de música, dança, cinema e artes ofereceu análises críticas de políticas de policiamento diferenciadas e práticas semelhantes. Boa parte dessa juventude nasceu na Grã-Bretanha, mas sofreu discriminação significativa, apesar de sua cidadania britânica.[33]

Outra via central de investigação examinou as conexões entre essa análise mais robusta da cultura e a identidade nacional britânica. Os estudos culturais abordaram a questão de como a análise cultural lançava luz sobre uma identidade nacional britânica cuja história colonial fora central para sua história nacional interna. A migração das colônias britânicas mudou muito a demografia da Grã-Bretanha, com implicações importantes acerca de quais pessoas eram consideradas britânicas. Grande parte do CCCS era composta por migrantes ou descendentes de migrantes. O tratamento diferenciado que recebiam, apesar

---

[31] Paul Gilroy, *"There Ain't No Black in the Union Jack": The Cultural Politics of Race and Nation* (Chicago, University of Chicago Press, 1987).

[32] Kobena Mercer, *Welcome to the Jungle: New Positions in Black Cultural Studies* (Nova York, Routledge, 1994).

[33] Nesse sentido, os estudos sobre como pessoas jovens, pessoas negras, mulheres e grupos subordinados similares usaram a cultura popular para se empoderar criticam de maneira implícita Horkheimer e sua tese acerca de como a cultura de massa cultiva a passividade política. Essa abordagem da cultura também está em total contraste com os estudos que avaliavam a cultura principalmente através das lentes de critérios estéticos (forma) como *Distinction: A Social Critique of the Judgement of Taste* (Cambridge, MA, Harvard University Press, 1984) [orig. *La Distinction: critique sociale du jugement*, Paris, Les Éditions de Minuit, 1979; ed. bras.: *A distinção: crítica social do julgamento*, trad. Daniela Kern e Guilherme J. F. Teixeira, 2. ed. rev, Porto Alegre, Zouk, 2011], de Pierre Bourdieu, um clássico que argumenta que as diferenças culturais distinguem a burguesia das classes trabalhadoras. Os estudos culturais britânicos mostraram como pessoas de diferentes classes sociais usavam a cultura para uma variedade de propósitos.

de suas cidadanias britânicas, era frequentemente deslocado e atribuído à sua estrangeiridade [*foreignness*], uma interpretação cultural. Migrantes de primeira e segunda geração de outras partes do império britânico para o Reino Unido passaram a ter uma consciência crescente de que raça e etnia temperavam o significado do que queria dizer ser uma pessoa britânica. Os debates sobre a identidade negra britânica, conforme construídos a partir das experiências comuns de migrantes e residentes de longa duração, assumiram muitas formas na década de 1990. Isso reflete, em parte, a importância da identidade nacional no império britânico, a história da Europa com o nacionalismo durante a Segunda Guerra Mundial, bem como a crescente influência da migração das ex-colônias da Grã-Bretanha na política interna britânica.

Análises críticas desses construtos de classe e de nação/nacionalidade constituíram preocupações teóricas centrais dos estudos culturais britânicos; no entanto, ao longo do tempo, o trabalho colaborativo entre intelectuais dos estudos culturais britânicos alumiou categorias adicionais de análise que também eram pertinentes à compreensão expansiva da cultura. Em vez de se voltar para dentro e se especializar em classes e nações, os estudos culturais britânicos expandiram sua autorreflexão interna incorporando novas ideias. É importante mencionar que os estudos culturais britânicos abordaram questões de império e acerca de como um contexto global influenciou as preocupações internas da Grã-Bretanha[34]. O compromisso do CCCS com a análise autorreflexiva sobre sua própria teorização catalisou sua capacidade de incorporar etnia, raça e gênero como categorias de análise, muitas vezes em resposta às críticas dentro do próprio campo.

Como resultado dessa abertura para incorporar novas ideias, os estudos culturais britânicos têm uma rica história de análise crítica sobre o significado das categorias de classe, nação, raça, etnia e gênero, bem como suas intersecções. Raça e etnia oferecem importantes ferramentas críticas para avaliar ideias sobre a identidade nacional britânica como dependente do colonialismo e a incapacidade de a análise de classe fornecer uma estrutura universal para a justiça econômica[35]. A publicação emblemática do centro, *The Empire Strikes*

---

[34] Ver, por exemplo, Paul Gilroy, *The Black Atlantic: Modernity and Double Consciousness* (Cambridge, MA, Harvard University Press, 1993) [ed. bras.: *O Atlântico negro: modernidade e dupla consciência*, 2. ed., trad. Cid Knipel Moreira, São Paulo, Editora 34, 2012].

[35] A relação entre raça e etnia influencia tanto os estudos quanto as políticas públicas na Grã--Bretanha. Esse é um tópico complexo que apenas mencionarei aqui. Para um panorama de

*Back: Race and Racism in 70s Britain* [O império contra-ataca: raça e racismo na Grã-Bretanha da década de 1970][36], foi inovadora tanto por apresentar uma análise racial de classe e nacionalidade da Grã-Bretanha quanto por ilustrar o compromisso do centro com o trabalho intelectual colaborativo. Estudos subsequentes, como o trabalho do centro sobre a juventude negra, o Estado e a polícia, se basearam em uma concepção robusta da cultura como uma importante ferramenta analítica[37].

Com base nessa compreensão ampla da cultura, e dada a natureza colaborativa da estrutura do CCCS entre um grupo heterogêneo de intelectuais, ao longo do tempo a produção epistêmica do Centro demonstrou um engajamento crítico contínuo com alguns aspectos do capitalismo, do nacionalismo, da descolonização, do racismo e do patriarcado. Leio a história dos estudos culturais britânicos como um paradigma interseccional que não ocorreu sob o termo *interseccionalidade*[38]. Nesse sentido, os estudos culturais britânicos e a interseccionalidade apresentam histórias similares, mas as trajetórias que seguiram quando se moveram por várias categorias de análise enfatizam diferentes áreas que apontam os efeitos de contextos nacionais e intelectuais em projetos de conhecimento semelhantes. De diferentes formas, os estudos culturais britânicos são uma inspiração e uma lição de advertência para a interseccionalidade.

---

algumas das ideias e figuras-chave do multiculturalismo na década de 1990, consulte os ensaios no livro organizado por Barnor Hesse, *Un/Settled Multiculturalisms: Diasporas, Entanglements, Transruptions* (Londres, Zed, 2000), em que Stuart Hall fornece um ensaio conclusivo sobre multiculturalismo.

[36] Centre for Contemporary Cultural Studies, *The Empire Strikes Back: Racism in 70's Britain* (Londres, Routledge, 1982).

[37] Como os estudos culturais britânicos se baseavam em críticas, estavam abertos àquelas provenientes de suas próprias categorias. Raça e gênero fizeram intervenções importantes na estrutura interseccional emergente dos estudos culturais britânicos. Para uma discussão dessas críticas internas, consulte Richard Lee, *Life and Times of Cultural Studies*, cit., p. 124-37. A progressão crítica nos estudos culturais britânicos parece ser uma análise inicial de classe e de nação que muda para abrir espaço para raça e etnia que, mais uma vez, é alterada através das lentes de gênero e sexualidade. Para um exemplo de crítica feminista negra influenciada pelos estudos culturais britânicos, veja o ensaio de Hazel Carby ("The Multicultural Wars", em Michele Wallace e Gina Dent (orgs.), *Black Popular Culture*, Seattle, Bay Press, 1992) sobre multiculturalismo.

[38] No capítulo 8, examino como a eugenia constituiu outro discurso bastante diferente, que era interseccional, mas não reconhecido como tal. Outros discursos também podem ser interseccionais, um campo para investigação empírica futura.

## Stuart Hall e a articulação

O envolvimento de Stuart Hall nos estudos culturais britânicos fornece uma janela não apenas sobre Hall como um intelectual exemplar, embora esquecido, na teoria social crítica, mas também sobre algumas familiaridades entre os estudos culturais britânicos e a interseccionalidade. Hall foi um pensador abrangente; seu trabalho intelectual durante as várias fases de sua carreira se voltou para como aspectos de classe, nação/nacionalidade, raça, etnia e gênero moldaram a investigação crítica nos estudos culturais britânicos.

Como diretor do CCCS, Hall escreveu individualmente poucos livros de teoria social crítica, pois preferia trabalhar em colaboração com colegas do Centro. Hall também publicou diversos ensaios sobre uma variedade de tópicos[39]. Atualmente, ele está sendo redescoberto por intelectuais com influência suficiente para trazer suas ideias de volta[40]. Stuart Hall é um teórico social crítico de primeira linha, cujo trabalho influencia este livro, porém seu posicionamento em um campo que era crítico do conhecimento tradicional, bem como seu perfil demográfico como pessoa negra e migrante, promoveu o apagamento de suas ideias[41].

Hall foi um pensador sintético cuja teorização crítica percorreu muitas tradições intelectuais. Situado em uma convergência de muitas correntes intelectuais, Hall sintetizou inúmeras influências aparentemente díspares em seu trabalho intelectual. Ele era especialmente versado na teoria social marxista e no pós-estruturalismo, e estava nitidamente atento à teoria pós-colonial. Sua familiaridade com o marxismo fundamentou seu trabalho em condições materiais; a cultura não era apenas um conjunto de ideias, mas constituía um conjunto de relações sociais. Hall utilizou e adaptou concepções pós-estruturalistas de descentramento, desconstrução e diferença para seus próprios projetos específicos. Ele também contribuiu e utilizou conceitos de migração, diáspora e

---

[39] Ver David Morley e Kuan-Hsing Chen (orgs.), *Stuart Hall*, cit.
[40] Ver, por exemplo, livros de Hall (Stuart Hall, *Familiar Stranger*, cit.), e de Mercer (Kobena Mercer (org.), *The Fateful Triangle*, cit.).
[41] Em parte, isso pode ser explicado pelo desmantelamento do próprio Centro, deixando as ideias dos estudos culturais dispersas em múltiplos espaços institucionais. Quando o Instituto da escola de Frankfurt foi exilado, ele encontrou um importante patrono na Universidade Columbia. O CCCS, pelo contrário, não conseguiu replicar a energia de seus primeiros anos na Universidade de Birmingham mudando-se para outra universidade. Cito essas histórias institucionais porque elas dizem sobre como as instituições acadêmicas exercem um poder considerável para legitimar campos inteiros de estudo, bem como as carreiras de intelectuais de maneira individual.

exílio dos estudos pós-coloniais e da descolonização. A variedade de tópicos em suas publicações é impressionante. As ideias de Hall viajaram para muitos campos, muitas vezes sem os devidos créditos. A importância de Hall como um teórico social crítico tem sido subestimada fora do âmbito dos estudos culturais, um apagamento irônico dada a assim chamada virada linguística no pós-estruturalismo e suas visões acerca da cultura[42].

A redescoberta de Stuart Hall apenas inicia a conversa acerca da análise de sua teoria social crítica, mas essa redescoberta fornece uma janela para os estudos culturais britânicos como um discurso que se assemelha à interseccionalidade, mas que seguiu uma trajetória diferente. Algumas das semelhanças são evidentes. Os estudos culturais britânicos e a interseccionalidade compartilham conteúdos semelhantes – ambos investigam as relações de poder de raça, classe, gênero, sexualidade, nação e etnia. As diferentes ênfases que dão a cruzamentos variados, de raça e nação ou de classe e gênero, por exemplo, refletem os contextos sociais específicos dos Estados Unidos e do Reino Unido. Os estudos culturais britânicos refletem os conceitos centrais da interseccionalidade de relacionalidade, poder, desigualdade social, contexto social, complexidade e justiça social, muitas vezes refratados em terminologias diferentes e circunstâncias particulares. De modo significativo, ao tornar a identidade nacional britânica central em seu discurso, os estudos culturais britânicos enfatizaram a importância das preocupações políticas nacionais para seu projeto de conhecimento. Em contrapartida, o funcionamento da identidade nacional estadunidense é muito mais abafado sob a ótica da interseccionalidade, permitindo-lhe minimizar a influência das preocupações políticas estadunidenses em sua genealogia.

As comparações entre as análises críticas de classe, nação, raça, etnia e gênero no âmbito dos estudos culturais britânicos e a compreensão que a

---

[42] Stuart Hall e Pierre Bourdieu apresentam argumentos semelhantes sobre as interconexões de cultura e estrutura, mas Hall e Bourdieu não são tratados como teóricos do mesmo escalão. O vocabulário de Bourdieu de *habitus*, campo, posição, vários tipos de capital e assim por diante para desenvolver a sociologia reflexiva localizada em um terceiro espaço que abrange tanto a *estrutura* quanto a *subjetividade/cultura* se relaciona com a compreensão que Hall tem de cultura. O *habitus* também pode ser lido como uma teoria da cultura. O trabalho de Stuart Hall pode ser posicionado no mesmo espaço, envolvendo um projeto semelhante: ligando estrutura e cultura de modo a ir além dos argumentos de base/superestrutura marxista (ideologia). Os trabalhos de Bourdieu e Hall têm mérito e receberam atenção substancial em seus respectivos cenários nacionais. No entanto, Bourdieu recebe maior reconhecimento como um teórico social nas instituições estadunidenses, enquanto Hall só agora está sendo descoberto.

interseccionalidade tem dessas mesmas categorias são sugestivas. As intersecções entre classe e nação foram mais proeminentes nos anos de formação dos estudos culturais britânicos, com raça e gênero servindo como categorias de crítica da práxis dos estudos culturais em curso. Em contrapartida, a trajetória da crítica no âmbito da interseccionalidade nos Estados Unidos diferiu: as intersecções entre raça e gênero influenciaram os primeiros anos da interseccionalidade, com sexualidade, etnia e nação fornecendo críticas posteriormente. De forma significativa, ao contrário da interseccionalidade, investigar a natureza relacional dessas categorias não foi o principal objeto de investigação dos estudos culturais britânicos. Em vez disso, ao usar essas mesmas categorias de maneira diferente, tais estudos fornecem um modelo distinto de análise crítica que, embora se baseie em um contexto nacional e intelectual diferente, lança luz sobre diferentes padrões de ênfase e de falta de atenção conferidos a essas mesmas ideias no âmbito da interseccionalidade.

Comparar estudos culturais britânicos e a interseccionalidade destaca a utilidade de identificar semelhanças e diferenças. Mas aqui me concentrarei em um espaço de convergência intelectual entre os dois campos de investigação. O conceito de articulação de Hall fornece um importante ponto de contato para a teorização crítica de cada projeto. Em um de seus trabalhos posteriores, o próprio Hall comenta como a ideia de articulação se assemelha ao conceito de interseccionalidade. Em *Familiar Stranger*[43], publicado postumamente, Hall discute a articulação em relação à sociedade-*plantation* na Jamaica. Ele argumenta que os fatores que influenciam tal sociedade estão sempre desalinhados de tal forma que "um [fator] nunca corresponde ao outro, nem pode ser lido e diferenciado do outro em uma coreografia elegante e estilizada"[44]. Em vez disso, eles se deslocam perpetuamente e atraem uns aos outros. O desafio é examinar como se articulam, reconhecendo que estão sempre em movimento. Hall então vai além e extrapola o raciocínio a partir desse caso da sociedade-*plantation* para discutir o significado de raça:

> Uma virtude dessa abordagem é que ela confere um certo grau de determinação social: é exatamente nesse terreno que, por exemplo, a ideia de raça na Jamaica foi (e é) organizada. Tal ideia nunca funciona como uma regra dada, ou absoluta; ela é a consequência de lutas discursivas contingentes [...] raça pode ser entendida

---

[43] Stuart Hall, *Familiar Stranger*, cit.
[44] Ibidem, p. 91.

como um elemento decisivo nos processos de determinação, apesar das várias contingências em jogo. Raça, cor e classe não se traduziam perfeitamente uma na outra. Trata-se mais de um caso daquilo que teóricas feministas como Kimberlé Crenshaw, Avtar Brah, Gail Lewis e outras chamam de *interseccionalidade* [itálico adicionado], enfatizando seu encaixe intimamente relacionado, mas, ao mesmo tempo, incomensurável, estranho e incerto.[45]

Quando se trata da questão da natureza das relações de poder que se interseccionam, Hall identifica como ideias distintas se articulam na categoria de raça para dar-lhe um significado instável, mas reconhecível. Ele então reconhece uma semelhança familiar entre sua compreensão de articulação e a ideia central de relacionalidade da interseccionalidade. Esta é uma articulação dupla: articulação de raça, cor e classe *na* categoria de raça; e raça como uma categoria dentro da interseccionalidade – que se articula com gênero e classe[46].

A análise feita por Hall da articulação fornece ferramentas teóricas e metodológicas não apenas para gerenciar as várias críticas que eram internas aos estudos culturais, mas também para fornecer orientação sobre como conceituar as relações entre as categorias de raça, classe e gênero da interseccionalidade, entre outras. Por um lado, a articulação pode ser entendida como uma forma teórica de caracterizar uma formação social[47]. Hall apresenta uma análise relacional de como uma entidade passa a representar outra, tornando a representação fundamental para a forma como as relações de poder que se interseccionam operam:

> Raça/cor de fato funciona como o princípio de articulação na sociedade de modo geral: como o meio pelo qual múltiplas formas de opressão se interconectam e ganham significado. A raça, seja o que possa significar, não pode ser vista exceto por meio de suas aparências, pois a cor da pele é demasiado visível. Por isso é tentador ocupar o lugar – *representar* – (d)o outro.[48]

Ampliando essa perspectiva além de raça e cor, Kobena Mercer[49] aponta como a concepção de poder de Hall se fundamenta no "modo relacional como

---

[45] Idem.
[46] No capítulo 7, abordo essa conexão de forma mais detalhada em uma análise das concepções aditivas, articuladas e interdependentes de relacionalidade dentro da interseccionalidade.
[47] Jennifer Daryl Slack, "The Theory and Method of Articulation in Cultural Studies", em David Morley e Kuan-Hsing Chen (orgs.), *Stuart Hall: Critical Dialogues in Cultural Studies*, cit., p. 112.
[48] Stuart Hall, *Familiar Stranger*, cit., p. 103.
[49] Kobena Mercer, "Introduction", em Kobena Mercer (org.), *The Fateful Triangle*, cit., p. 8.

Hall sempre conceituou raça, etnia e nação". Em outras palavras, raça, cor, etnia e nação se significam entre si, e esse processo de construção mútua caracteriza a formação social em geral.

Por outro lado, a articulação sugere uma estrutura metodológica para compreender o que um estudo cultural faz – ou seja, fornece estratégias que dão um contexto social para análises[50]. A interpretação que Hall faz da articulação ilustra como, nos estudos culturais britânicos, o envolvimento dialógico entre diferentes disciplinas de formação e perspectivas políticas foi um estímulo para a criatividade. Colocar a análise crítica de classe, nação, etnia, raça e gênero em diálogo fornece um rico contexto interpretativo não só interdisciplinar, mas também intercategórico[51]. Em vez de simplesmente argumentar de modo abstrato a favor do engajamento relacional entre múltiplas teorias sociais e tradições de teorização, a articulação aponta para o engajamento dialógico como crucial para a teorização crítica.

As ideias de um grande número de intelectuais que desenvolveu os estudos culturais britânicos, incluindo Stuart Hall, reaparecem nos estudos contemporâneos, muitas vezes sem os devidos créditos. As ideias dos estudos culturais britânicos criaram raízes em muitos lugares, muitas vezes entre intelectuais e ativistas que permanecem alheios e alheias à história institucional dos estudos culturais britânicos. Mas, quando se trata de ser uma pessoa crítica, é importante lembrar que o grupo de intelectuais e ativistas que desenvolve uma análise crítica em contextos acadêmicos pode esperar poucas garantias. Suas ideias podem continuar vivas enquanto as pessoas que as articularam permanecem amplamente esquecidas, negligenciadas ou congeladas no tempo como ícones para análise crítica.

## O TERRENO CONTESTADO DA TEORIA SOCIAL FRANCÓFONA

O pós-estruturalismo se tornou proeminente na academia na década de 1990, mas a base para sua ascendência foi lançada muito antes na teoria social francófona[52]. Na França pós-Segunda Guerra Mundial, era praticamente impossível

---

[50] Jennifer Daryl Slack, "The Theory and Method of Articulation in Cultural Studies", em David Morley e Kuan-Hsing Chen (orgs.), *Stuart Hall*, cit., p. 112.
[51] Leslie McCall, "The Complexity of Intersectionality", *Signs*, v. 30, n. 3, 2005, p. 1.771-800.
[52] Um pequeno grupo de intelectuais franceses que compartilharam experiências semelhantes lançou as bases para a teoria social pós-moderna e para o pós-estruturalismo. Eles são

para a intelectualidade francesa ignorar as lutas de libertação anticoloniais e suas demandas por liberdade. Durante as décadas de 1950 e 1960, a questão da liberdade não era apenas uma abstração teórica. Em vez disso, os termos da participação da França na Segunda Guerra Mundial, juntamente às lutas de libertação do Terceiro Mundo, testaram de forma severa o compromisso declarado da França com os ideais universais do Iluminismo. Navegar as contradições suscitadas pelo ideal de liberdade e sua prática imperfeita não era uma questão nova para a identidade nacional francesa. A identidade nacional da França como república, baseada na crença no lema *liberté, égalité, fraternité* [liberdade, igualdade e fraternidade], foi repetidamente desafiada pelo legado de antissemitismo e pelo colonialismo francês. A coalizão da França com os nazistas durante a Segunda Guerra Mundial sugeriu que o antissemitismo não era um produto histórico, mas uma dimensão contínua da sociedade francesa. Da mesma forma, a França enfrentou repetidamente desafios ao seu senso de identidade nacional dentro de suas colônias, onde as contradições entre a elevada retórica da igualdade e as realidades do colonialismo eram vergonhosamente evidentes. O Haiti, o Vietnã e a Argélia estavam separados por cultura, continente e tempo, mas todas as três colônias lançaram rebeliões contra a França. Apesar das declarações de que todas as pessoas no império francês eram "francesas", sujeitos coloniais desmentiram esse mito nacional.

---

Jean-François Lyotard (1924-1998), Michel Foucault (1926-1984), Jean Baudrillard (1929-2007), Pierre Bourdieu (1930-2002) e Jacques Derrida (1930-2004). Com exceção de Derrida, que nasceu na Argélia em uma família judia, os demais teóricos nasceram na França em famílias cristãs. Eles frequentaram muitas das mesmas escolas durante seus anos de formação e tiveram experiências semelhantes no início da carreira. Exceto Baudrillard, todos estudaram filosofia e passaram algum tempo na África do Norte. Lyotard ensinou filosofia em um liceu na Argélia entre 1952 e 1959, Derrida lecionou em outro liceu argelino entre 1957 e 1959 e Bourdieu serviu no exército francês, deu aulas em uma universidade e conduziu pesquisas na Argélia entre 1956 e 1960. Foucault lecionou na Universidade da Tunísia entre 1965 e 1968. Todos esses teóricos também tinham ligações importantes com o marxismo. A influência de Althusser foi significativa no desenvolvimento acadêmico e político de Foucault, Bourdieu e Derrida. Althusser estava na École Normale Supérieure quando Foucault, Bourdieu e Derrida estudaram lá. Enquanto Derrida não era filiado a nenhuma organização marxista, todos os outros teóricos estavam envolvidos, de alguma forma, em associações e grupos ativistas. Lyotard foi membro do Socialismo ou Barbárie entre 1954 e 1963. Foucault foi membro do Partido Comunista Francês de 1950 a 1953. Baudrillard esteve envolvido na formação da Associação do Povo Franco-Chinês na década de 1960. Considerando que esses três aparentemente rejeitaram o marxismo no final dos anos 1960, Bourdieu esteve envolvido no movimento dos trabalhadores até o fim de sua vida. Não discuto o marxismo francês neste capítulo, mas incluo essas informações para sugerir que as principais figuras do pós-estruturalismo estavam todas envolvidas, de alguma forma, na rejeição do marxismo. Todos eles também tiveram contato com as culturas e políticas da África do Norte.

Nesse contexto de mudança social, grande parte da intelectualidade francesa deparou-se com teorias sociais que não se ajustavam aos acontecimentos ao seu redor. Intelectuais não podiam mais falar em defesa ou a respeito de sujeitos colonizados sem que houvesse consequências. Pessoas que foram colonizadas falavam cada vez mais por si próprias como parte das lutas de libertação, colocando a intelectualidade francesa frente a frente com uma série de questões existenciais. Como a França poderia chegar a um acordo com seu envolvimento na Segunda Guerra Mundial, especificamente seus legados de resistência ao nazismo e sua conivência com ele? Como a França deveria responder às demandas das pessoas que ela colonizou, muitas das quais estavam engajadas em lutas de libertação em colônias francesas? Qual poderia ser o papel da intelectualidade francesa na negociação dessas questões?[53]

Um olhar mais atento sobre a produção intelectual francófona durante aquele período destaca a importância não reconhecida de intelectuais das colônias francesas para as lutas de libertação anticolonial durante a descolonização, bem como para os rumos da própria teoria social francófona. O trabalho de Frantz Fanon, um psiquiatra da Martinica que se formou na França e se envolveu na luta de libertação na Argélia, destaca tensões importantes na teoria social francófona. As principais interpretações da obra intelectual de Fanon tipicamente enfatizam seus laços com o existencialismo, com foco em sua conexão com o filósofo francês Jean-Paul Sartre. Mas essa abordagem interpreta mal o potencial radical da teorização crítica de Fanon, tornando-o de fato apenas mais um pensador francês facilmente esquecido[54].

Fanon é mais conhecido por seus livros *Os condenados da Terra* e *Pele negra, máscaras brancas*[55], ambos escritos no contexto de movimentos sociais

---

[53] De maneira significativa, a maioria tentou dar sentido às relações sociais alteradas ocasionadas pelas demandas políticas por igualdade na França e liberdade do domínio colonial francês. A tese de que a agitação social maciça promove rupturas intelectuais paralelas parece especialmente adequada para a compreensão das mudanças teóricas nos círculos intelectuais franceses durante a era da descolonização (Stephen T. Turner, "British Sociology and Public Intellectuals: Consumer Society and Imperial Decline", *British Journal of Sociology*, v. 57, n. 2, 2006, p. 169-88).

[54] Concentro-me em Fanon, mas examinar o impacto de Mahatma Gandhi nas lutas de libertação na Índia, a joia da coroa do império britânico, fornece outra perspectiva sobre as relações coloniais durante esse mesmo período.

[55] Frantz Fanon, *The Wretched of the Earth* (trad. Richard Philcox, Nova York, Grove Press, 1963) [ed. bras.: *Os condenados da Terra*, trad. José Laurênio de Melo, Rio de Janeiro, Civilização Brasileira, 1968]; Frantz Fanon, *Black Skin, White Masks* (Nova York, Grove Press, 1967) [ed. bras.: *Pele negra, máscaras brancas*, trad. Renato da Silveira, Salvador, EDUFBA, 2008].

anticoloniais. Por exemplo, em *Os condenados da Terra*, Fanon analisa as dimensões psicológicas das lutas de libertação, explicando como a violência entre povos colonizados emergiu como uma resposta à violência sancionada pelo Estado por parte de instituições coloniais. De maneira notável, Fanon também observou mais que as lutas de libertação que o cercavam, analisando como a mesma cultura nacional essencial para as lutas de libertação poderia se tornar um problema para novos Estados-nação. Como psiquiatra, Fanon também era sensível à violência psíquica do racismo e do colonialismo, examinando em *Pele negra, máscaras brancas* os custos psicológicos da opressão para pessoas negras. Nestes e em outros trabalhos, Fanon focou, de maneira inflexível, as necessidades das pessoas subordinadas, do ponto de vista de pessoas subordinadas. Seu trabalho intelectual criticou práticas que fomentavam a dominação, tanto por parte dos poderes coloniais quanto entre os próprios povos oprimidos.

Quando o assunto era mudança social, Fanon viu os limites da reforma. A descolonização exigia a transformação social das instituições, das relações culturais e das ideias cotidianas. Por não ter nascido em círculos intelectuais franceses, o caminho distinto de Fanon rumo ao seu trabalho intelectual teve um importante efeito sobre os contornos de sua análise crítica. Frantz Fanon tornou-se adulto durante a descolonização pós-Segunda Guerra Mundial, um contexto social que contribuiu para o seu desenvolvimento como um pensador independente e crítico[56]. Nem o virtuosismo de sua produção intelectual, nem

---

[56] Como comentários subsequentes sobre o legado de Fanon apontam, ele não acertou tudo. O trabalho sobre sua obra é abrangente e crescente, incluindo uma revisão de sua biografia (Alice Cherki, *Frantz Fanon: A Portrait*, Ithaca, NY, Cornell University Press, 2006); Fanon como intelectual (Ross Posnock, "How It Feels to Be a Problem: Du Bois, Fanon, and the 'Impossible Life' of the Black Intellectual", *Critical Inquiry*, v. 23, n. 2, 1997), p. 323-49; seu *status* como um filósofo existencialista africano em diáspora (Tendayi Sithole, "Frantz Fanon: Africana Existentialist Philosopher" *African Identities*, v. 14, n. 2, 2016, p. 177-90); e comentário crítico sobre sua influência intelectual (Homi K. Bhabha, "Foreword: Framing Fanon", em Frantz Fanon, *The Wretched of the Earth*, cit., vii-xli, e Stuart Hall, "The After-Life of Frantz Fanon: Why Fanon? Why Now? Why Black Skin, White Masks?", em Alan Read, *The Fact of Blackness: Frantz Fanon and Visual Representation*, Seattle, Bay Press, 1996, p. 12-37). Também tem sido dada mais atenção a temas específicos do conjunto de seu trabalho. Ver, por exemplo, artigos apresentados na Conferência "Fanon on the Fact of Blackness", em Alan Read, *The Fact of Blackness*, cit.). Ver também o trabalho sobre como Fanon foi reformulado para o público ocidental. Em seu prefácio à edição de 2004 de *Os condenados da Terra*, Homi Bhabha reconhece os desafios de "Framing Fanon" [Enquadrar Fanon] para públicos privilegiados na Europa e na América do Norte. A ampliação do contexto intelectual francês, por exemplo, aponta as teorias francófonas apresentadas por intelectuais nas lutas políticas de descolonização como não apenas críticas; elas pretendiam ser libertadoras ou emancipatórias.

sua análise crítica incisiva das relações coloniais decorreram de suas aspirações de ser assimilado como filósofo ou nos círculos intelectuais franceses. A análise crítica de Fanon preocupou-se menos com a reforma da teoria social francesa, embora tal reforma possa constituir um passo na direção certa, e mais com a teorização das possibilidades de transformação das lutas de libertação. Seu trabalho foi ao mesmo tempo crítico *ao status quo*, isto é, aos danos causados pelo colonialismo e pelo racismo, e crítico *para* as pessoas oprimidas, pois diagnosticou os danos da opressão, bem como a cura para ela.

Fanon foi uma figura inspiradora durante o período de desmantelamento de estruturas coloniais formais. No entanto, uma rede global ampla e diversificada de intelectuais-ativistas que também já vinha trabalhando antes, durante e depois do período do colonialismo formal estava dedicada às lutas de libertação do Terceiro Mundo. Coletivamente, os membros dessa rede objetivavam descolonizar as relações coloniais, abolir a escravidão e resistir ao conhecimento ocidental que sustentava relações de poder injustas. Tais projetos abrangeram o mundo francófono, mas também caracterizaram projetos de descolonização nas colônias britânicas, holandesas e portuguesas.

A lista de intelectuais críticas e críticos que contribuíram para a teoria da libertação é longa, com muitas e muitos permanecendo no anonimato. Historicamente, intelectuais de grupos subordinados, cujo trabalho teórico crítico sustenta laços diretos com populações subordinadas têm sido vítimas do esquecimento e muitas vezes de difamação no contexto da teoria social produzida na Europa e na América do Norte. A produção intelectual como a de Fanon é levada a sério quando suas ideias podem ser apropriadas ou seu impacto não pode mais ser ignorado. Por exemplo, o trabalho de William E. B. Du Bois recebeu recentemente o devido reconhecimento na disciplina de sociologia por sua pesquisa inovadora[57]. No entanto, a maior parte de seu trabalho como acadêmico e ativista foi muito além desse campo específico[58]. Intelectuais podem até obter reconhecimento de modo individual na teoria social ocidental, mas a maior parte de toda a produção intelectual que objetivou descolonizar o conhecimento ocidental simplesmente não aparece em textos teóricos, inclusive interpretações de teoria social crítica[59].

---

[57] Aldon Morris, *The Scholar Denied: William E. B. Du Bois and the Birth of Modern Sociology* (Berkeley, University of California Press, 2015).
[58] David Levering Lewis, *W. E. B. Du Bois: A Reader* (Nova York, Henry Holt, 1995).
[59] Ver, por exemplo, Ben Agger, *Critical Social Theories*, cit.; e Craig Calhoun, *Critical Social Theory*, cit.

Fanon é uma figura imprescindível para determinar o que há de crítico na teoria social crítica, porque seu trabalho pode ser lido como uma teoria social crítica que, além de catalisar energia substancial entre as pessoas oprimidas, também adentrou, em seus próprios termos, a teoria social ocidental. Fanon não poderia ser relegado à categoria de intelectual de rua, uma apropriação indevida da importante construção do teórico italiano Antonio Gramsci da figura intelectual orgânica, aquela com inteligência de rua, e pouca educação formal[60]. De maneira significativa, os escritos de Fanon forneceram textos essenciais para as lutas de libertação no continente africano e em outros lugares, competindo diretamente com perspectivas mais conservadoras, voltadas para a reforma, incluindo as da intelectualidade francesa.

Isso me leva à conexão de Fanon com Jean-Paul Sartre, e ao modo a teoria crítica de Fanon foi recebida na teoria social francófona. Visto que a conexão de Sartre com Frantz Fanon seja talvez mais conhecida dentro de alguns segmentos da teoria social dominante, uso esse fato para apontar a tênue posição de Fanon e intelectuais semelhantes de grupos subordinados que muitas vezes só são recebidas e recebidos na academia quando têm um importante apadrinhamento teórico. Essa aceitação provisória requer equilibrar-se na linha tênue entre duas escolhas: por um lado, assimilar-se à teoria social tradicional e, por consequência, manter o *status quo*. Por outro, acomodar-se em versões diluídas da teoria social crítica e, por conseguinte, juntar-se a um projeto intrinsecamente reformista. Em tais configurações, aparentemente não há uma terceira escolha de transformação social. Ainda assim, intelectuais que conseguem ocupar um espaço de fronteira entre os saberes dominantes e as tradições de conhecimento resistente podem produzir teoria social inovadora de longo alcance e impacto. Parece que foi isso o que Fanon conseguiu fazer[61].

## Frantz Fanon, teoria da libertação e existencialismo

Posicionar o trabalho intelectual de Fanon como engajado no diálogo com as tradições da teoria da libertação anticolonial e o existencialismo fornece

---

[60] Antonio Gramsci, *Selections from the Prison Notebooks* (Londres, Lawrence and Wishart, 1971).
[61] Reivindicar um espaço de fronteira como um local de criatividade é um tema importante no trabalho de feministas latinas e do Terceiro Mundo. Ver, por exemplo, a importante discussão de Gloria Anzaldúa sobre a nova *mestiza* em sua obra clássica *Borderlands/La Frontera: The New Mestiza* (São Francisco, Spinsters/Aunt Lute Press), de 1987. Volto a esse tema no capítulo 7.

uma compreensão alternativa do significado da teorização crítica. Tomemos, por exemplo, as diferentes formas como as análises teóricas de Fanon sobre a opressão colonial e os desafios da libertação nacional foram recebidas por intelectuais e ativistas nas lutas de libertação global e por intelectuais da Europa e da América do Norte. Fanon é frequentemente posicionado no contexto intelectual francófono através de uma estratégia que enquadra seu interesse no existencialismo a partir da perspectiva dos problemas sociais da França para lidar com as realidades de perda do poder colonial. Dentro dessa narrativa, Sartre facilita a visibilidade de Fanon nos círculos intelectuais franceses, estabelecendo laços entre sua própria compreensão abstrata de liberdade no contexto do existencialismo e lutas tangíveis por liberdade, isto é, pela libertação com a descolonização. Fanon se torna interessante a outros intelectuais proeminentes da França principalmente por sua ligação com Sartre e, então, a intelectualidade francesa não podia nem se apropriar, nem ignorar sua obra. No entanto, esse posicionamento não faz jus a Fanon, nem a uma comunidade muito mais ampla de ativistas intelectuais cujas teorizações críticas emergem de lutas de libertação e não de interesses das potências coloniais.

A questão para mim se trata menos do motivo pelo qual intelectuais franceses como Sartre têm interesse no trabalho de Fanon, e mais do motivo pelo qual Fanon e demais ativistas intelectuais, cuja maioria já era familiarizada com a teoria social marxista, julgaram o *existencialismo* especialmente atraente para seus projetos emancipatórios. No meu entender, ativistas intelectuais que, como Fanon, se engajaram em lutas de libertação julgavam útil o trabalho teórico que tratava de questões de liberdade. No cenário da Guerra da Argélia (1954--1962), quando o trabalho de Fanon foi publicado, o termo *libertação* viajou muito e foi adotado por intelectuais que trabalhavam em contextos sociais bem diferentes. Durante as décadas subsequentes, o poder do termo *libertação* e sua associação com a liberdade ressoou além desse caso de Fanon e da independência argelina[62]. Em um contexto global, intelectuais que participavam ou eram

---

[62] Por exemplo, ver obras como "National Liberation and Culture" [Libertação nacional e cultura], de Amílcar Cabral, em Africa Information Service (org.), *Return to the Source: Selected Speeches of Amilcar Cabral* (Nova York, Monthly Review Press, 1973, p. 39-56); de Stokely Carmichael e Charles V. Hamilton (*Black Power: The Politics of Black Liberation in America*, Nova York, Vintage, 1967) [ed. bras.: *Black Power: a política de libertação nos Estados Unidos*, trad. Arivaldo Santos de Souza, São Paulo, Jandaíra, 2021]; de Pauli Murray ("The Liberation of Black Women", em Mary Lou Thompson (org.), *Voices of the New Feminism*, Boston, Beacon); de Manning Marable ("Beyond Identity Politics: Towards a Liberation Theory for Multicultural Democracy", 1993,

líderes de projetos anticoloniais e antirracistas também apresentaram fortes reivindicações em prol da liberdade humana, não de forma abstrata, mas em prol de suas próprias libertações. Outros movimentos sociais se inspiraram a partir dessas lutas anticoloniais e antirracistas, entre eles, as reivindicações para a libertação das mulheres e os movimentos de libertação LGBTQ[63].

Dentro dessa mistura, a ênfase do existencialismo na liberdade humana se alinhou com esses projetos políticos específicos de libertação. Intelectuais existencialistas havia muito tempo se preocupavam com a questão da liberdade humana[64]. Jean-Paul Sartre, Simone de Beauvoir, Albert Camus e demais intelectuais do contexto francófono no pós-Segunda Guerra Mundial apresentaram perspectivas diversas e, muitas vezes, conflitantes acerca da questão da liberdade, uma questão especialmente crítica no contexto da Guerra da Argélia[65]. Sartre é amplamente creditado por desenvolver as principais ideias da filosofia existencialista francesa no período pós-Segunda Guerra Mundial[66]. Ele se esforçou para

---

*Race and Class*, v. 35, n. 1, 1993, p. 113-30). Desenvolvo essas ideias de libertação e liberdade mais plenamente na discussão do capítulo 3 sobre projetos de conhecimento resistente e na análise comparativa do capítulo 6 sobre como a liberdade é tratada na obra de Simone de Beauvoir e na de Pauli Murray.

[63] O filósofo Eduardo Mendieta oferece uma leitura alternativa da relação entre a discussão acadêmica e o pensamento ativista. Mendieta identifica uma "filosofia da libertação" como um movimento filosófico e método de fazer filosofia que surgiu pela primeira vez, na Argentina, durante o final dos anos 1960, e se espalhou pela América Latina no início dos anos 1970. Mendieta contextualiza a filosofia da libertação dentro da filosofia latino-americana, mas também a vê como um "capítulo da história mais ampla da filosofia europeia" porque, "embora se definisse como uma crítica do eurocentrismo e da hegemonia da filosofia europeia, ela fez uso e evoluiu a partir de suas correntes filosóficas, movimentos, conceitos e debates" ("Philosophy of Liberation", em *Stanford Encyclopedia of Philosophy*, Stanford, CA, Metaphysics Research Lab, Stanford University, 2016, p. 1).

[64] Gordon Marino (org.), *Basic Writings of Existentialism* (Nova York, Modern Library, 2004); Steven Crowell, "Existentialism", em Edward N. Zalta (org.), *The Stanford Encyclopedia of Philosophy* (Stanford, CA, Stanford University Press, 2015).

[65] James D. Le Sueur, *Uncivil War: Intellectuals and Identity Politics During the Decolonization of Algeria* (Lincoln, NE, University of Nebraska Press, 2008); David L. Schalk, *War and the Ivory Tower: Algeria and Vietnam* (Lincoln, NE, University of Nebraska Press, 2005).

[66] Este é um assunto para um debate mais profundo. A biografia de Sartre revela seu engajamento crítico contra o antissemitismo, seu anticolonialismo e seus projetos antirracistas, em seus livros de ensaios Jean-Paul Sartre, *Anti-Semite and Jew: An Exploration of the Etiology of Hate* (trad. George J. Becker, Nova York, Schocken Books, 1995 [1948]) e Jean-Paul Sartre, *Colonialism and Neocolonialism* (Nova York, Routledge, 2006 [1964]) [ed. bras.: *A questão judaica*, trad. Mário Vilela, São Paulo, Ática, 1995]. Ao mesmo tempo, à medida que avançamos para além do modelo de trabalho intelectual do gênio solitário e passamos a vê-lo como colaborativo e coletivo, perguntamo-nos quanto Sartre fez por conta própria. Estudos revisionistas sobre Simone de Beauvoir, filósofa feminista que trabalhou em estreita colaboração com Sartre, sugerem que

trabalhar em diálogo com intelectuais de grupos subordinados. Por exemplo, ele escreveu o prefácio da primeira edição de *Os condenados da Terra* (1963), uma demonstração significativa de apoio a um livro que até hoje segue polêmico.

Durante esse período, nos círculos intelectuais franceses, o marxismo, o existencialismo e o pós-estruturalismo eram três espaços distintos de teoria social com relações variadas com a teoria da libertação de Fanon. Curiosamente, a influência do existencialismo e do marxismo diminuiu nesses círculos nas décadas posteriores às de 1950 e 1960. Em compensação, o estruturalismo e o pós-estruturalismo adquiriram maior proeminência. Apesar das diferenças substanciais de pessoal, forma, conteúdo e genealogia, o existencialismo e a teoria social marxista continham análises explícitas que abordavam diretamente os tipos de mudança social fomentados pelas lutas de libertação. Por outro lado, o pós-estruturalismo teve muito menos a dizer sobre a libertação e sobre a liberdade[67].

Quando se tratava de explicar a libertação ou as lutas pela liberdade, nenhuma teoria tinha todas as respostas. A ênfase do existencialismo na liberdade existencial valorizava a consciência individual e a atuação humana, mas carecia de uma análise comparável do comportamento coletivo que pudesse diagnosticar os desafios existenciais enfrentados por um grupo ou comunidade de pessoas. A teoria social marxista analisou as estruturas sociais sob o capitalismo e a

---

Beauvoir também contribuiu para o desenvolvimento do existencialismo. Abordo essa questão no capítulo 6.

[67] O pós-estruturalismo é um movimento de crítica literária e filosofia iniciado na França no final dos anos 1960. Baseando-se nas teorias linguísticas de Ferdinand de Saussure, na antropologia estruturalista de Claude Lévi-Strauss e nas teorias desconstrucionistas de Jacques Derrida, o pós-estruturalismo considerou que a linguagem não é um meio transparente que conecta alguém diretamente a uma "verdade" ou "realidade" fora dela. Em vez disso, a linguagem é uma estrutura ou código cujas partes derivam seu significado a partir do contraste entre si e não de qualquer conexão com um mundo exterior. O grupo de intelectuais associado ao movimento inclui Roland Barthes, Jacques Lacan, Julia Kristeva e Michel Foucault. Demais proeminentes intelectuais pós-estruturalistas são Jean Baudrillard, Judith Butler, Gilles Deleuze, Luce Irigaray e Jean-François Lyotard. A filosofia de Judith Butler ilustra como o pós-estruturalismo influenciou seu trabalho; ver, por exemplo, Judith Butler, *Problema de gênero: Feminismo e subversão da identidade* (15. ed., Rio de Janeiro, Civilização Brasileira, 2017) e Judith Butler, *Bodies That Matter: On the Discursive Limits of "Sex"* (Nova York, Routledge, 1993) [ed. bras.: *Corpos que importam: os limites discursivos do "sexo"*, trad. Veronica Daminelli e Daniel Yago Françoli, São Paulo, Crocodilo Edições/Nº 1 Edições, 2019].
As três ideias principais de descentramento, desconstrução e diferença que utilizo neste capítulo são variações das características-chave do pós-estruturalismo aplicadas à produção de conhecimento (Patricia Hill Collins, *Fighting Words: Black Women and the Search for Justice*, Minneapolis, MN, University of Minnesota Press, 1998).

ação social coletiva das relações de classe, mas sua valorização da classe sobre a raça, etnia e categorias de análise semelhantes limitou seu potencial[68]. O pós-estruturalismo foi de longe o mais conservador das três perspectivas teóricas descritas aqui. Quando se tratava de ativismo político, o pós-estruturalismo não foi impulsionado por uma visão de aspiração à liberdade (existencialismo), nem por uma análise estrutural contundente acerca de como realizá-la (solidariedade política por meio da luta de classes). Em vez disso, seus proponentes contornaram ambas as filosofias, criticando a liberdade como um ideal iluminista desgastado, herdado das grandes narrativas da modernidade. E também rejeitaram, ao criticar o marxismo como um projeto político fracassado, as revoluções socialistas que aspiravam trazer liberdade

Os debates entre a intelectualidade francesa sobre a guerra da Argélia pela libertação revelam a rejeição implícita do pós-estruturalismo à teoria da libertação. Como o antropólogo Pierre Bourdieu teve um grande impacto na teoria social contemporânea, com suas ideias retomadas em vários campos de estudo, examino aqui algumas de suas ideias sobre liberdade e libertação[69]. Uma leitura cuidadosa da maior parte das ideias de Bourdieu a partir desse período

---

[68] O pensamento social marxista também influenciou as lutas de libertação, e suas ideias reapareceram em projetos específicos. Embora as lutas de libertação tratassem do capitalismo, também eram lutas antirracistas. De maneira significativa, a ênfase tradicional do marxismo no capitalismo e na análise de classe forneceu pouco espaço interpretativo para análises do racismo, do colonialismo e de sistemas semelhantes de poder. No passado e atualmente, intelectuais marxistas que priorizam a análise de classe capitalista como explicação para tudo ocupam uma posição que não permite que escutem as demandas de movimentos de libertação que se organizam em torno de categorias de raça e colonialismo. De forma individual, intelectuais sem dúvida, foram capazes de ir além dessa ideia formulada de que a análise marxista clássica explicava tudo. Ver, por exemplo, Étienne Balibar, *The Philosophy of Marx* (Nova York, Verso, 2007) [ed. bras.: *A filosofia de Marx*, trad. Lucy Magalhães. Rio de Janeiro, Zahar, 1995]. Os estudos de Balibar sobre raça, classe e nacionalismo são significativos e fornecem novas perspectivas para a análise de classes, que assim pode ser vista como uma precursora da interseccionalidade (ver Étienne Balibar e Immanuel Wallerstein, *Race, Nation, Class: Ambiguous Identities* (Nova York, Verso, 1991) [ed. bras.: *Raça, nação, classe: as identidades ambíguas*, trad. Wanda Caldeira Brant, São Paulo, Boitempo, 2021]; e, no mesmo livro, Étienne Balibar, "Racism and Nationalism", p. 37-67 [na ed. bras.: "Racismo e nacionalismo", p. 75-107].

[69] Pierre Bourdieu teve importante influência na sociologia. Sua obra *An Invitation to Reflexive Sociology* (Chicago, University of Chicago Press, 1992) em coautoria com Loïc J. D. Wacquant [ed. bras.: *Um convite à sociologia reflexiva*, Rio de Janeiro, Relume Dumará, 2005] deu uma importante contribuição para a sociologia interpretativa. Seus estudos, como *The Logic of Practice* (Palo Alto, CA, Stanford University Press, 1980) e *Distinction*, cit., também moldaram a teoria social. As ideias de Bourdieu sobre *habitus* e formas do capital foram retomadas na educação. Ver, por exemplo, Pierre Bourdieu e Jean-Claude Passeron, *Reproduction in Education, Society and Culture* (Beverly Hills, CA, Sage, 1977) [orig. *La Réproduction: Éléments d'une théorie du*

crucial na teoria social francófona fornece uma imagem mais complexa dos contornos críticos de sua teoria social. Por exemplo, Bourdieu acreditava que as perspectivas de Sartre e de Fanon sobre a Argélia eram perigosas. A evidência para essa afirmação vem de uma fonte surpreendente: James D. Le Sueur em *Uncivil War: Intellectuals and Identity Politics During the Decolonization of Algeria* [Guerra incivil: intelectuais e política identitária durante a descolonização da Argélia][70] apresenta uma visão da vida intelectual francesa altamente simpática a Bourdieu. O antropólogo até escreveu um prefácio para o livro de Le Sueur. Essa é uma das razões pelas quais achei a passagem a seguir tão dissonante. Le Sueur relata: "Em uma entrevista comigo em 1994, Bourdieu colocou o seguinte: *Os condenados da Terra*, de Fanon, e seu prefácio escrito por Sartre não são apenas imprecisos sobre a Argélia, também são perigosos porque usaram ideias 'parisienses' para explicar a Argélia. O prefácio de Sartre, segundo Bourdieu[71], é 'um texto completamente irresponsável'". Le Sueur continua agora citando diretamente as palavras reais de Bourdieu, que afirma:

> [O que] Fanon diz não corresponde a nada. É até perigoso fazer o povo argelino acreditar nas coisas que ele diz. Isso o levaria a uma utopia. E acho que esses homens contribuíram para o que a Argélia se tornou, porque contaram histórias a esse povo que, muitas vezes, conheciam seu próprio país tanto quanto pessoas francesas que falavam dele [...] [Os] textos de Fanon e Sartre assustam por sua irresponsabilidade. Você teria que ser uma pessoa megalomaníaca para pensar que poderia dizer qualquer uma dessas bobagens. É verdade, claro, que não tenho muita admiração por esses dois [...] mesmo quando eles têm razão, os motivos são ruins.[72]

A crítica desdenhosa de Bourdieu vai além de uma divergência de opinião cavalheiresca com Fanon ou Sartre. Bourdieu culpa esses intelectuais, associados ao existencialismo, pelo conturbado resultado de uma luta de libertação que, na época, sofreu forte resistência dos militares franceses. Talvez Bourdieu tenha se expressado mal ou o sentido de suas palavras tenha se perdido na tradução quando afirma: "é até perigoso fazer os argelinos acreditarem nas coisas que ele diz". As palavras de Bourdieu sugerem que o povo argelino é aparentemente

---

*système d'enseignement*, Paris, Les Éditions de Minuit, 1970; ed. bras.: *A reprodução: elementos para uma teoria do sistema de ensino*, 7. ed., Petrópolis, Vozes, 2014].
[70] James D. Le Sueur, *Uncivil War*, cit.
[71] Ibidem, p. 282.
[72] Idem.

incapaz de raciocinar – a nação está sujeita a crenças impostas a ela por outros, neste caso, Fanon como um agitador externo[73].

Apesar da hostilidade surpreendentemente sincera de Pierre Bourdieu ao existencialismo e, por conseguinte, à teoria da liberdade, as ideias dele, bem como as de filósofas e filósofos do contexto francófono influenciaram a trajetória do pós-estruturalismo na teoria social ocidental. Na década de 1990, as ferramentas analíticas da teoria social pós-moderna estavam bem estabelecidas. As três estratégias orientadoras da teoria social pós-moderna de descentramento, desconstrução e diferença forneceram um importante conjunto de ferramentas para a crítica social. Por si mesmas, essas estratégias ofereciam ferramentas úteis para a análise crítica. No entanto, quando não informadas por considerações políticas e éticas, essas mesmas ferramentas de descentramento, desconstrução e diferença podem sustentar projetos drasticamente diferentes[74]. Por exemplo,

---

[73] Essa perspectiva sobre Fanon e a teoria da libertação não era estranha para o pensamento de Bourdieu, mas, aparentemente influenciou seu pensamento posterior acerca do ativismo político antirracista e anticolonial. Com Loïc Wacquant, Bourdieu publicou em 1999 um artigo intitulado "On the Cunning of Imperial Reason", *Theory, Culture and Society*, v. 16, n. 1, p. 41-58. O catalisador do artigo foi o livro de Michael George Hanchard, *Orpheus and Power: The Movimento Negro of Rio de Janeiro and São Paulo, Brazil 1945-1988* (Princeton, NJ, Princeton University Press, 1994) [ed. bras.: *Orfeu e o poder: o movimento negro no Rio de Janeiro e em São Paulo, 1945-1988*, Rio de Janeiro, Uerj, 2001] sobre o movimento da consciência negra no Brasil. Ecoando a noção de Fanon (*Os condenados da Terra*, cit.) acerca da importância da cultura nacional, Hanchard argumenta que a construção de uma consciência negra foi parte da resistência negra no Brasil. Daí seguiu-se um debate animado e controverso na revista *Theory, Culture and Society*, com intelectuais *of color* criticando as suposições de Bourdieu e Wacquant sobre a atuação de grupos subordinados. Para uma resposta representativa nesse debate, consulte o texto de Hanchard (Michael George Hanchard, "Acts of Misrecognition: Transnational Black Politics, Anti-Imperialism, and the Ethnocentrisms of Pierre Bourdieu and Loïc Wacquant", *Theory, Culture and Society*, v. 20, n. 4, 2003, p. 5-29) ao artigo inicial de Bourdieu e Wacquant.

[74] Dedico um capítulo inteiro de *Fighting Words: Black Women and the Search for Justice* a esse tema (Patricia Hill Collins, *Fighting Word*, cit.). Elucidando, as próprias ferramentas podem ser intervenções poderosas para projetos que visam descolonizar o conhecimento. Em *Fighting Words*, argumento que as ideias de descentramento, desconstrução e diferença foram prefiguradas no feminismo negro. Minha crítica não se dirige às ferramentas pós-estruturalistas, mas sim a como o discurso pós-estruturalista sustenta implicitamente os projetos políticos conservadores, embora pareça fazer o oposto. Especificamente, durante a década de 1990, o pós-estruturalismo forneceu pouca orientação sobre o crescimento do encarceramento em massa como política pública. Parecia ser uma teoria social que, ao criticar tanto os ideais iluministas que orientavam os movimentos sociais quanto as identidades grupais dos próprios movimentos sociais, enfraquecia as iniciativas por justiça social. Isso reflete menos as próprias ideias que as formas como indivíduos usaram as ideias pós-estruturalistas. Também se refere às distinções entre ciências sociais e compreensão narrativa da teorização crítica. Uma forma de teorização pode ser inadequada para responder às questões levantadas pela outra. Como a interseccionalidade abrange as ciências sociais e as tradições narrativas, ela deve julgar tais diferenças.

a Teoria Crítica traz uma análise política e ética autorreflexiva para o ato de teorizar, aplicando regras de responsabilização à sua própria práxis. A teoria social pós-moderna não tem esse compromisso. Da mesma forma, os estudos culturais britânicos contêm um etos de justiça social implícito, ancorando suas ferramentas críticas em um projeto de conhecimento orientado por um compromisso com a transformação social. A teoria social pós-moderna evita compromissos éticos como esses. A responsabilização pelos efeitos de sua análise crítica nas pessoas ou na política reais era opcional. As ferramentas desconstrutivas do pós-estruturalismo tornaram-se armas eficazes de crítica, mas não expressaram necessariamente responsabilidade política ou ética.

Dada essa breve história, identificar o pós-estruturalismo como *inerentemente* crítico parece precipitado. O modo como as ideias de uma teoria social específica ou de intelectuais que produzem teoria social são usadas dentro de um projeto específico lançam luz nas maneiras em que uma teoria social é crítica. Neste livro, utilizo muitos argumentos apresentados por Michel Foucault, uma figura importante na filosofia e na teoria social francófona. Eu me baseio em suas ideias sobre a relação de conhecimento e poder[75], a construção do poder disciplinar[76], as distinções que ele faz entre arqueologias e genealogias do conhecimento[77] e suas análises inovadoras da sexualidade[78] não porque sejam inerentemente críticos, mas porque contribuem para as dimensões críticas deste projeto. Assim como nenhuma teoria social tem todas as respostas, nenhuma pessoa que produz teoria social as tem também. Foucault evitou lidar com o racismo e o colonialismo nessas obras clássicas, retornando a essas questões apenas em seus escritos mais tardios[79]. Teríamos obtido análises tão inovadoras

---

[75] Michel Foucault, *Power/Knowledge*, cit.
[76] Michel Foucault, *Discipline and Punish: The Birth of the Prison* (Nova York, Vintage, 1979) [ed. bras.: *Vigiar e punir: nascimento da prisão*, trad. Raquel Ramalhete, 42. ed., Petrópolis, Vozes, 2014].
[77] Michel Foucault, *The Birth of the Clinic: An Archaeology of Medical Perception* (Nova York, Vintage, 1994) [ed. bras.: *O nascimento da clínica*, trad. Roberto Machado, São Paulo, Forense Universitária, 2011].
[78] Michel Foucault, *The History of Sexuality, Vol. I: An Introduction* (Nova York, Vintage, 1990) [ed. bras.: *História da sexualidade I: a vontade de saber*, trad. Maria Thereza da Costa Albuquerque e J. A. Guilhon Albuquerque, São Paulo, 2020].
[79] Michel Foucault, *Society Must Be Defended: Lectures at the College de France, 1975-1976* (Nova York, Picador, 2003) [ed. bras.: *Em defesa da sociedade: curso no Collège de France (1975-1976)*, trad. Maria Ermantina Galvão, São Paulo, WWF Martins Fontes, 2012]; Ann Laura Stoler, *Race and the Education of Desire: Foucault's History of Sexuality and the Colonial Order of Things* (Durham, NC, Duke University Press, 1995).

de conhecimento e poder se Foucault tivesse escrito sua análise da sexualidade, não em relação à sociedade francesa, mas em relação às realidades das lutas de descolonização da Argélia?

Meu objetivo aqui não é elogiar Foucault ou castigar Bourdieu, mas sim questionar os usos contemporâneos da teoria social pós-moderna. O pós-estruturalismo tornou-se um discurso dominante e aparentemente hegemônico, cuja legitimidade como teoria social científica é tida como certa. Para muitos intelectuais em formação que estudaram o pós-estruturalismo, mas que permanecem inconscientes de sua história, o significado da teorização crítica é, com frequência, igualado a usar ferramentas desconstrutivas que criticam tudo e qualquer coisa sem consequências.

O que estamos perdendo quando a noção do que significa ser crítico emana de uma lista tão curta de pessoas, dentro de um conjunto tão pequeno de trabalho, que ocorreu durante um determinado período, e dentro de um determinado Estado-nação? Alguém poderia facilmente ler minha interpretação da história intelectual francesa como um caso de opressão epistêmica em que o pós-estruturalismo trabalhou para conter o potencial radical da teoria pós-colonial por meio do deslocamento da teoria da libertação suscitado pela análise ostensivamente crítica de uma crítica desconstrucionista sem fim (ver a discussão do capítulo 4 sobre opressão epistêmica e resistência). A história de desaparecimento do existencialismo aponta uma questão maior: *por que* a narrativa do pós-estruturalismo (que ironicamente afirma não ser uma teoria social coerente, embora com frequência seja usada como tal), apresentada por intelectuais de elite da França, se tornou uma narrativa tão dominante, se não hegemônica, dentro da teoria social acadêmica, ironicamente, muitas vezes servindo como modelo padrão da própria teoria social crítica?

O terreno contestado da teoria social francófona apresentado aqui destaca as conexões entre os contextos sociais e políticos em que ocorre a teorização e a teoria social dela decorre. Consideremos como trabalhar dentro dos pressupostos ocidentais sobre os públicos-alvo da teoria crítica pode comprometer a intenção crítica de uma dada teoria. Em *Discourses on Liberation: An Anatomy of Critical Theory*, Kyung-Man Kim[80] avalia as teorias críticas de Jürgen Habermas, Pierre Bourdieu e Anthony Giddens, três importantes teóricos sociais contemporâneos. Em vez de presumir que seus respectivos trabalhos são inerentemente

---

[80] Kyung-Man Kim, *Discourses on Liberation*, cit.

críticos porque as comunidades acadêmicas de investigação os designam como teóricos críticos, Kim avalia seus estudos em relação ao objetivo de promover a libertação. Através de uma leitura atenta não apenas do que esses teóricos dizem, mas também do que eles não dizem, Kim identifica as perguntas que eles fizeram e responderam de forma inadequada, bem como questões importantes que eles deixaram de fazer.

Kim conclui que suas análises teóricas ficaram comprometidas pelas suposições que esses teóricos específicos fizeram de seus públicos-alvo. É notável que Habermas, Bourdieu e Giddens escrevam principalmente para um público leitor que os três presumem ser como eles, ou para pessoas que já conhecem em suas redes acadêmicas. Esses teóricos não veem o público em geral como seu público primário e, como resultado, oferecem perspectivas idealizadas sobre a relação entre eles como teóricos e pessoas leigas cujos interesses suas teorias críticas aparentemente abordam. Lee afirma que essa falha em envolver as ideias das pessoas leigas que são mais afetadas por suas teorias cria limitações de perspectiva em suas análises teóricas. Habermas, por exemplo, argumenta que

> compreender a autodescrição de pessoas leigas acerca de suas próprias atividades e instituições [...] não é uma descoberta, mas um *processo dialógico* no qual tanto pessoas que produzem teoria quando pessoas leigas trabalham conjuntamente para promover uma mudança institucional, construindo uma nova estrutura de significado.[81]

Trabalhar dialogicamente é uma ideia poderosa que entrou em muitos campos e que vou abordar ao longo deste livro. No entanto, a noção de Habermas de um processo dialógico parece metodologicamente prejudicada por uma suposição de que as pessoas comuns constituem objetos e não agentes de conhecimento. Como exatamente Habermas sugeriria que pessoas leigas se engajassem dialogicamente com sua versão da teoria crítica? Nesse sentido, a metodologia de Habermas mina seu próprio ideal dialógico de permitir que pessoas leigas "participem do discurso científico-social apenas na medida em que se conformem aos critérios de racionalidade de Habermas"[82]. Essa relação imaginada ilustra como o conceito de engajamento dialógico, na ausência de uma análise de poder, pode reproduzir hierarquias sociais existentes. Habermas se imagina junto a pessoas leigas comprometidas com o mesmo projeto no

---

[81] Ibidem, p. 124; grifo nosso.
[82] Idem.

papel, mas o engajamento dialógico que ocorre em relações de poder desiguais promove uma participação desigual na produção de conhecimento[83].

Convocando outras figuras da teoria social a encarar as mesmas limitações conceituais de perspectiva, Kim se pergunta se intelectuais da teoria social que não conseguem se comunicar em meio a hierarquias de poder podem criar discursos libertadores para pessoas leigas. Ele termina *Discourses on Liberation* com uma crítica contundente:

> Voltando-se uns para os outros e dialogando com ideias e textos que foram consagrados em correntes rituais de interação anteriores, teóricos críticos vivenciam a efervescência coletiva e criam novos objetos para adoração [...]. Na tentativa de consagrar sua própria descendência intelectual, os membros da comunidade intelectual visam reorganizar a rede intelectual em torno de suas ideias. Afinal, sua principal preocupação não é se eles podem fazer o público leigo se interessar pelo que eles dizem.[84,85]

Em suma, o conteúdo de qualquer teoria social crítica pode ser minado pelos processos usados para criá-la.

## REFORMA, TRANSFORMAÇÃO E TEORIA SOCIAL CRÍTICA

Para a interseccionalidade como uma teoria social crítica em construção, a distinção entre reforma e transformação como objetivos da teoria social crítica fornece um meio de provocar as dimensões críticas da interseccionalidade. Projetos reformistas veem fundamentalmente as condições sociais existentes

---

[83] Kristie Dotson, "Tracking Epistemic Violence, Tracking Practices of Silencing", *Hypatia*, v. 26, n. 2, 2011, p. 236-57.

[84] Kyung-Man Kim, *Discourses on Liberation*, cit., p. 126.

[85] Imaginar pessoas leigas específicas salienta esse ponto. Pessoas negras, mulheres, pessoas latinas e homens brancos da classe trabalhadora podem ser inseridos na categoria de pessoas leigas que precisam de libertação. Em suma, a elaboração de narrativas de libertação que tais pessoas leigas não podem entender nem confrontar porque são excluídas da coesa comunidade intelectual da teoria crítica enfraquece as aspirações críticas da própria teoria. Esta é uma crítica contundente que vai além das críticas padrão da linguagem de Habermas, Bourdieu e demais teóricos sociais contemporâneos como sendo densos e difíceis de entender. O fracasso é muito mais profundo que a incapacidade de tornar as ideias inteligíveis para um público mais amplo. Em vez disso, o uso de linguagem densa e hermética constitui uma forma de poder epistêmico. A forma que o discurso assume passa a fazer parte das relações de domínio, ironicamente uma barreira que um "discurso de libertação" teria que superar. Sem dúvida, a linguagem densa pode ser traduzida para pessoas leigas, mas isso introduz a questão adicional de como avaliar traduções que atendam às necessidades de tais pessoas. A linguagem densa pode conter ideias poderosas, mas para quem e com que propósito?

como passíveis de melhoria. Nesses projetos, um problema social é uma questão específica que pode ser resolvida ao se manter um sistema social intacto. Por exemplo, a violência de gênero contra mulheres como um problema social pode ser remediada por meio de mudanças graduais dentro de um determinado sistema, como políticas mais rígidas contra o assédio sexual nas universidades ou tratar de crimes de ódio como crimes especiais. Com o tempo, essas medidas podem tornar os sistemas mais humanos. Em contrapartida, os projetos transformativos veem os próprios sistemas sociais específicos tanto como a causa de problemas específicos quanto como problemas em si. Por exemplo, a violência de gênero é um sintoma de problemas estruturais mais amplos do sexismo e heterossexismo. No entanto, é improvável que ela desapareça sem que as relações sociais que a abrigam se transformem. Em suma, os objetivos da reforma e da transformação social influenciam o discurso crítico que surge para que tais objetivos sejam alcançados. Além disso, as possibilidades e limites de um determinado contexto social também influenciam o significado de ser crítica em um determinado contexto social.

Reforma e transformação são frequentemente vistas como se expressassem diferentes aspectos da análise crítica, sendo a transformação concebida como a construção mais radical, e, portanto, mais crítica, e a reforma como uma forma menor de análise crítica. Como a teoria social crítica incorpora tanto o conteúdo das teorias sociais (conhecimento teórico) quanto os processos usados para produzi-las (teorização), essa avaliação funciona melhor de maneira abstrata que em contextos sociais reais. Compreender a teorização como um processo de explicação do mundo social e a teoria social como o produto da análise explanada, amplia as possibilidades de ser crítica. A natureza crítica de uma teoria social pode residir em suas palavras, sem ter muito efeito direto sobre os processos que exercem influência no mundo que a rodeia. Os intelectuais da Escola de Frankfurt sem dúvida desejavam que sua Teoria Crítica pudesse transformar a sociedade em que trabalhavam, mas, para esse grupo, até mesmo a reforma estava fora de alcance. A natureza científica de uma teoria social pode residir em suas ações – a saber, as práticas que ela usa para realizar seu trabalho. Os estudos culturais britânicos com certeza deram contribuições importantes para o conhecimento transformador, mas será que esse conhecimento teria sido tão transformador sem a organização colaborativa de como o conhecimento era organizado no CCCS? Os três projetos de conhecimento descritos aqui fornecem três perspectivas distintas sobre como o conteúdo crítico e os processos da teoria social refletiram as possibilidades de reforma e transformação em seus respectivos contextos sociais.

Os intelectuais da Escola de Frankfurt almejavam reformar a teoria social ocidental recorrendo ao melhor da filosofia e das ciências sociais ocidentais. Indivíduos ou mesmo a comunidade acadêmica como um grupo podem ter desejado a transformação social (é difícil imaginar que viram a reforma da Alemanha nazista como uma opção viável), mas as circunstâncias em que trabalharam limitaram seu projeto a objetivos reformistas. Ironicamente, embora a Escola de Frankfurt possa não ter transformado nem reformado as teorias ou práticas de seu tempo, uma leitura atenta de como a Teoria Crítica conceituou seu próprio projeto e prática oferece um legado importante para a interseccionalidade contemporânea. A crítica e a análise estão no centro de seus projetos, mas essas mesmas ferramentas podem sustentar objetivos reformistas e transformadores. Em vez de tentar reformar ou transformar a sociedade, sua abordagem metodológica à teoria social crítica identificou ferramentas conceituais importantes que poderiam contribuir para essa transformação.

Ao criticar as práticas da sociedade britânica que fomentavam problemas sociais, os estudos culturais britânicos produziram trabalhos empíricos que contribuíram para importantes projetos reformistas. Sempre haverá espaço para pesquisas que visam melhorar a vida das pessoas no que diz respeito a empregos, moradia, educação, saúde e meio ambiente. Uma boa quantidade de estudos da própria interseccionalidade estimulada pelo pensamento heurístico não visa transformar a sociedade, mas sim ver a reforma como importante por si só. Por meio de seu trabalho empírico, a escola de Birmingham visava construir uma nova sociedade britânica que respeitasse a heterogeneidade que já caracterizava a identidade nacional britânica. No entanto, também é importante apontar que, teoricamente, o projeto mais amplo dos estudos culturais britânicos se referia a um compromisso teórico com a transformação social e visava transformar as relações econômicas e sociais de raça e classe, não as reformar. Os estudos culturais britânicos enfrentaram um dilema que projetos com aspirações semelhantes enfrentam de forma rotineira. Argumentar a favor da transformação social dentro de sua própria instituição acadêmica exige fazer frente a uma cultura organizacional específica. Como sustentar um projeto explicitamente dedicado à transformação social dentro de uma instituição que tem o mínimo interesse em seu resultado? Os estudos culturais britânicos tiveram que navegar por essas tensões entre suas realidades reformistas e seus ideais transformadores.

Os debates teóricos contestados entre os teóricos sociais francófonos destacam como as relações entre vários projetos que coexistiram no mesmo espaço interpretativo influenciaram as análises de reforma e transformação. A teoria da libertação de Frantz Fanon tinha pouco interesse em reformar o colonialismo. A teoria da libertação visava à transformação social. Existencialistas visavam olhar além do aqui e agora, fundamentando uma compreensão de liberdade na consciência humana. No rescaldo da Segunda Guerra Mundial, em meio ao desmantelamento do colonialismo, o existencialismo visava contribuir para a transformação social. Apesar de várias interpretações e projetos políticos fracassados, a ideia da transformação social está no cerne da teoria social marxista. Com essas abordagens heterogêneas e explícitas da transformação social, como o pós-estruturalismo prevaleceu com efeitos correspondentes sobre o significado de ser crítico? A resposta a essa pergunta pode estar menos na substância das ideias desses vários discursos e mais nas relações políticas entre eles.

Independentemente de seu conteúdo crítico, quando uma teoria social se torna dominante ou hegemônica, a política do que a levou a chegar lá é apagada. Nesse sentido, a ênfase na reforma ou transformação, dentro de uma dada teoria social, não está embutida em seus argumentos, lógica ou evidência, mas sim se mostra socialmente construída por meio do engajamento dialógico com outras teorias sociais, assim como se situa nas relações de poder. O significado de ser crítica não reside apenas na metodologia de teorização (Escola de Frankfurt), nem no conteúdo expresso de um campo de estudo (escola de Birmingham), mas também no engajamento dialógico entre os discursos em um determinado contexto social. Como Foucault aponta, conhecimentos subjugados que nunca alcançam o nível da teoria social – ou, no caso da teoria social francófona, discursos teóricos críticos que aparentemente desapareceram – constituem a ausência que determina o que está no centro. Quando se trata de teoria social crítica produzida na academia, a maior parte da atenção se concentra nas formas que a análise crítica assume nas teorias sociais estabelecidas, muitas das quais já eram conhecidas como teorias sociais críticas. Não tive nenhuma dificuldade de encontrar estudos sobre a Teoria Crítica da Escola de Frankfurt, pós-estruturalismo, existencialismo, teoria social marxista e estudos culturais, seja como discursos críticos em seu próprio mérito, seja como fornecedores de lentes científicas para alguma outra teoria estabelecida. Por fornecerem uma paisagem conceitual para a interseccionalidade em espaços acadêmicos, essas e outras teorias sociais semelhantes também fornecem modelos diferentes do que significa ser crítico no âmbito da teoria social ocidental.

O que significaria teorizar o mundo social *a partir da perspectiva de pessoas que estão subordinadas* em relações de poder que se interseccionam? Estudar a teorização crítica de pessoas *of color*, mulheres, pessoas pobres, populações de imigrantes e povos indígenas, especialmente quando tais conhecimentos se encontram fora de locais acadêmicos ou no contexto de movimentos sociais, requer um estudo muito mais amplo. Essa mudança de perspectiva traz à tona a questão da resistência. Esses grupos têm interesse em se opor à dominação política que fomenta sua subordinação e desenvolvem projetos de conhecimento resistente que também giram em torno dessa distinção entre reforma social e transformação social como centrais para suas ideias e práticas teóricas. De que maneira o deslocamento do centro de teorias sociais estabelecidas, como as examinadas neste capítulo, para projetos de conhecimento resistente pode se referir à interseccionalidade como teoria social crítica?

# PARTE II
## COMO O PODER TEM IMPORTÂNCIA: INTERSECCIONALIDADE E RESISTÊNCIA INTELECTUAL

# 3
# INTERSECCIONALIDADE E PROJETOS DE CONHECIMENTO RESISTENTE

Muitas vezes me pergunto como diferentes compreensões da teoria social crítica poderiam ter se desdobrado nas instituições acadêmicas europeias e norte-americanas se outras narrativas tivessem fornecido pontos de partida para a análise. Em *Southern Theory* [Teoria do Sul][1], Raewyn Connell considera essa afirmação olhando para o sul global em busca de outras formas de teorizar. Muitos intelectuais que têm laços com o sul global identificam problemas sociais específicos, levantam questões distintas em resposta a esses problemas e trazem novos ângulos de visão para seus projetos teóricos. A teoria da libertação, por exemplo, reflete as aspirações das pessoas que se envolveram com lutas de descolonização na África e na América Latina, oferecendo assim uma análise dramaticamente diferente sobre o colonialismo e sobre possibilidades de resistência a ele[2]. Descrevendo teorias da diáspora africana, o filósofo Lucius Outlaw Jr.[3] vê a produção intelectual negra como "o filosofar nascido das lutas". Ao focar na resistência, tal trabalho traz entendimentos alternativos da análise crítica para a teorização[4].

---

[1] Raewyn Connell, *Southern Theory: The Global Dynamics of Knowledge in Social Science* (Cambridge, GB, Polity, 2007).

[2] Frantz Fanon, *The Wretched of the Earth* (trad. Richard Philcox, Nova York, Grove Press, 1963) [ed. bras.: *Os condenados da Terra*, trad. José Laurênio de Melo, Rio de Janeiro, Civilização Brasileira, 1968]; Eduardo Mendieta, "Philosophy of Liberation", em Edward N. Zalta (org.), *Stanford Encyclopedia of Philosophy* (Palo Alto, CA, Metaphysics Research Lab, Stanford University, 2016).

[3] Lucius T. Outlaw Jr., "Africana Philosophy", em Edward N. Zalta (org.), *The Stanford Encyclopedia of Philosophy*, 2017, disponível em: <https://plato.stanford.edu/archives/sum2017/entries/africana/>.

[4] Um comentário sobre como estou usando o termo *sul global* neste livro. Este termo faz referência a uma localização geográfica: África, América Latina, Ásia, Caribe e Oriente Médio. Mas ele também se refere às relações de poder do colonialismo formal e do neocolonialismo contemporâneo que sustentam a desigualdade social global contemporânea. Dentro dessa estrutura de poder, é possível ter relações coloniais de dominação e subordinação no "norte global", seja como resquícios do colonialismo interno nos poderes coloniais, como no caso da Irlanda no Reino Unido, e nas sociedades coloniais brancas, como no caso dos povos negros e indígenas nos Estados Unidos e no Brasil. Para trabalhos sobre colonialismo interno, ver Bob Blauner, *Racial Oppression in America* (Nova York, Harper and Row, 1972) e Michael Hechter, *Internal Colonialism: The Celtic Fringe in British National Development* (Nova York, Routledge, 2017 [1975]).

Teorizar a resistência tem sido essencial para os projetos de conhecimento dos povos oprimidos. Esses projetos visam abordar as preocupações profundas de pessoas que estão subordinadas a expressões domésticas e globais de racismo, sexismo, capitalismo, colonialismo e sistemas semelhantes de dominação política e exploração econômica. Apesar das diferenças de forma, estratégia, duração ou visibilidade, esses projetos de conhecimento de resistência, descritos aqui como projetos de conhecimento resistente, lutam com a questão existencial de como indivíduos e grupos subordinados a vários sistemas de poder podem sobreviver e resistir à opressão. Qualquer que seja a forma de opressão que vivenciem – raça, classe, gênero, sexualidade, idade, capacidade, etnia e nação –, grupos subordinados têm um interesse pessoal em resistir a ela[5].

Como um projeto de conhecimento resistente, a interseccionalidade agrupa ideias baseadas em projetos de conhecimento bastante díspares com histórias variadas de teorização crítica. A Teoria Crítica, os estudos culturais britânicos, a teoria da libertação, o existencialismo, marxismo, pós-estruturalismo e teorias sociais semelhantes constituem fontes importantes de ideias para a análise crítica da interseccionalidade. No entanto, a interseccionalidade possui um panorama conceitual muito mais amplo que o fornecido pelas teorias sociais acadêmicas. Em seu movimento rumo à teoria social crítica, a interseccionalidade também se baseia em projetos feministas, antirracistas, de descolonização e projetos políticos semelhantes, nos quais a resistência teórica está ligada à práxis. Nesses projetos, gênero, raça, classe, etnia, nação, sexualidade, capacidade e idade não são apenas categorias concebidas para tornar a interseccionalidade mais amigável para a pesquisa acadêmica. Em vez disso, esses termos também significam importantes tradições de conhecimento resistente entre povos subordinados, cujo conhecimento resistente critica as desigualdades sociais e as injustiças sociais que vivenciam.

Neste capítulo, examino a teoria racial crítica, a teoria feminista e a teoria pós-colonial como três formas de teorização crítica ligadas a projetos de

---

[5] A teorização social crítica nos Estados-nação do norte global pode demonstrar um etos crítico similar. As lutas políticas de resistência mais amplas sempre precisaram de projetos de conhecimento independentes, concebidos tendo em mente os interesses de mulheres, pessoas *of color*, pessoas da classe trabalhadora em situação de pobreza, sujeitos coloniais e as minorias sexuais e religiosas. Campanhas pelo sufrágio das mulheres, rebeliões contra ditaduras nas Américas, iniciativas antiescravistas ou sindicalização de trabalhadoras domésticas aparentemente exemplificam a resistência. Quando se trata de resistência, os projetos políticos de antirracismo, feminismo, sindicalização e as lutas de libertação promovidas pelo anticolonialismo não poderiam ter progredido sem algum senso de conhecimento de resistência em seu âmago.

conhecimento resistente mais amplos. Por fornecerem ângulos de visão únicos sobre a política de teorizar por meio da práxis, as genealogias distintas dos casos pesquisados aqui lançam luz sobre a questão: o que é crítico na teoria social crítica?[6]. A teoria racial crítica, *grosso modo*, há muito se baseia em tradições de conhecimentos da diáspora africana para sua teorização antirracista. Ao desafiar as teorias raciais das disciplinas acadêmicas que, na Europa e na América do Norte, têm sido centrais para a reprodução do racismo, as teorias raciais críticas têm feito uma crítica antirracista pertinente. Apesar da longevidade das análises críticas acerca do racismo, os estudos antirracistas enfrentaram uma batalha difícil para eliminar as suposições raciais do conhecimento ocidental. Como docentes e estudantes *of color* sofreram exclusão sistemática das faculdades e universidades ocidentais, sustentar as críticas ao longo do tempo tem sido especialmente difícil. Ao contrário, estudos feministas promoveram críticas bem estabelecidas ao preconceito de gênero no conhecimento ocidental, em parte por causa do grande número de mulheres que se formou em universidades. De forma significativa, o escopo mais amplo do feminismo oferece a feministas mais oportunidades de criticar as desigualdades de gênero dentro e fora da academia. Como um campo de investigação acadêmico, os estudos feministas enfrentam críticas políticas e intelectuais em seus círculos. Apesar de ocupar um pequeno espaço, a teoria pós-colonial teve muito mais visibilidade na academia como um discurso crítico sobre o conhecimento ocidental. No entanto, sua respeitabilidade nas instituições acadêmicas ocidentais de elite parece estranhamente separada das mesmas questões que foram centrais para sua criação. Projetos contemporâneos de descolonização do conhecimento que

---

[6] Assim como a interseccionalidade, eles ganharam considerável visibilidade na academia no fim do século XX e no início do século XXI. Selecionei esses casos específicos porque suas ideias estão intimamente alinhadas com as da interseccionalidade. Muitos dos intelectuais que trabalham na interseccionalidade também atuam em uma ou mais dessas áreas. Muitas das pessoas discutidas neste livro podem estar associadas a áreas específicas, mas não foram restringidas por elas; por exemplo, Gloria Anzaldúa, Stuart Hall, Frantz Fanon e Kimberlé Crenshaw. Para prefigurar, este capítulo contém extensas discussões de William E. B. Du Bois e Edward Said, e os próximos capítulos incluem discussões semelhantes de Pauli Murray. Muitas e muitos desses intelectuais não são bem conhecidos na teoria social ocidental. Essa é exatamente minha questão e por que passo tanto tempo discutindo suas produções aqui. Além disso, esses campos influenciam uns aos outros e suas ideias também se alinham com muitos dos conceitos paradigmáticos da interseccionalidade. Como cada projeto de conhecimento resistente também está conectado a formas mais amplas de ação política, cada um fornece um ângulo de visão distinto sobre a teorização crítica na academia. As próprias ideias, especialmente as ideias críticas, não conhecem limites rígidos.

objetivam descolonizar práticas culturais contemporâneas, realidades substanciais e relações políticas oferecem novos desafios para a teoria pós-colonial.

Teorias sociais críticas não podem ser definidas apenas por aquilo contra o que se opuseram no passado; em vez disso, elas também têm que advogar para que servem e por que são importantes no momento. Nesse sentido, cada um dos três casos apresentados neste capítulo traz uma lente diferente para o desafio comum da teorização crítica em relação à mudança social. Tal teorização crítica requer que os projetos de conhecimento avaliem os méritos de suas explicações teóricas acerca do racismo, sexismo e colonialismo, bem como a respeito de como se pode resistir a tais sistemas. Mas também requer a análise de como a práxis de um projeto de conhecimento requer autodiagnóstico contínuo ou autorreflexividade sobre a utilidade de sua própria crítica. Quando se trata de teorização crítica, os casos examinados aqui ilustram diferentes dimensões desses processos interdependentes da teorização crítica externa que olha para fora, e da teorização crítica interna que olha para dentro[7].

## ANTIRRACISMO E TEORIA RACIAL CRÍTICA

A expressão *teoria racial crítica* refere-se a um conjunto específico de teorias e práticas desenvolvidas na década de 1990 principalmente por pessoas negras estadunidenses, latinas e asiático-estadunidenses estudiosas da área jurídica[8]. Como um esforço interdisciplinar que se baseou e foi além dos estudos jurídicos, a teoria racial crítica promoveu análises antirracistas das práticas raciais do final do século XX. Ela rastreou a mudança das formas de domínio racial orientadas de maneira consciente pela cor – o caso da segregação racial e do *apartheid* sul-africano – para um sistema inconsciente de cor\* que supostamente eliminava o racismo. Cientistas sociais especificamente desenvolveram

---

[7] Apresento aqui a teorização crítica por meio da práxis em relação às necessidades de projetos de conhecimento resistente. Conforme discutido neste capítulo, a teorização crítica por meio da práxis analisa a ação social como um modo de conhecimento para projetos de justiça social. Nos capítulos 5 e 6, volto a esse tema por meio de uma ampla discussão sobre a ação social como modo de conhecimento.

[8] Derrick Bell, *Faces at the Bottom of the Well: The Permanence of Racism* (Nova York, Basic Books, 1992); Kimberlé Williams Crenshaw et al. (orgs.), *Critical Race Theory: The Key Writings that Formed the Movement* (Nova York, New Press, 1995); Mari J. Matsuda et al. *Words that Wound: Critical Race Theory, Assaultive Speech, and the First Amendment* (Boulder, CO, Westview Press, 1993).

\* *Color-blind*, em inglês. Optamos por usar na tradução "inconsciente de cor" para ressaltar que não se trata de uma incapacidade física de ver, mas de uma questão da consciência. (N. T.)

um grupo acadêmico substancial que explicou os contornos institucionais do racismo inconsciente de cor, seus efeitos na interação social e como as ideologias inconscientes de cor e o pós-racismo sustentam a hierarquia racial[9]. Novos campos, como os estudos da branquitude, reconfiguraram esta última como uma categoria racial não identificada[10]. As práticas da inconsciência de cor não só eram insuficientes para resistir ao racismo, como também constituíam uma nova forma de domínio racial, que permeou as principais instituições sociais.

Durante a década de 1990, a localização disciplinar de intelectuais moldou as formas que a teoria racial crítica assumiu. Juristas, por exemplo, conceituaram o direito como uma ferramenta de mudança social essencial para as práticas antirracistas. Essa localização disciplinar moldou os tipos de projeto que eles realizaram, por exemplo, com foco em discursos de ódio e nas maneiras como as narrativas legais sustentavam as injustiças sociais[11] e em análises do encarceramento em massa como uma nova forma de leis Jim Crow[12]. Sua posição na academia influenciou os tipos de análise crítica que desenvolveram. Uma vez que a teoria racial crítica foi inicialmente desenvolvida por juristas, profissionais e ativistas, ela se baseou de forma significativa em tradições teóricas duais de análises estruturais das ciências sociais – a saber, a culpabilidade das instituições jurídicas como parte da discriminação racial sancionada pelo Estado – bem como em tradições narrativas das ciências humanas, ou seja, a autoridade testemunhal de contar histórias. A análise de Cheryl Harris em "Whiteness as Property" [Branquitude como propriedade][13] e "Public Responses to Racist Speech: Considering the Victim's Story" [Respostas públicas ao discurso racista: considerando a história da vítima][14], de Mari Matsuda, ilustram o sincretismo teórico nos estudos jurídicos raciais críticos.

---

[9] Eduardo Bonilla-Silva, *Racism without Racists: Color-Blind Racism and the Persistence of Racial Inequality in the United States* (Lanham, MD, Rowman and Littlefield, 2003) [ed. bras.: *Racismo sem racistas: o racismo da cegueira de cor e a persistência da desigualdade na América*, trad. Margarida Goldsztajn, São Paulo, Perspectiva, 2020]; Michael I. Brown et al., *Whitewashing Race: The Myth of a Color-Blind Society* (Berkeley, CA, University of California Press, 2003).

[10] Amanda E. Lewis, "'What Group?' Studying Whites and Whiteness in the Era of 'Color-Blindness'", *Sociological Theory*, v. 22, n. 4, 2004, p. 623-46.

[11] Mari J. Matsuda et. al. (orgs.), *Words that Wound*, cit.

[12] Michelle Alexander, *The New Jim Crow: Mass Incarceration in the Age of Colorblindness* (Nova York, New Press, 2010) [ed. bras.: *A nova segregação: racismo e encarceramento em massa*, trad. Pedro Davoglio, São Paulo, Boitempo, 2017].

[13] Cheryl I. Harris, "Whiteness as Property", *Harvard Law Review*, v. 106, n. 8, 1993, p. 1.707-91.

[14] Mari J. Matsuda, "Public Responses to Racist Speech: Considering the Victim's Story", *Michigan Law Review*, v. 87, n. 8, 1989, p. 2.380-81.

No entanto, esse entendimento da teoria racial crítica como um esforço acadêmico das últimas décadas ignora uma estrutura muito mais ampla do discurso antirracista nos Estados Unidos e da teorização antirracista global; o caso, por exemplo, da filosofia africana como um modo de "filosofar nascido de lutas"[15,16]. A teoria racial crítica inclui *grosso modo* explicações heterogêneas em constante evolução sobre a resistência ao racismo global. Nos Estados Unidos, por exemplo, essa visão ampla de análises raciais críticas abrange diversos projetos de conhecimento resistente de grupos historicamente subordinados, entre eles pessoas chicanas, porto-riquenhas, haitianas, muçulmanas, chinesas, japonesas, coreanas e populações de imigrantes vietnamitas; povos indígenas; imigrantes da Jamaica, de Cuba e da Nigéria. Cada um desses grupos foi racializado de forma diferente em diversos momentos da história dos Estados Unidos, e cada um deles criou com habilidade uma resposta distinta à subordinação racial que enfrentou[17]. Essa rica tapeçaria de estudos raciais que é explicitamente resistente ao racismo só agora está sendo recuperada e apreciada.

A maneira como a raça foi estudada nas disciplinas acadêmicas ocidentais há muito tem sido alvo de projetos raciais críticos, teóricos e de outras naturezas. Vejamos, por exemplo, como o estudo da raça foi desenvolvido nas disciplinas acadêmicas, fornecendo uma estrutura analítica fragmentada para estudá-la. Como um construto, raça tem uma elasticidade que transcende as fronteiras

---

[15] Lucius T. Outlaw Jr., "Africana Philosophy", cit.

[16] Reconheço que alguns leitores e algumas leitoras podem ver meu enfoque na raça nos Estados Unidos como uma estratégia de domínio nacional estadunidense. Essa é uma escolha retórica feita a fim de tornar esse argumento administrável; não é um descuido intelectual. Na academia dos Estados Unidos, a raça tem sido frequentemente tratada como uma questão paralela que preocupa principalmente as minorias raciais, em vez de uma categoria principal de análise que explica a desigualdade social. No entanto, dada a história colonial de genocídio contra povos indígenas e a escravização de povos africanos nos Estados Unidos, raça e racismo foram fundamentais para a identidade nacional estadunidense (Patricia Hill Collins, "Like One of the Family: Race, Ethnicity, and the Paradox of US National Identity", *Ethnic and Racial Studies*, v. 24, n. 1, 2001, p. 3-28).

Ao longo do livro, sinalizo como projetos mais amplos de descolonização do conhecimento influenciaram as lutas por libertação em geral e os projetos de libertação nacional de maneira específica, incluindo os dos Estados Unidos. A teoria racial crítica é fundamentalmente transnacional. Esse discurso foi influenciado pelas teorias de libertação de Fanon e de outras pessoas que levantaram preocupações sobre a falta de liberdade para pessoas com ascendência africana. Também foi influenciado por projetos mais amplos de anticolonialismo e anti-imperialismo. Aqui, concentro-me na teorização crítica que visa resistir ao racismo antinegro nos Estados Unidos, uma resposta importante dentro da academia a essa narrativa mais ampla.

[17] Ronald T. Takaki, *A Different Mirror: A History of Multicultural America* (Boston, Little, Brown, 1993).

disciplinares, uma importante tese crítica propiciada pela categorização das concepções de raça realizada pelo sociólogo Michael Banton[18] – ou seja, raça como designação, linhagem, tipo, subespécie, *status*, classe e construto. O filósofo David Goldberg[19] oferece uma análise semelhante da ordem racial que aponta mais diretamente para as formas adquiridas pelo racismo no nacionalismo e a cultura ocidental. Esses trabalhos alumiam a natureza da raça, mas a localização social fragmentada de uma série de estudos raciais em disciplinas específicas limita seu impacto teórico. A posição periférica da teoria racial em disciplinas individuais pode ter mascarado a importância da teoria racial, especialmente a teoria antirracista em larga escala.

A localização social do conhecimento racial molda as abordagens acadêmicas de raça, racismo e antirracismo. Muitas pesquisas em ciências sociais têm se preocupado abertamente em explicar a ordem racial existente. Sejam práticas do passado profundamente arraigadas de racismo científico ou suposições contemporâneas inconscientes de cor da genética atual, as disciplinas ocidentais têm se envolvido profundamente na definição de fronteiras raciais e na atribuição de significado às categorias raciais que delas resultam[20]. No entanto, essa ciência social racial aparentemente benigna e objetiva também ajudou a reproduzir o racismo com seu próprio silêncio sobre o tema do antirracismo.

A teoria racial há muito ocupa uma posição peculiar no conhecimento ocidental. Apesar do uso onipresente de raça nas ciências sociais empíricas, um certo número de intelectuais argumenta que raça e racismo não foram propriamente levados em conta nas preocupações *teóricas* da teoria social ocidental[21].

---

[18] Michael Banton, *Racial Theories* (Cambridge, GB, Cambridge University Press, 1998).
[19] David Theo Goldberg, *Racist Culture: Philosophy and the Politics of Meaning* (Cambridge, MA, Blackwell, 1993); David Theo Goldberg, *The Racial State* (Malden, MA, Blackwell, 2002).
[20] William H. Tucker, *The Science and Politics of Racial Research* (Urbana, IL, University of Illinois Press, 1994); Keith Wailoo, Alondra Nelson e Catherine Lee (orgs.), *Genetics and the Unsettled Past: The Collision of DNA, Race, and History* (New Brunswick, NJ, Rutgers University Press, 2012).
[21] Até certo ponto, essas pessoas estão certas. Ideias sobre raça permearam os projetos de conhecimento ocidental, mas raça era tipicamente vista como derivada de outras preocupações teóricas aparentemente mais fundamentais associadas a uma disciplina ou escola de pensamento específico. O conhecimento racial permaneceu espalhado em várias disciplinas acadêmicas, muitas vezes como um significante não identificado ligado a alguma outra preocupação. Biologia, sociologia, história, literatura, ciência política, economia, medicina e educação têm, todas, tradições de estudos distintas e frequentemente célebres que produziram conhecimento sobre raça e que com frequência a usaram como parte de algum outro projeto. Por exemplo, a biologia buscou ostensivamente compreender a inteligência e a capacidade de moralidade humanas, mas as descobertas científicas baseadas na lógica racial forneceram evidências para a superioridade branca.

No entanto, a aparente ausência de análise racial na teoria social, inclusive nas teorias sociais críticas, não significa que as teorias sociais ocidentais careçam de uma análise racial. A teorização racial opera não só por meio do que está presente em determinado discurso, mas também por meio do que está ausente. Por exemplo, práticas como estudar raça como um conceito descontextualizado e examinar a durabilidade da ordem racial não precisam discutir questões raciais de forma explícita para expressarem uma análise racial. A omissão de raça, racismo e antirracismo nas teorias sociais ocidentais ostensivamente universais sinaliza o valor desses temas. Nesse sentido, apesar da visibilidade da própria raça, a teoria racial parece estar em todos os lugares nos estudos ocidentais, em geral sem ser reconhecida como tal.

A teoria social crítica antirracista que visa intervir teoricamente nessas práticas tem sido restringida pela organização do conhecimento na academia. De forma significativa, a teoria racial parece estar ausente porque nem a teoria racial crítica nem intelectuais *of color* se encaixam com tranquilidade nas convenções ocidentais. Homens brancos privilegiados há muito dominam a teoria social na produção intelectual europeia e norte-americana, desfrutando de acesso mais fácil ao poder epistêmico garantido a teóricos do que o concedido a pessoas negras estadunidenses, cujas próprias habilidades intelectuais permanecem suspeitas (veja a discussão no capítulo 4 sobre opressão epistêmica, injustiça epistêmica e resistência). De maneira notória, intelectuais *of color* tiveram sua entrada negada na academia, apenas umas poucas pessoas obtiveram acesso a cargos de docência e pesquisa, e menos pessoas ainda obtiveram cargos nas áreas de filosofia ou de teoria social. As pessoas negras estadunidenses constituem um dos grupos, entre muitos, que vivenciaram essas práticas de exclusão. No entanto, carregar o estigma racial de inferioridade intelectual criou uma grande barreira para intelectuais negros e negras conseguirem trabalho na academia. Visto que pessoas negras estadunidenses como coletivo vivenciaram formas de racismo virulento, intelectuais negros e negras difundiram análises críticas sobre o racismo.

Os contextos políticos e intelectuais moldaram os contornos do pensamento social e político negro estadunidense em geral, bem como os contornos da teoria racial crítica no contexto dos Estados Unidos. As tradições intelectuais

---

Ainda assim, esses não eram primariamente discursos teóricos sobre raça, embora as ideias sobre raça fossem centrais em seus projetos acadêmicos. Além disso, como os estudos tinham foco em questões e preocupações empíricas, a teoria racial foi uma reflexão posterior.

de teorização antirracista há muito criticam as teorias raciais encontradas nas disciplinas acadêmicas ocidentais, tanto por meio da crítica de como a ciência em geral e as ciências humanas explicam a privação de direitos de pessoas negras quanto promovendo narrativas alternativas que apontam a discriminação racial e a opressão estrutural. Tal teorização ultrapassou as fronteiras acadêmicas e ativistas, colocando o conhecimento sobre o racismo e as estratégias antirracistas em diálogo com a análise racial dos estudos acadêmicos tradicionais. Em suma, embora essas tradições ainda sigam ignoradas, mal compreendidas e frequentemente rejeitadas – mesmo por intelectuais que afirmam ser especialistas em teoria racial – essas tradições intelectuais de teorização antirracista têm sido centrais para os projetos de conhecimento resistente de pessoas negras estadunidenses[22].

Trabalhando tanto dentro quanto fora da academia, um grande número de intelectuais negros e negras têm assumido posturas críticas em relação ao *corpus* do que é considerado conhecimento racial (empírico e teórico), bem como as práticas epistemológicas que produzem tal conhecimento. Por exemplo, na virada do século XX, William E. B. Du Bois, Anna Julia Cooper, Alain Locke, Ida B. Wells-Barnett, e outras pessoas ativistas intelectuais negras estadunidenses desenvolveram análises antirracistas que continuam a influenciar a teoria racial

---

[22] O livro de Mustafa Emirbayer e Matthew Desmond, *The Racial Order* (Chicago, University of Chicago Press, 2015) apresenta um bom exemplo dessas tendências. Em suas páginas de abertura, eles mencionam de passagem a produção intelectual de pessoas negras estadunidenses e percepções mais amplas da teoria racial crítica. Ao mencionar intelectuais *of color*, mas não se ocuparem de suas ideias, rejeitam William E. B. Du Bois e intelectuais semelhantes como intelectuais com boas ideias, mas que não produzem estudos que sejam teóricos o suficiente para serem considerados teoria racial. Certos de que tinham reunido dados empíricos para seu argumento, os autores continuaram a desenvolver uma nova teoria racial por meio da sociologia com base em três figuras centrais. Ironicamente, eles selecionam Pierre Bourdieu, descrito no capítulo anterior como alguém que expressou uma reação muito negativa a Frantz Fanon e à revolução argelina, como um dos três principais teóricos de seu argumento. Este é um caso clássico de como construir um argumento excluindo ou incluindo intelectuais que produzem crítica sobre ele – nesse caso, o discurso antirracista, grande parte dele suscitado pela intelectualidade negra estadunidense da diáspora africana. Emirbayer e Desmond identificam a baixa qualidade da teoria racial na sociologia como o principal problema social do campo. Em seguida, se propuseram a remediar esse problema usando a teoria social tradicional (que está envolvida de maneira profunda na reprodução do racismo) como modelo de remediação. O fundamental é que eles reduzem a raça a um tema negligenciado na teoria social, o que pode ser remediado com base na teoria social existente. No entanto, como a própria teoria social existente se baseia em um século de exclusões raciais, o resultado é um livro que, mais uma vez, deixa intelectuais *of color* fora dos limites da teoria social. O enquadramento da teoria racial crítica neste texto ilustra muitos dos princípios da discussão do capítulo 4 sobre o poder epistêmico.

crítica contemporânea[23]. No entanto, só nos últimos tempos esse grupo ganhou visibilidade como intelectuais que produzem teoria em ambientes acadêmicos[24]. Esse grupo de intelectuais, muitas vezes, tinha plena consciência de como os projetos de conhecimento ocidentais ajudavam a reproduzir a hierarquia racial, controlando tanto as definições da teoria social quanto quem teria permissão para produzi-la. Intelectuais negros e negras se encontravam com frequência em posições subordinadas, trabalhando para intelectuais brancas e brancos que se valiam de suas experiências em teorizar raça. Por exemplo, *An American Dilemma: The Negro Problem and Modern Democracy* [Um dilema estadunidense: o problema do negro* e a democracia moderna], a análise clássica de Gunner Myrdal sobre as relações raciais estadunidenses, contou com a experiência de pessoas negras estadunidenses que trabalharam no projeto[25]. Em *The Scholar Denied: W. E. B. Du Bois and the Birth of Modern Sociology* [O intelectual renegado: W. E. B. Du Bois e o nascimento da sociologia moderna], Aldon Morris descreve como a escolha de Myrdal para liderar esse importante projeto acadêmico reflete a política de produção de conhecimento racial:

> Embora Myrdal tenha divergido de grande parte da intelectualidade branca estadunidense ao argumentar que as ciências sociais [...] deveriam desempenhar um papel intervencionista na abordagem do problema racial, concordou [...] a respeito de um assunto crucial: a raça era o fardo do homem branco, e pessoas negras, por causa da inferioridade racial, não dominavam a função para enfrentar sua própria opressão [26, 27].

---

[23] Ver, por exemplo, Anna Julia Cooper, *A Voice from the South: By a Black Woman of the South* (Xenia, OH, Aldine, 1892); David Levering Lewis, *W. E. B. Du Bois: A Reader* (Nova York, Henry Holt, 1995); e Charles Molesworth (org.), *The Works of Alain Locke* (Nova York, Oxford University Press, 2012).

[24] Ver, por exemplo, Leonard Harris, *The Critical Pragmatism of Alain Locke* (Lanham, MD, Rowman and Littlefield, 1999); Vivian M. May, *Anna Julia Cooper, Visionary Black Feminist: A Critical Introduction* (Nova York, Routledge, 2007); e Aldon Morris, *The Scholar Denied: William E. B. Du Bois and the Birth of Modern Sociology* (Berkeley, CA, University of California Press, 2015).

* Vale ressaltar que nesse caso se trata da palavra "negro" no original, que para os estadunidenses tem conotação negativa. (N. E.)

[25] Aldon Morris, *The Scholar Denied*, cit., p. 198-215.

[26] Ibidem, p. 214.

[27] Neste livro, apresento exemplos de pessoas negras estadunidenses cuja produção intelectual se situou dentro e fora da academia e que utilizaram diferentes critérios epistemológicos. Corrigir esse problema vai além de recrutar para a academia pessoas negras estadunidenses e demais intelectuais *of color* também excluídos. Nesta obra, considero as várias estratégias de resistência que a intelectualidade negra utilizou para fazer o trabalho intelectual. Especificamente, por

Esse contexto social, político e acadêmico mais amplo influenciou os contornos da análise antirracista, que por sua vez, influenciou a trajetória da teoria racial crítica na academia. Intelectuais negros e negras que conseguem encontrar um nicho na academia podem produzir uma teoria social crítica inovadora, mas ela pode não ser reconhecida como tal. Nesse contexto, a produção intelectual colaborativa tem sido, com frequência, o requisito para que tais intelectuais recebam a devida atenção – o caso de Fanon e Sartre vem à mente (capítulo 2). Apesar desses diferenciais de poder, que afetam as dimensões internas do trabalho colaborativo, a própria produção intelectual colaborativa constitui uma forma importante de teorização crítica. A teoria da formação racial é importante nesse sentido porque, embora não seja progenitura de intelectuais negros e negras, foi amplamente recebida por intelectuais *of color* como uma importante perspectiva teórica crítica tanto para a teoria racial crítica quanto para a interseccionalidade como teoria social crítica.

A teoria da formação racial oferece um importante vocabulário teórico para analisar a importância dos projetos de conhecimento resistente antirracistas na oposição ao racismo[28,29]. Na teoria da formação racial, as ideias importam, não apenas como ideologias hegemônicas produzidas pelas elites, mas também como ideias tangíveis em ação ou como ações em ideias promovidas por comunidades interpretativas específicas. Por exemplo, o ressurgimento do nacionalismo branco nos Estados Unidos e na Europa constitui um *projeto racial* pelo qual um segmento de pessoas brancas, principalmente homens brancos jovens, acredita

---

razões estratégicas, as pessoas que conseguiram alcançar empregos acadêmicos incertos em instituições convencionais tiveram que adaptar sua teorização antirracista aos padrões normativos da academia. Apesar de suas credenciais em história, filosofia e sociologia, Du Bois foi rejeitado para um cargo acadêmico na Universidade da Pensilvânia. Outras pessoas conseguiram empregos em faculdades e universidades historicamente negras, locais que forneciam mais liberdade para sua produção intelectual (por exemplo, Du Bois na Universidade de Atlanta e Alain Locke na Universidade de Howard; ver capítulo 5). Outras pessoas nunca conseguiram entrar ou foram trabalhar em outras áreas, como ensino e jornalismo (por exemplo, Ida Wells-Barnett [capítulo 5] e Pauli Murray [capítulo 6]).

[28] Michael Omi e Howard Winant, *Racial Formation in the United States: From the 1960s to the 1990s* (Nova York, Routledge, 1994); Howard Winant, "Race and Race Theory", *Annual Review of Sociology*, v. 26, 2000, p. 169-85.

[29] A teoria da formação racial não é progenitura do pensamento social e político negro estadunidense. Certamente demonstra a influência de tal pensamento, bem como a de análises inspiradas na análise marxista das relações de classe e com um foco na análise do discurso pós-estruturalista. Conceituando raça, racismo, desigualdade racial e injustiças raciais situadas na relação recorrente entre estruturas sociais e representações culturais, a teoria da formação racial explica tanto a ordenação quanto a mudança racial.

que grupos raciais, étnicos ou de imigrantes, ou todos os três, são a fonte de seus problemas. O hip-hop também pode ser visto como um projeto racial da juventude privada de direitos num contexto global, em que a juventude negra e de outros grupos étnicos e raciais reivindicam uma voz na cultura popular. A forma que a teoria racial crítica assumiu entre intelectuais da área jurídica na década de 1990 também é um projeto racial, que tornou os estudos jurídicos centrais para seu projeto de promover uma iniciativa antirracista multicultural. A interseccionalidade também constitui um projeto racial, embora não aquele que é explicitamente organizado em torno da raça, mas sim um projeto em que, nele, a raça constitui um importante local de contestação. Considerando que os grupos querem que suas interpretações de raça, racismo e antirracismo prevaleçam, o conhecimento está no âmago dos projetos raciais.

A teoria da formação racial afirma que as relações sociais assumem uma forma histórica específica porque uma série de grupos de interesse promovem projetos raciais que fornecem interpretações de raça concorrentes e sobrepostas. A formação racial real não resulta de mudanças incrementais, evolutivas e naturais. Em vez disso, as formações raciais refletem a ação humana sedimentada por práticas passadas refratadas por meio de projetos raciais contemporâneos. Por exemplo, a segregação racial é uma formação racial particular em que prevalecem os projetos raciais que sustentam a separação estrita entre as chamadas raças. O *apartheid* racial na África do Sul, a segregação racial *de jure et de facto* nos Estados Unidos e a guetificação de pessoas negras e latinas em bairros urbanos ilustram a segregação racial. Mas a segregação racial vai além dessas práticas espaciais familiares. Aplica-se a categorias ocupacionais que identificam alguns empregos como adequados para pessoas brancas e outros como apropriados a pessoas negras, ou o rastreamento em escolas que designa desproporcionalmente crianças brancas para turmas destinadas às superdotadas e crianças negras e latinas para uma educação específica. A segregação racial pode permear muitas áreas da vida social, criando uma distância social que se articula com a segregação espacial.

A teoria da formação racial também se aplica ao racismo inconsciente de cor que acompanha a integração racial. Em uma formação racial inconsciente de cor, as pessoas reconhecem erroneamente a hierarquia racial, não conseguem ver a discriminação racial e, ao escolher permanecer "inconscientes" a respeito do racismo, perpetuam-no. Como as leis e a ideologia proíbem de forma ostensiva ou censuram a discriminação racial, parece fácil presumir que o racismo nunca existiu ou não existe atualmente. O Brasil e a França são casos indicativos de como o racismo inconsciente de cor persiste contra grupos *of color* em países que historicamente carecem de categorias raciais formais. O que a segregação racial consegue pela lei, o racismo inconsciente de cor consegue por meio de microagressões e cultura personalizadas. Uma formação racial não deslocou a outra e uma não é intrinsecamente mais "racista" que a outra. Em vez disso, a teoria da formação racial examina como contextos históricos mais amplos estruturam resultados racialmente díspares.

A força da teoria da formação racial está em como ela vincula relações de poder do racismo construídas ao longo da história com projetos raciais específicos associados a essas formações. A teoria da formação racial privilegia a raça como seu objeto de investigação, mas sua análise de como e por que a mudança social ocorre vai muito além dela. Por meio de sua análise de projetos raciais, a teoria da formação racial explica a mudança social como o resultado da ação humana. Ela estuda como diferentes grupos de uma formação racial promovem diferentes projetos raciais que sustentam ou resistem à hierarquia racial, como as diferenças mencionadas entre um segmento de pessoas brancas jovens no nacionalismo branco e pessoas negras jovens no hip-hop. Projetos raciais que se autoidentificam como raciais são relativamente fáceis de reconhecer. Teóricos da libertação negra e nacionalistas brancos promovem projetos raciais antitéticos. Mas qualquer formação racial dada também contém projetos que participam da reprodução da ordem racial ou da resistência a ela de forma menos visível. A maneira antes mencionada como disciplinas ocidentais tratam a teoria racial pode ser vista como um projeto racial promovido por um grupo específico de intelectuais, quer vejam ou não suas ideias e ações como portadoras de uma intenção racial. Nesse sentido, a teoria da formação racial analisa as relações entre os projetos raciais, a substância e o estilo desses projetos e as mudanças sociais que ocorrem quando alguns projetos passam a dominar. De maneira significativa, a teoria em si não assume nenhuma posição normativa sobre os méritos de vários projetos raciais – nacionalismo branco, feminismo negro, racismo científico e ideologias raciais inconscientes de cor são todos projetos raciais[30].

---

[30] A teoria da formação racial retém a ação de agentes humanos individuais, bem como as ações de grupos. Volto a essa relação entre ideias e ações ao longo deste livro. A noção do pragmatismo estadunidense de ação social criativa chega mais perto de descrever como os projetos raciais especificamente, e os projetos de conhecimento de forma mais geral, funcionam (ver capítulo 5).

Quando se trata de teorização crítica sobre raça, a teoria da formação racial levanta questões importantes: que tipo de projetos raciais aparecem e desaparecem em formações raciais específicas e por quê? Especificamente, por que projetos raciais de ultranacionalismo surgiram nas formações raciais contemporâneas de ideologia inconsciente de cor? Em vez de presumir que o nacionalismo branco é uma característica psicológica essencial de uma pessoa racista branca imaginária, essas questões investigam o surgimento do ultranacionalismo entre muitas pessoas brancas como vinculado a projetos raciais específicos de autoria de agentes sociais específicos. Da mesma forma, como a visibilidade do feminismo negro nesta mesma formação racial inconsciente de cor catalisou o ativismo intelectual de mulheres negras? A teoria da formação racial confere função a vários grupos de uma dada formação racial e atribui responsabilidade aos grupos pelos efeitos de suas ideias. Assim, ela acomoda a heterogeneidade de múltiplas comunidades interpretativas, bem como estilos de teorização crítica que acompanham essa heterogeneidade[31].

Passo certo tempo explicando a teoria da formação racial, em parte, para refutar o pensamento encontrado na academia de que a teoria racial crítica não existe ou que, se existe, é derivada de outras teorias ou não tem importância porque está confinada ao caso específico da raça. Em vez disso, a teoria da formação racial fornece um importante conjunto de ferramentas conceituais para pensar gênero, classe e categorias semelhantes de análise como projetos de conhecimento dentro de formações sociais específicas. O uso dessas ferramentas posiciona a interseccionalidade como um projeto de conhecimento

---

A ênfase da teoria da formação racial na ação humana é uma reminiscência das afirmações do existencialismo de que as pessoas fazem sua própria realidade (ver capítulo 2, bem como a tese de liberdade existencial de Beauvoir no capítulo 6). Ao contrário do foco do existencialismo no indivíduo, a teoria da formação racial enfatiza os conhecimentos do grupo e seus papéis na mudança social. Projetos de conhecimento resistente são fundamentalmente coletivos, uma postulação que analiso na discussão do capítulo 5 sobre o trabalho comunitário de mulheres negras. Veja também a discussão no capítulo 4 sobre resistência epistêmica em grupos. A própria teoria social crítica pode ser vista como um projeto de conhecimento.

[31] O conceito de projetos raciais é útil para a teorização crítica de pessoas negras estadunidenses, latinas, asiáticas, muçulmanas, povos indígenas e outros grupos sociais similarmente subordinados nos quais o racismo atua para suprimir projetos de conhecimento resistente e análises críticas perniciosas que chegam ao espaço público. Ao produzir um discurso teórico que explica os projetos de conhecimento resistente coletivos produzidos por grupos subordinados, a teoria da formação racial se articula com a epistemologia do ponto de vista (Patricia Hill Collins, *Fighting Words: Black Women and the Search for Justice*, Minneapolis, MN, University of Minnesota Press, 1998, p. 201-28).

resistente que lida com a questão central deste livro: que tipo de teoria social crítica a interseccionalidade pode se tornar? Minha abordagem, até agora, de buscar iniciativas de grupo que criam e usam o conhecimento se baseia na ideia de projetos de conhecimento. Além disso, ver a interseccionalidade como um projeto de conhecimento *resistente* destaca as dimensões políticas do conhecimento. Assim como a teoria racial crítica como um projeto de conhecimento resistente visa resistir ao racismo, a interseccionalidade como um projeto de conhecimento pode aspirar a resistir às desigualdades sociais na intersecção de sistemas de poder. Ir além da raça situa a interseccionalidade dentro de um conjunto semelhante, embora expandido, de relações de poder que se interseccionam. Assim como os projetos raciais vêm e vão, testados pelos efeitos de sua análise crítica das formações raciais, a interseccionalidade pode mudar sua forma e função em resposta aos desafios que enfrenta.

A teoria da formação racial lança luz sobre a importância da teorização crítica para as batalhas externas da teoria racial crítica contra o antirracismo. A teoria racial crítica criticou a teoria racial acadêmica. Mas o espaço intelectual estreito para a teoria racial crítica na academia significou muito menos espaço dentro das comunidades interpretativas da teoria racial crítica para os tipos de análise crítica interna de que ela necessita. Historicamente, a teoria racial crítica, com o espaço para vivenciar a dissidência e a diferença internas como um luxo inacessível, muitas vezes demonstrou mais solidariedade para com o mundo externo que para com o que existia em seu próprio projeto. A dissidência interna e a crítica podem ter existido, mas careciam de meios viáveis de expressão e muitas vezes permaneceram dormentes.

Negociar esse equilíbrio entre criticar fatores externos a um projeto racial e aqueles internos à sua prática tem sido uma dimensão importante da teoria racial crítica. O pensamento social e político afro-estadunidense destaca esse tema. O feminismo negro nos Estados Unidos, por exemplo, surgiu dentro do projeto antirracista mais amplo do pensamento social e político afro-estadunidense. Sua trajetória com um discurso antirracista que lutou pela sobrevivência em uma formação racial de segregação influenciou os contornos do pensamento feminista negro, tanto as ideias que ele expressou (interseccionalidade) quanto os meios políticos que buscou no desenvolvimento dessas ideias (solidariedade flexível). As tradições da análise radical e antirracista há muito caracterizam o pensamento social e político de pessoas negras estadunidenses. Esse pensamento sempre existiu, fornecendo um rico conjunto de ideias para a teoria racial crítica[32]. Ao mesmo tempo, no contexto dos riscos da segregação racial, tal pensamento teve que negociar um estreito espaço interpretativo nos contornos do pensamento político e social afro-estadunidense. Esse espaço confinado a análises radicais e antirracistas dentro das comunidades negras estadunidenses e igualmente racializadas fomentou diversas formas de silenciamento dentro delas. Silêncios de longa data entre mulheres negras e pessoas LGBTQ negras sobre gênero e desigualdades sexuais nas comunidades negras estadunidenses suprimiram análises críticas da política sexual negra[33]. Mas, ao longo do desenvolvimento da interseccionalidade, os contornos da análise crítica no pensamento social e político negro mudaram de maneira significativa.

Num clima em que a política identitária foi redefinida como uma forma de política particularista, voltada para seu próprio interesse, a coragem que foi necessária para que mulheres negras e pessoas LGBTQ negras pudessem expressar abertamente a dissidência dentro das comunidades negras nos Estados Unidos é facilmente mal compreendida. Um posicionamento de 1975 do Combahee River Collective marca um momento importante quando mulheres negras criaram uma análise crítica do racismo, da exploração de classe, do sexismo e da homofobia fora das comunidades negras que ligava esses sistemas de poder a relações sociais semelhantes dentro dessas comunidades[34]. Esse importante documento sinaliza um marco significativo dentro da genealogia da interseccionalidade, mas sua importância vai além do conteúdo do manifesto. O Combahee River Collective quebrou um tabu antigo no pensamento social e político afro-estadunidense: seus membros criticaram as práticas das comunidades negras e da sociedade em geral. O Coletivo viu pouca contradição entre as especificidades das necessidades de mulheres negras e as mudanças que precisavam ocorrer na sociedade em geral. A especificidade não foi apresentada

---

[32] Angela Y. Davis, "Rape, Racism and the Capitalist Setting", *Black Scholar*, v. 9, n. 7, 1978, p. 24-30; Robin D. Kelley, *Freedom Dreams: The Black Radical Imagination* (Boston, Beacon, 2002); Manning Marable, *How Capitalism Underdeveloped Black America* (Boston, South End, 1983); Keeanga-Yamahtta Taylor, *From #BlackLivesMatter to Black Liberation* (Chicago, Haymarket, 2016) [ed. bras.: *#VidasNegrasImportam e libertação negra*, trad. Thalita Bento, São Paulo, Elefante, 2020]; William L. van Deburg, *Modern Black Nationalism: From Marcus Garvey to Louis Farrakhan* (Nova York, New York University Press, 1997).

[33] Patricia Hill Collins, *Black Sexual Politics: African Americans, Gender, and the New Racism* (Nova York, Routledge, 2004).

[34] Combahee River Collective, "A Black Feminist Statement", em Beverly Guy-Sheftall (org.), *Words of Fire: An Anthology of African-American Feminist Thought* (Nova York, New Press, 1995 [1975]), p. 232-40.

como oposta a questões universais. Em vez disso, o tipo de política identitária promovida pelo Combahee River Collective foi muito mais expansivo que sua reformulação subsequente em anos posteriores[35].

O discurso sobre gênero e sexualidade nas comunidades negras pós-Combahee ilustra um aprofundamento do pensamento feminista negro como uma postura crítica tanto na sociedade estadunidense quanto nas práticas comunitárias afro-estadunidenses. Essa crítica às instituições sociais dos Estados Unidos constitui a maneira como o pensamento feminista negro é amiúde apresentado para o público em geral; por exemplo, como uma crítica às representações de mulheres negras na mídia ou à discriminação no sistema educacional, nas políticas de habitação e no trabalho. Mas o feminismo negro também apresentou uma crítica contínua e incisiva das relações de poder existentes nas comunidades afro-estadunidenses. Nesse sentido, gênero e sexualidade têm servido como corretivos importantes para a dinâmica de raça, classe, gênero e sexualidade nessas comunidades[36]. Por exemplo, a crítica feminista negra contemporânea baseia-se em análises anteriores da política de respeitabilidade, uma estratégia política que foi promovida por mulheres negras de classe média como forma de proteção, mas que, ao mesmo tempo, buscou suprimir a ação de mulheres negras pobres e da classe trabalhadora. O policiamento da respeitabilidade de mulheres negras baseou-se no gênero e na sexualidade como ferramentas de imposição[37]. O surgimento de estudos contemporâneos sobre homofobia nas comunidades afro-estadunidenses ilustra o surgimento de um discurso crítico muito mais amplo sobre a sexualidade[38].

A necessidade de cultivar práticas autorreflexivas em projetos de conhecimento resistente antirracistas é essencial. Uma dimensão do racismo branco é sua crença de que todas as análises antirracistas devem ser direcionadas a pessoas brancas. Isso faz parte de uma estrutura de relações raciais que subordina os interesses de pessoas

---

[35] Essa afirmação e a política identitária que engendrou constituíram uma forma de resistência epistêmica. Apresento uma análise dessa questão no capítulo 4.
[36] Patricia Hill Collins, *Black Sexual Politics*, cit.
[37] Brittney Cooper, *Beyond Respectability: The Intellectual Thought of Race Women* (Champaign, IL, University of Illinois Press, 2017).
[38] Cathy J. Cohen, "Contested Membership: Black Gay Identities and the Politics of Aids", em Steven Seidman (org.), *Queer Theory/Sociology* (Malden, MA, Blackwell, 1996), p. 362-94; Cathy J. Cohen e Tamara Jones, "Fighting Homophobia versus Challenging Heterosexism: 'The Failure to Transform' Revisited", em Eric Brandt (org.), *Dangerous Liaisons: Blacks, Gays, and the Struggle for Equality* (Nova York, New Press, 1999), p. 80-101.

negras às necessidades de pessoas brancas. Também se encaixa dentro de normas sociais mais amplas de serviço, por meio das quais pessoas negras devem enxergar seus próprios interesses como secundários aos de pessoas brancas. No entanto, apresentei aqui uma breve visão do pensamento social e político negro que, sem dúvida, critica as práticas na sociedade de forma mais ampla, mas que também deve calibrar com cuidado a crítica dentro de seu próprio projeto de conhecimento resistente. Nesse contexto, a teoria racial crítica enfrenta desafios distintos para garantir que suas contribuições para o antirracismo permaneçam críticas.

## POLÍTICA FEMINISTA E TEORIA FEMINISTA

No feminismo, como um movimento social de base ampla, a produção intelectual feminista acadêmica constitui um projeto de conhecimento resistente dedicado ao avanço da equidade e da justiça de gênero. Nas faculdades e universidades, intelectuais que realizam estudos sobre mulheres desenvolveram uma rica tradição de crítica feminista tanto nas disciplinas tradicionais quanto nos campos de estudo interdisciplinares. Em muitos *campi* dos Estados Unidos, a área interdisciplinar de estudos sobre mulheres, gênero e sexualidade fornece um importante espaço intelectual para produção de conhecimentos sobre gênero e sexualidade. Seria difícil encontrar um campo de estudo nas ciências humanas, nas ciências sociais e nas áreas profissionais que não considere o gênero. Além disso, essa visibilidade institucional facilitou o surgimento da teoria feminista. Intelectuais feministas têm trabalhado arduamente na definição da teoria feminista e na explicação de sua trajetória em monografias, livros publicados e didáticos. Intelectuais *mainstream* costumam categorizar a teoria feminista como uma teoria que já é crítica o suficiente, uma classificação que a coloca em uma pequena lista de teorias sociais críticas[39].

Nos Estados Unidos, essa incorporação contínua de estudos de gênero em espaços acadêmicos levanta questões importantes para o feminismo em geral e para a teoria feminista de forma específica. Considerando que os estudos de gênero foram amplamente recebidos na academia, como o feminismo como projeto político pode sustentar sua lâmina crítica na academia? A teoria feminista pode operar como qualquer teoria social acadêmica. Sua própria presença oferece uma crítica

---

[39] Ben Agger, *Critical Social Theories* (3. ed., Nova York, Oxford University Press, 2013); James Bohman, "Critical Theory", em Edward N. Zalta (org.), *The Stanford Encyclopedia of Philosophy* (Palo Alto, CA, Stanford University, 2016).

implícita das práticas generalizadas de exclusão e preconceito que caracterizam os estudos ocidentais sobre gênero e sexualidade. Ainda assim, o feminismo como movimento social tem tido muito menos interesse em reformar o conhecimento na academia que em abordar questões sociais como direitos reprodutivos, assédio sexual, disparidades salariais, políticas familiares e violência contra mulheres. Ganhar reconhecimento acadêmico para a teoria feminista tem sido importante na academia, mas como esse reconhecimento pode afetar o feminismo como um projeto de conhecimento resistente? Nesse contexto, parece razoável perguntar: para quem a teoria feminista é crítica e de que maneira?

Como parte da incorporação dos estudos de gênero em espaços acadêmicos na década de 1980, intelectuais feministas derrubaram os discursos tradicionais sobre gênero e sexualidade. De maneira mais específica, filósofas feministas objetivavam ir além de meramente provar a exclusão do conhecimento sobre mulheres ou o preconceito no conhecimento que existia. Em vez disso, elas examinaram os fundamentos epistemológicos do próprio conhecimento ocidental, argumentando que eles constituíam uma importante arena da teorização crítica feminista. Ao fazer isso, as filósofas feministas forneceram um rico vocabulário teórico para a compreensão da lógica de gênero que fundamenta a teoria e a práxis da produção de conhecimento ocidental. Por exemplo, a afirmação muito citada de Simone de Beauvoir, em *The Second Sex*[40], de que "não se nasce mulher, torna-se mulher" argumentou que o gênero foi socialmente construído e não biologicamente determinado. Essa foi uma ideia radical para a época estabelecendo que a base de gênero e sexo não estava na biologia de mulheres, mas em como a sociedade interpretava tal biologia. A contribuição de Beauvoir para a filosofia feminista foi imensa – sua análise da opressão de mulheres constituiu uma mudança teórica fundamental na teorização sobre a opressão de mulheres e sobre as raízes da desigualdade de gênero. Escrevendo várias décadas antes do surgimento, na década de 1990, do pós-estruturalismo francês como arcabouço teórico dominante e das análises inovadoras de sexo e gênero de Judith Butler naquela década, Beauvoir estabeleceu uma base importante para a construção social de sexo e gênero dentro da teoria feminista[41].

---

40 Simone de Beauvoir, *The Second Sex* (trad. Constance Borde e Sheila Malovany-Chevallier, Nova York, Vintage, 2011 [1949]), p. 283 [ed. bras.: *O segundo sexo*, trad. Sérgio Milliet, 5. ed., Rio de Janeiro, Nova Fronteira, 2019].

41 A própria Butler faz menção a Beauvoir e Sartre, na p. xxvii do prefácio de *Gender Trouble* em 1990, e ao pós-estruturalismo no prefácio do mesmo livro em 1999. Desse modo, o trabalho

Em *Problemas de gênero*[42], Butler aceita o pressuposto paradigmático da construção social do gênero para analisar o sujeito feminino. Como ela declara, "a crítica feminista também deve entender como a categoria 'mulheres', sujeito do feminismo, é produzida e restringida pelas próprias estruturas de poder por meio das quais se busca a emancipação"[43]. Butler desconstrói o gênero e, por consequência, tudo o que aparentemente resulta do gênero, por meio de uma análise da sexualidade. Em seu prefácio retrospectivo de 1999[44], a autora descreve seu argumento como bastante simples. Para ela, o texto questiona: "como as práticas sexuais não normativas questionam a estabilidade do gênero como categoria de análise? Como certas práticas sexuais levam à pergunta: o que é uma mulher, o que é um homem?". Desse modo, sexo e gênero são recursivos, então, sob condições de heterossexualidade normativa, "o policiamento de gênero por vezes é utilizado como uma forma de assegurar a heterossexualidade"[45]. Essa visão de gênero e sexo como inextricavelmente ligados traz peso teórico para a análise da sexualidade, lançando contribuições importantes para a teoria *queer*.

O impacto de Judith Butler na teoria feminista continua, mas seus argumentos refletem como as ciências humanas abordam a teoria social. Quando se trata das ciências sociais, outra postura da filosofia feminista também criticou o conhecimento ocidental, de maneira específica a lógica da ciência como processo de construção social. Gênero e sexo foram construídos socialmente, mas as instituições sociais em que se deu o construcionismo também o foram. Filósofas feministas criticaram a lógica categórica do pensamento binário, narrativas de progresso evolucionista e taxonomias ocidentais da "cadeia do ser" como ideias socialmente construídas que naturalizaram e normalizaram hierarquias. De maneira significativa, sua ênfase na epistemologia do ponto de vista e nas relações de poder forneceu uma base importante para as análises contemporâneas da epistemologia e da justiça social[46].

---

de Butler se inspira de maneira diferente no existencialismo francês (Sartre e Beauvoir) e no pós-estruturalismo (capítulo 2). Minha leitura atenta de Beauvoir justaposta à obra de Pauli Murray traz uma lente interseccional crítica para a obra de Beauvoir (capítulo 6).

[42] Judith Butler, *Gender Trouble: Feminism and the Subversion of Identity* (Nova York, Routledge, 1990) [ed. bras.: *Problemas de gênero: feminismo e subversão da identidade*, 15. ed., trad. Renato Aguiar, Rio de Janeiro, Civilização Brasileira, 2017].

[43] Ibidem, p. 5.

[44] Judith Butler, "Preface to the Second Edition (1999)", *Gender Trouble*, cit., p. xi.

[45] Ibidem, p. xii.

[46] Sandra Harding, *The Science Question in Feminism* (Ithaca, NY, Cornell University Press, 1986); Nancy Hartsock, "The Feminist Standpoint: Developing the Ground for a Specifically Feminist Historical Materialism", em Sandra Harding e Merrill B. Hintikka (orgs.), *Discovering Reality*

Elas focaram a atenção nas estruturas sociais da desigualdade de gênero e em como o próprio conhecimento era parte das relações de dominação. As conexões entre epistemologia, teoria, metodologia e métodos dentro da produção intelectual feminista e, por conseguinte, a própria investigação crítica, tiveram um efeito importante e de longo alcance na produção intelectual feminista subsequente[47].

A teoria feminista floresceu na academia, em parte, por causa das contribuições de filósofas feministas sugeridas por esta breve discussão das análises pós-estruturalistas de sexo e gênero, e também por causa da análise crítica da ciência como um espaço de construção social. Essas abordagens podem parecer diferentes, mas ambas rejeitam a ideia de determinismo biológico. Em outras palavras, a premissa central da teoria feminista de que sexo e gênero são socialmente construídos se articula com sua análise incisiva a respeito de como a lógica da ciência ocidental sustenta tais construções.

Como um projeto de conhecimento resistente, o feminismo tinha uma vantagem particular na própria academia que não estava disponível para intelectuais da teoria racial crítica ou intelectuais pós-coloniais. O número considerável de mulheres, entre estudantes e docentes, que ingressaram na academia e que apoiaram programas de estudos sobre mulheres proporcionou um grupo visível de defensoras da produção intelectual feminista. Além disso, as estudantes eram frequentemente brancas e de classe média, um *status* que destacava a importância do gênero. Essas mulheres trouxeram recursos educacionais e financeiros com elas e também puderam recrutar homens de seus círculos sociais como aliados em potencial. Não necessariamente é a mulher que precisa ser a representante de seu gênero. Este contexto de uma presença crescente de mulheres nos *campi*, juntamente com as mudanças paradigmáticas catalisadas pela teoria feminista, promoveu um amplo espaço político e intelectual para o trabalho teórico crítico.

Onde a teoria feminista contemporânea pode se encaixar em uma narrativa do feminismo como um projeto de conhecimento resistente? Na década de 1990, a teoria feminista abordou questões que eram diretamente relevantes nas políticas feministas. Entendimentos da teoria feminista como algo que inspira a política feminista era lugar-comum. No entanto, intelectuais feministas contemporâneas não podem se valer somente do trabalho anterior, presumindo que a teoria

---

(Boston, D. Reidel, 1983), p. 283-310; Iris Marion Young, *Justice and the Politics of Difference* (Princeton, NJ, Princeton University Press, 1990).

[47] Ver, por exemplo, os ensaios em Chandra Talpade Mohanty, *Feminism without Borders: Decolonizing Theory, Practicing Solidarity* (Durham, NC, Duke University Press, 2003).

feminista contemporânea é inerentemente crítica ou resistente. A sedução do reconhecimento acadêmico pode silenciar o potencial crítico da crítica feminista. Em vez disso, o desafio contemporâneo está em rastrear a eficácia contínua da teoria feminista na crítica do discurso acadêmico, na geração de análises teóricas críticas de questões contemporâneas e no cultivo de diálogos com projetos feministas fora da academia. Na verdade, embora seja tentador produzir teoria feminista utilizando meios tradicionais, de fato quão crítica essa teoria será?

A autorreflexão interna crítica é ainda mais necessária para a crítica feminista contemporânea na academia, especialmente porque a teoria feminista é categorizada como se *já* fosse uma teoria social crítica. Vejo críticas que visam fortalecer o próprio feminismo como saudáveis e necessárias para o crescimento da teoria feminista. Não faltam críticas ao feminismo, e muitas delas vêm de fontes da mídia de massa externas ao feminismo. Considerando a amplitude do feminismo e as tantas opiniões diferentes sobre o que o feminismo é e sobre o que deveria fazer, concentro-me aqui em três diálogos interconectados com o feminismo, que fazem parte de sua análise autorreflexiva interna: análises críticas da sexualidade oriundas da teoria *queer*, análises críticas de raça e nação na produção intelectual de mulheres negras e análises interseccionais apresentadas na crítica *queer* desenvolvida por pessoas *queer of color*. Esses três espaços de diálogos críticos internos suscitaram resultados diferentes no feminismo acadêmico.

A teoria *queer* ofereceu novos desafios às formas como a sexualidade era tratada nos estudos ocidentais que simultaneamente abraçaram e desafiaram a análise de gênero feita pelo feminismo. A teoria feminista tinha uma análise crítica implícita que questionava como a sexualidade era fundamental para a subordinação das mulheres. Embora tivessem participantes que se sobrepunham, a teoria *queer* e a teoria feminista eram discursos distintos com histórias diferentes. A teoria *queer* desafiou como a construção da sexualidade afetou homens e mulheres. As lésbicas fizeram críticas internas de cada tradição, apontando o viés masculino da teoria *queer* e o viés heterossexual do feminismo. No entanto, a crescente aceitação do pós-estruturalismo tanto na teoria feminista quanto na teoria *queer* colocou diversas identidades como espaços de política. Por exemplo, nas primeiras páginas de *Problemas de gênero*, Butler rejeita uma importante vertente da política feminista:

> Os pressupostos políticos de que deve haver uma base universal para o feminismo, que deve ser encontrada em uma identidade considerada transculturalmente, muitas vezes acompanham a ideia de que a opressão de mulheres tem alguma

forma singular discernível na estrutura universal ou hegemônica do patriarcado ou dominação masculina.[48]

Butler critica a confiança do feminismo na mulher-como-sujeito e a classifica como insustentável e, consequentemente, critica as identidades em si como espaços de política. Essa mudança teórica teve efeitos importantes para a política de identidade lésbica e para outros projetos políticos nos quais a subjetividade ou as identidades eram centrais. A teoria da performatividade de Butler como uma teoria da construção de identificações forneceu um vocabulário importante e influente para teorizar gênero e sexualidade. As possibilidades de performatividade para a política feminista permaneceram mais incertas[49].

A crítica feminista não pôde evitar as difíceis questões levantadas pela teoria *queer* e acomodou amplamente seu vocabulário de enquadramento[50]. Politicamente, a teoria *queer* está associada às categorias lésbica, gay, bissexual e transgênero e indica oposição às categorias baseadas em identidade. Também sinaliza uma forte antipatia pela heteronormatividade – a saber, os arranjos sociais e sexuais postos em uma visão de mundo heterocentrada. Intelectualmente, a teoria *queer* faz referência a um trabalho teórico que, como Butler, visa desconstruir a ideologia heteronormativa[51]. A teoria feminista incorporou teorias *queer* de gênero e subjetividade sexual ao cânone feminista[52]. Dentro da teoria feminista, a opressão de gênero e a opressão sexual se tornaram cada vez mais conceituadas como entidades interconectadas. A teoria *queer* aparentemente

---

[48] Judith Butler, *Gender Trouble*, cit., p. 6.
[49] As críticas à teoria *queer* foram tão ou mais reveladoras quanto as críticas da teoria *queer* ao estruturalismo. No prefácio de *Gender Problem,* de 1999, Judith Butler reconhece a influência do pós-estruturalismo em seu trabalho. Butler, descrevendo seu trabalho como tradução cultural, observa que "a teoria pós-estruturalista foi trazida para as teorias de gênero dos Estados Unidos e para as dificuldades políticas do feminismo" (Judith Butler, *Gender Trouble*, cit., p. ix). Na década de 1990, Butler estava, como ela coloca, bem ciente de que as "críticas ao pós-estruturalismo dentro da esquerda cultural expressaram forte ceticismo em relação à afirmação de que qualquer coisa politicamente progressista poderia vir de suas premissas" (idem).
[50] Para um levantamento de questões-chave nos estudos da sexualidade, um esforço enorme e interdisciplinar que critica uma série de pressupostos de enquadramento do conhecimento ocidental, ver Nancy L. Fischer e Steven Seidman (orgs.), *Introducing the New Sexuality Studies* (3. ed., Nova York, Routledge, 2016).
[51] Talia Bettcher, "Feminist Perspectives on Trans Issues", em Edward N. Zalta (org.), *The Stanford Encyclopedia of Philosophy*, 2014, disponível em: <https://plato.stanford.edu/archives/spr2014/entries/feminism-trans/>.
[52] Susan Archer Mann, *Doing Feminist Theory: from Modernity to Postmodernity* (Nova York, Oxford University Press, 2012), p. 211-55.

facilitou uma mudança de paradigma na teoria feminista acadêmica, teorizando gênero e sexualidade como íntima e inextricavelmente ligados[53].

Essa vertente da crítica feminista incorporou análises críticas da sexualidade a um projeto de gênero mais amplo, de modo que mudou a compreensão de gênero e sexualidade. *Queerizar* essas categorias binárias de gênero de homem/mulher e binárias sexuais de heterossexual/gay constituíram uma estratégia política importante para teorizar gênero e sexualidade como categorias interdependentes de análise de indivíduos. Os entendimentos mais expansivos e fluidos da subjetividade (identificações) criaram mais espaço interpretativo para as pessoas e catalisaram uma literatura extensa sobre subjetividades. No entanto, apesar do surgimento do termo *heteropatriarcado*, que aparentemente sinalizou uma nova estrutura abrangente para análises interseccionais de gênero e sexualidade como sistemas de poder, esse tipo de análise estrutural não era um foco primário para a teoria *queer*.

Em suma, a teoria feminista e a teoria *queer* se fertilizaram intelectualmente, mas os efeitos políticos dessas tendências teóricas eram muito mais difíceis de ver. Politicamente, os movimentos relacionados a gênero e igualdade sexual foram cada vez mais atacados, levantando questões importantes sobre as conexões da teoria feminista e da teoria *queer* como formas de conhecimento resistente. Os movimentos relacionados a gênero e igualdade sexual confrontaram políticas estruturais que visavam regular a conformidade de gênero e a heteronormatividade em escolas, empregos, estruturas familiares e políticas públicas. A teoria feminista e a teoria *queer* ofereceram explicações teóricas convincentes do significado dessas políticas estruturais. Mas elas pareciam muito menos relevantes para abordar as questões sociais específicas enfrentadas pelas pessoas que foram afetadas pela conjunção dessas políticas. Nesse sentido, o surgimento de políticas trans desafiou o construcionismo social como um pressuposto de enquadramento tanto da teoria feminista quanto da teoria *queer*. As políticas trans trouxeram a atenção de volta para o corpo, não apenas como

---

[53] O surgimento do *heteropatriarcado* como termo que sinaliza a junção de teorias de gênero e sexualidade levanta questões importantes para o entendimento que a interseccionalidade tem da relacionalidade. No capítulo 7, apresento adição, articulação e interdependência como três formas de pensamento relacional na interseccionalidade. A junção de gênero e sexualidade exigiu um período de articulação – ou seja, a formação de coalizões intelectuais provisórias e alianças entre as comunidades interpretativas que desenvolveram cada discurso. Em que ponto surgiu a percepção da necessidade de um novo termo? Entendo que o heteropatriarcado acomoda as distinções de articulação, mas nomeia uma relação de interdependência permanente.

uma entidade para impor normas sociais, mas também como uma entidade física com certos imperativos biológicos. Pessoas que eram designadas do sexo masculino ou feminino ao nascer, mas sentiam que estavam no corpo errado, recorreram à medicina para orientação biológica. O termo *transexual* refere-se a "indivíduos que usam tecnologias hormonais e/ou cirúrgicas para alterar seu corpo de modo a conformá-lo a sua ideia de identidade de gênero de um modo que pode ser interpretado como em dissidência com o sexo que lhes foi designado no nascimento"[54]. A dissidência de gênero certamente foi uma resposta às pressões para o desempenho da sexualidade e do gênero normativos, mas também tinha dimensões biológicas[55].

Uma segunda vertente da crítica analisou a forma como raça e nação eram tratadas na investigação feminista. Mulheres *of color* foram especialmente prolíficas na crítica ao foco, de longa data, do feminismo ocidental nas experiências de mulheres brancas ocidentais de classe média. Ao lançar suas críticas, as mulheres *of color* muitas vezes recorreram aos projetos de conhecimento antirracista, anticolonial e de descolonização resistentes com os quais estavam mais familiarizadas. Trazer uma estrutura racial para o feminismo desafiou a falsa universalidade da branquitude como padrão normalizador que foi usado para explicar as experiências de todas as mulheres. O racismo, o colonialismo, o imperialismo e o nacionalismo, assim como as pessoas mais afetadas por essas formas de dominação, não eram vistos como centrais nas teorias feministas de gênero ou sexualidade. As análises feministas têm mais ciência de como raça, etnia, cultura e *status* de cidadania moldam a práxis e a teoria feministas.

Muitas das mesmas pessoas que estiveram envolvidas em projetos antirracistas e em projetos interseccionais também criticaram a afirmação de que o feminismo era apenas para mulheres brancas. No entanto, a expressão *mulher of color* contém as sementes de sua própria crítica. O feminismo latino esclarece algumas das questões de fazer uma crítica ao feminismo com base na categoria mulheres *of color*. As ideias do feminismo latino são representadas de forma

---

[54] Talia Bettcher, "Feminist Perspectives on Trans Issues", em Edward N. Zalta (org.), *The Stanford Encyclopedia of Philosophy*, cit., 2014, p. 3.

[55] Neste livro, seguindo Bettcher (2014), uso o termo *trans* como um dentre um conjunto de termos para descrever as identificações complexas de pessoas dissidentes de gênero. Bettcher fornece uma discussão acessível e também substancial da terminologia, bem como uma genealogia da emergência do discurso trans. A produção intelectual de Pauli Murray, que neste livro é tratada como uma figura importante dentro da interseccionalidade, demonstra como a ausência das análises que se tornaram centrais para a política trans afetou seu pensamento crítico (ver capítulo 6).

proeminente no feminismo. Em sua introdução, as organizadoras de *Chicana Feminisms* [Feminismos chicanos][56] postulam que as escritoras feministas chicanas forneceram análises originais de muitos temas que afetam chicanas por meio de processos de teorização e documentação de intersecções de classe, raça, gênero e sexualidade[57]. Muitos desses temas foram incorporados ao feminismo como análises sobre *mestizaje*, hibridez e fronteiras[58]; reflexos da escala de cores, do fenótipo e de privilégios; e ideias sobre consciência de oposição, prática, metodologia e opressão[59]. Ainda assim, essas e outras formas de análise crítica foram incluídas sob o rótulo "mulheres *of color*", um movimento homogeneizante que posiciona todas as mulheres categorizadas como mulheres *of color* como críticas ao feminismo tradicional. A crítica é incorporada ao feminismo, com efeitos de longo alcance na teoria e prática feministas. As ideias sugeridas pela teoria feminista chicana são incorporadas, com menos atenção às especificidades das questões das mulheres que as desenvolveram.

Refletindo a influência dos projetos de descolonização, as ideias do feminismo latino também estão mais alinhadas com as do feminismo transnacional, outro discurso que se posiciona como uma perspectiva crítica *dentro* do arcabouço do feminismo ocidental. Feministas transnacionais desenvolveram importantes críticas dentro do feminismo ocidental que influenciaram os rumos do campo. Em seu clássico livro *Feminist Genealogies, Colonial Legacies, Democratic Futures* [Genealogias feministas, legados coloniais, futuros democráticos][60], M. Jacqui Alexander e Chandra Talpade Mohanty realizam uma análise feminista crítica dos processos transnacionais. As conexões entre mulheres *of color* nos Estados Unidos e feministas transnacionais, que muitas vezes se tornam mulheres *of color* quando estão nos Estados Unidos, são dignas de nota. Por exemplo, como Gloria Anzaldúa, Mohanty também aborda questões de fronteiras, mas em resposta às esperanças e decepções da descolonização. Em sua introdução ao livro *Feminism without Borders* [Feminismo sem fronteiras], Mohanty sugere

---

[56] Gabriela F. Arredondo et al. (orgs.), *Chicana Feminisms: A Critical Reader* (Durham, NC, Duke University Press, 2003).
[57] Ibidem, p. 5.
[58] Gloria Anzaldúa, *Borderlands/La Frontera: The New Mestiza* (San Francisco, Spinsters/Aunt Lute Press, 1987).
[59] Chela Sandoval, *Methodology of the Oppressed* (Minneapolis, MN, University of Minnesota Press, 2000).
[60] M. Jacqui Alexander e Chandra Talpade Mohanty (orgs.) *Feminist Genealogies, Colonial Legacies, Democratic Futures* (Nova York, Routledge, 1997).

que, embora as fronteiras possam sinalizar contenção e segurança, as mulheres muitas vezes pagam um preço para reivindicar a integridade, segurança e proteção de seus próprios corpos. Como ela observa, "eu escolho 'feminismo sem fronteiras', então, para enfatizar que nossas visões mais abrangentes e inclusivas do feminismo precisam estar atentas às fronteiras e ao mesmo tempo aprender a transcendê-las"[61]. Em *Pedagogies of Crossing* [Pedagogias da travessia][62], M. Jacqui Alexander usa a metáfora da travessia de fronteira como um espaço de complexidades políticas e intelectuais.

A crítica *queer of color* catalisou uma terceira vertente de análise autorreflexiva que utiliza e critica a teoria racial crítica, o feminismo e a teoria *queer*. Apesar dos desafios das mulheres *alvo da racialização*, a teoria racial crítica permanece ligada à ideologia de gênero heteronormativa que privilegia os homens *of color*. Essa política de sexualidade e gênero limita sua política antirracista[63]. O feminismo permanece limitado por sua genealogia da branquitude e por sua política de classe, uma crítica levantada por mulheres *of color* e compartilhada por críticas *queer of color*. As políticas de classe, raça e gênero molda a teoria *queer* de modo que ela acaba por beneficiar, de maneira desproporcional, homens brancos de classe média. Desse modo, as críticas *queer of color* podem ser direcionadas ao feminismo, principalmente porque o feminismo é um discurso amplo, mas suas críticas são fundamentalmente interseccionais. As críticas *queer of color* constituem uma forma eficaz de expandir o arcabouço para compreender a fluidez conjunta de gênero, sexualidade, raça, classe e etnia. Posicionadas na intersecção entre gênero, sexualidade e raça, as críticas *queer of color* tornaram-se cada vez mais visíveis dentro e fora do feminismo, em parte porque a análise crítica do feminismo sobre gênero, sexualidade e raça está em constante construção[64].

As análises *queer of color* criticaram o feminismo por se preocupar excessivamente com as questões que afetavam pessoas brancas de classe média. Por

---

[61] Chandra Talpade Mohanty, *Feminism without Borders*, cit., p. 2.
[62] M. Jacqui Alexander, *Pedagogies of Crossing: Meditations on Feminism, Sexual Politics, Memory, and the Sacred* (Durham, NC, Duke University Press. 2005b).
[63] Ver Patricia Hill Collins, *Black Sexual Politics*, cit.
[64] Juan Battle et al., *Say It Loud, I'm Black and I'm Proud: Black Pride Survey 2000* (Nova York, Policy Institute of the National Gay and Lesbian Task Force, 2002); Cathy J. Cohen, "Contested Membership: Black Gay Identities and the Politics of Aids", cit.; Cathy J. Cohen e Tamara Jones, "Fighting Homophobia versus Challenging Heterosexism, cit.; Roderick A. Ferguson, *Aberrations in Black: Toward a Queer of Color Critique* (Minneapolis, MN, University of Minnesota Press, 2004).

exemplo, a igualdade no casamento parecia ser uma questão universal que poderia unir pessoas *queer* independentemente de raça, gênero e orientação sexual. Críticas *queer of color* apontaram que a combinação de disparidades raciais e econômicas significava que pessoas *of color* ganhariam menos com essa vitória. Da mesma forma, proteções trabalhistas para pessoas LGBTQ seriam menos valiosas para pessoas trans negras que vivenciam índices extremamente altos de violência e assassinato. A vulnerabilidade da juventude trans negra mostrou a importância da idade como um sistema de poder. Em suma, pessoas *queer of color* pediam uma análise mais interseccional do feminismo de tal modo que reconhecesse as intersecções de gênero, sexualidade, raça, nação, classe e idade.

Quando se trata de interseccionalidade, a crítica autorreflexiva no feminismo demonstra uma relação recorrente entre gênero, sexualidade e raça, que reflete as várias vertentes da investigação crítica autorreflexiva sobre sua própria práxis. A força do feminismo está em sua capacidade de administrar múltiplas críticas a respeito de suas teorias e práxis, tentando abordar, por exemplo, as análises heterogêneas de pessoas LGBTQ e trans, as análises promovidas por mulheres *of color* e feministas transnacionais, e o número crescente de críticas de ambas as vertentes dentro da produção intelectual sobre ou feita por pessoas *queer of color*[65] ou a respeito delas. No entanto, quando se trata de críticas *queer of color*, há também uma reviravolta irônica nessa análise autorreflexiva no feminismo contemporâneo. Muitas das ideias centrais do feminismo em si foram moldadas pelas ideias de feministas *queer* negras e latinas, entre elas Audre Lorde[66], Gloria Anzaldúa[67], June Jordan[68], Barbara Smith[69], Cheryl Clarke[70] e o Combahee River Collective[71]. A tendência de valorizar determinadas mulheres *queer of color* nos

---

[65] Cathy J. Cohen, "Contested Membership: Black Gay Identities and the Politics of Aids", em Steven Seidman (org.), *Queer Theory/Sociology*, cit.; Roderick A. Ferguson, *Aberrations in Black*, cit.; Jennifer Petzen, "Queer Trouble: Centring Race in Queer and Feminist Politics", *Journal of Intercultural Studies*, v. 33, n. 3, 2012, p. 289-302; Siobhan B. Somerville, *Queering the Color Line: Race and the Invention of Homosexuality in American Culture* (Durham, NC, Duke University Press, 2000).

[66] Audre Lorde, "There Is No Hierarchy of Oppressions", em Eric Brandt (org.), *Dangerous Liaisons*, cit., p. 306-7.

[67] Gloria Anzaldúa, *Borderlands/La Frontera*, cit.

[68] June Jordan, *Technical Difficulties: African-American Notes on the State of the Union* (Nova York, Pantheon, 1992).

[69] Barbara Smith, *Home Girls: A Black Feminist Anthology* (Nova York, Kitchen Table Press, 1983).

[70] Cheryl Clarke, "Lesbianism: An Act of Resistance", em Beverly Guy-Sheftall (org.), *Words of Fire: An Anthology of African-American Feminist Thought* (Nova York, New Press 1995), p. 241-51.

[71] Combahee River Collective, "A Black Feminist Statement", cit.

momentos de fundação de um discurso enquanto se ignora a presença contínua de mulheres *queer of color* no âmbito do próprio feminismo diz muito sobre as pressões persistentes na academia para que se embranqueça o conhecimento.

Essa análise crítica interna contínua do feminismo é digna de nota, mas, como um projeto de conhecimento resistente, o feminismo ilustra as dificuldades de sustentar uma análise crítica com um objetivo tão amplo de empoderamento e emancipação de mulheres na academia e na sociedade em geral. As críticas de pessoas LGBTQ, pessoas trans, mulheres *of color* estadunidenses, feministas transnacionais e pessoas *queer of color* sobre a sexualidade, a raça, os processos transnacionais e as análises interseccionais assumiram diferentes formas com diferentes resultados, em parte porque esses grupos se colocaram de forma diferenciada em relação ao feminismo. Como resultado, eles recorrem a diferentes tradições intelectuais e estruturas teóricas. As lésbicas foram fundamentais para o crescimento e sucesso do feminismo moderno e já estavam posicionadas nos projetos feministas como líderes com um papel importante no que o feminismo deveria se tornar. Além disso, pessoas LGBTQ certamente apoiaram o feminismo, mas muitas vezes chegaram a ele por meio de projetos independentes de liberdade sexual. Esses grupos estavam conectados, mas não eram os mesmos. A iniciativa de aproximar gênero e sexualidade poderia ser liderada por agentes sociais pertencentes às duas comunidades de investigação.

Em contrapartida, a branquitude do feminismo ocidental, que nos Estados Unidos seguia padrões de segregação racial/étnica em políticas habitacionais, ambientes educacionais, de trabalho e instituições religiosas, significava que, até o final do século XX, mulheres negras estadunidenses, indígenas, latinas e asiático-estadunidenses desenvolveram sensibilidades feministas no contexto de suas comunidades racial/etnicamente segregadas. Um sistema semelhante de segregação organizado por meio de discursos sobre cidadania e Estados-nação soberanos caracterizava o contexto global. De forma significativa, ao apontar a necessidade de análises mais interseccionais no feminismo, pessoas *queer of color* navegaram entre vários projetos de resistência e reivindicaram um espaço de fronteira entre eles.

Essas críticas internas levantam desafios importantes para a teoria feminista. A necessidade de uma teoria social crítica que analise a desigualdade de gênero e a injustiça de gênero na academia persiste. Mas como essas críticas autorreflexivas que são internas ao feminismo podem moldar a teoria feminista? Feminismo e interseccionalidade estão intimamente alinhados, mas não são sinônimos. Essas linhas distintas de crítica autorreflexiva no feminismo ilustram como estar em posições diferentes dentro do próprio feminismo promove resultados diferentes. No que diz respeito a gênero e sexualidade, a tarefa interseccional consistiu em alinhar dois discursos até o ponto em que os dois construtos são, com frequência, pensados como uma unidade teórica. Em contrapartida, no que se refere a gênero, raça e nação, a tarefa interseccional consistiu em incorporar a diferença nas estruturas feministas preexistentes. Nesse caso, se a diferença se torna substituta de diferenças de raça, etnia e nacionalidade, então a interseccionalidade, com sua abordagem aparentemente ininterrupta da diferença, aparentemente resolve o problema da diferença do feminismo[72]. Dentro dessa lógica, a interseccionalidade reconhece, mas não abala as diferenças que já existem no próprio feminismo. Além disso, incorporar ao feminismo uma compreensão estática da interseccionalidade que a conceitua como um pacote pré-embalado de diferenças raciais, étnicas e nacionais significa que o feminismo não precisa se preocupar com as histórias confusas do racismo e assim por diante. A interseccionalidade cuidou disso.

Não há soluções rápidas para esses padrões históricos de exclusão e preconceitos no feminismo ocidental. A interseccionalidade pode parecer resolver o problema das práticas excludentes do passado. Em projetos feministas que carecem de especificidade histórica, a interseccionalidade pode servir como uma referência para todas as "outras" que não eram reconhecidas por um feminismo racialmente segregado antes do feminismo interseccional mais iluminado dos dias atuais. No entanto, sem vigilância crítica contínua, a interseccionalidade pode se tornar mais um significante racial vazio, que mascara como o feminismo contemporâneo ainda precisa ir além das exclusões raciais anteriores.

## DESCOLONIZAÇÃO E TEORIA PÓS-COLONIAL

Na virada do século XXI, as rachaduras na credibilidade dos estudos pós-coloniais na academia pareciam cada vez mais evidentes. Em um ensaio particularmente contundente de 2002, Benita Parry[73] criticou a teoria pós-colonial

---

[72] Kathy Davis, "Intersectionality as a Buzzword: A Sociology of Science Perspective on What Makes a Feminist Theory Successful", *Feminist Theory*, v. 9, n. 1, 2008, p. 67-85.
[73] Benita Parry, "Directions and Dead Ends in Postcolonial Studies", em David Theo Goldberg e Ato Quayson (orgs.), *Relocating Postcolonialism* (Oxford, UK, Blackwell, 2002), p. 67.

por seus "modos de crítica pós-colonial em que a política da ordem simbólica desloca a teoria e a prática da política". Parry identifica duas tendências nas primeiras críticas pós-coloniais do discurso colonial – a saber, a reinterpretação textual das maneiras como textos-chave do conhecimento ocidental foram essenciais para o colonialismo e a explicação das várias maneiras pelas quais sujeitos colonizados resistiram e se opuseram a tais conhecimentos. Ela postula que, à medida que a teoria pós-colonial recuou para uma análise textual abertamente influenciada por análises pós-modernas, ela se tornou hostil aos aspectos da teoria da libertação, e passou a ver essa teoria como ingênua[74]. Em sua avaliação, "uma virada de uma retórica depreciativa das narrativas mestras da revolução e da libertação, e um retorno a uma política baseada no material, social e existencial, agora, parece urgente"[75].

Um grande número de intelectuais e de ativistas parece ter chegado à mesma conclusão. O termo *pós-colonial* parece estar caindo em desuso, com termos como *decolonial/descolonial, decolonialidade/descolonialidade* e *decolonização/ descolonização* tomando seu lugar. Na introdução a uma edição especial da revista *Feminist Studies* dedicada a gerar uma conversa entre feminismos da descolonização e pós-coloniais, as editoras resumem as principais ideias dos debates[76]. Elas apontam que, embora intelectuais pós-coloniais e descoloniais tenham se comprometido a "criticar os legados materiais e epistêmicos do colonialismo", consideram que muitas vezes as distinções feitas entre os dois são inquietantes[77]. Uma dessas distinções é a de considerar o pós-colonialismo como ultrapassado e como algo apenas sobre o passado. Ramamurthy e Tambe discordam de Parry e afirmam que:

> a descrição do feminismo pós-colonial como uma teoria desconstrutiva, abstrata e de elite confinada ao âmbito dos sistemas de conhecimento colonial moderno negligenciou os importantes dilemas que o feminismo pós-colonial levantou a respeito de como apresentar pessoas marginalizadas de forma ética e, de fato, como compreender o próprio desejo de representar grupos marginalizados – quer reivindiquemos pertencer a eles, quer não.[78]

---

[74] Ibidem, p. 78.
[75] Ibidem, p. 77.
[76] Priti Ramamurthy e Ashwindi Tambe, "Decolonial and Postcolonial Approaches", *Feminist Studies*, v. 43, n. 3, 2017, p. 503-11.
[77] Ibidem, p. 504.
[78] Idem.

A outra distinção entre feminismo pós-colonial e da descolonização envolve o que elas descrevem como as "marcações espaciais de feminismos da descolonização e pós-coloniais"[79]. O feminismo da descolonização é frequentemente associado a intelectuais indígenas das Américas, e o feminismo pós-colonial a intelectuais do sul da Ásia, da África e do Oriente Médio. Ao mesmo tempo que outras pessoas podem discordar dessas distinções regionais – os povos indígenas não são um fenômeno do continente americano –, elas afirmam que o feminismo da descolonização insiste em se envolver com a história do colonialismo de povoamento, disputas de terra e um capitalismo racial genderizado global. Ramamurthy e Tambe buscam uma compreensão mais aprofundada dos trabalhos de distinção entre feminismo pós-colonial e feminismos descoloniais como um exemplo contemporâneo de como esses debates estão se desdobrando.

Sinto-me confortável para admitir que o feminismo pós-colonial e o feminismo da descolonização existem ao mesmo tempo, trazendo contribuições diferentes para o projeto mais amplo de descolonização. Também é razoável que intelectuais pós-coloniais e da descolonização não precisem viver e trabalhar em espaços designados para povos anteriormente colonizados. As histórias espaciais do colonialismo são reais, assim como o são os laços epistemológicos dos povos indígenas com lugares específicos[80]. De maneira mais precisa, a questão aqui está em analisar as contribuições teóricas da teoria pós-colonial e dos projetos de conhecimento da descolonização para o projeto compartilhado mais amplo de descolonização. A teoria pós-colonial tem legitimidade teórica na academia, um *status* que compartilha com a teoria feminista. O desafio para a teoria pós-colonial está em ver como sua teorização crítica se ajusta e pode conformar-se a projetos de descolonização de conhecimento resistente. Aqui me refiro a uma ampla gama de projetos que os termos *descolonial, descolonialidade* e *descolonizar* significam como projetos de resistência da descolonização. Os próprios projetos são bastante diferentes uns dos outros. Intelectuais, artistas, ativistas, pessoas de dentro e de fora da academia parecem estar envolvidas em uma luta contínua para salvar suas casas, suas terras, suas crianças e seus próprios corpos. A descolonização significa desmontar o legado do colonialismo

---

[79] Idem.
[80] Bill Cohen, "The Spider's Web: Creativity and Survival in Dynamic Balance", *Canadian Journal of Native Education*, v. 25, n. 2, 2001, p. 140-48; Brendan Hokowhitu et al. (orgs.), *Indigenous Identity and Resistance: Researching the Diversity of Knowledge* (Dunedin, Nova Zelândia, Otago University Press, 2010).

formal e imaginar sua substituição. Como o conhecimento foi fundamental para a dominação colonial e suas explicações pós-coloniais, a luta pelo próprio conhecimento constitui um importante espaço de resistência. O título do livro organizado por Boaventura de Sousa Santos sinaliza uma mudança radical de perspectiva: *Another Knowledge Is Possible: Beyond Northern Epistemologies* [Outro conhecimento é possível: além das epistemologias do Norte][81].

Essa tensão entre a teoria pós-colonial como um campo estabelecido de estudo acadêmico e uma constelação mais ampla e indisciplinada de projetos de conhecimento resistente de descolonização faz referência a algo muito mais profundo que uma diferença semântica. Em vez disso, essa distinção sinaliza uma diferença no enquadramento teórico do mesmo conjunto de forças sociais como resultado de estar em uma posição diferente dentro delas. Usar o arcabouço da teoria pós-colonial pode significar aderir a noções reificadas acerca do fim do colonialismo formal e do início da nova fase pós-colonial. Dada a durabilidade do conhecimento colonial na academia, da mesma maneira que o conhecimento racial também é durável no ambiente acadêmico, a teoria pós-colonial provavelmente não esgotará as possibilidades de uma análise crítica tão necessária. Trabalhar com os pressupostos disciplinares de onde a teoria pós-colonial está localizada na academia significa usar ferramentas metodológicas aceitas[82]. Essa abordagem vê os projetos que lidam com o legado contestado do colonialismo como apenas isso – um legado que tenta entender o passado a fim de completar o projeto pós-colonial da morte do colonialismo.

A perspectiva de projetos de resistência de descolonização é bastante diferente. Ao mesmo tempo que o colonialismo formal certamente acabou, as relações políticas, econômicas e culturais que o caracterizaram não acabaram. O passado está no presente, mas a característica mais importante do presente é

---

[81] Boaventura de Sousa Santos (org.), *Another Knowledge Is Possible: Beyond Northern Epistemologies* (Nova York, Verso, 2007).

[82] Intelectuais do Ocidente abordam temas de fato importantes, mas, para ter credibilidade, esse trabalho deve aderir aos padrões das epistemologias ocidentais. Tópicos como a maneira pela qual o discurso ocidental imagina os espaços coloniais, os contornos da resistência anticolonial, como o Ocidente é visto a partir de espaços não ocidentais e como fazer o trabalho intelectual dentro e fora do Ocidente reaparecem nas análises pós-coloniais: Leela Gandhi, *Postcolonial Theory: A Critical Introduction* (Nova York, Columbia University Press, 1998); David Theo Goldberg e Ato Quayson, *Relocating Postcolonialism* (Malden, MA, Blackwell, 2002); Ania Loomba, *Colonialism/Postcolonialism* (Nova York, Routledge, 1998); Patrick Williams e Laura Chrisman (orgs.), *Colonial Discourse and Post-Colonial Theory: A Reader* (Nova York, Columbia University Press, 1994).

poder construir um novo futuro que um dia poderá ser apropriadamente chamado de pós-colonial. Mas esse dia está longe, está no futuro. Da perspectiva de projetos de descolonização em andamento, a teoria pós-colonial constitui um discurso entre muitos que apresentam um ângulo de visão das iniciativas de descolonização. Ironicamente, já que as instituições de elite abrigaram intelectuais pós-coloniais proeminentes, de forma deliberada ou não, a posição social dos estudos pós-coloniais pode funcionar como um discurso colonial em relação às aspirações das pessoas que pretendem ir "além das epistemologias do Norte"[83]. De forma significativa, os projetos de descolonização analisam as relações coloniais e resistem a elas.

As distinções entre essas duas perspectivas – a saber, a teoria pós-colonial formal e projetos de conhecimento descoloniais heterogêneos – potencialmente iluminam diferentes aspectos da teoria social crítica. Como um discurso nomeado na academia, a teoria pós-colonial tem uma história específica, um conjunto de pessoas que a praticam e uma série de debates. Como a teoria racial crítica e a teoria feminista, a teoria pós-colonial assume uma postura crítica em relação ao conhecimento dominante, neste caso, o conhecimento colonial. Uma ampla lista de intelectuais de destaque estabeleceu uma base importante para a análise crítica da teoria pós-colonial: Frantz Fanon, Amílcar Cabral, Gayatri Spivak, Homi Bhabha, Edward Said, Arjun Appadurai, Stuart Hall, Paul Gilroy, entre outras pessoas, enriqueceram muito os debates acadêmicos sobre uma variedade de temas e todas foram influenciadas, de alguma forma, pelo discurso pós-colonial. Dentre a gama de intelectuais que contribuíram para esse campo, Edward Said, Gayatri Spivak e Homi Bhabha constituem as três principais figuras mencionadas com persistência no cânone da teoria pós-colonial[84].

---

[83] Boaventura de Sousa Santos (org.), *Another Knowledge Is Possible*, cit; Boaventura de Sousa Santos, João Arriscado Nunes e Maria Paula Meneses, "Opening Up the Canon of Knowledge and Recognition of Difference", em Boaventura de Sousa Santos (org.), *Another Knowledge Is Possible*, cit., p. xvix-lxii.

[84] A antologia *Colonial Discourse and Post-Colonial Theory: A Reader* [Discurso colonial e teoria pós-colonial: uma revisão], de Patrick Williams e Laura Chrisman (Patrick Williams e Laura Chrisman (orgs.), *Colonial Discourse and Post-Colonial Theory*, cit.) publicada em 1994, fornece um mapa provisório dos contornos do campo da teoria pós-colonial. Curiosamente, a teoria pós-colonial ganhou visibilidade na academia na década de 1990, a mesma década da interseccionalidade. Além disso, muitas das figuras incluídas no livro sobre a teoria pós-colonial também estão incluídas na antologia de 1992, *Cultural Studies* [Estudos culturais] (Lawrence Grossberg, Cary Nelson e Paula A. Treichler (orgs.), *Cultural Studies*, Nova York, Routledge, 1992). Isso

É importante ressaltar que, durante o desenvolvimento da teoria pós-colonial na academia, intelectuais que o conduziam forneceram ideias literárias e, ao mesmo tempo, metafóricas. Por exemplo, ideias como fronteiras, migração, exílio, lar, marginalidade e o conceito de "outro" tinham implicações materiais para intelectuais que sofreram exílio de seus países de origem ou que passaram por marginalização em seus novos países. As fronteiras representavam um desafio tangível para as pessoas que eram de raças marginalizadas ou de religiões depreciadas ou de Estados-nação com poucas proteções para a liberdade de expressão. Quando Gloria Anzaldúa escreveu sobre a fronteira, ela invocou o significado de um lugar físico, por exemplo, a fronteira Estados Unidos-México, bem como uma forma de identidade que não pertencia a um lugar ou grupo, mas que estava trilhando seu caminho em um novo espaço. A questão era menos o conteúdo das próprias ideias que a mudança de ênfase da teoria pós-colonial que separou suas ideias das lutas políticas reais e substituiu os textos como o objeto principal de investigação.

A localização institucional na academia lança luz sobre essas ênfases variantes. A teoria pós-colonial tem enfatizado de forma consistente certas questões e preocupações e subestimado outras, refletindo seu legado de estar abrigada nas ciências humanas. Basear-se na crítica literária de leituras atentas de textos selecionados é uma abordagem metodológica padrão nas ciências humanas. Não é de surpreender que práticas disciplinares específicas influenciem a teoria pós-colonial. No entanto, essa abordagem de teorizar por meio da análise textual pressupõe um alto grau de alfabetização, para não mencionar a familiaridade com os textos específicos que constituem o âmago de qualquer argumento. Esse foco na desconstrução da literatura colonial constituiu um primeiro passo importante para desmontar a base de conhecimento do colonialismo formal. Muitos intelectuais, ligados a obras seminais da teoria pós-colonial, geraram uma teoria social crítica incisiva dentro desses parâmetros e por meio de estratégias de crítica.

As ideias ousadas do intelectual palestino Edward Said não só criticaram o saber acadêmico predominante, mas moldaram os contornos da teoria

---

sugere que, na década de 1990, existiam fronteiras mais fluidas entre os estudos pós-coloniais, os estudos culturais e a interseccionalidade. Cada um desses campos seguiu uma trajetória diferente à medida que suas ideias se tornaram mais codificadas em cânones acadêmicos. Para narrativas de estudos pós-coloniais que mapearam os campos como surgiam na época, ver Leela Gandhi, *Postcolonial Theory*, cit., assim como Ania Loomba, *Colonialism/Postcolonialism*, cit. Para narrativas retrospectivas publicadas depois dessas obras seminais, consulte a antologia *Relocating Postcolonialism* (David Theo Goldberg e Ato Quayson, *Relocating Postcolonialism*, cit.).

pós-colonial. *Orientalism*, o livro inovador de Said publicado em 1978, apresenta uma crítica poderosa do próprio conhecimento ocidental. Ele define orientalismo como uma construção imaginária do Ocidente que sustentou a dominação material, econômica e cultural. Said é direto ao apontar que orientalismo não é apenas uma estrutura de mentiras ou de mitos, que "simplesmente se dissipariam ao vento se a verdade a seu respeito fosse contada"[85]. Em vez disso, ele argumenta:

> qualquer sistema de ideias capaz de permanecer imutável como conhecimento passível de ser ensinado (em academias, livros, congressos, universidades, institutos de relações exteriores) da época de Ernest Renan, no final da década de 1840, até o presente nos Estados Unidos deve ser algo mais formidável que uma simples coletânea de mentiras. O orientalismo, portanto, não é uma visionária fantasia europeia sobre o Oriente, mas um corpo elaborado de teoria e prática em que, por muitas gerações, tem-se feito um considerável investimento material.[86]

Essa tática de reinterpretar textos clássicos como uma janela para o discurso colonial é o arroz com feijão da crítica literária[87].

A situação do exílio constitui tema recorrente na obra de intelectuais da pós-modernidade, adquirindo uma forma específica na obra de intelectuais pós-coloniais. Edward Said é mais conhecido por sua análise do orientalismo, mas muitos dos temas que percorrem sua obra refletem suas experiências como intelectual palestino no exílio. Em *Orientalismo*, Said analisa como a criação ocidental de um Oriente imaginado representava as necessidades do Ocidente e não as realidades do Oriente. Em *Culture and Imperialism* [Cultura e imperialismo][88], Said aprofunda essa análise e vai além do caso do chamado Oriente para analisar como o imperialismo ocidental governou por meio de formas culturais. Said também é bastante direto a respeito das dificuldades de fazer um trabalho intelectual que em vez de visar produzir programas libertadores

---

[85] Edward Said, *Orientalism* (Nova York, Vintage, 1978), p. 6. [ed. bras.: *Orientalismo: o Oriente como invenção do Ocidente,* trad. Rosaura Eichenberg, São Paulo, Companhia das Letras, 2007, p. 33].
[86] Idem.
[87] Por exemplo, o livro de Toni Morrison *Playing in the Dark* (*Playing in the Dark: Whiteness and the Literary Imagination*, MA, Harvard University Press, 1992) analisa como uma branquitude não marcada caracteriza a literatura estadunidense.
[88] Edward Said, *Culture and Imperialism* (Nova York, A. A. Knopf, 1993) [ed. bras.: *Cultura e imperialismo*, trad. Denise Bottmann, São Paulo, Companhia das Letras, 2011].

para pessoas oprimidas, analisasse os fundamentos epistemológicos que possibilitaram o imperialismo e a dominação[89]. Said foi um intelectual privilegiado no Ocidente, mas também um intelectual no exílio, e isso fez diferença no que ele viu, no que escreveu e em quem constituiu seu público leitor[90].

Na década de 1990, quando os estudos pós-coloniais estavam se estabelecendo, Said conhecia bem a resistência acadêmica. Sua tese sobre o orientalismo foi bastante polêmica, e continua sendo. Em sua obra de 1994, *Representações do intelectual*[91], Said analisa os desafios enfrentados por intelectuais que promovem ideias críticas ao conhecimento prevalecente. Um grande número desse conjunto de intelectuais está no exílio por motivos políticos e muitas vezes sofre perseguição; outras pessoas se tornam apátridas porque não têm países de origem e são marginalizadas na Grã-Bretanha, na França, nos Estados Unidos e países de destino semelhantes. A política de fazer trabalho intelectual nesse contexto social não pode ser ignorada como um fator de experiência salutar.

Como discurso acadêmico, a teoria pós-colonial abrigou uma série de debates sobre gênero, raça e nação que se conectam com as ideias de interseccionalidade[92]. Tomemos, por exemplo, o livro de Meyda Yeğenoğlu, de 1998, *Colonial Fantasies: Toward a Feminist Reading of Orientalism* [Fantasias coloniais: rumo a uma leitura feminista do orientalismo][93]. Identificando como o "orientalismo" estimulou uma vertente distinta da análise de gênero, Yeğenoğlu critica como a diferença sexual foi relegada a um subcampo no discurso colonial. Em contrapartida seu estudo tem como foco a "articulação única das diferenças sexuais e culturais à medida que são produzidas e significadas no discurso do orientalismo"[94]. A partir do exemplo das mulheres de véu do Oriente, Yeğenoğlu analisa o persistente fascínio ocidental pela mulher de véu como um espaço de fantasia, ideologia nacionalista e discursos de gênero. No entanto, tanto o

---

[89] Edward Said, *Representations of the Intellectual* (Nova York, Vintage, 1994) [ed. bras.: *Representações do intelectual*, trad. Milton Hatoum, São Paulo, Companhia das Letras, 2005].

[90] Um grande número de intelectuais identifica como sua posição social molda sua produção intelectual; por exemplo, Gloria Anzaldúa em *Borderlands/La Frontera* (cit.). Temas de migração forçada, exílio e apátrida reaparecem na obra de uma gama de intelectuais da contemporaneidade.

[91] Edward Said, *Representações do intelectual*, cit.

[92] Há uma parte substancial da literatura de engajamento feminista nos estudos pós-coloniais. Para um resumo desses debates, consulte Leela Gandhi, *Postcolonial Theory: A Critical Introduction*, cit., p. 81-101.

[93] Meyda Yeğenoğlu, *Colonial Fantasies: Toward a Feminist Reading of Orientalism* (Cambridge, GB, Cambridge University Press, 1988).

[94] Ibidem, p. 1.

orientalismo quanto o feminismo explicam, de maneira insuficiente, essa complexidade. A intenção de Yeğenoğlu escrever seu livro cresceu a partir de sua preocupação a respeito da necessidade de reformulação do discurso orientalista.

O projeto de Yeğenoğlu ilustra uma estratégia comum em análises interseccionais de pegar um tópico específico e criticar como sua ausência nas narrativas dominantes, ou a forma como é tratado em tais narrativas, ou ambas, o comprometem. Nesse caso, Yeğenoğlu faz uma leitura crítica de uma importante teoria social crítica que também criticou o discurso ocidental. Ela escreveu uma crítica sobre uma crítica. De forma significativa, ela foi capaz de fazer isso a partir da posição social de trabalhar em uma universidade turca, um local que foi influenciado pelas mesmas estruturas orientalistas que suscitaram resistência. Críticas como a dela são uma ferramenta importante na teoria pós-colonial. Como um tema de investigação acadêmica, muitas análises críticas que se desenvolveram na teoria pós-colonial expandiram os entendimentos críticos do colonialismo e do nacionalismo, muitas vezes se especializando em desconstruir narrativas que sustentam o colonialismo e que reproduzem as relações pós-coloniais.

Embora possa haver necessidade de tal crítica, a teoria pós-colonial pode estar prejudicada por sua posição social na academia. Sua associação às ciências humanas e à crítica literária e cultural produziu uma linguagem altamente especializada de termos e convenções que tornam parte desse trabalho inacessível. Isso levanta a questão de quem pode ser seu público-alvo. O conhecimento especializado da teoria pós-colonial aparentemente circula com mais facilidade entre intelectuais pós-coloniais que entre intelectuais das ciências sociais ou num conjunto mais amplo de leitores. A crítica de Kyung-Man Kim à teoria crítica analisada em *Discourses on Liberation: An Anatomy of Critical Theory* [Discursos sobre a libertação: uma anatomia da teoria crítica][95] pode servir aqui. Em vez de presumir que a teoria pós-colonial é inerentemente crítica porque as comunidades acadêmicas de investigação reconhecem intelectuais proeminentes que produzem tal teoria, Kim avalia a produção acadêmica crítica em relação ao objetivo de promover a libertação ou, neste caso, a descolonização. Kim via Habermas como defensor do engajamento dialógico em sua teoria, mas incapaz de ter tais diálogos com pessoas leigas a respeito de diferenças de poder. Infelizmente, a teoria pós-colonial pode ser lida como o

---

[95] Kyung-Man Kim, *Discourses on Liberation: An Anatomy of Critical Theory* (Boulder, CO, Paradigm, 2005).

tipo de teoria social que pessoas leigas imaginam que a teoria seja – elitista, abstrata, incompreensível e, de alguma forma, "teórica" justamente porque não pode ser facilmente compreendida. Mas os limites da teoria pós-colonial podem ir além da política acadêmica e das convenções disciplinares. O termo *pós-colonial* perdeu sua lâmina crítica. Certamente, as questões que catalisaram os estudos pós-coloniais nos anos 1990 não diminuíram. Na verdade, elas se intensificaram. O próprio termo pós-colonial não diz mais sobre as realidades de uma nova geração de intelectuais e ativistas por um motivo[96]. A expressão *projeto de conhecimento de descolonização* aparentemente invoca uma dimensão resistente da teoria pós-colonial com laços mais estreitos com a ação política. Gerações anteriores de intelectuais viram a necessidade de considerar a utilidade de todas as ideias para projetos mais amplos de libertação do colonialismo, racismo e sexismo. Intelectuais dos estudos pós-coloniais se inspiraram em Frantz Fanon e Mahatma Gandhi, intelectuais que ilustram esse tipo de envolvimento intelectual e político[97]. As ideias são importantes para criticar as relações coloniais. As ideias também são importantes para as estratégias políticas que podem desmantelar as relações coloniais. Para Fanon, as ideias também importavam para imaginar a promessa e os perigos da própria libertação. O projeto de conhecimento crítico abrangente de Fanon tratou do momento da libertação política. Era um projeto de conhecimento resistente de libertação em que se evidenciavam os laços entre saber e poder, ou entre análise crítica e ações. Gandhi enfatizou uma filosofia diferente para o desmantelamento do colonialismo, mas as conexões entre sua análise e suas ações políticas também tiveram repercussões de longo alcance.

E agora? Pessoas que foram afetadas por legados coloniais profundamente enraizados têm maior probabilidade de desenvolver projetos de conhecimento que

---

[96] O próprio termo *pós-colonial* invoca noções específicas de espaço e tempo que reificam as ideias categóricas ocidentais de espaço soberano e tempo linear. Termos como *pré-moderno, moderno* e *pós-moderno* invocam discursos coloniais que relegaram pessoas nativas ao espaço colonial pré-moderno que existia fora do tempo (antropologia); ao espaço moderno de uma relação entre Estados-nação soberanos modernos com domínio sobre suas colônias e impérios; e ao espaço pós-moderno que sinaliza a fragmentação dessa ordem social e, com o surgimento de Estados-nação soberanos, a um período pós-colonial. Conforme usado na teoria social, o termo *pós-colonial* parece minado pelas novas realidades que desafiam essas suposições lineares e por uma nova leva de agentes sociais que aparentemente investem menos em criticar debates teóricos ocidentais (reforma) e mais em criar novos conhecimentos e práticas.

[97] Howard Caygill, *On Resistance: A Philosophy of Defiance* (Londres, Bloomsbury, 2013), p. 69-76; Leela Gandhi, *Postcolonial Theory*, cit., p. 17-22.

reflitam suas experiências e análises críticas do neocolonialismo; esses projetos também podem refletir os interesses das pessoas que são desproporcionalmente prejudicadas pelas relações neocoloniais. A suposição de que a emancipação, a liberdade ou o fim da dominação formal trazem o fim das relações coloniais é errônea. Os projetos de conhecimento de descolonização assumem muitas formas e existem em muitos lugares: intelectuais e ativistas na África do Sul, no Brasil e na Nova Zelândia usam a terminologia da decolonialidade. Essas pessoas aparentemente compartilham um propósito semelhante de resistir às dimensões materiais, políticas e culturais dos legados do colonialismo. A descolonização implica lidar com todos os aspectos das relações coloniais – econômicos, políticos e culturais. Do ponto de vista material, a descolonização contém análises econômicas e estratégias para aliviar o sofrimento humano. Politicamente, a descolonização e o empoderamento andam de mãos dadas. A lição aprendida com o neocolonialismo é que a libertação nacional não alivia o sofrimento material. A descolonização dos processos de produção do conhecimento é essencial. Por isso a metodologia da descolonização é tão importante para projetos de conhecimento resistente[98]. Criticar e reformar as práticas dominantes de produção de conhecimento é essencial, mas imaginar novas alternativas de transformação é igualmente essencial.

Por conta de seu foco em aspectos culturais, bem como nos aspectos materiais e políticos do processo de descolonização, intelectuais que participam de projetos de conhecimento descoloniais, especialmente quando transpassam as fronteiras acadêmicas, podem responder às questões e preocupações contemporâneas. Os estudos pós-coloniais forneceram uma análise crítica dos textos clássicos que criaram e sustentaram o colonialismo. No entanto, esses textos representam o passado; eles não podem por si próprios falar do presente e do futuro. Em projetos de conhecimento da descolonização, a análise crítica e a teorização crítica estão com frequência mais diretamente conectadas às necessidades expressas de grupos específicos; por exemplo, as constantes análises críticas dos povos indígenas na bacia amazônica do Brasil, as análises promovidas por muitos grupos indígenas e imigrantes no Canadá, cujas diferentes experiências com o colonialismo e as experiências contínuas com o neocolonialismo não

---

[98] Ver, por exemplo, Linda Tuhiwai Smith, *Decolonizing Methodologies* (2. ed., Londres, Zed, 2012). [ed. bras.: *Descolonizando metodologias: pesquisa e povos indígenas*, trad. Roberto G. Barbosa, Curitiba, Editora UFPR, 2019].

podem ser eliminadas por legislações ou pelos padrões distintos de identidade e resistência dos povos indígenas[99].

Os projetos sofisticados de conhecimento político e epistemológico dos povos Maori na Nova Zelândia fornecem uma janela para o escopo e a profundidade de tais projetos. Ao descrever o propósito de seu livro, Linda Tuhiwai Smith identifica a importância da metodologia em si:

> *Decolonizing Methodologies* [Descolonizando metodologias] não se preocupa tanto com a técnica real de seleção de um método, e sim com o contexto no qual os problemas de pesquisa são conceituados e planejados, e com as implicações da pesquisa para as pessoas que dela participam e suas comunidades. Preocupa-se também com a instituição de pesquisa, suas reivindicações, seus valores e práticas e sua relação com o poder.[100]

A visão de Smith sobre a metodologia tem implicações importantes para a interseccionalidade.

O neocolonialismo não é necessariamente um projeto racial exclusivo dos povos indígenas e afrodescendentes, nem é algo que surge temporariamente após o fim do colonialismo formal. As relações neocoloniais são mais elásticas. Por exemplo, o colonialismo formal exigia conquista, pacificação e dominação de populações estrangeiras. Mas essas mesmas estratégias podem afetar as chamadas populações internas. O discurso sobre o colonialismo interno postula que grupos dentro das fronteiras de um poder colonial ou Estado soberano também experimentam uma forma de colonização. Essa noção de colonialismo interno reformula as narrativas-padrão nacionais, como no caso da Irlanda como uma colônia interna da Grã-Bretanha, e o colonialismo interno de populações inteiramente novas[101].

É importante apontar que os projetos para o conhecimento da descolonização não desapareceram da academia. Em vez disso, esses projetos enfrentam o

---

[99] Brendan Hokowhitu et al. (orgs.), *Indigenous Identity and Resistance: Researching the Diversity of Knowledge*, cit.
[100] Linda Tuhiwai Smith, *Decolonizing Methodologies*, cit., p. ix.
[101] Em *Racial Oppression in America* (Bob Blauner, *Racial Oppression in America*, cit.) desenvolve a tese de que pessoas negras estadunidenses constituem uma colônia interna dos Estados Unidos e, como tal, são exploradas pelo capitalismo estadunidense. Publicado pela primeira vez em 1975, o *Internal Colonialism* de Michael Hechter (Michael Hechter, *Internal Colonialism*, cit.) investiga uma tese semelhante. Apresentando pessoas irlandesas como a periferia celta da identidade nacional britânica, Hechter afirma que o tratamento destinado a elas constitui uma relação colonial. A identidade nacional britânica, portanto, se apoia em seus laços com suas colônias internas, como a Irlanda, e em suas colônias externas.

desafio de sustentar sua lâmina crítica no contexto de ambientes acadêmicos em mudança. Criticar outros projetos de conhecimento resistente pode ser difícil, em ambientes epistêmicos que definem a crítica apenas pelas lentes do debate entre adversários. Conseguir um espaço na academia para um engajamento crítico vibrante pode ser arriscado. Mas existem muitos modelos de como fazer isso. Como a crítica de Yeğenoğlu ao *Orientalismo* de Edward Said, tais projetos podem se originar em instituições acadêmicas que estão fora do Ocidente; mas, ao contrário do projeto de Yeğenoğlu, são mais amplos que a crítica a discursos da academia. Esses projetos podem se basear em análises críticas sobre o pós-colonialismo, mas não estão contidos no discurso acadêmico. Em vez disso, a análise crítica faz parte de um projeto mais amplo de engajamento político.

## INTERSECCIONALIDADE E CONHECIMENTO RESISTENTE

Este capítulo examina a teoria racial crítica, a teoria feminista e a teoria pós-colonial como formas de teorização crítica com vínculos a projetos de conhecimento resistente mais amplos de antirracismo, feminismo e descolonização. Começar a análise crítica em um lugar diferente tem potencialmente implicações importantes para a investigação crítica da interseccionalidade. Agrupar prematuramente projetos de conhecimento resistente, bem como as formas de teorização crítica que eles engendram na interseccionalidade, leva a uma interpretação errônea da importância das abordagens heterogêneas da resistência para a teorização crítica da interseccionalidade. Em vez de homogeneizar os conhecimentos resistentes como estudos minoritários e, então, interpretar seus valores como críticas ao que já se admitiu ser verdade, aqui centralizo minha análise nas complexidades de três projetos de conhecimento resistente selecionados. A análise superficial desses projetos tem várias implicações para a interseccionalidade.

Em primeiro lugar, a investigação crítica que começa em projetos específicos de conhecimento resistente – por exemplo, com foco em raça, gênero ou classe – normalmente busca questões que diferem daquelas das teorias sociais tradicionais e críticas elaboradas na academia. Projetos de antirracismo, feminismo e descolonização são chamados de projetos de conhecimento resistente por um motivo. Tais projetos são guiados menos pela questão se devemos ou não resistir aos arranjos de poder prevalecentes e mais pela indagação sobre as formas que essa resistência poderá ter. A interseccionalidade compartilha muito com os projetos de conhecimento resistente de raça, gênero e descolonização. Como cada área de investigação fornece um ângulo de visão distinto sobre o significado da teorização crítica para a resistência, cada uma revela diferentes aspectos do engajamento teórico crítico. A investigação crítica, que começa nas hipóteses de um projeto de conhecimento resistente específico, com frequência, fornece um repertório expandido de ideias críticas que podem inspirar projetos semelhantes. Nesse caso, colocar teoria racial crítica, teoria feminista, teoria pós-colonial e interseccionalidade na conversa tem o potencial de enriquecer a teorização crítica de cada discurso. Esses diálogos engajados prometem contribuir para o próprio potencial da interseccionalidade como uma teoria social crítica.

A teorização crítica para projetos de conhecimentos especializados em resistência — como é o caso do antirracismo, do feminismo e da descolonização — auxilia as teorias sociais críticas. Pessoas que são prejudicadas pelo racismo, pelo heteropatriarcado e pelo colonialismo têm fortes motivos para compreender melhor esses sistemas de poder. Mas elas estão também diretamente interessadas em desenvolver teorias sociais críticas que alimentem projetos de resistência como antirracismo, feminismo e descolonização. É improvável que tal teorização crítica apareça nas questões e preocupações predominantes da teoria social ocidental contemporânea. A teoria social pós-estruturalista, por exemplo, não expressou muito interesse em resistir à sua própria fonte de poder e autoridade. Por que expressaria? As teorias sociais ocidentais dão muito mais ênfase à explicação da ordem social que à explicação da resistência política, que dirá então sobre aspirar gerá-la. Nesse contexto, os conhecimentos especializados que tornaram a resistência central para suas ações assumem a liderança na teorização crítica acerca das injustiças sociais, bem como acerca das formas que a resistência a tais injustiças pode assumir.

Em segundo lugar, a teorização crítica em projetos de conhecimento resistente está aberta a metodologias mais abrangentes como parte de seu projeto teórico. Algumas teorias críticas, como a teoria racial crítica e a teoria feminista, demonstram algum tipo de compromisso com a práxis — a saber, a relação recorrente entre ações e ideias. Dentro dessa estrutura, as ideias não impulsionam as ações — caso de teorias como ideias que são testadas por meio da ação, ou de ações como comportamentos que não são influenciados pela análise. Em vez disso, a práxis cria um espaço mais amplo para a teorização crítica, precisamente porque não se limita a um ato distinto em um momento específico no tempo, mas pode inspirar todo o etos de um projeto. Todas as formas de teorização crítica aqui discutidas reconhecem o significado da práxis em seus respectivos projetos de conhecimento, embora expressem, por razões diversas, sensibilidades diferentes em relação a ela.

Essa ênfase na teorização crítica via práxis tem implicações metodológicas para o movimento da interseccionalidade se tornar uma teoria social crítica. Os projetos de conhecimento resistente analisados aqui são mais propensos que as teorias sociais convencionais a cogitar a possibilidade de que o uso de experiências e a consideração de ações sociais constituem métodos apropriados para analisar a resistência. Na teoria social tradicional, experiências e ação social podem fornecer dados para estruturas teóricas existentes, mas essas formas de conhecimento são candidatas improváveis a levantar os tipos de questão que interessam às pessoas que produzem teoria ou que servem para desenvolver explicações de fenômenos sociais. Por outro lado, em parte por terem laços com apoiadores que são afetados por seu conhecimento, os projetos de teorização crítica da teoria racial crítica, da teoria feminista e da teoria pós-colonial são mais propensos a valorizar a experiência como fonte rica de discernimento e a considerar a ação social como forma de teorizar. As ideias são importantes, mas quando se trata de desigualdade social, a teorização crítica não se resume apenas a ideias. Há uma distinção entre a análise crítica que se origina nas suposições acadêmicas de que o conhecimento pelo conhecimento contribuirá de alguma forma para a mudança social e a análise crítica que tem a intenção prática de fomentar a mudança social.

Em terceiro lugar, a teorização crítica que trata dos projetos de conhecimento resistente questiona, com frequência, o que considera como teoria social crítica, precisamente porque sua familiaridade com a práxis catalisa uma análise crítica da teoria social tradicional e de seus laços com as relações de poder. Neste capítulo, destaco as dimensões teóricas dos projetos de conhecimento resistente do antirracismo, do feminismo e da descolonização, justamente porque a especialização em resistência é enquadrada como ativista e não como teórica. Reduzi-los a esforços ativistas ou a críticas ao que já existe leva a uma interpretação errônea da teorização crítica apresentada por mulheres e pessoas *of color* como se fossem apenas críticas, reações à margem de supostas verdades teóricas. Ao contrário, vejo esses projetos realizando uma teoria crítica mais sofisticada em vez de apenas críticas, sobretudo quando tais projetos produzem conteúdo teórico crítico por meio de processos de teorização crítica. A práxis encoraja intelectuais que se encontram no âmbito de projetos de conhecimento resistente a teorizar de forma diferente, valendo-se de múltiplas fontes de conhecimento e fazendo perguntas diferentes daquelas feitas pela teoria social tradicional.

Quando se trata de práxis na academia, a interseccionalidade tem muito a aprender com a teoria racial crítica, a teoria feminista e a teoria pós-colonial sobre os desafios da resistência epistêmica no contexto da opressão epistêmica. Como a interseccionalidade também tem uma presença acadêmica forte, embora muito descentralizada, a questão da resistência epistêmica assume importância maior para a interseccionalidade. A resistência epistêmica, ou resistência às regras que governam o que é considerado conhecimento, constitui uma dimensão importante da teorização crítica em espaços acadêmicos. A interseccionalidade certamente foi inspirada por múltiplos projetos de conhecimento resistente que a cercam, bem como por uma infinidade de teorias sociais ocidentais. No entanto, as práticas organizacionais da academia limitam rotineiramente análises críticas de resistência, não apenas ignorando a resistência como um tema de investigação, mas também usando formas de poder epistêmico que organizam o trabalho intelectual (capítulo 4). Se a interseccionalidade é, de fato, como afirma Vivian May, "um modo de conhecimento resistente desenvolvido para desestabilizar mentalidades convencionais, desafiar o poder opressor, pensar em toda a arquitetura de desigualdades estruturais e oportunidades de vida assimétricas, e buscar um mundo mais justo"[102], ela enfrenta um adversário formidável nos espaços acadêmicos. No entanto, esses espaços também geram oportunidades para criar conhecimento que fomente a mudança social.

Em quarto lugar, visto que as distinções *entre* os projetos de conhecimento resistente raramente são bem definidas, eles enfrentam desafios variados e sobrepostos para permanecerem críticos. Esses projetos estão interligados e as práticas de uma área influenciam as de outra. Do ponto de vista conceitual, nenhum limite nítido relativo à definição distingue esses campos na academia; muitas vezes eles compartilham grupos de intelectuais que podem ser categorizados ora como teóricos raciais, ora como teóricos feministas ou ainda como teóricos pós-coloniais. No entanto, do ponto de vista político, o tratamento dado por intelectuais em cada área, as percepções do peso teórico de cada área e os laços que esses projetos de conhecimento têm com os

---

[102] Vivian M. May, *Pursuing Intersectionality, Unsettling Dominant Imaginaries* (Nova York, Routledge, 2015), p. xi.

projetos políticos diferem de maneira dramática. Neste capítulo, enfatizei as diferenças na investigação crítica nas três áreas pesquisadas. A teoria feminista oferece uma visão valiosa do feminismo, mas enfrenta o desafio de seu próprio sucesso. Uma vez que, ao contrário da teoria racial crítica, a teoria feminista é reconhecida como uma teoria social crítica, ela não precisa lutar pela aceitação epistêmica. A teoria racial crítica continua numa batalha difícil para ser ouvida pelas disciplinas acadêmicas tradicionais, um *status* que faz com que, na academia, ela acompanhe sua própria práxis[103]. Como sugere a relação hoje em mudança entre o feminismo pós-colonial e o feminismo da descolonização, a teorização crítica está em construção no projeto de resistência de descolonização do conhecimento e as relações de poder. A teoria racial crítica, a teoria feminista e a teoria pós-colonial elucidam os diferentes desafios e as respostas críticas variadas para o conjunto específico de problemas sociais que cada uma enfrenta em sua teorização crítica.

Ver esses projetos como projetos de conhecimento interconectados e especializados em resistência enriquece seus respectivos discursos. Mas quando se trata de interseccionalidade, essa interdependência de tradições de resistência distintas aponta o engajamento dialógico entre teorias sociais críticas como uma dimensão essencial da própria teorização crítica. Em outras palavras, a teorização crítica para a interseccionalidade baseia-se no engajamento dialógico com/entre vários projetos de conhecimento. As fronteiras entre a teoria racial crítica, a teoria feminista e a teoria pós-colonial, por exemplo, são confusas, e há intelectuais que as cruzam usando ideias de muitas áreas para dar suporte a seu trabalho. Além disso, considerando que os projetos de conhecimento resistente do antirracismo, do feminismo e da descolonização transcendem as fronteiras acadêmicas, eles ilustram como as próprias ideias, especialmente as ideias críticas, desafiam a restrição política, social e epistêmica. Também é importante lembrar que, quando se trata de sua produção intelectual, muitos intelectuais que apoiam diversos aspectos da interseccionalidade utilizam ideias de tradições de conhecimento discrepantes; por motivos diversos, são

---

[103] O interesse pela teoria racial crítica na academia parece aumentar e diminuir conforme as mudanças na política racial mais ampla. Quando movimentos sociais dos negros estão ativos, como no caso do movimento pelos direitos civis na década de 1950, o movimento *Black Power* nas décadas de 1960 e 1970, e o movimento *Black Lives Matter* [Vidas Negras Importam] contemporâneo, o interesse acadêmico em questões de raça e racismo, mas não necessariamente em antirracismo, é mais proeminente. Quando tem início uma aparente tranquilidade, em geral, o interesse acadêmico diminui.

demandados (ou não) por diferentes disciplinas acadêmicas e criticam mais de um discurso. Para a interseccionalidade, a tarefa futura será colocar vários projetos de conhecimento resistente em diálogo, com o objetivo de reunir recursos intelectuais sobre o significado da resistência na teorização crítica da interseccionalidade.

Por último, defender ou celebrar de um modo acrítico a interseccionalidade ou qualquer outra forma de teorização crítica como teoria social crítica pronta mina seu potencial crítico. Em vez disso, cada projeto de conhecimento resistente deve desenvolver seus próprios mecanismos internos para construir consenso e acomodar divergência em sua arquitetura cognitiva distintiva. Para a interseccionalidade, isso significa submeter dimensões de seu pensamento crítico – a saber, seus construtos centrais e premissas orientadoras – a um escrutínio contínuo (ver figura 1.1 no capítulo 1). Cada projeto de conhecimento resistente também deve avaliar suas estratégias para formar coalizões com outros projetos baseados em ideias semelhantes, como a teoria feminista e a teoria *queer*, que se tornaram mais estreitamente alinhadas com os estudos feministas. Em contrapartida, a teoria pós-colonial enfrenta o desafio de se redefinir em relação aos projetos de conhecimento resistente de descolonização. Para a interseccionalidade como uma teoria social crítica em construção, cultivar esses laços com projetos fundamentados em ideias semelhantes significa permanecer aberta a padrões de consenso e divergência entre a teoria racial crítica, a teoria feminista, a teoria pós-colonial e sua própria práxis.

A teoria racial crítica, a teoria feminista, a teoria pós-colonial e a interseccionalidade aspiram a mudar o pensamento paradigmático sobre desigualdades sociais e injustiça social. No entanto, visto que a interseccionalidade coloca em diálogo as ideias de tantos discursos, críticos ou não, sua teorização crítica é especialmente complexa. Para a interseccionalidade, estratégias de análise crítica interna, bem como estratégias para colocar projetos de conhecimento resistente em diálogo constituem táticas importantes para sustentar a investigação crítica. Essas estratégias fornecem uma barreira de proteção contra a tendência crescente de agrupar projetos de conhecimento resistente distintos em um projeto abrangente e rotulá-lo como interseccional. A interseccionalidade poderia facilmente se tornar um discurso no qual a resistência é esvaziada, principalmente por deixar de atender às especificidades dos projetos de conhecimento resistente em sua própria genealogia cujos futuros influenciam seu próprio futuro.

# 4
# INTERSECCIONALIDADE E RESISTÊNCIA EPISTÊMICA

Quando Kimberlé Crenshaw usou o termo *interseccionalidade* no início da década de 1990, ela não tinha como saber que a ideia que havia visto apenas como uma metáfora teria um impacto tão avassalador entre as comunidades ativistas e acadêmicas. Suas contribuições para a interseccionalidade são importantes, mas não da maneira como vêm sendo interpretadas na academia. Narrativas dominantes acerca da interseccionalidade com frequência citam dois artigos de Crenshaw[1] para dar suporte à ideia de que ela "cunhou" o termo *interseccionalidade*[2]. Essas narrativas identificam o uso inicial do termo, por Crenshaw, na academia como seu ponto de origem. Para um significativo grupo de pessoas da academia, a história da interseccionalidade começa (e, em alguns casos, termina) com umas poucas ideias extraídas dos primeiros trabalhos de Crenshaw em 1989 e 1991. Nomear a interseccionalidade parece ter posto em funcionamento o relógio acadêmico sobre que tipo de história seria e poderia ser contada sobre o termo em espaços acadêmicos.

Essa história de origem insere a interseccionalidade em uma narrativa colonial familiar que coloca Crenshaw na posição de exploradora intrépida que, por descobrir territórios inexplorados, adquire o direito de nomeá-los. No entanto, de uma perspectiva de pessoas colonizadas, tais narrativas coloniais também sinalizam relações de poder e de dominação que começam com o

---

[1] Kimberlé Williams Crenshaw, "Demarginalizing the Intersection of Race and Sex: A Black Feminist Critique of Anti-Discrimination Doctrine, Feminist Theory and Anti-Racist Politics", *The University of Chicago Legal Forum 1989*, art. 8; Kimberlé Williams Crenshaw, "Mapping the Margins: Intersectionality, Identity Politics, and Violence against Women of Color", *Stanford Law Review*, v. 43, n. 6, 1991, p. 1.241-99.

[2] A narrativa da cunhagem é onipresente e dispensa citações extensas. Minha preocupação não é com o conteúdo dos estudos que usam a estrutura da cunhagem. Minha questão diz respeito ao uso descuidado dessa narrativa, da mesma forma que rotulam a interseccionalidade como uma teoria. Ser crítica, no entanto, requer ser autorreflexiva acerca de todos os aspectos de suas próprias práticas. É com esse espírito que faço esta crítica à narrativa da cunhagem.

descobrimento, passam pela conquista e terminam com a pacificação contínua[3]. Atrelar a narrativa da interseccionalidade ao seu momento de descobrimento acadêmico atribui valor a quando seus exploradores trouxeram algo de interesse para as colônias. Dado esse contexto, quem pode contar a história da interseccionalidade? E que história vão contar?

Tais questões apontam para o significado da epistemologia com uma dimensão da teorização crítica. A epistemologia é o estudo de padrões usados para avaliar conhecimento ou *por que* acreditamos que aquilo em que acreditamos é verdade. As pessoas que podem contar a história da interseccionalidade detêm o poder epistêmico sobre a história, os limites, as perguntas cruciais e os objetivos da interseccionalidade. De certo modo, grupos subordinados sabem que a epistemologia nunca foi algo natural, e que o poder epistêmico é parte de como a dominação funciona. Para povos indígenas, pessoas negras, mulheres, pessoas pobres, pessoas LGBTQ, minorias religiosas e étnicas e pessoas com diversidade funcional, o conceito de resistência epistêmica fornece uma ferramenta conceitual importante para a análise crítica. Alguns grupos subordinados construíram resistência epistêmica no tecido de suas análises críticas, ao passo que, para outros grupos, a ideia de resistência epistêmica é bastante nova. Apesar da urgência desse tipo de resistência, a necessidade de obter acesso às comunidades fechadas interpretativas da teoria social ocidental tornou difícil desafiar os contornos epistemológicos de tais comunidades quando se está fora das faculdades e das universidades. Esse tipo de resistência epistêmica nasce melhor a partir de dentro.

A epistemologia é importante para determinar o que é considerado teoria social crítica. A interseccionalidade está situada *dentro* de quadros epistemológicos mais amplos que delimitam as definições fundamentais da teoria e como as teorias serão avaliadas. Diferentes epistemologias apresentam padrões distintos para definir a teoria social, exercendo, assim, diferente poder na regulamentação das teorias sociais. Na academia, a metodologia fornece regras de conduta para a produção de conhecimento. Tais regras incluem seguir pressupostos de

---

[3] Aqui, utilizo a discussão de Albert Memmi (*The Colonizer and the Colonized*, Boston, Beacon Press, 1965) sobre o colonialismo como uma relação entre três categorias principais de agentes sociais, a saber: colonizadores que aceitam o colonialismo, pessoas colonizadas que o recusam, e a categoria provisória de colonizadores que o recusam. Essa terceira categoria, de colonizadores que o recusam, ocupa um espaço liminar entre as outras duas, expressando padrões variados de colaboração e contestação.

enquadramento de uma epistemologia particular. Surpreendentemente, apesar da importância da epistemologia e da metodologia para a teorização interseccional, com poucas exceções[4], ambas são, muitas vezes, minimizadas nas análises da própria interseccionalidade. Neste capítulo, analiso a epistemologia e a metodologia como duas dimensões importantes da teorização interseccional. A interseccionalidade não trata unicamente de ideias e nem apenas de poder; em vez disso, sua investigação crítica explora a relação recorrente de conhecimento e poder, que é organizada por meio da epistemologia e da metodologia. Por um lado, a interseccionalidade está situada *dentro* de quadros epistemológicos mais amplos, que regulam as definições do que se considera ser teoria, bem como a forma como as teorias serão avaliadas. Por outro, a interseccionalidade baseia-se em metodologias como condutoras para a teorização crítica que podem sustentar ou erguer o poder epistêmico. Por meio desses processos de definição e avaliação, as epistemologias, bem como as metodologias que elas sustentam exercem poder na regulação das teorias sociais. A epistemologia molda o próprio discurso – ou seja, quem conta a história da interseccionalidade – e a metodologia determina o que se considera história plausível.

## QUEM CONSEGUE CONTAR A HISTÓRIA DA INTERSECCIONALIDADE?

Ao fazer pesquisas para este livro, analisei artigos de periódicos, capítulos de livros e livros inteiros que se identificam como interseccionais de alguma forma. Com o tempo, passei a notar um padrão na literatura emergente acerca do surgimento da interseccionalidade. A narrativa mais comum atribui a Kimberlé Crenshaw o papel de introdutora da interseccionalidade por "cunhar" o termo. Por que tantas pessoas estudiosas, eu me perguntei, repetiam alguma variação do termo *cunhar* em sua breve descrição geral sobre a interseccionalidade? Quais foram os efeitos de tantas e tantos intelectuais repetirem essa narrativa, muitas vezes, palavra por palavra, como uma forma tida como certa de descrever a própria interseccionalidade?

Minha preocupação com essa narrativa específica da genealogia da interseccionalidade diz respeito aos efeitos de sua circulação. O problema com a repetição acrítica da narrativa "de cunhagem" não está no que Crenshaw

---

[4] Ver Vivian M. May. *Pursuing Intersectionality, Unsettling Dominant Imaginaries*, cit., e Barbara Tomlinson, "To Tell the Truth and Not Get Trapped: Desire, Distance, and Intersectionality at the Scene of Argument", *Signs*, v. 38, n. 4, 2013, p. 993-1.017.

realmente disse, que inclusive, como nos lembra a filósofa Anna Carastathis[5], é muito mais complexo e sofisticado que a mera nomeação. Em vez disso, por meio de sua repetição, a narrativa criada cria uma verdade familiar que permite que as genealogias acadêmicas prevalecentes da interseccionalidade enfatizem certos temas e negligenciem outros. De forma específica, essa narrativa da história da interseccionalidade reforça narrativas ocidentais de longa data sobre o colonialismo e o capitalismo.

A narrativa "da cunhagem" funde-se bem com as relações coloniais de descoberta e exploração. Quando Crenshaw aparentemente descobriu o território virgem da interseccionalidade, ela ganhou direitos de nomeação sobre ele. Dentro de uma estrutura colonial, Crenshaw é reconhecível como uma exploradora que supostamente reflete o melhor dos mundos: suas credenciais educacionais demonstram seu domínio das convenções da investigação intelectual ocidental e seu acesso às culturas nativas fornece uma visão e experiências especiais sobre lugares onde pessoas da academia não podiam ir. Ela é uma tradutora confiável no espaço entre duas maneiras diferentes de saber.

A história da "cunhagem" também se encaixa nas narrativas capitalistas de expansão em busca de novas matérias-primas e mercados, e sobre a necessidade de extrair valor dos recursos naturais como parte dessa expansão. Esses recursos não têm valor até que sejam removidos de seus ambientes naturais e incorporados às relações capitalistas de mercado. Nas narrativas do capitalismo de consumo, Crenshaw trouxe algo valioso para a academia – um recurso natural que poderia ser desenvolvido e transformado em uma mercadoria acadêmica lucrativa. É notável a natureza repetitiva da metáfora da cunhagem em diversas publicações. Assim como narrativas que presumem a inevitabilidade do próprio capitalismo, repetir a narrativa da cunhagem com frequência a transforma em uma verdade tida como certa que não precisa de mais explicações.

No entanto, essa versão "cunhada" da genealogia da interseccionalidade é uma das muitas narrativas que poderiam ser contadas sobre ela. Minha intenção não é definir a história da interseccionalidade[6], tampouco defender a interseccionalidade da mercantilização de caçadores acadêmicos furtivos. Em vez disso, meu objetivo é oferecer uma narrativa alternativa da história da

---

[5] Anna Carastathis, *Intersectionality: Origins, Contestations, Horizons* (Lincoln, NE, University of Nebraska Press, 2016).

[6] Patricia Hill Collins e Sirma Bilge, *Intersectionality: Key Concepts* (Cambridge, GB, Polity, 2016), p. 63-87. [ed. bras.: *Interseccionalidade,* trad. Rane Souza, São Paulo, Boitempo, 2021].

interseccionalidade que esteja mais alinhada às tradições críticas de projetos de conhecimento resistente. Em minha narrativa, os artigos acadêmicos de Crenshaw constituem menos um ponto de origem para a interseccionalidade em si e mais um importante ponto de inflexão que destaca as relações em constante mudança entre comunidades interpretativas ativistas e acadêmicas em situações de descolonização e neoliberalismo. O trabalho emblemático de Crenshaw sobre interseccionalidade foi publicado durante uma conjuntura significativa, quando grupos subordinados desafiaram não apenas os arranjos de poder da academia que os excluíam do letramento, da educação e de empregos, mas também a autoridade epistemológica de argumentos acadêmicos que havia muito tempo dominavam as explicações sobre as experiências de pessoas subordinadas.

Para Crenshaw, o ato de nomear a interseccionalidade não buscava alcançar alguma verdade teórica mais elevada, mas sim abordar como o problema social específico da violência afetava pessoas *of color*, mulheres e grupos de imigrantes. Nesse sentido, seu trabalho alinhava-se a projetos de conhecimento resistente antirracistas, feministas e de descolonização. Ao descrever o uso que ela fazia do termo *interseccionalidade* como uma metáfora, Crenshaw observa que os projetos políticos antirracistas e feministas muitas vezes funcionaram com objetivos opostos, deixando as mulheres *of color* vulneráveis a não ter êxito em suas tentativas[7]. Ao centrar-se nas experiências de mulheres alvo da racialização na construção de seu argumento, Crenshaw viu valor teórico no ato de levar a sério as experiências dessas mulheres. O uso da *interseccionalidade* por Crenshaw para nomear esse espaço de contestação e possibilidade reflete sua consciência dos desafios de acomodar os padrões conflitantes de projetos de conhecimento resistente distintos que compartilham um espaço comum.

Crenshaw estava em uma boa posição para ver como, nas décadas de 1970 e 1980, a reação contra os ganhos de justiça social das décadas anteriores poderia ter efeito nas comunidades antirracistas e feministas nos Estados Unidos. Por um lado, as lutas anticolonialistas, o feminismo e os movimentos sociais similares de meados do século XX geraram uma ampla gama de projetos de conhecimento resistente que valorizavam a autorreflexão, a experiência e a

---

[7] Kathleen Guidroz e Michele Tracy Berger, "A Conversation with Founding Scholars of Intersectionality: Kimberlé Williams Crenshaw, Nira Yuval-Davis, and Michelle Fine", em Kathleen Guidroz e Michele Berger (orgs.), *The Intersectional Approach: Transforming the Academy through Race, Class and Gender* (Chapel Hill, University of North Carolina Press, 2009), p. 61-78.

ação social criativa como parte da busca por justiça social. Influenciados, com frequência, pelas tradições críticas da teoria da libertação, do marxismo e por tradições analíticas críticas semelhantes, esses movimentos impulsionaram a mudança social. Muitos desses projetos entendiam quão importante era criticar as práticas acadêmicas existentes. Embora houvesse muitos projetos desse tipo, os estudos acadêmicos na área do direito e dos estudos jurídicos críticos – posição social principal de Crenshaw – constituíam uma área importante para a mudança social[8].

Por outro lado, durante o mesmo período e em resposta às demandas dos movimentos sociais, faculdades e universidades estavam se abrindo para projetos de dessegregação de seus *campi*. Uma indústria artesanal de profissionais da área da diversidade surgiu na academia; essas pessoas foram encarregadas de gerenciar a dinâmica interpessoal da dessegregação. As proteções legais concederam igualdade formal a indivíduos, mas o corpo discente, o corpo docente e as equipes administrativas arrastaram consigo a bagagem de suas experiências em relações sociais segregadas de raça, gênero, classe e sexualidade. A dessegregação de mulheres, pessoas negras, latinas, LGBTQ e de outros grupos marginalizados na academia foi paralela a uma descolonização semelhante do conhecimento. Pessoas negras, latinas, mulheres e outros grupos historicamente excluídos desafiaram os quadros curriculares e a verdade do próprio conhecimento acadêmico tradicional. Os apelos para ultrapassar a reforma curricular rumo à transformação curricular surgiram de um projeto mais amplo para descolonizar o conhecimento produzido na academia. A descolonização do conhecimento acadêmico a partir de *dentro* da academia e das comunidades acadêmicas de pesquisa mais heterogêneas levantou novos desafios nas faculdades e universidades.

Ganhar um nome nas comunidades acadêmicas sinalizou uma transição importante na genealogia da interseccionalidade e simultaneamente lhe concedeu maior legitimidade, uma vez que foi incorporada à academia, mas também apresentou novos desafios. Como entidade nomeada no discurso acadêmico ocidental, a interseccionalidade não era mais anônima – podia

---

[8] A respeito disso, existem paralelos aqui entre Kimberlé Crenshaw e Pauli Murray referentes a como ambas viram o direito como um instrumento para a mudança social. Crenshaw se posicionou na intersecção entre antirracismo e feminismo e usou a lei para analisar as contradições que encontrou aí, bem como as possíveis soluções para elas. Murray expressou uma sensibilidade semelhante várias décadas antes (ver capítulo 6).

ser cada vez mais ouvida e vista. Contudo, desafios epistemológicos acompanharam sua nomeação. Antes da década de 1990, uma série de projetos de conhecimento resistente cresceu em um espaço fluido de fronteira que abrangia comunidades ativistas e acadêmicas. No entanto, a cunhagem da interseccionalidade revelou seus laços com ambas as comunidades, bem como as distinções epistemológicas entre elas.

De maneira significativa, a aquisição de um nome destacou as áreas epistemológicas problemáticas entre as comunidades de investigação ativistas e acadêmicas. Essas comunidades mantinham padrões epistemológicos diferentes quanto ao papel apropriado da política e da ética no trabalho intelectual. Projetos de conhecimento resistente ligados ao ativismo criticaram o racismo, o heteropatriarcado, a exploração de classe e o colonialismo da perspectiva das pessoas prejudicadas por tais sistemas. Muitos projetos de conhecimento resistente refletiam um compromisso normativo implícito, por vezes explícito, de trabalhar em prol da mudança social quando confrontados por condições socialmente injustas nesses sistemas de poder. Para tais projetos, nem havia necessidade de defender a ordem de justiça social da ação social, tampouco de explicar por que a ação política era necessária. Em compensação, apesar de seu compromisso com a análise crítica como um caminho para a verdade, as disciplinas acadêmicas tradicionais, especialmente as ciências e as ciências sociais, evitavam compromissos explícitos com a justiça social e padrões normativos semelhantes. Por medo de serem julgadas como tendenciosas, elas evitavam o envolvimento político. Intelectuais podiam abraçar causas políticas de maneira individual, mas a política e a ética não poderiam ser centrais nos campos de estudo, exceto como temas de investigação, pois as normas de objetividade viam a ética e a política como epistemologicamente suspeitas.

Dentro de uma narrativa alternativa que alinha a interseccionalidade com o legado dos movimentos sociais de meados do século XX, ser nomeada constituiu um ponto de inflexão para a sua genealogia como um projeto de conhecimento resistente. Uma vez nomeada, os entendimentos da interseccionalidade que floresceram nos espaços de fronteira não nomeados entre o ativismo e a academia passaram a ser examinados com mais atenção no que diz respeito à política e à ética. Adentrar ambientes acadêmicos e, de imediato, encontrar o poder epistêmico também levantou novas questões sobre os contornos da resistência epistêmica.

## Poder epistêmico e teorização crítica

Em contextos acadêmicos, a questão de quem pode contar a história da interseccionalidade reflete como o poder epistêmico molda a investigação crítica. O poder epistêmico está profundamente entrelaçado com a dominação política, e o exercício do poder epistêmico é uma forma de política. Em contrapartida, a resistência epistêmica está profundamente entrelaçada com a resistência política. O engajamento na resistência epistêmica é importante para a resistência política. Como o poder epistêmico flui das configurações específicas da intersecção das relações de poder em qualquer contexto, tais estruturas de poder não predeterminam a dinâmica do trabalho intelectual. De modo significativo, esses laços entre os poderes epistêmico e político costumam ficar ocultos. Seja na teoria social tradicional ou na teoria social crítica, esses laços formam o pano de fundo dado como certo da teorização.

Devido ao fato de que há muito tempo a interseccionalidade vem sendo associada à justiça social – se não considerada inerentemente comprometida com a justiça social (ver capítulo 8) –, a questão de como quem trabalha com teorias sociais da interseccionalidade entende o poder epistêmico torna-se especialmente importante para a teorização interseccional. Isto é, a injustiça social pode estar tão incorporada às práticas de produção de conhecimento acadêmico, incluindo a própria interseccionalidade, quanto está na sociedade em geral. Compreensões de epistemologia que a situam fora e acima das relações de poder mascaram como a própria epistemologia contribui para reproduzir ou desafiar a desigualdade social[9]. Como o filósofo José Medina aponta, "uma concepção limitada de epistemologia restrita a questões de justificação de demandas de conhecimento [...] é impotente,

---

[9] Neste capítulo, eu me baseio na categorização feita pela filósofa da ciência feminista Sandra Harding, segundo a qual a epistemologia, a metodologia e os métodos se configuram como uma rubrica útil para pensarmos por meio das interconexões entre teoria e práxis no âmbito da pesquisa interseccional (Mary Margaret Fonow e J. A. Cook, "Feminist Methodology: New Applications in the Academy and Public Policy", *Signs*, v. 30, n. 4, 2005, p. 2.211-30). No esquema de Harding (Sandra Harding, "Introduction: Is There a Feminist Method?", em Sandra Harding (org.), *Feminism and Methodology*, Bloomington, IN, Indiana University Press, 1987, p. 1-14) a epistemologia constitui uma teoria abrangente do conhecimento que molda a pesquisa. Por exemplo, o estruturalismo e o pós-estruturalismo fornecem estruturas epistemológicas, enquanto a metodologia abrange os princípios gerais de como conduzir a pesquisa dentro dos pressupostos epistemológicos (por exemplo, metodologias de pesquisa qualitativa e quantitativa em ciências sociais). Já os métodos são as técnicas particulares usadas no curso da pesquisa científica que abordam onde e como utilizar métodos específicos da melhor forma (por exemplo, entrevista e análise de dados de pesquisa).

ineficaz e sempre chega tarde demais"[10]. Uma compreensão mais ampla da epistemologia chama a atenção não só para a forma como as desigualdades sociais são reproduzidas na aplicação de regras aparentemente objetivas, mas também para a maneira como o conteúdo das próprias regras fomenta a injustiça social. Esse conceito de epistemologia como uma participante ativa na organização de hierarquias de poder tem se tornado um terreno fértil para análises interseccionais. Barbara Tomlinson[11] analisa como uma estrutura racial dominante que suprime as ferramentas conceituais para analisar o racismo contribui para uma colonização da interseccionalidade. Vivian May[12] analisa uma crítica à interseccionalidade segundo a qual esta se baseia em formas de pensamento profundamente enredadas, mesmo que as pessoas que a estudam tenham criticado essas mesmas ferramentas por promoverem deturpação, destruição e violação.

Escondido de olhares desatentos, o poder epistêmico gera estruturas sempre presentes que identificam, para projetos teóricos e metodológicos, quais temas são dignos de investigação, bem como as melhores estratégias para investigar o que vale a pena saber. Além disso, ele também molda a organização de comunidades de investigação que dependem desses padrões. Departamentos acadêmicos, campos de estudo, áreas de especialização, ofertas curriculares e práticas de sala de aula constituem comunidades interpretativas específicas. Pertencer a comunidades de investigação e desfrutar dos privilégios de tais comunidades muitas vezes se baseia na disposição de aderir às suas suposições e jogar de acordo com suas regras. A epistemologia adquire forma dentro de comunidades específicas de investigação que, por sua vez, têm entendimentos distintos do que elas consideram conhecimento legítimo. Essas comunidades estabelecem um contexto de justificação sobre o que uma comunidade específica considera razoável, verdadeiro e útil.

A esse respeito, a interseccionalidade deve considerar como os dados demográficos de comunidades interpretativas e os padrões epistêmicos que caracterizam tais comunidades influenciam sua própria investigação crítica. Como analisei em capítulos anteriores, a interseccionalidade está situada na encruzilhada de comunidades interpretativas múltiplas caracterizadas por diversas histórias, preocupações e padrões epistêmicos. A teoria social catalisa um tipo particular de comunidade de investigação. Quando se trata de teoria social contemporânea na

---

[10] José Medina, *The Epistemology of Resistance* (Nova York, Oxford University Press, 2013), p. 253.
[11] Barbara Tomlinson, "To Tell the Truth and Not Get Trapped: Desire, Distance, and Intersectionality at the Scene of Argument", cit.
[12] Vivian M. May, *Pursuing Intersectionality, Unsettling Dominant Imaginaries*, cit., p. 6-9.

academia, comunidades de investigação teórica são com frequência muito uniformes, estão localizadas em instituições de elite e têm altas barreiras na entrada.

Intelectuais com privilégios no meio acadêmico podem acabar por não valorizar seus acessos irrestritos ao mundo das ideias. O fato é que trabalhar em tais comunidades homogêneas de investigação e teorização e a partir de tais posições pode afetar a análise crítica até mesmo de intelectuais muito capacitados. Duvido que Pierre Bourdieu ou Judith Butler, por exemplo, tenham prestado muita atenção em como sua posição social de intelectuais com privilégios exerça influência sobre o que eram capazes de ver, bem como sobre o que poderiam dizer a respeito do que viam. Ideias como o *habitus* de Bourdieu ou a performatividade de Butler aparentemente vêm apenas de seus respectivos brilhantismos individuais. No entanto, por mais capazes que tais intelectuais possam ser, só foi possível que desenvolvessem tais ideias em um contexto em que já possuíam poderes para fazê-lo e no qual suas ideias foram bem-vindas. Bourdieu, Butler e uma longa lista de intelectuais ocidentais adotaram ideias liberais, se não progressistas, como causas próprias. Mas a questão aqui não é a boa vontade individual. A questão é que pertencer a comunidades investigativas privilegiadas concede um considerável poder epistêmico às pessoas que as integram.

Para intelectuais com privilégios, as hierarquias de poder que sustentam seus estudos acadêmicos em geral constituem preocupações menores e não barreiras importantes para sua produção intelectual. Essa categoria de intelectuais pode se dar ao luxo de simplesmente aceitar empregos nos quais se sentem em pleno direito, chegando às universidades em que trabalham com a expectativa de que serão capazes de dizer e fazer o que lhes convém. Sua legitimidade como pessoas que produzem teoria social raramente é posta em dúvida. A discussão do filósofo José Medina sobre "a ignorância ativa e os vícios epistêmicos de pessoas privilegiadas"[13] descreve esse sentido do que pode ser considerado certo e do que pode permanecer sem análise na teoria social. Costuma-se dar mais crédito às ideias de teóricos e teóricas sociais com prestígio, sobretudo se suas análises apoiarem o *status quo*. No entanto, o privilégio é sedutor. Como tais intelectuais que trabalham em comunidades teóricas homogêneas podem desenvolver ideias inovadoras conversando apenas entre si?

Ao contrário, teóricos e teóricas sociais que se alinham a projetos de conhecimento resistente não teorizam com base em posições de privilégio, mas,

---

[13] Jose Medina, *The Epistemology of Resistance*, cit., p. 30-40.

em vez disso, trabalham sob regimes de restrições institucionais com frequência avassaladoras. De forma significativa, seus laços com projetos ativistas vão além das fronteiras acadêmicas e muitas vezes energizam sua produção intelectual, bem como sua disposição de persistir nos ambientes acadêmicos. Gloria Anzaldúa, Stuart Hall, Frantz Fanon, William E. B. Du Bois, Angela Y. Davis e demais intelectuais que fazem parte da discussão neste livro tiveram que criar as condições que tornaram possível seu trabalho intelectual. Ida B. Wells-Barnett e Pauli Murray, por exemplo, nunca encontraram trabalho estável e só postumamente passaram a ser reconhecidas por suas análises teóricas. Mesmo intelectuais que encontram empregos acadêmicos enfrentam futuros incertos. Há poucos exemplos semelhantes aos de intelectuais como Hannah Arendt, Zygmunt Bauman e Edward Said, que se tornaram apátridas pela guerra ou que deixaram sua terra natal em resposta a distúrbios políticos e conseguiram se estabelecer. Intelectuais que criticam o colonialismo, o racismo, o sexismo e o capitalismo, principalmente caso se filiem a projetos de resistência, muitas vezes não têm garantias de que irão durar, tampouco que seu trabalho intelectual irá durar.

Nesse contexto, a linguagem da *opressão epistêmica*, da *injustiça epistêmica* e *da resistência epistêmica* usada na filosofia fornece um vocabulário importante para analisar os desafios que a interseccionalidade enfrenta como uma teoria social crítica em construção[14]. Termos como *opressão epistêmica* e *injustiça epistêmica* fornecem uma compreensão mais matizada de como a epistemologia constitui uma dimensão estruturante da injustiça social para além das ideias de racismo, heteropatriarcado e colonialismo como sistemas ideológicos[15]. Disponibilizar uma linguagem para falar sobre como o poder epistêmico influencia vários aspectos da prática acadêmica possibilita ir além dos argumentos "maçãs podres" sobre indivíduos tendenciosos. Em vez disso, a opressão epistêmica e a injustiça epistêmica nomeiam as dimensões estruturais do poder epistêmico conforme organizado por meio das comunidades interpretativas mencionadas que são essenciais para a produção de conhecimento.

---

[14] Ver, por exemplo, Ian James Kidd, José Medina e Gaile Pohlhaus Jr. (orgs.), *The Routledge Handbook of Epistemic Justice* (Nova York, Routledge, 2017); José Medina, *The Epistemology of Resistance*, cit.

[15] Kristie Dotson, "Conceptualizing Epistemic Oppression", *Social Epistemology*, v. 28, n. 2, 2014, p. 115-38.; Ian James Kidd, José Medina, e Gaile Pohlhaus Jr. (orgs.), *The Routledge Handbook of Epistemic Justice*, cit.

O trabalho intelectual acadêmico costuma ser imaginado através das lentes da igualdade epistêmica. Nas comunidades interpretativas que têm um compromisso declarado com a justiça e a igualdade, todas as pessoas têm acesso equitativo para serem tratadas com igualdade, falar livremente e serem ouvidas[16]. Dentro dessas comunidades idealizadas, as conversas entre participantes do grupo visam construir um consenso teórico, garantindo que todas as ideias sejam debatidas e que as melhores sejam aceitas como verdades. Integrantes da Escola de Frankfurt ou da escola de Birmingham talvez tenham conseguido desenvolver essa forma de colegialidade. No entanto, mesmo nas melhores condições, o trabalho intelectual colaborativo raramente é justo e equitativo, especialmente quando o poder epistêmico permanece sem nome e sem ser analisado. A colaboração é muito mais fácil de ser alcançada em comunidades interpretativas homogêneas, nas quais uma forma de pensamento de grupo muitas vezes se disfarça de consenso. Esse tipo de homogeneidade e controle teórico pode manter a paz às custas da supressão de ideias inovadoras e muitas vezes polêmicas.

Em faculdades e universidades, a crença de que as ideias de todas as pessoas são igualmente valiosas e têm o direito de serem ouvidas, muitas vezes tem pouca semelhança com práticas acadêmicas reais. Em vez disso, as comunidades acadêmicas de investigação se utilizam de ideias tidas como certas acerca de raça, classe, gênero, sexualidade e categorias semelhantes para avaliar ideias à luz das pessoas que as criam. Essas categorias não determinam privilégios e desvantagens, mas se alinham às hierarquias predominantes que privilegiam ou derrogam categorias inteiras de pessoas como capazes ou incapazes de fazer teoria social. A maioria dos grupos depende de uma forma de opressão epistêmica que suprime a *ação epistêmica* de algumas pessoas integrantes desse grupo enquanto eleva a de outras. Em outras palavras, por meio de suas práticas epistêmicas, as comunidades interpretativas determinam e reproduzem relações de ação epistêmica desigual *entre* pessoas que as integram. No entanto, apesar dos compromissos ideológicos com a igualdade, a inclusão e o pertencimento, as comunidades interpretativas têm práticas programadas que, sejam intencionais ou não, replicam as hierarquias sociais existentes[17].

---

[16] Kristie Dotson, "Tracking Epistemic Violence, Tracking Practices of Silencing", *Hypatia*, v. 28, n. 2, 2014, p. 115-38.

[17] Comunidades interpretativas específicas ganham ou perdem autoridade dependendo da forma como são posicionadas na academia. Práticas como padrões de citação, temas de artigos de periódicos, artigos selecionados para a leitura por estudantes, convites para fazer palestras importantes

Produzir teorização crítica nesses ambientes é difícil, sobretudo se esse trabalho critica o próprio poder epistêmico. No entanto, a análise crítica deve levar a sério o poder epistêmico. Como Frantz Fanon poderia teorizar a libertação sem considerar os pressupostos epistêmicos da teoria social francófona? Criticar tal teoria era parte do desafio da libertação; presumir que a teoria social convencional era justa e imparcial comprometeria de forma irremediável as dimensões críticas dos argumentos de Fanon. Quer sejam explicitamente reconhecidas ou implicitamente confirmadas, intelectuais levam consigo estruturas de domínio para seus processos de produção de conhecimento. A intersecção das relações de poder que privilegiam ou penalizam as pessoas impondo-lhes marcadores de raça, classe, gênero, sexualidade, etnia, idade e capacidade não param na porta da sala de aula nem esperam com paciência do lado de fora das reuniões do conselho editorial. O poder epistêmico organiza não só as estruturas visíveis e formais da investigação coletiva como os bastidores, práticas tipicamente anônimas de avaliação.

Quando se trata de teoria social crítica na academia, a interseccionalidade enfrenta um dilema. Sua legitimação e sucesso privilegiam algumas pessoas em detrimento de outras; é o caso, por exemplo, de intelectuais que se destacam na manipulação de teorias ou metodologias ocidentais e que se encontram em instituições de prestígio. Sem uma análise estrutural de como o poder é organizado, a interseccionalidade pode replicar facilmente, em suas próprias práticas, as hierarquias sociais existentes, por meio das quais as desigualdades aparentemente naturalizadas e normalizadas *na* academia resultam de estruturas de poder externas. Essas mesmas práticas epistêmicas podem marginalizar cada vez mais e, em seguida, silenciar as pessoas envolvidas *na* interseccionalidade que, ironicamente, estão mais alinhadas de forma mais estrita com as próprias tradições de resistência que, no início, catalisaram a interseccionalidade. Na ausência da autorreflexão acerca de como as diferenças na ação epistêmica são um reflexo das relações de poder, torna-se menos provável que a postura crítica da interseccionalidade possa progredir.

Se a própria epistemologia está envolvida na reprodução da desigualdade social ou na resistência a ela, ou em ambas, *como* isso acontece exatamente? O poder epistêmico opera não só por meio do conteúdo que é validado por estruturas epistemológicas tidas como certas e, nesse caso, produzindo a história

---

e a composição de painéis em conferências acadêmicas moldam coletivamente quem pode falar sobre e pela interseccionalidade e quão confiável e crível é seu testemunho.

da interseccionalidade por meio de narrativas coloniais e capitalistas familiares. O poder epistêmico também conta com estratégias específicas que valorizam de modo diferente intelectuais que ele considera teóricas e teóricos sociais, bem como a importância de seus argumentos teóricos. Essas mesmas relações moldam a resistência epistêmica.

## Resistência epistêmica e autoridade testemunhal

O caso de Anita Hill durante as audiências do Comitê Judiciário do Senado, em 1992, com o nomeado para juiz da Suprema Corte, Clarence Thomas, ilustra a importância de reivindicar autoridade testemunhal como forma de resistência epistêmica[18]. Nesse caso divisor de águas, Anita Hill compartilhou detalhes de como seu ex-chefe, Clarence Thomas, a assediou sexualmente diante de um comitê composto por homens brancos. Thomas também testemunhou perante o mesmo comitê, negando as acusações de Hill e alegando que ele foi vítima de um "linchamento de alta tecnologia". O comitê acreditou no testemunho de Thomas e desacreditou o de Hill.

Essas audiências foram um divisor de águas na formação da composição ideológica da Suprema Corte dos Estados Unidos, bem como no destaque da importância da raça e do gênero na política dos Estados Unidos[19]. Aqui, concentro-me nas implicações epistemológicas das audiências. A ótica em torno das audiências fornece uma amostra pública altamente visível de como costuma ser o funcionamento privado do poder epistêmico. Nesse caso, o Comitê Judiciário do Senado baseou-se em regras e formas de procedimento ostensivamente

---

[18] Patricia Hill Collins, *Black Feminist Thought: Knowledge, Consciousness, and the Politics of Empowerment* (2. ed., Nova York, Routledge, 2000), p. 126 [ed. bras.: *Pensamento feminista negro: conhecimento, consciência e a política do empoderamento*, trad. Jamille Pinheiro Dias, São Paulo, Boitempo, 2019].

[19] Esse caso fornece um exemplo provocativo de como uma narrativa centrada na figura de um homem que apresentou o sofrimento de homens negros como equivalente à opressão racial sofrida por todas as pessoas negras exerceu poder epistêmico sobre a contestação de uma mulher negra a essa narrativa. Ele destaca as políticas de gênero frequentemente controversas nas comunidades negras nos Estados Unidos. Em um ensaio intitulado "Whose Story Is It Anyway? Feminist and Antiracist Appropriations of Anita Hill", Kimberlé Crenshaw, em Toni Morrison (org.), *Race-ing Justice, En-Gendering Power*, Nova York, Pantheon Books, 1992, p. 402-40,) avaliou essas dinâmicas. Crenshaw analisou como narrativas de grupos subordinados podem ser apropriadas por grupos mais poderosos e anexadas às suas causas. Nesse caso, a autoridade testemunhal de Anita Hill para falar do local interseccional de ser uma mulher negra não se encaixava nas narrativas antirracistas ou feministas naquela época.

objetivas e estabelecidas para avaliar o mérito de diferentes histórias. No entanto, o fato de o comitê ser composto de homens brancos ricos configurou uma estrutura tida como certa para determinar a verdade. Senadores podem ter tido opiniões diferentes individualmente, mas todos participavam de uma comunidade interpretativa homogênea, que compartilha experiências comuns atribuídas a eles como homens brancos poderosos. Os senadores sentiram-se à vontade julgando a veracidade das histórias afro-estadunidenses. Este caso se destacou porque um comitê de homens brancos julgou a veracidade do testemunho de duas pessoas negras estadunidenses com histórias de vida semelhantes, mas que diferiam principalmente em termos de gênero. O comitê foi incumbido de avaliar duas versões diferentes do mesmo evento, isto é, decidir qual testemunho tinha mais autoridade para eles. Como a verdade não podia ser determinada por outros meios – não havia telefones celulares ou dispositivos de gravação ocultos que capturassem os eventos com uma câmera – o comitê foi convidado a acreditar em uma narrativa em detrimento da outra. Nesse caso, porque tanto Hill quanto Thomas eram ambos pessoas negras estadunidenses, o gênero provou ser o fator determinante.

Essas audiências demonstram como o poder epistêmico funcionou em um espaço bastante público e importante para conceder autoridade testemunhal à história de uma pessoa às custas da história de outra. E, nesse caso, os riscos eram altos para ambas as partes. Em geral, eles o são em qualquer situação em que são julgados diferentes entendimentos do mesmo conjunto de eventos. Seja a interação entre estudantes nas salas de aula ou a ponderação mais difusa das explicações acadêmicas nas práticas de uma disciplina, juízes com menor visibilidade determinam qual história é mais verossímil. A autoridade testemunhal organiza a avaliação da própria investigação acadêmica, julgando determinados temas dignos de consideração e deixando outros sem a possibilidade de serem ouvidos. Os membros do Comitê Judiciário do Senado tinham nomes e rostos e, portanto, podiam ser responsabilizados por suas avaliações. O poder epistêmico nas comunidades acadêmicas, pelo contrário, é mais difuso, e o próprio julgamento raramente depende de algum juiz ou mesmo de um júri, mas sim das regras epistemológicas que unem os membros da comunidade.

Nesse sentido, a autoridade testemunhal de qualquer indivíduo de uma dada comunidade interpretativa reflete as interações entre as pessoas que a integram. Por sua vez, tais pessoas regulam suas interações de acordo com uma estrutura epistemológica de regras. Os processos em salas de aula, tribunais e reuniões de docentes são semelhantes ao das comunidades interpretativas. A autoridade testemunhal em uma dada comunidade interpretativa depende tanto da habilidade de uma pessoa falar quanto de ela ser ouvida (tanto Hill quanto Thomas falaram, mas ela foi ouvida de forma diferente da que ele foi ouvido). A autoridade testemunhal depende também das interações entre quem ouve e que decide o grau em que o testemunho apresentado se encaixa nas regras epistemológicas da comunidade (a versão de Thomas se encaixou mais que a história de Hill). As relações de poder que se intersecccionam regulam essas interações de tal forma que hierarquias de raça, gênero, sexualidade, classe e cidadania capacitam determinadas pessoas tanto para falar como para serem ouvidas (os senadores). Relações de poder estruturadas também tiram o poder de pessoas que seguem sendo ouvidas de forma diferente, mesmo quando falam; Hill e Thomas testemunharam, mas seus testemunhos poderiam ser totalmente ouvidos pelos senadores? Em suma, a autoridade testemunhal depende das relações epistêmicas de poder de uma comunidade interpretativa específica que determina as regras da verdade.

Esse caso ilustra questões mais amplas de como as pessoas que são prejudicadas por práticas de racismo, heteropatriarcado, capitalismo e nacionalismo lutam para contar suas histórias em público. A crítica que irrompe nas estruturas de poder epistêmico constitui uma forma de resistência epistêmica, independentemente do mérito do conteúdo de tal crítica. Isto é, a autoridade testemunhal que desafia as regras epistemológicas acerca de quem tem autoridade para testemunhar e como seu testemunho se encaixa no conhecimento dado como certo é uma forma de resistência epistêmica. Imagine como essas audiências poderiam ter sido diferentes se Thomas e Hill fossem pessoas brancas e privilegiadas, ou se Thomas fosse pobre e Hill rica. No entanto, como sugere o caso de Hill, quando as histórias que criticam o conhecimento dado como certo chegam aos espaços públicos, essas histórias são com frequência ignoradas, desacreditadas ou modificadas[20].

Um grupo de intelectuais interpretou essa tendência de desacreditar as histórias de indivíduos subordinados como uma forma de violência epistêmica. Assim como a violência interpessoal e sancionada pelo Estado sustenta as relações de poder

---

[20] As audiências televisionadas do Congresso em 2018 do agora juiz da Suprema Corte, Brett Kavanaugh, demonstraram uma semelhança assustadora com as audiências de Thomas. Como Thomas, Kavanaugh também foi acusado de assédio sexual e, como nas audiências anteriores, o testemunho da acusadora de Kavanaugh também foi desacreditado.

que se interseccionam, policiando as fronteiras de raça, classe, gênero, sexualidade e formas semelhantes de poder, as táticas de violência epistêmica operam *dentro de* comunidades interpretativas, policiando ideias caras a qualquer grupo. Como aponta a filósofa Kristie Dotson[21], a violência epistêmica opera por meio de práticas de silenciamento. No entanto, permanecer em silêncio não é indício de consentimento; em vez disso, geralmente resulta de ser silenciada ou silenciado. Visto que intelectuais não são iguais em suas capacidades de dar testemunho e, da mesma maneira, nem de receber testemunho, falar apoiado em posições que têm menos poder exige mais habilidade e esforço que falar a partir de cima. As experiências de Anita Hill nas audiências do Senado ilustram as dificuldades de exercer autoridade testemunhal em uma situação em que mulheres negras foram silenciadas. De fato, desabonar Hill silenciou aquelas que vieram depois.

Dotson[22] identifica as estratégias de silenciamento como aquietamento de testemunho e sufocamento de testemunho como formas de violência epistêmica usadas para suprimir as ideias de pessoas subordinadas. Ambas as estratégias ilustram como e por que reivindicar autoridade testemunhal é especialmente importante para a interseccionalidade como um projeto de conhecimento resistente. O silenciamento de depoimentos silencia fundamentalmente as pessoas menos poderosas, ignorando o que elas têm a dizer: "Quando uma pessoa fala, precisa de um público para identificá-la, ou pelo menos reconhecê-la, como conhecedora para oferecer um testemunho. Esse tipo de opressão testemunhal há muito tempo é discutido no trabalho de mulheres *of color*"[23]. Sem dúvida, esse silenciamento afeta as interações face a face de pessoas em uma determinada comunidade interpretativa. Numerosos estudos documentaram as maneiras como estudantes e docentes mulheres costumam ser ignoradas ou ter suas ideias descartadas nas reuniões. No entanto, essa ideia de silenciamento testemunhal como uma forma de violência epistêmica não se aplica apenas à interação presencial. Comunidades interpretativas que suprimem ideias que criticam normas tidas como certas também reforçam essa forma de silenciamento.

O sufocamento de testemunho constitui outra estratégia de silenciamento da violência epistêmica que é especialmente importante para a interseccionalidade. Ele descreve a autocensura interna de pessoas que entendem que o que elas

---

[21] Kristie Dotson, "Tracking Epistemic Violence, Tracking Practices of Silencing", cit.
[22] Idem.
[23] Ibidem, p. 242.

têm a dizer pode não ser bem-vindo. Na verdade, a comunidade interpretativa sufoca uma ideia antes que ela seja expressa. Na comunidade interpretativa face a face, tal sufocamento ocorre quando uma pessoa dilui suas ideias para torná-las mais palatáveis. Se uma acadêmica de origem latina, que considera importante a análise de fronteira feita por Gloria Anzaldúa, presume que colegas da academia desvalorizam seu trabalho acadêmico, por que ela deveria continuar a falar? Apresentar argumentos diversas vezes para colegas que não conseguem ou se recusam a tentar entendê-los são desgastes individuais exaustivos para determinado número de intelectuais. Além disso, pode não valer o risco quando isso resulta num confronto com indivíduos que exercem autoridade testemunhal excessiva sobre pessoas subordinadas. A autocensura em geral é o custo para que alguém possa ser de fato ouvido ou ouvida.

A autocensura interna, como vista no sufocamento de testemunho, tem consequências importantes para integrantes de grupos dominantes que não têm exposição a análises alternativas das que já estão dentro de seu grupo. Por exemplo, o trabalho intelectual de Gloria Anzaldúa é amplo, atravessa muitas disciplinas e utiliza várias linguagens e recursos literários. O trabalho publicado e não publicado de Anzaldúa, ao longo de trinta anos, ilustra uma amplitude e profundidade de análise, com sua poesia, prosa, ensaios e entrevistas constituindo um conhecimento importante e fundamental para a interseccionalidade[24]. No entanto, Anzaldúa segue sendo menos conhecida no ambiente fora dos estudos latinos e feministas, em parte como resultado do aquietamento de testemunhos que descarta reivindicações de conhecimento acerca de seu trabalho e, em parte, devido ao sufocamento de testemunhos de pessoas que não conseguem falar em sua defesa. O resultado desse silenciamento é que cada nova geração tem de descobrir Anzaldúa mais uma vez de outra maneira.

O silenciamento e a autocensura andam de mãos dadas – pessoas que são repetidamente ignoradas aprendem logo as proteções da aparente aquiescência. Mesmo porque ideias não são compartilhadas livremente, essas práticas prejudicam a qualidade do próprio conhecimento e fomentam a ignorância entre integrantes do grupo dominante sobre o que integrantes de grupos subordinados de fato pensam. Essas comunidades "silenciam" vozes dissidentes e, ao fazer isso, "sufocam" suas boas ideias.

---

[24] AnaLouise Keating, "Introduction: Reading Gloria Anzaldúa, Reading Ourselves Complex Intimacies, Intricate Connections", em AnaLouise Keating (org.), *The Gloria Anzaldúa Reader* (Durham, NC, Duke University Press, 2009), p. 1-15.

A resistência epistêmica ocorre ao se rejeitar essas estratégias de silenciamento de aquietar e sufocar testemunhos. O conjunto do trabalho de Kimberlé Crenshaw no desenvolvimento da interseccionalidade como uma forma de investigação crítica e práxis demonstra múltiplas expressões de autoridade testemunhal. A filósofa Anna Carastathis foi uma das poucas intelectuais a se dedicar com tamanha diligência à autoridade testemunhal de Crenshaw[25]. Em vez de escolher a dedo as ideias do trabalho de Crenshaw que melhor se adequavam às suas concepções preconcebidas do que pensava que ela tinha querido dizer ou não, Carastathis, por meio de uma leitura atenta dos artigos de Crenshaw citados com frequência, bem como de seus outros estudos, oferece uma interpretação cuidadosa e holística do que Crenshaw realmente disse. Carastathis não pretende celebrar ou castigar o trabalho de Crenshaw e, certamente, não pretende mercantilizá-lo para aumentar suas próprias perspectivas de carreira. Em vez disso, ao levar o trabalho de Crenshaw a sério, ela confirma o testemunho de autoridade de Crenshaw. Com frequência, intelectuais invocam a produção intelectual de mulheres negras como Crenshaw sem nunca terem lido nada de seus trabalhos[26].

O trabalho intelectual, especialmente aquele produzido no âmbito da teoria social, muitas vezes se apoia em uma trajetória de investigação acadêmica, às vezes durante toda uma vida[27]. Intelectuais que se apresentam como se conhe-

---

[25] Anna Carastathis, *Intersectionality*, cit.
[26] Por exemplo, a frase "as ferramentas do sinhô nunca vão derrubar a casa-grande" é o título de um ensaio emblemático publicado no livro clássico de Audre Lorde, *Sister Outsider: Essays and Speeches* (Freedom, CA, Crossing Press, 1984) [ed. bras.: *Irmã outsider*, trad. Stephanie Borges, São Paulo/Belo Horizonte, Autêntica, 2019]. Os escritos de Lorde foram fundamentais para as bases do feminismo negro moderno, do feminismo moderno e da interseccionalidade. Nesse ensaio específico, Lorde repreende feministas brancas por suas práticas excludentes em uma conferência literária, basicamente acusando-as de usar as "ferramentas do sinhô" na organização da conferência. Lorde criticou os termos de acordo com os quais ela foi incluída na conferência, exercendo resistência epistêmica por meio desse ensaio ao criticar não só os temas da conferência, mas também como ela foi organizada. A sofisticação da análise de Lorde desaparece na circulação acrítica da frase. Quantas pessoas que usam essa frase conhecem sua origem, ou já ouviram falar de Audre Lorde?
[27] Por exemplo, *Power/Knowledge: Selected Interviews and Other Writings, 1972-1977* (trad. Colin Gordon, Nova York, Pantheon, 1980), de Michel Foucault; *Distinction: A Social Critique of the Judgement of Taste* (Cambridge, MA, Harvard University Press, 1984), de Pierre Bourdieu [orig. *La Distinction: Critique sociale de jugement*, Paris, Les Éditions de Minuit, 1979; ed. bras.: *A distinção: crítica social do julgamento*, trad. Daniela Kern e Guilherme J. F. Teixeira, 2. ed. rev, Porto Alegre, Zouk, 2011]; e *Gender Trouble: Feminism and the Subversion of Identity* (Nova York, Routledge, 1990) [ed. bras.: *Problemas de gênero: feminismo e subversão da identidade*, 15. ed., trad. Renato Aguiar, Rio de Janeiro, Civilização Brasileira, 2017], de Judith Butler, são todos livros importantes. No entanto, negligenciar suas trajetórias intelectuais ao lê-los como teorias sociais descontextualizadas é não fazer jus a eles.

cessem o trabalho de uma determinada acadêmica com base em uma leitura superficial de uma pequena amostra de trabalho seriam alvo de suspeição. Quando se trata do trabalho intelectual de mulheres *of color* e grupos subordinados semelhantes, esse tratamento mostra um desprezo pelo nosso trabalho. No caso da estratégia da interseccionalidade, circular acriticamente a narrativa de cunhagem silencia e ignora o aprofundamento da compreensão teórica de Crenshaw da interseccionalidade em todo o seu trabalho intelectual. Em vez disso, ao ignorar as realizações subsequentes de Crenshaw, a narrativa da cunhagem simplesmente para o relógio. O valor de décadas de ativismo intelectual desaparece, suprimindo assim a ação epistêmica de muitas mulheres negras e ungindo Crenshaw como porta-voz acadêmica designada da interseccionalidade. Este é um exemplo impressionante de aquietamento testemunhal – simplesmente ignorar o registro histórico e deixá-lo sumir de vista para permitir que outras questões venham à tona.

Crenshaw está longe de ser a única a contribuir para a interseccionalidade como um projeto de conhecimento resistente. Mas a amplitude de seu ativismo intelectual ilustra múltiplas formas de resistência epistêmica. Crenshaw continuou a publicar, trabalhando em colaboração com colegas para produzir material para o campo em expansão dos estudos raciais críticos[28] e para editar o número especial de uma revista sobre interseccionalidade[29]. Crenshaw também tem atuado no avanço das ideias da interseccionalidade tanto local quanto globalmente. Nesse âmbito, ela também rejeita a autocensura do sufocamento de testemunho. Como integrante fundadora do Center for Intersectionality and Social Policy Studies [Centro de Estudos de Interseccionalidade e de Políticas Sociais] da Universidade Columbia, Crenshaw esteve envolvida na construção de um instituto interdisciplinar. O Centro se dedica a conduzir análises interseccionais para teorizar sobre a violência; tal teorização baseia-se na ação social para descobrir as questões, os métodos e objetivos da interseccionalidade[30]. O envolvimento de Crenshaw assemelha-se ao de intelectuais da escola de Teoria Crítica de Frankfurt, que viram a necessidade de um instituto interdisciplinar para responder às ameaças colocadas pelo fascismo europeu,

---

[28] Kimberlé Williams Crenshaw et al. (orgs.), *Critical Race Theory: The Key Writings that Formed the Movement* (Nova York, New Press, 1995).
[29] Devon W. Carbado et al., "Intersectionality: Mapping the Movements of a Theory", *Du Bois Review*, v. 10, n. 2, 2013, p. 303-12.
[30] Patricia Hill Collins e Sirma Bilge, *Intersectionality*, cit., p. 50-1.

e ao de integrantes da escola de Estudos Culturais de Birmingham, que precisavam de uma presença institucional para uma análise crítica da identidade nacional pós-colonial britânica. O envolvimento de Crenshaw em iniciativas globais de direitos humanos também diz sobre a importância de teorizar no contexto da práxis[31]. Nesse sentido, ao se recusar a mercantilizar sua fama como a exploradora que descobriu a interseccionalidade, Crenshaw rejeita o ímpeto de reformular a interseccionalidade como apenas um produto da academia.

## Política identitária e epistemologia do ponto de vista

Como indivíduos, Anita Hill e Kimberlé Crenshaw confiaram na autoridade testemunhal como uma forma de resistência epistêmica. Mas quando se trata de desenvolver a interseccionalidade e projetos de conhecimento resistente semelhantes como empreendimentos coletivos, a resistência epistêmica é com frequência um empreendimento coletivo. A política identitária e a epistemologia do ponto de vista constituem duas dimensões importantes da resistência epistêmica para grupos subordinados. A política identitária valoriza as experiências de mulheres, de pessoas *of color*, pobres, LGBTQ e de pessoas subordinadas de maneira similar como uma fonte de ação epistêmica. Ao reivindicar a autoridade da experiência, a epistemologia do ponto de vista defende a integridade de indivíduos e grupos na interpretação de suas próprias experiências. A epistemologia do ponto de vista postula que as experiências e a ação social criativa fornecem ângulos de visão distintos sobre o racismo, o heteropatriarcado e as relações de classe capitalistas para pessoas que são diferencialmente privilegiadas e penalizadas dentro de tais sistemas. Dada a importância da política identitária e da epistemologia do ponto de vista na autoridade epistêmica de pessoas *of color*, mulheres, pessoas pobres e novas populações de imigrantes, é importante compreender como as críticas a essas práticas minam a resistência epistêmica de grupos subordinados. De modo geral, a política identitária e a epistemologia do ponto de vista cada vez mais passaram a ser reformuladas por serem estratégias testemunhais que têm falhas[32].

Mulheres, pessoas negras e grupos similarmente subordinados com frequência desenvolvem reivindicações políticas que dizem sobre as experiências

---

[31] Ibidem, p. 90.
[32] Patricia Hill Collins, *Fighting Words: Black Women and the Search for Justice* (Minneapolis, MN, University of Minnesota Press, 1998), p. 201-28.

vivenciadas por pessoas cujas identidades são negativadas. No entanto, a experiência como uma forma de saber é com frequência considerada mera opinião, em vez de um testemunho bem-informado que ilumina as verdades envolvidas em ser silenciadas e subordinadas[33]. Como discuto no capítulo 5, o pensamento feminista negro se baseia em uma análise profundamente arraigada da experiência que foi essencial para a interseccionalidade. Interpretar de forma errônea a compreensão robusta da política identitária expressa no feminismo negro reformulando essas ideias por considerá-las simplórias (essencialistas e, portanto, sem complexidade) e autopromocionais (particularistas e desprovidas de apreciação de princípios superiores além do próprio interesse pessoal), não apenas interpreta mal a intenção de teorizar criticamente, como também enfraquece uma importante fonte de ação epistêmica para indivíduos pertencentes a grupos oprimidos. Que sentido faria para um grupo oprimido pela intersecção das categorias identitárias de raça e gênero se recusar a organizar suas respostas políticas usando as próprias categorias que o oprimem?[34].

Ironicamente, o artigo de Crenshaw em 1991 sobre interseccionalidade, o mesmo reivindicado como um clássico da literatura interseccional, contém uma extensa análise crítica da política identitária. No artigo, intitulado "Mapping

---

[33] Essa tradição testemunhal reaparece na produção intelectual crítica de mulheres, tomando forma em autobiografias, discursos e narrativas em primeira pessoa como o formato para a ficção. Ver, por exemplo, autobiografias testemunhais como *I, Rigoberta Menchú: An Indian Woman in Guatemala* (trad. Ann Wright, Londres, Verso, 2010) [orig. Elizabeth Burgos (org.), *Me llamo Rigoberta Menchú y así me nació la conciencia*, México, Siglo XXI, 1998, ed. bras.: *Meu nome é Rigoberta Menchú: e assim nasceu minha consciência*, trad. Lólio Lourenço de Oliveira, Rio de Janeiro, Paz e Terra, 1993], testemunhando sobre como o militarismo na Guatemala afetou povos indígenas; Carolina de Jesus, *Quarto de despejo: diário de uma favelada* (10. ed., São Paulo, Ática, 2019 [São Paulo, Francisco Alves, 1. ed., 1960]), um livro de memórias que detalha as experiências da autora como mãe em uma favela brasileira; e Nawal El-Saadawi, *Woman at Point Zero* (Londres, Zed, 2015 [1975]) [ed. bras.: *A mulher com olhos de fogo: o despertar feminista*, trad. Fabio Albert, Barueri, SP, Faro, 2019]) um romance da feminista egípcia que usa o formato de um depoimento, em primeira pessoa, de uma mulher condenada por assassinato como crítica às políticas de gênero.

[34] Os projetos de conhecimento resistente da teoria da libertação, do existencialismo, dos estudos culturais britânicos, da teoria racial crítica, do feminismo e dos estudos da descolonização tratam a identidade como um local de análise política, embora de formas diferentes. Projetos como esses refletem a integridade de um grupo para se organizar em relação a interesses comuns e para se identificar com análises críticas feitas por uma comunidade interpretativa específica. Da mesma forma, o pragmatismo estadunidense e o pensamento feminista negro contêm análises da experiência e da ação social criativa que sugerem que as políticas identitárias e a epistemologia do ponto de vista, de modo geral, podem ser importantes, se não elementos essenciais das comunidades democráticas. Isso não significa que essas ideias estejam além da crítica, mas sim que devem ser examinadas criticamente em seus próprios termos.

the Margins: Intersectionality, Identity Politics, and Violence Against Women of Color" [Mapeando as margens: interseccionalidade, política identitária e violência contra mulheres *of color*][35], Crenshaw apresenta uma análise importante e incisiva das políticas identitárias, não para descartá-las, mas para sugerir que o ato de interrogar seus pontos fortes e fracos em relação à ação social por e em nome de mulheres *of color* se beneficiaria de uma análise interseccional. Crenshaw estava atenta às necessidades das mulheres *of color* como indivíduos, e também ao modo como essas necessidades exigiam ação *coletiva* nos projetos políticos. Crenshaw também estava ciente da estrutura robusta das políticas identitárias que o Combahee River Collective[36] e outros desenvolveram no feminismo negro. Na verdade, as críticas de Crenshaw sugeriram que as formas de política identitária que ignoravam mulheres alvo da racialização violavam as políticas identitárias do Combahee River Collective por não serem interseccionais o suficiente.

Essa contradição – isto é, alegar interseccionalidade, mas rejeitar as políticas identitárias de intelectuais-ativistas que promoveram as ideias de interseccionalidade – parecia sinalizar, "queremos suas ideias teóricas" (interseccionalidade), "mas não queremos suas políticas identitárias" (suas implicações políticas)[37]. A análise matizada e crítica de Crenshaw das políticas identitárias baseadas em grupos, desenvolvida pela mesma figura que é amplamente reconhecida por ter nomeado a interseccionalidade, enfoca a importância da identidade coletiva para uma ação social eficaz. A identidade era importante para o engajamento justamente porque sempre está em construção, assim como a política que ela engendra. Crenshaw estava defendendo políticas mais inclusivas nas políticas identitárias baseadas em grupos, não políticas identitárias como uma forma de

---

[35] Kimberlé Williams Crenshaw, "Mapping the Margins: Intersectionality, Identity Politics, and Violence against Women of Color", *Stanford Law Review*, cit.
[36] Combahee River Collective, "A Black Feminist Statement", em Beverly Guy-Sheftall (org.), *Words of Fire: An Anthology of African-American Feminist Thought* (Nova York, New Press, 1995 [1975], p. 232-40).
[37] No capítulo 5, analiso a teorização crítica do pensamento feminista negro como um projeto de conhecimento de resistência. Eu argumento que as ideias centrais interseccionais do pensamento feminista negro como uma perspectiva teórica sobre o mundo social e a solidariedade flexível como uma forma de práxis política que se baseia em comunidades destacam a importância da experiência e da ação social para a teorização crítica. Ambas as ideias influenciam o pensamento feminista negro e a interseccionalidade. As críticas às políticas identitárias e à epistemologia do ponto de vista que se supõe estarem associadas à interseccionalidade constituem uma forma de enfraquecer a resistência epistêmica de tais projetos.

política excludente. No entanto, não foi essa a direção que tomou o discurso acadêmico subsequente acerca das políticas identitárias[38].

Com o tempo, as políticas identitárias tornaram-se cada vez mais reformuladas de modo a evitar um discurso excludente e particularista que suprimia a subjetividade do indivíduo. Dentro das normas epistêmicas de objetividade e não partidarismo, essa forma aparentemente particularista de política identitária era prejudicial aos indivíduos que a reivindicavam. As próprias identidades coletivas tornaram-se suspeitas, assim como as políticas identitárias coletivas que elas poderiam engendrar. A reformulação da identidade dessa forma negligencia as políticas antirracistas e feministas que se baseavam na identidade coletiva como uma forma de mobilização política. A ênfase da interseccionalidade na *identidade* pôde então ser criticada como problemática.

A questão aqui não é que as ideias de mulheres *of color* e de grupos similares foram à falência, mas sim que as pessoas que inicialmente desenvolveram ideias acerca de políticas identitárias não controlavam mais a narrativa. A história das políticas identitárias não era mais contada por elas. As mudanças nas interpretações de identidade e das políticas identitárias ilustram o funcionamento do poder epistêmico. As tendências e padrões para desautorizar as políticas identitárias refletem os padrões historicamente sedimentados de silenciamento e sufocamento que as políticas identitárias do grupo dominante sustentaram. Ironicamente, os grupos dominantes há muito tempo usam políticas identitárias e a epistemologia de ponto de vista para promover o que são, essencialmente, seus interesses particulares. Esse uso chamou pouca atenção quando foi mascarado por suposições de universalidade. No entanto, essas mesmas estratégias pareceram diferentes em ambientes acadêmicos não segregados, onde as experiências de todas as pessoas supostamente tinham o mesmo mérito.

No entanto, perder autoridade testemunhal sobre o termo *políticas identitárias* não significa perder o controle das próprias ideias. Quando se trata de sua própria política identitária, a interseccionalidade deve precaver-se da replicação em seu próprio discurso de práticas de silenciamento testemunhal e sufocamento do poder epistêmico. Seja como forem chamadas, as políticas identitárias ainda

---

[38] A popularidade das políticas identitárias no discurso acadêmico pode ter diminuído, mas seu uso persistiu em outros espaços. Uma análise comparativa das políticas identitárias no *hip-hop* e na academia ilustra a importância de como diferentes comunidades interpretativas entendem e usam tais políticas (Patricia Hill Collins e Sirma Bilge, *Intersectionality*, cit., p. 114-35).

têm um lugar como forma de resistência epistêmica. Por exemplo, intelectuais latinos e latinas desenvolveram uma crítica diferente sobre a narrativa da história da interseccionalidade – a saber, a crítica de que ela negligencia o trabalho de Gloria Anzaldúa e de pensadoras latinas semelhantes. Intelectuais latinos e latinas, especificamente, exerceram resistência epistêmica estudando e promovendo muitas das ideias de Anzaldúa, ao reconhecerem a importância de suas ideias para muitos campos de estudo, bem como os ricos contornos de sua teorização. Enquanto influenciados por Anzaldúa, esses estudos alcançaram uma profundidade e amplitude que tanto influenciam a interseccionalidade quanto se baseiam nela. O feminismo chicano tem recebido atenção acadêmica considerável[39], com estudos latinos contemporâneos influenciados por dimensões variáveis da teorização chicana[40]. Um certo número de intelectuais identifica como as ideias de Anzaldúa circulam como construtos filosóficos importantes; por exemplo, o conceito de fronteira/nova *mestiza* de Anzaldúa e ideias-chave na fenomenologia[41], no feminismo chicano e no pós-modernismo[42]. Leio essa crescente produção intelectual entre intelectuais latinas como uma forma de política identitária coletiva que recusa a autocensura e o silenciamento. Trabalhos como esses sugerem que democratizar políticas identitárias já existentes dentro das fronteiras da interseccionalidade é mais produtivo que sancionar a política identitária em si.

As críticas direcionadas à epistemologia do ponto de vista refletem movimentos epistêmicos semelhantes, cujo intuito é evitar o confronto direto com mulheres negras, mulheres latinas, mulheres indígenas e integrantes de grupos subordinados semelhantes que têm sido importantes para a genealogia da

---

[39] Norma Alarcón, "Chicana Feminism: In the Tracks of 'The' Native Woman", em Caren Kaplan, Norma Alarcón e Minoo Moallem (orgs.), *Between Woman and Nation: Nationalisms, Transnational Feminisms, and the State* (Durham, NC, Duke University Press, 1999), p. 63-71; Gabriela F. Arredondo et al. (orgs.), *Chicana Feminisms: A Critical Reader* (Durham, NC, Duke University Press, 2003); Mayler Blackwell, *Chicana Power! Contested Histories of Feminism in the Chicano Movement* (Austin, University of Texas Press, 2011); Benita Roth, *Separate Roads to Feminism: Black, Chicana, and White Feminist Movements in America's Second Wave* (Nova York, Cambridge University Press, 2004).

[40] Ver, por exemplo, Alma M. Garcia, 1997, "The Development of Chicana Feminist Discourse", em Lois A. West (org.), *Feminist Nationalism* (Nova York, Routledge, 1997), p. 247-68; e P. Moya, "Chicana Feminism and Postmodernist Theory", *Signs*, 26, n. 2, 2001, p. 441-83.

[41] Mariana Ortega, "'New Mestizas', 'World-Travelers', and 'Dasein': Phenomenology and the Multi-Voiced, Multi-Cultural Self", *Hypatia*, v. 16, n. 3, 2001, p. 1-29.

[42] P. Moya, "Chicana Feminism and Postmodernist Theory", cit.

interseccionalidade. No entanto, exercer o poder epistêmico aqui ilustra uma maneira diferente de desvio epistêmico. A epistemologia do ponto de vista se baseia na reivindicação da integridade de teorizar a partir de suas próprias experiências. Isso significa ver o próprio conhecimento relacionado a contextos sociais. Para grupos subordinados, a intersecção de sistemas de poder organiza esses contextos sociais. Nesse sentido, reivindicar um ponto de vista relacionado ao contexto também é uma forma de resistência epistêmica. Reivindicar pontos de vista relacionados a contextos, especialmente pontos de vista que se baseiam em visões coletivas, e teorizar a partir dessas posições sociais pode ser uma forma de empoderamento para grupos subordinados. Os projetos de conhecimento resistente ilustram essa dimensão da resistência epistêmica. No entanto, pontos de vista relacionados a contextos não são uma forma de política identitária excludente. Pelo contrário, as teorias do ponto de vista afirmam que trazer vários pontos de vista sobre o que se considera como verdade pode democratizar o processo de fazer teoria social. Isso é fortalecedor para aquelas pessoas que foram silenciadas nos processos de teorização. Na epistemologia do ponto de vista, o processo de construção da verdade é parte de uma relação dialógica entre indivíduos que estão situados de forma diferente em comunidades interpretativas[43].

Criticar a epistemologia do ponto de vista funciona como o processo de criticar afirmações de conhecimento impopulares e aparentemente politizadas de maneira excessiva. As críticas direcionadas à epistemologia do ponto de vista desviaram a atenção de como a teorização com base em pontos de vista relacionados a contextos servia aos interesses de grupos subordinados. Mais uma vez, como foi o caso das políticas identitárias, tais críticas evitaram o confronto direto com mulheres negras estadunidenses, latinas e demais mulheres *of color* que foram tão centrais para o início da interseccionalidade. Como criticar as ideias de um grupo de agentes epistêmicos cujos pontos de vista foram tão centrais para a formação de um próprio campo? Quando a interseccionalidade estava surgindo, era óbvio que as pessoas que a trouxeram para a vanguarda da consciência acadêmica eram participantes fundamentais. Não teria havido interseccionalidade sem elas. Além disso, durante a incorporação acadêmica da interseccionalidade, tais ataques diretos significariam que intelectuais com

---

[43] Marcel Stoetzler e Nira Yuval-Davis, "Standpoint Theory, Situated Knowledge and the Situated Imagination", *Feminist Theory*, cit.

privilégio estariam abertos a contracríticas oriundas de seus próprios pontos de vista coletivos.

Em vez de analisar as ideias dos pontos de vista trazidos por grupos subordinados – por exemplo, o conteúdo do feminismo negro ou feminismo latino – a crítica visou à integridade da construção de um ponto de vista próprio. A crítica fundamental da epistemologia do ponto de vista é que ela é muito particularista e insuficientemente universal. E só poderia, portanto, produzir perspectivas múltiplas e parciais da verdade porque carecia de mecanismos para refletir sobre seu próprio viés. No entanto, o propósito da epistemologia do ponto de vista nunca foi se tornar uma teoria da verdade. Em vez disso, a epistemologia do ponto de vista é uma dimensão da teorização que reconhece a importância das relações de poder na produção de conhecimento. A interseccionalidade forneceu, de maneira notável, um espaço que poderia alinhar esses projetos de conhecimento resistente. Visto que os pontos de vista relacionados a contextos não eram passíveis de apropriação ou controle pelo grupo dominante, todo o esforço de ter pontos de vista teve de ser desacreditado.

Mulheres, pessoas *of color* e demais agentes sociais que trazem consigo a autoridade testemunhal da experiência (políticas identitárias) ou que citam projetos de conhecimento resistente como propiciadores de alternativas epistêmicas viáveis à opressão epistêmica aparentemente justa e imparcial (epistemologia do ponto de vista) enfrentam o silenciamento conforme normas de conduta epistêmicas estabelecidas. Nesse sentido, essas pessoas enfrentam o desafio de desempenhar a ação epistêmica em comunidades de pesquisa da interseccionalidade, comunidades que são bem mais heterogêneas em matéria de diferenças de poder do que eram antes dela ter sido nomeada. De maneira significativa, essa diversidade de comunidades também significa que as pessoas trazem diferentes fontes de autoridade epistêmica para o projeto comum da interseccionalidade. Isso constitui um desafio importante para a interseccionalidade construir comunidades interpretativas inclusivas atravessando as diferenças epistêmicas.

O que explica essas configurações? Não é segredo que mulheres negras estadunidenses, latinas e agentes sociais semelhantes foram fundamentais para a história da interseccionalidade. A interseccionalidade rompeu a organização tradicional do poder epistêmico, chegando como uma história que foi contada *por*, e não sobre, pessoas subordinadas. Em ambientes segregados, mulheres negras, latinas e outras podiam compartilhar suas experiências, mas, na sociedade mais ampla, exercem uma autoridade testemunhal mínima para explicar ou analisar suas próprias experiências. A intersecção das relações de poder de raça, classe, gênero, sexualidade, nacionalidade, idade e competência fomentou as visões de pessoas que estavam subordinadas a tais relações de poder como *objetos* de conhecimento para investigação acadêmica. Através das lentes da interseccionalidade, essas mesmas populações tornaram-se *agentes* do conhecimento, oferecendo testemunhos periciais sobre suas vidas e as vidas de pessoas que as subalternizaram. O conteúdo de suas reivindicações de conhecimento certamente ameaçava o *status quo*, mas o processo de desafiar as injustiças epistêmicas era muito mais fundamental.

Nessas novas configurações dessegregadas, mulheres negras estadunidenses e latinas, entre outras, vivenciam uma igualdade formal de autoridade testemunhal em relação a seu direito de pertencer ao contexto de relações de poder epistêmicas sedimentadas que questionavam suas práticas testemunhais reais. Falar por experiência ameaçou as normas epistêmicas, não só por usar um conteúdo desfavorável às elites, mas principalmente porque ao fazer isso rejeitava as próprias normas. Desacreditar a autoridade testemunhal de grupos historicamente subordinados não poderia mais acontecer por meio de táticas como excluí-los das oportunidades educacionais, empurrá-los para empregos menos desejáveis ou simplesmente ignorá-los. As várias Anita Hill da academia não poderiam simplesmente ser desacreditadas e sumariamente demitidas. Alegar a autoridade testemunhal falando a partir da experiência era muito mais difícil de desabonar usando ataques diretos a interpretações das próprias experiências. Todo mundo teve experiências com racismo, heteropatriarcado, capitalismo e nacionalismo; a contestação de testemunhos dessas vivências estava fadada a ser uma estratégia fracassada e trouxe para o primeiro plano novas análises de antigas relações de poder. Pressupostos de equidade significam que todas as experiências de racismo são equivalentes. Mas, como sugeriu a enxurrada de novas perspectivas sobre racismo, heteropatriarcado, capitalismo e nacionalismo que se apoiava na autoridade testemunhal de vivenciar esses sistemas de baixo para cima, as experiências podem ter sido separadas, mas não foram iguais.

Descredibilizar pessoas *of color* como agentes epistêmicas veio menos por meio de ataques a seus argumentos reais (por exemplo, informação com base na experiência) e mais mirando suposições epistêmicas que fundamentam o processo de legitimação. Esses ataques epistêmicos precisavam de um compromisso contínuo de igualdade, justiça e objetividade para permanecer intactos como forma de proteger a integridade do trabalho intelectual. Mas eles também visavam erodir a autoridade testemunhal de pessoas subordinadas em suas análises das injustiças sociais examinadas na investigação interseccional. Em vez de dizer: "Discordamos de seus argumentos interseccionais sobre o racismo", a resposta educada tornou-se: "Discordamos dos fundamentos nos quais seus argumentos se baseiam. Sua política identitária egoica limita sua capacidade de ver além de seu próprio ponto de vista. Sua autoridade testemunhal baseada na experiência carece de objetividade. Como você pode apoiar o bem maior da igualdade e justiça usando essas estratégias? Portanto, visto que você não joga de acordo com nossas regras epistêmicas, por que deveríamos acreditar em você?"

Parece que percorremos um longo caminho desde as experiências de Anita Hill no exercício da autoridade testemunhal. Mas quando se trata da interseccionalidade como uma teoria social crítica em elaboração, de fato é esse o caso? Na academia, a tarefa que as comunidades interpretativas da interseccionalidade têm pela frente consiste em aplicar essas análises de silenciamento e sufocamento de testemunhos às suas próprias práticas[44]. A trajetória da interseccionalidade na academia se assemelha à de qualquer projeto de conhecimento de resistência considerado muito ameaçador[45]. A resistência epistêmica constitui um objetivo válido para a teorização crítica da interseccionalidade, mas o que isso significa na prática? Quais são os processos que fundamentam a própria resistência epistêmica? A resistência epistêmica deixa de ser uma construção teórica, uma meta ambiciosa do que deveria acontecer, dedicando-se aos processos de criação do conhecimento. Nesse sentido, a metodologia é importante para a interseccionalidade porque ela é um veículo para produzir a própria interseccionalidade.

---

[44] Como prova do sufocamento testemunhal, apenas um pequeno grupo de intelectuais é suficientemente diligente quando se trata de procurar e citar os estudos de mulheres *of color* e demais intelectuais igualmente subordinadas. Dada a vastidão da interseccionalidade, uma análise completa das práticas de silenciamento forçado dentro dela é uma questão empírica importante. As táticas de sufocamento testemunhal dentro da interseccionalidade podem ser mais bem traçadas pelo mapeamento temático de publicações acadêmicas que reivindicam a interseccionalidade de alguma forma a partir de sua cunhagem. Esse mapeamento incorporaria uma análise temática dentro da comunidade testemunhal da interseccionalidade, conforme evidenciado pela maneira como essa ideia se desdobrou em periódicos, livros didáticos, anais de conferências, livros com artigos de vários autores e monografias de autoria individual. Essa análise daria atenção a certas práticas estilísticas, por exemplo, a "menção" ao trabalho de Crenshaw como uma autoridade no assunto. Também identificaria temas emergentes na interseccionalidade (por exemplo, sexualidade) como categorias de análise ou a mudança contemporânea para análises materialistas e estruturais.

[45] Ver, por exemplo, minha análise acerca de como o conhecimento das mulheres negras e o pensamento feminista negro navegaram nos processos que descrevo aqui (Patricia Hill Collins, *Fighting Words*, cit., p. 11-43).

## POR QUE A METODOLOGIA É IMPORTANTE PARA A INTERSECCIONALIDADE

Em ambientes acadêmicos, o papel que a epistemologia desempenha na teorização crítica é frequentemente ofuscado pela ênfase colocada na metodologia. Cada disciplina acadêmica tem sua própria maneira de fazer as coisas, enfatizando a importância de aderir às convenções da academia por meio de regras disciplinares específicas. Conceituar a pesquisa como um processo técnico ignora o significado das relações de poder na configuração da própria pesquisa. A produção de conhecimento é mais ampla que a metodologia, e a própria metodologia reflete as estruturas epistemológicas em que ela é produzida. A resistência epistêmica torna as relações de epistemologia, de metodologia e as relações de poder mais transparentes.

Em *Decolonizing Methodologies* [Descolonizando metodologias], Linda Tuhiwai Smith descreve a necessidade de ir além dos debates acadêmicos que criticam as práticas tradicionais de pesquisa, bem como as críticas de agentes não pertencentes à academia que, com frequência, rejeitam a pesquisa acadêmica julgando-a irrelevante. Smith argumenta que, em vez disso, seu livro

> tenta fazer algo mais que desconstruir os estudos ocidentais, ao simplesmente recontar ou compartilhar histórias indígenas de terror sobre pesquisa. Num quadro de descolonização, a desconstrução faz parte de uma intenção muito mais ampla. Desmontar a história, revelar textos subjacentes e dar voz a coisas que muitas vezes são conhecidas intuitivamente não ajuda as pessoas a melhorar suas condições reais. Estes gestos fornecem palavras, talvez, uma percepção que explica certas experiências – mas não impedem que alguém morra.[46]

Questionando quão útil pode ser uma metodologia para populações subordinadas se ela meramente oferecer explicações da ordem social existente que ignoram problemas sociais importantes, Smith exige que a investigação crítica seja mais que uma mera crítica. Sem dúvida, a pesquisa é importante para a carreira acadêmica. Ao argumentar que a pesquisa deveria ter grande importância para os povos indígenas, para o que precisam em suas vidas, Smith também critica as metodologias que são usadas para estudá-los, mas que dão pouca atenção aos efeitos do conhecimento.

---

[46] Linda Tuhiwai Smith. *Decolonizing Methodologies* (2. ed., Londres, Zed, 2012), p. 3. [ed. bras.: *Descolonizando metodologias: pesquisa e povos indígenas*, trad. Roberto G. Barbosa, Curitiba, Editora UFPR, 2019].

O apelo de Linda Tuhiwai Smith para a descolonização da metodologia requer pensar nas relações existentes entre poder epistêmico, teorização interseccional e metodologia. A metodologia reflete as regras epistemológicas que governam a investigação acadêmica. Visto que metodologias trabalham com suposições não analisadas de poder epistêmico, as abordagens usuais da metodologia subestimam a importância das relações de poder na investigação intelectual. Em vez disso, a metodologia é tipicamente entendida como uma abordagem apolítica, objetiva ou como uma técnica a ser usada em algum estudo particular, ou como o raciocínio para selecionar um conjunto de métodos[47]. O poder epistêmico predominante coloca as questões metodológicas fora dos limites das relações de poder. Dentro dessa lógica, os apelos à descolonização da metodologia são vistos como apelos à introdução de um viés politizado no que supostamente é um esforço justo, objetivo e apolítico.

Até agora, neste livro, argumentei que a interseccionalidade não consiste apenas em ideias, e contar sua história sem dar atenção às relações de poder é interpretar mal seu propósito e mina sua prática. Sugeri que, em vez disso, a interseccionalidade é inerentemente um discurso crítico, cujas origens refletem diferentes processos de teorização com implicações importantes para a metodologia. Uma série de intelectuais fez um apelo vibrante para que projetos de conhecimento resistente descolonizassem o conhecimento, e o foco de Smith em metodologias de descolonização traz uma visão teórica significativa para esse esforço. Além disso, um ponto forte da análise de Smith é que ela sugere que, embora as ferramentas de análise crítica possam ser apolíticas, as formas como são usadas não o são. Os pensamentos metafórico, heurístico e paradigmático que têm sido tão centrais para o crescimento da interseccionalidade são ferramentas de pensamento crítico usual que podem ser empregadas – algo que tem acontecido – de muitas maneiras. O raciocínio que inspira a escolha da metodologia é o problema aqui, não as ferramentas específicas dos métodos de análise crítica.

Uma forma de conceituar a interseccionalidade é vê-la como uma metodologia para descolonizar o conhecimento. Seria fundamental a interseccionalidade conseguir desenvolver uma maneira de cultivar uma metodologia democrática em sua própria práxis. Todo conhecimento produzido nas epistemologias ocidentais existentes torna-se suspeito precisamente porque

---

[47] Ibidem, p. ix.

a validade de tal conhecimento se baseia em metodologias excludentes e não democráticas. Mas, mais uma vez, não basta meramente criticar essa situação. Como a interseccionalidade geraria novos conhecimentos que refletissem metodologias inclusivas e democráticas? Cultivar perspectivas críticas de uma ampla gama de pessoas e projetos de conhecimento resistente e desenvolver estratégias metodológicas para gerenciar essas perspectivas heterogêneas são passos essenciais. Nesse esforço, aprimorar as habilidades para um diálogo bem-informado não constitui apenas um importante desafio intelectual, mas também uma necessidade política.

## Trabalhar dialogicamente em meio a diferenças de poder

O engajamento dialógico é um construto central não só para a interseccionalidade, mas também para a organização deste livro[48]. Em vez de fazer uma defesa abstrata do engajamento dialógico como uma premissa central da interseccionalidade, até agora adotei uma abordagem mais pragmática. Situei a interseccionalidade dentro de um panorama teórico crítico profundamente estruturado que destaca seus múltiplos diálogos com projetos díspares de conhecimento. A Teoria Crítica, o feminismo, o pós-estruturalismo, a teoria da libertação, a teoria racial crítica, os estudos culturais britânicos e os projetos de conhecimento de descolonização, todos têm uma compreensão distinta do significado da resistência. Nesse sentido, esses diversos entendimentos do significado da análise crítica fornecem um rico conjunto de ideias para a interseccionalidade como uma teoria social crítica em elaboração.

A organização dos capítulos até agora ilustra bem meu compromisso epistêmico com o engajamento dialógico. Estou interessada em mapear as muitas

---

[48] Uso uma metodologia de engajamento dialógico para estruturar este livro. Por exemplo, este capítulo trata de como o trabalho dialógico em meio a diferenças de poder é uma premissa metodológica importante para a interseccionalidade. Muitos dos outros capítulos contam com uma estratégia de leitura baseada no engajamento dialógico. Por exemplo, a leitura dialógica do pensamento feminista negro e do pragmatismo estadunidense no capítulo 5 compara os dois discursos para obter uma visão sobre a experiência e a ação social. Da mesma forma, a análise no capítulo 6 de como Simone de Beauvoir e Pauli Murray conceituaram liberdade apresenta engajamento dialógico, não entre discursos, mas entre intelectuais. Também coloquei capítulos próximos uns dos outros para que possam ser lidos dialogicamente, mostrando, por exemplo, como as teorias sociais críticas no capítulo 2 e os projetos de conhecimento resistentes no capítulo 3 juntos lançam luz sobre o significado de ser crítica. Por meio dessa organização, pretendo fundamentar minha análise teórica da interseccionalidade em uma metodologia que sustente minhas afirmações teóricas.

influências na compreensão da interseccionalidade sobre o significado de ser crítica. Organizei esses diálogos fazendo uma distinção analítica entre projetos de conhecimento teórico crítico desenvolvidos na academia e projetos de conhecimento resistente que transcendem as fronteiras acadêmicas. A interseccionalidade na academia encontra um panorama conceitual de projetos teóricos que não podem ser ignorados porque já são considerados críticos. Ainda assim, como eu argumento, tais projetos se engajam em um controle epistêmico em relação ao significado da teorização crítica, bem como sobre quem pode fazer e responder a essa pergunta. Esses projetos exercem poder epistêmico em ambientes acadêmicos, em parte porque já são considerados críticos e, em parte, por causa da estatura de quem os defende.

Considerar as maneiras por meio das quais a interseccionalidade é ou pode se tornar uma teoria social crítica requer criar uma ampla rede de ideias e, se possível, projetos de conhecimento que lancem luz sobre o significado de análise crítica. Aqui, o panorama conceitual da interseccionalidade na academia fornece uma boa orientação. Analisei as dimensões críticas de projetos filosóficos e teóricos mais amplos selecionados da teoria social ocidental que fazem parte do panorama acadêmico da interseccionalidade. Alguns objetivam explicitamente ser críticos; outros não. A teoria social marxista, a Teoria Crítica da Escola de Frankfurt, o existencialismo, a teoria da libertação e os estudos culturais britânicos, todos têm um ímpeto crítico em seu núcleo. Outros projetos podem vestir a camisa da teoria social crítica, como no caso do pós-modernismo e do pós-estruturalismo, mas podem estar mais interessados em criticar a sociedade que em reformá-la ou transformá-la. Apesar dessa heterogeneidade, projetos de conhecimento como esses emprestam ideias para a investigação crítica. Visto que a interseccionalidade encontra esses discursos na academia, ela pode se basear em um rico repositório de ideias e reconfigurá-las para seus próprios fins.

A interseccionalidade participa ainda de projetos de justiça social mais amplos que também fazem parte de seu panorama conceitual. Ao incluir um capítulo sobre projetos de conhecimento resistente de raça, gênero e colonialismo, questiono a premissa básica de que a teorização social é sobretudo um esforço acadêmico ocidental. Projetos de conhecimento resistente também estão na academia, mas sua investigação e práxis raramente se limitam ao ambiente acadêmico. Por esse motivo, eles podem não ser vistos como suficientemente críticos para merecer o termo *teoria*, mas são essenciais para a interseccionalidade.

Essas distinções heurísticas entre a investigação crítica que já é considerada uma teoria social crítica e aquela que não é me permitiram analisar as diversas maneira de entender o significado da investigação crítica.

A compreensão que a interseccionalidade desenvolve acerca do significado da investigação crítica também tem sido influenciada por diálogos com e entre os muitos projetos de conhecimentos de resistência que transcendem as fronteiras acadêmicas. Esse panorama conceitual mais amplo contém uma vasta gama de projetos de conhecimento resistente que estão mais próximos da interseccionalidade que as comunidades aparentemente universais de investigação das disciplinas tradicionais. Organizadas, com frequência, por pessoas que vivenciam a dominação, essas tradições de conhecimentos costumam se dedicar a teorizar a resistência com um olhar voltado para a catalisação da ação política. Esses projetos de conhecimento resistente relativos à raça, classe, gênero, sexualidade, idade, competência, etnia e nação, em geral, identificam a resistência à opressão, dominação ou injustiça social como central para seu engajamento crítico. Com expressões históricas e contemporâneas variadas, essa constelação de projeto de conhecimento é mais eclética. Alguns projetos são encontrados exclusivamente na academia; outros não. Alguns ultrapassam fronteiras acadêmicas, mantendo assim laços com comunidades acadêmicas e ativistas. Independentemente da localização, muitos têm tradições de teorização, mas as formas que suas teorizações assumem são variadas e muitos não são reconhecidos como teoria. Embora não sejam vistos tipicamente como espaços de teorização ou como teorias críticas por si mesmas, esses projetos oferecem lentes diferentes sobre o significado da investigação crítica.

Resumindo até este ponto, argumentei que, como a interseccionalidade já tem um contexto de descoberta amplo, embora não reconhecido, encontrar ideias para desenvolvê-la como uma teoria crítica em elaboração não é um problema. A questão não se limita a como a interseccionalidade identificará ideias que possam ser colocadas para dialogar umas com as outras em sua própria prática; trata-se também de como ela gerenciará o engajamento dialógico com outros projetos de conhecimento. Seja o engajamento dialógico entre teorias sociais e projetos de conhecimento resistente, ou entre pessoas que deles participam, lidar com os contornos do engajamento dialógico é uma questão metodológica fundamental que a interseccionalidade enfrenta. É muito importante elaborar uma metodologia que possa incorporar múltiplas expressões de resistência epistêmica em um contexto mais amplo de poder epistêmico.

Em suma, é difícil incluir novas ideias em velhas epistemologias e metodologias com a expectativa de que o resultado será mais crítico que antes. Para atender ao apelo de Linda Tuhiwai Smith[49] por metodologias de descolonização, o engajamento dialógico pode ser o elo que catalisa tanto novos conhecimentos quanto uma nova práxis política. Reconhecer a amplitude do contexto atual de descoberta da interseccionalidade é importante para continuar a reunir uma gama de pessoas, perspectivas e ideias necessárias para tais diálogos. De certa forma, a própria interseccionalidade é uma metáfora para interações entre indivíduos díspares, comunidades de investigação e projetos de conhecimento. Contudo, o engajamento dialógico não é apenas uma ideia teórica. É também uma prática metodológica.

Trabalhar dialogicamente, no entanto, sempre ocorre em meio a diferenças de poder. As relações de poder moldam todas as relações sociais, incluindo o ímpeto de trabalhar de maneira dialógica. Mesmo as comunidades mais homogêneas apresentam diferenças consideráveis de poder – aquelas que distinguem pessoas idosas das pessoas jovens, mulheres dos homens – as próprias categorias de análise que têm sido centrais para a própria interseccionalidade. Nomear as estratégias de silenciamento da violência epistêmica dentro dos grupos mostra como o poder epistêmico funciona neles. Mas essas mesmas estratégias influenciam as relações *entre* os grupos. Tais ferramentas alumiam as maneiras pelas quais a epistemologia opera como uma parceira silenciosa na pesquisa que facilita tanto os diferenciais de poder quanto as práticas que eles engendram. Dito isso, como essa ideia de engajamento dialógico pode gerar possibilidades metodológicas para a interseccionalidade?

## O caso da análise abdutiva

Teoricamente, o engajamento dialógico é proporcional ao tema central da relacionalidade[50]. O engajamento dialógico pode ser um objetivo que vale a

---

[49] Linda Tuhiwai Smith, *Decolonizing Methodologies*, cit.
[50] As maneiras de compreender a relacionalidade moldam os projetos de pesquisa; é importante saber que conceito de relacionalidade está na mente de uma determinada pessoa que pesquisa quando ela alega estar engajada em uma investigação interseccional. Diversas concepções de relacionalidade também são diretamente visíveis nas relações sociais reais de desigualdade social. Também aí é importante como agentes sociais visualizam seus relacionamentos interpessoais e ainda como agem de acordo com essas crenças. A relacionalidade é um construto central importante tanto nas relações sociais contemporâneas quanto nas preocupações epistemológicas

pena, um objetivo com grande peso teórico. Mas ele também é uma abstração que muitas vezes permanece não especificada na prática. Como podem se dar essas relações? O que significa para a investigação crítica da interseccionalidade trabalhar de maneira dialógica?

Aqui, a ideia de análise abdutiva constitui uma estrutura útil para acrescentar informações aos contornos metodológicos do engajamento dialógico[51]. A análise abdutiva é uma metodologia que pode fornecer informações tanto para pesquisa teórica quanto para a empírica. Como uma metodologia iterativa de trabalho com fontes de dados múltiplas e muitas vezes díspares, ela não requer conteúdo, teorias ou métodos específicos. Em vez disso, na análise abdutiva, a investigação constitui uma maneira de proceder, de fazer trabalho intelectual incluindo um conjunto de suposições críticas sobre como ele deve ser feito. Uma preocupação comum costuma estar no centro de um projeto de conhecimento específico. No caso da interseccionalidade, por exemplo, a preocupação é compreender a desigualdade social, a intersecção das relações de poder e a mudança social. Uma abordagem abdutiva não decide antecipadamente qual teoria social é a melhor e, por conseguinte, tenta encaixar outras em sua estrutura. Em vez disso, todas as teorias sociais estão em jogo, dialogam entre si e com a teoria social

---

da interseccionalidade, mas a questão permanece. Que concepções de relacionalidade as pessoas têm em mente quando se engajam em investigação e práxis interseccionais? Como intelectuais e ativistas conceituam as *relações* entre raça, classe, gênero, sexualidade, idade, competência, nação e idade como sistemas de poder e como formações sociais, e as práticas sociais que decorrem dessas relações?

[51] O construto de abdução, elaborado com base no conceito de experimentalismo oriundo da filosofia referente ao pragmatismo (ver capítulo 5), fornece uma estrutura metodológica útil para a interseccionalidade. O pragmatismo em si não tinha objetivos políticos, mas recorrer à estrutura abdutiva do pragmatismo para desenvolver a metodologia crítica da interseccionalidade é especialmente promissor. Ao longo deste livro, assumo a posição de que colocar a teorização interseccional em diálogo com o pragmatismo é altamente produtivo no desenvolvimento da interseccionalidade como uma teoria social crítica. O pragmatismo constitui uma teoria social que fornece conceitos orientadores para abordar os problemas sociais existentes. No entanto, conforme analisado aqui, o pragmatismo também contém implicações metodológicas importantes. Juntos, eles sugerem uma estrutura para uma metodologia crítica por meio da qual o pragmatismo acrescenta informações aos processos de realização do trabalho teórico crítico, ao passo que os princípios da teoria social crítica fornecem uma lista mais ampla das qualidades que caracterizam esse processo. A análise que a filósofa Lara Trout (*The Politics of Survival: Peirce, Affectivity, and Social Criticism*, Nova York, Fordham University Press, 2010) faz da obra de Charles Peirce oferece uma base filosófica importante para a análise desse trabalho. Ver também a maneira como Igor Douven ("Abduction", em Edward N. Zalta (org.), *The Stanford Encyclopedia of Philosophy* (Stanford, CA, Stanford University Press, 2017, disponível em: <https://plato.stanford.edu/archives/sum2017/entries/abduction/>) trata da abdução como um construto filosófico.

em questão em relação a seu objeto comum de investigação. Essas teorias não competem pelo domínio tentando ser a mais apropriada para explicar o tema. Em vez disso, as conversas contínuas devem produzir as melhores explicações.

Visto que a abdução é um construto filosófico por si só[52], uma maneira de ver como ela pode funcionar metodologicamente é analisar como suas ideias influenciam metodologias de pesquisa já estabelecidas[53]. Os métodos etnográficos de pesquisa nas ciências sociais fornecem uma estrutura para observar a abdução em ação. Especificamente, a metodologia etnográfica que é informada pela abdução lança luz sobre como as teorias sociais podem ser usadas de forma diferente na interseccionalidade[54].

Uma abordagem usual na pesquisa etnográfica é aconselhar quem faz pesquisa a adentrar num campo de estudo sem quaisquer estruturas teóricas preconcebidas. Por meio do trabalho de campo, quem pesquisa visa observar e sondar as ideias e a organização social de um determinado grupo social pela perspectiva de integrantes desse grupo. Quem faz pesquisa não busca impor seus referenciais teóricos às pessoas estudadas, retomando as teorias sociais somente após a conclusão da pesquisa de campo e seu retorno à instituição em que trabalha. Essa organização linear da teoria – ou seja, fazer uso de ideias teóricas *antes* do trabalho de campo a fim de moldar as questões orientadoras e os paradigmas de um estudo e *depois* do trabalho de campo estar completo – de fato, elimina do trabalho de campo a teorização. Como forma de reduzir algum viés, esse processo basicamente elimina do trabalho de campo o engajamento dialógico entre teoria e dados.

---

[52] Igor Douven, "Abduction", cit.

[53] Iddo Tavory e Stefan Timmermans, *Abductive Analysis: Theorizing Qualitative Research* (Chicago, University of Chicago Press, 2014).

[54] A etnografia tem uma história célebre nas tradições de pesquisa qualitativa das ciências sociais (Norman K. Denzin e Yvonna S. Lincoln (orgs.), *Handbook of Qualitative Research*, Londres, Sage, 1994). Examino aqui um pequeno segmento de uma área metodológica muito ampla. Projetos de conhecimento resistente de gênero, raça, etnia e categorias semelhantes de análise investigaram as possibilidades e limitações da pesquisa etnográfica em suas respectivas áreas. Para análises feministas da pesquisa em ciências sociais com ênfase na etnografia, ver Christa Craven e Dana-Ain Davis (orgs.), *Feminist Activist Ethnography: Counterpoints to Neoliberalism in North America* (Lanham, MD, Lexington Books, 2013); e Marjorie L. DeVault, *Liberating Method: Feminism and Social Research* (Filadélfia, Temple University Press, 1999). Para uma discussão importante sobre como a interseccionalidade pode influenciar a pesquisa sociológica, ver Choo, Hae Yeon e Myra Marx Ferree, "Practicing Intersectionality in Sociological Research: A Critical Analysis of Inclusions, Interactions, and Institutions in the Study of Inequalities", *Sociological Theory* , v. 28, n. 2, 2010, p. 129-49.

A análise abdutiva na pesquisa etnográfica, pelo contrário, não separa a teoria dos dados coletados no campo, mas precisamente inclui a análise teórica no trabalho de campo real. Quem faz a pesquisa pode ir e vir entre o que encontra no campo e teorias sociais existentes enquanto está de fato em campo[55]. Quando os dados de campo não se adaptam às teorias, quem faz a pesquisa sai em busca de outras teorias, algumas das quais podem parecer nada relevantes para o projeto de pesquisa. Esse processo iterativo de se mover entre teorias e dados gera novas análises ao mesmo tempo que muda o curso do trabalho de campo enquanto ele continua. Não é preciso esperar até o final do trabalho de campo para testar os dados em relação a teorias estabelecidas. A teorização surge no processo de realização do trabalho de campo. Certamente, existem limitações para essa abordagem – quem se propõe a fazer o trabalho de campo e com que propósito são, por exemplo, fatores importantes. Mas essa abordagem também gera oportunidades de diálogos, entre quem está pesquisando e as pessoas pesquisadas, sobre o que está sendo "descoberto".

A análise abdutiva é fundamentalmente uma metodologia dialógica que pode acomodar várias teorias sociais e que, em um processo iterativo de trabalho de idas e vindas entre teorias e descobertas, pode ser muito útil para a teorização interseccional[56]. Na análise abdutiva, a teoria nunca termina, mas é uma pausa provisória ou ponto de parada dentro de um ciclo contínuo de investigação experimental. A teorização ocorre na relação recorrente entre as perguntas, as evidências e a utilidade das explicações (teorias) para a tarefa em questão. Em suma, a análise abdutiva é como pensamos – construindo questões com base no que sentimos ser verdade de acordo com nossas perspectivas parciais, fazendo uma pausa para desenvolver uma "teoria" ou explicação do mundo social ao nosso redor e, em seguida, testando essa explicação por meio da experiência vivida ou buscando explicações alternativas que alterem nossas perspectivas parciais iniciais[57]. Na análise abdutiva, o conhecimento é sempre temporário, esperando para ser testado pela mesma comunidade, que encontra novas evidências, novos problemas ou outros fenômenos que são efeito de sua teorização.

---

[55] Iddo Tavory e Stefan Timmermans, *Abductive Analysis*, cit.
[56] Idem.
[57] Conceituo a metodologia que uso neste livro como etnografia textual. Essa metodologia envolve a estrutura abdutiva de colocar teorias em diálogo umas com as outras. Mas, em vez de examinar o mundo social por meio de um trabalho de campo com pessoas, uma série de textos constituem meus dados. Minha abordagem se assemelha, mas difere da análise do discurso.

O conhecimento pode, alternativamente, ser absorvido por novas comunidades de investigação, que usam o conhecimento que herdam (ou adquirem) de outras pessoas como parte de sua própria análise. Na análise abdutiva padrão, o circuito relacional se dá em um método experimental de fazer perguntas úteis, reunir evidências e avaliar resultados. Nesse sentido, assemelha-se à investigação científica padrão do projeto experimental.

A ideia de engajamento dialógico no âmbito da interseccionalidade e as premissas da análise abdutiva como estrutura metodológica são semelhantes. Mas de que maneira a análise abdutiva pode dar suporte à interseccionalidade como uma forma de investigação *crítica*? Aqui, a discussão da socióloga Dana Takagi[58] acerca das necessidades metodológicas dos estudos étnicos críticos lança luz sobre as dimensões críticas do engajamento dialógico e dos processos de análise abdutiva. Takagi aponta que os estudos étnicos críticos se veem como um campo intelectual transformador que fala a públicos múltiplos, se baseia na colaboração e se orienta em prol da mudança social. Takagi também sugere que os estudos étnicos se baseiam na pesquisa-ação participativa como uma forma importante de pesquisa etnográfica e como fonte de ideias para sua metodologia crítica: "A pesquisa-ação participativa é bem conhecida como uma técnica para trabalhar com comunidades a fim de resolver problemas. Mas menos conhecida é a crítica embutida e a rearticulação dos métodos convencionais, enterrados, por assim dizer, nas regras e etapas, a saber: iteração, reflexão e colaboração"[59]. Nesse sentido, Takagi usa pesquisa-ação participativa como uma estrutura para conceituar preocupações metodológicas mais amplas nos estudos étnicos críticos. Takagi não está propondo que pesquisa-ação participativa seja o melhor método para os estudos étnicos críticos. Ela sugere que a crítica implícita na pesquisa-ação participativa e a rearticulação de métodos convencionais estão mais alinhadas com a ordem crítica desse campo.

Takagi identifica colaboração, iteração e reflexividade como três princípios interdependentes da pesquisa-ação participativa que ela entende como enterrados nas regras, mas que, quando desenterrados, constituem importantes princípios definidores da pesquisa-ação participativa. A colaboração (trabalhar dialogicamente) é fundamental para a pesquisa-ação participativa como projeto

---

[58] Dana Takagi, "First Precepts for Democracy and Research Practices in Ethnic Studies", *Cultural Studies, Critical Methodology*, v. 15, n. 2, 2015, p. 100-11.

[59] Ibidem, p. 6.

de pesquisa. O sucesso da pesquisa-ação participativa depende da colaboração bem-sucedida entre pessoas que se comprometem com um determinado projeto de pesquisa. No trabalho etnográfico, que se baseia na comunidade, a colaboração suaviza as barreiras duras entre quem pesquisa e os assuntos que os projetos convencionais definem. Em vez disso, a colaboração exige o respeito às diversas áreas de especialização ou conhecimentos especializados que as pessoas trazem para o processo de pesquisa. Esse aspecto da pesquisa-ação participativa se refere à necessidade de ampliar o contexto da descoberta em um projeto de pesquisa. "Uma característica fundamental da pesquisa-ação participativa é sua adesão à participação democrática de pessoas que provavelmente serão afetadas pela pesquisa. As questões de pesquisa são definidas por problemas práticos do mundo real, em vez de serem extraídas basicamente de trabalhos acadêmicos, embora isso não signifique que as questões não sejam teóricas ou sejam irrelevantes para a literatura acadêmica. As questões de pesquisa são construídas em conjunto com outras e refletem um processo democrático de investigação"[60].

Definir e redefinir perguntas de pesquisa é algo que emerge do processo iterativo de colaboração. As pessoas não só trazem ideias novas para outras que estão no projeto de pesquisa, mas também suas perguntas e preocupações são alteradas pelos processos iterativos de colaboração. Esse processo também influencia a fase de legitimação da pesquisa. A pesquisa-ação participativa rejeita sistemas binários de pesquisadores ativos que produzem teorias, e fontes de dados passivas que se tornam evidências para essas teorias. Como os resultados da pesquisa são coconstruídos em meio às diferenças tradicionais de poder que dividem quem pesquisa e o que é pesquisado, uma gama mais ampla de pessoas participa da decisão que avalia em que medida os resultados explicam bem a situação vivenciada. Todas as pessoas envolvidas contribuem de forma ativa para a construção do conhecimento.

A reflexividade é um elemento crucial da pesquisa-ação participativa que requer autorreflexividade dos indivíduos. Repensar a própria posição e aprender com a de outras pessoas faz parte do processo iterativo. Mas a reflexividade também é construída no projeto de pesquisa. A pesquisa pode ter origem em qualquer lugar – alguém tem que apresentar um plano de ação inicial –, mas o processo de realização da pesquisa não se limita a aplicar mecanicamente esse plano inicial. Como aponta Takagi,

---

[60] Idem.

A pesquisa-ação participativa usa a linguagem da reflexão para descrever a avaliação feita por quem pesquisa e pelos demais participantes. A reflexão no âmbito da pesquisa-ação participativa leva em conta noções abrangentes de consciência, crenças inconscientes, intersubjetividade e interação dialógica [...]. Todos os elementos do processo de pesquisa estão abertos para a reflexão – medidas e seus instrumentos, amostras, coleta de dados e análise estão sujeitos à reflexão, ao ajuste, à avaliação, quantas vezes forem necessárias. A reflexão está estreitamente relacionada às práticas interpretativas e colaborativas.[61]

Na prática, a realização da pesquisa-ação participativa é difícil, principalmente porque as relações de poder geram conflitos. E muitos conflitos estão arraigados nas próprias regras que regulam a epistemologia, as teorias e as metodologias. Essas ideias interdependentes acrescentam informações às implicações metodológicas da análise abdutiva, de modo que a tornam especialmente útil para projetos críticos em geral e para a interseccionalidade de maneira específica. As ideias orientadoras de colaboração, a iteração e a reflexividade da pesquisa-ação participativa fornecem diretrizes metodológicas para um trabalho dialógico. O engajamento dialógico funciona na teoria, mas seu significado é desenvolvido por meio de suas práticas. A construção de comunidades democráticas em meio às diferenças de poder continua sendo um desafio. Colaboração, iteração e reflexividade em qualquer comunidade investigativa devem lidar com os efeitos das diferenças de poder e com a maneira como as desigualdades sociais moldam os processos internos do grupo. As práticas de opressão epistêmica como o silenciamento e o sufocamento de testemunho podem ocorrer até mesmo dentro do grupo mais motivado e crítico. Além disso, é possível que não tenha sido por acaso que a pesquisa-ação participativa caiu em desuso na academia durante o mesmo período em que o tipo de poder epistêmico equiparado às políticas identitárias e à epistemologia do ponto de vista emergiu. As pressões para evitar o estudo colaborativo e a ação social em prol da realização acadêmica individual em projetos de pesquisa prevalecentes permanecem firmes.

Nesse contexto de disparidades de poder, um compromisso abstrato de trabalhar dialogicamente não é uma panaceia. Como Stoetzler e Yuval-Davis advertem: "Seria muito ingênuo supor que a compreensão do que é 'realmente possível', viável, acessível ou uma 'demanda razoável' em qualquer sociedade específica e em qualquer ponto específico da história seja determinado por um

---

[61] Ibidem.

debate argumentativo socialmente organizado"[62]. Em vez disso, tentar se comunicar em meio às diferenças envolve grande esforço no engajamento dialógico. Por exemplo, a pesquisa-ação participativa pode expressar um compromisso declarado com a participação democrática em seu projeto de pesquisa, mas sem nenhuma noção do que significa, na prática, colaborar em meio a diferenças de poder, ela pode vir a ser participativa apenas no nome. Reconhecer múltiplos pontos de vista, alguns dos quais são ofuscados por relações de poder, outros que desafiam a expressão em uma comunidade interpretativa que abraça uma estrutura epistemológica limitada, dá origem ao tipo de engajamento dialógico que desencadeia a resistência epistêmica em lugares diferentes.

Nem a elegância de um argumento teórico, nem a robustez das evidências organizadas em sua defesa são suficientes para moldar uma teoria social crítica. Como Linda Tuhiwai Smith aponta:

> Do ponto de vista da pessoa colonizada, uma posição a partir da qual escrevo e escolho privilegiar, o termo "pesquisa" está inextricavelmente ligado ao imperialismo europeu e à colonização [...] As maneiras por meio das quais a pesquisa científica está envolvida nos piores excessos do colonialismo continuam sendo uma poderosa história lembrada por muitos dos povos colonizados do mundo. É uma história que ainda ofende o sentido mais profundo da nossa humanidade.[63]

A força de uma teoria social crítica, pelo contrário, se baseia também nos termos de sua participação nos processos de produção de conhecimento, e ainda em como suas ideias e práticas criticam as relações de poder prevalecentes. Não existem metodologias ou métodos inerentemente "interseccionais". Mas existem maneiras por meio das quais as premissas centrais da interseccionalidade, especialmente sua premissa de relacionalidade, podem influenciar as escolhas metodológicas dos estudos interseccionais. Os emaranhados da interseccionalidade com diversos projetos de conhecimento, a arquitetura cognitiva usada por quem põe em prática a interseccionalidade e a importância das relações de poder nas e entre comunidades investigativas sobre a práxis da interseccionalidade contribuem para seus contornos metodológicos.

---

[62] Marcel Stoetzler e Nira Yuval-Davis, "Standpoint Theory, Situated Knowledge and the Situated Imagination", *Feminist Theory*, cit., p. 326-27.
[63] Linda Tuhiwai Smith, *Decolonizing Methodologies*, cit., p. 1.

## TEORIZAÇÃO INTERSECCIONAL E AUTORREFLEXIVIDADE CRÍTICA

Em um mundo de Davi e Golias regulado por epistemologias ocidentais dominantes e suas metodologias concomitantes, a interseccionalidade não pode simplesmente admitir que está jogando com o mesmo conjunto de regras que todas as outras. Projetos teóricos críticos resistem e criticam não só os arranjos intelectuais e políticos que acompanham formas específicas de dominação, mas também como as epistemologias dominantes tornam essas estruturas de conhecimento notoriamente difíceis de derrubar. Ao mesmo tempo, reconhecer que as comunidades investigativas são organizadas pelas práticas de testemunho de quem as integra significa que essas relações epistêmicas não são predeterminadas. Elas podem seguir várias direções. Isso coloca a ação epistêmica nas mãos de pessoas que pertencem a uma determinada comunidade.

Intencionalmente ou não, as narrativas de cunhagem executam uma forma de controle de acesso epistemológico que apaga e higieniza o potencial radical das dimensões mais rebeldes da interseccionalidade. Ao instalar uma interseccionalidade mais ordenada, reconhecível e disciplinada que pode se encaixar com segurança nas regras prevalecentes de poder epistêmico, tais narrativas aumentam a respeitabilidade acadêmica da interseccionalidade. No entanto, tal reconhecimento vem com o custo de aumentar a autoridade testemunhal de alguns agentes epistêmicos às custas de outros. Grupos de intelectuais querem reivindicar a legitimidade da interseccionalidade como uma perspectiva acadêmica reconhecida, deixando para trás pessoas negras, mulheres, pessoas colonizadas, pessoas pobres, pessoas apátridas e outras igualmente subordinadas, cujas ações sociais criaram a interseccionalidade. Em seu lugar, desejam instalar uma nova narrativa da interseccionalidade que privilegie as normas acadêmicas de objetividade e universalidade e as coloque acima da aparente especificidade dos laços da interseccionalidade com a resistência. Esses esforços podem ser bem-intencionados, mas, em última instância, são precipitados. A interseccionalidade não aspira apenas a ser integrada ao panteão das teorias sociais acadêmicas, críticas ou não. Seus vínculos com projetos de conhecimento resistente levantam questões específicas para a interseccionalidade no que diz respeito à essência de sua crítica ao conhecimento dominante e a quão metodologicamente crítica ela é para descolonizar o conhecimento. Nesse contexto, a capacidade da interseccionalidade de contar sua própria história é um lugar disputado de teorização interseccional.

Quando se trata de desenvolver a interseccionalidade como teoria social crítica, pode ser hora de complementar suas realizações como ferramenta para criticar as relações sociais com mais ênfase no desenvolvimento de sua arquitetura cognitiva crítica interna. Da mesma forma que a teoria racial crítica, os estudos feministas e os projetos de conhecimento resistente de descolonização se envolveram em formas duais de análise crítica, ou seja, em críticas a práticas externas a seu discurso, bem como em críticas a suas práticas internas, a análise crítica da interseccionalidade pode precisar de um olho crítico igualmente complexo. Para que a interseccionalidade aprofunde suas dimensões teóricas críticas, ela precisa criticar não só o conteúdo do conhecimento colonial, mas também seus próprios pressupostos metodológicos tomados como certos para moldar sua teorização crítica.

Cultivar uma metodologia dialógica que seja inclusiva e democrática pode se configurar uma dimensão importante e talvez essencial da arquitetura cognitiva da interseccionalidade. Uma metodologia dialógica pode ser usada para a análise crítica entre comunidades interpretativas – é o caso, por exemplo, de diálogos entre teorias críticas e projetos de conhecimento resistente. Neste livro, coloco uma variedade de projetos de conhecimento díspares em diálogo. Isso me permite identificar uma gama de ideias que expandem o contexto de descoberta da interseccionalidade. Mas uma metodologia dialógica também pode desencadear uma análise crítica interna de um determinado projeto de conhecimento. Os tipos de debate crítico existentes na teoria social francófona, nos estudos culturais britânicos, nos estudos raciais críticos, no feminismo e nos estudos sobre a descolonização ilustram a necessidade de diálogos internos. Um dos objetivos deste livro é cultivar esse tipo de diálogo na interseccionalidade. Nesse sentido, neste livro não advogo a favor de uma metodologia dialógica apenas de forma abstrata; em vez disso, por meio de minha própria práxis metodológica, analiso como o uso de uma metodologia dialógica pode dar suporte a uma teorização interseccional[64].

---

[64] Por exemplo, neste livro, me baseio na análise abdutiva para investigar o significado de ser crítica. Minha discussão sobre a interseccionalidade e os projetos de conhecimento crítico relacionados a ela existentes na academia (a saber, teorias críticas mais amplas da Escola de Frankfurt; estudos culturais britânicos; e teoria da libertação, existencialismo e pós-estruturalismo dentro da teoria social francófona) é complementada com projetos de conhecimento resistente selecionados (a saber, teoria racial crítica, feminismo e estudos sobre descolonização). Juntos, esses projetos fornecem um mapa provisório de como os projetos de conhecimento oferecem diferentes contribuições para o mesmo objetivo, a saber, ser crítica. Esse uso da análise abdutiva requer um auxílio da ambiguidade em detrimento da certeza.

Para que a interseccionalidade aprofunde suas dimensões teóricas críticas, ela precisa lançar um olhar autorreflexivo e crítico sobre seus próprios construtos, premissas e práticas. As partes I e II deste livro posicionam a interseccionalidade em um amplo panorama conceitual que compreende teorias sociais críticas estabelecidas, bem como um panteão de projetos de conhecimento resistente. Nas partes III e IV, levanto questões acerca das dimensões internas da investigação crítica da interseccionalidade. Nos capítulos seguintes, examino importantes vias investigativas para o engajamento dialógico entre pessoas que desejam aprofundar o desenvolvimento teórico da interseccionalidade. Apresento enigmas selecionados que tratam das perspectivas da interseccionalidade como uma teoria social crítica. Como um estímulo para a autorreflexividade no trabalho com a interseccionalidade, os capítulos seguintes não são proscritores, mas sim diagnósticos.

# PARTE III
## TEORIZANDO A INTERSECCIONALIDADE:
## A AÇÃO SOCIAL COMO MODO DE CONHECIMENTO

# 5
# INTERSECCIONALIDADE, EXPERIÊNCIA E COMUNIDADE

A teorização crítica da interseccionalidade enfrenta o desafio de definir como ela entende e utiliza as ideias que sustentam sua prática. A experiência é uma dessas ideias, e especificar sua definição e uso na investigação interseccional constitui um objetivo importante. Perspectivas concorrentes sobre se a experiência deve contar para a teorização social e, se sim, sobre o valor diferencial concedido às experiências de mulheres, pessoas negras, latinas, pobres, LGBTQ e com diversidade funcional moldam os debates epistemológicos e metodológicos da interseccionalidade. Ferramentas de resistência epistêmica utilizadas por pessoas subordinadas – a saber, autoridade testemunhal, política identitária e epistemologia do ponto de vista –, se baseiam todas em pressuposições implícitas sobre a utilidade da experiência para a produção de conhecimento. Nesse contexto, desenvolver uma compreensão mais robusta da experiência no âmbito da interseccionalidade, em especial uma compreensão que seja fundamentada na interação entre ações e ideias, pode influenciar a investigação crítica da interseccionalidade e sua práxis crítica.

Especificar como a estrutura social é definida e utilizada na investigação interseccional constitui um segundo desafio para a teorização crítica da interseccionalidade. As teorias sociais contemporâneas se concentram cada vez mais nos indivíduos e no discurso, afastando-se, assim, das análises estruturais acerca do comportamento coletivo e das experiências em grupo. Aqui, o conceito de comunidade fornece uma estrutura analítica para conceituarmos contextos estruturais sociais que dão forma à ação social coletiva ou àquela que ocorre em grupo[1].

---

[1] As comunidades são romantizadas como um lugar onde os indivíduos encontram um lar confortável, ou demonizadas como um obstáculo à realização individual. No entanto, são um lugar importante, que organiza as relações de poder (Patricia Hill Collins, "The New Politics of Community", *American Sociological Review*, v. 75, n. 1, 2010, p. 7-30). A discussão sobre as comunidades interpretativas no capítulo 4 aponta para o funcionamento do poder epistêmico nas comunidades e entre elas.

Neste capítulo, investigo como o desenvolvimento de análises mais robustas acerca da experiência e da comunidade pode lançar luz sobre a ação social como um modo de conhecimento. Faço isso examinando como essas ideias aparecem em dois discursos muito diferentes. Levar o pensamento feminista negro e o pragmatismo estadunidense a dialogarem entre si gera perspectivas distintas sobre as concepções de experiência e comunidade. As ideias de experiência e comunidade têm sido fundamentais para a práxis feminista negra, e o pensamento feminista negro oferece uma perspectiva importante acerca do funcionamento dessas ideias em projetos de conhecimento resistente. Como as ideias de interação social, comunidade e democracia têm sido significativas no pragmatismo estadunidense, essa especialização no campo da filosofia também oferece uma perspectiva importante sobre tais conceitos. Juntos, esses discursos sugerem algumas pistas consideráveis de investigação para a teorização da interseccionalidade[2].

A interseccionalidade está bem-posicionada para aprender com ambos os discursos. O pensamento feminista negro e o pragmatismo estadunidense sugerem que a experiência constitui uma forma de compreender o mundo social e agir nele. Ambos os discursos também fornecem perspectivas distintas sobre a construção de comunidade como uma forma de compreender as estruturas sociais e o comportamento coletivo. A teorização interseccional requer autorreflexividade crítica em relação a essas conexões entre experiência, comunidade e ação social.

---

[2] Esses dois discursos têm histórias diferentes na academia. O pensamento feminista negro examina os contornos da produção intelectual de mulheres negras nos espaços diaspóricos nos Estados Unidos e na África (Patricia Hill Collins, *Black Feminist Thought: Knowledge, Consciousness, and the Politics of Empowerment*, 2. ed., Nova York, Routledge, 2000) [ed. bras.: *Pensamento feminista negro: conhecimento, consciência e a política do empoderamento*, trad. Jamille Pinheiro Dias, São Paulo, Boitempo, 2019]. Como as mulheres negras estadunidenses foram altamente visíveis no desenvolvimento da interseccionalidade, o pensamento feminista negro é fundamental na formação da arquitetura cognitiva da interseccionalidade. O pragmatismo estadunidense é uma subdisciplina da filosofia, uma disciplina relativamente pequena, cuja centralidade para o conhecimento ocidental lhe confere influência além do pequeno número de filósofos e filósofas profissionais. As ideias do pragmatismo estadunidense influenciaram campos como a educação e a sociologia (Neil Gross, "Pragmatism, Phenomenology, and Twentieth-Century American Sociology", em Craig Calhoun (org.), *Sociology in America: A History*, Chicago, University of Chicago Press, 2007, p. 183-224). Como intelectuais de várias disciplinas e contextos nacionais aplicaram as ideias centrais do pragmatismo a uma variedade de questões, o pragmatismo desfrutou recentemente de uma revitalização acadêmica (Richard J. Bernstein, "The Resurgence of Pragmatism", *Social Research*, v. 59, n. 4, 1992, p. 813-40). De forma significativa, o longo histórico acadêmico do pragmatismo indica genealogias entrelaçadas tanto do pragmatismo quanto de disciplinas acadêmicas, e tanto do pensamento feminista negro quanto de projetos de conhecimento resistente semelhantes.

## O PENSAMENTO FEMINISTA NEGRO NO CONTEXTO SOCIAL

A história intelectual fornece discussões muito necessárias acerca das ideias de pensadoras negras estadunidenses, mas essas ideias precisam ser colocadas no contexto social, político e intelectual[3]. Situar o pensamento feminista negro no contexto social das relações interseccionais de poder, em vez de considerá-lo um conjunto estático de ideias que surgiram da mente de ativistas intelectuais negras estadunidenses, captura melhor o significado da experiência e da comunidade para a ação social. Pensadoras feministas negras estadunidenses trabalharam em contextos sociais específicos que não apenas moldaram o que podiam ver e fazer, mas também o que podiam imaginar. Os contornos mutáveis do pensamento feminista negro ao longo do tempo refletem os esforços contínuos para resolver os problemas específicos que as mulheres negras estadunidenses vivenciaram nas relações de poder mais amplas do racismo, do heteropatriarcado, do capitalismo e do nacionalismo.

Essas mulheres há muito desenvolvem explicações alternativas sobre a natureza complexa da opressão nos Estados Unidos e o potencial da democracia estadunidense na promoção da liberdade[4]. Por terem vivenciado a dominação de raça/classe de maneiras específicas de gênero, as mulheres negras estavam mais bem posicionadas para identificar como gênero e sexualidade afetavam sua vida nas opressões interseccionais do racismo e do capitalismo. Nesse contexto, o racismo, o capitalismo e o heteropatriarcado há muito são formas patentes de dominação que afetam as mulheres negras estadunidenses[5]. A análise aprofundada das mulheres negras sobre a interseccionalidade foi catalisada pelas configurações específicas dessas relações de poder tanto na sociedade quanto nas comunidades negras segregadas nos Estados Unidos.

---

[3] Observe-se que o contexto social é um construto central da interseccionalidade (ver quadro 1.1). Trata-se de uma categoria ampla invocada, mas não especificada. Aqui, enfoco dois aspectos do contexto social. Primeiro, discuto o contexto social externo que influencia o conteúdo do pensamento feminista negro; esse contexto social externo é estabelecido por relações interseccionais de poder que produzem as complexas desigualdades sociais que caracterizam as experiências das mulheres negras. Segundo, enfoco o contexto social interno das comunidades negras estadunidenses. Aqui, também uso as premissas orientadoras da interseccionalidade para analisar o pensamento feminista negro no contexto social (ver figura 1.1).

[4] Mia Bay et al., *Toward an Intellectual History of Black Women* (Chapel Hill, NC, University of North Carolina, 2015).

[5] Manning Marable, "Groundings with My Sisters: Patriarchy and the Exploitation of Black Women", em *How Capitalism Underdeveloped Black America* (Boston, South End Press, 1983), p. 69-104.

Como um braço intelectual do feminismo negro, o pensamento feminista negro constitui um caso importante para o estudo do empoderamento de grupos subordinados em contextos de dominação. As mulheres negras estadunidenses desenvolveram o pensamento feminista negro como um projeto de conhecimento resistente que refletia os interesses políticos delas[6]. As ideias da interseccionalidade têm sido fundamentais para esse projeto de conhecimento. No feminismo negro, a compreensão das experiências com injustiças sociais na sociedade estadunidense catalisou análises interseccionais no feminismo negro. Os projetos de conhecimento resistente também requerem ações sociais, tanto como fonte de ideias quanto como meio de avaliar a resistência em si. Experiências envolvendo tentativas de resistir às injustiças sociais de raça, classe, gênero, sexualidade e nação também estimularam ideias acerca da importância de uma solidariedade política flexível para a resistência. No pensamento feminista negro, ideias e ações não são nem hierarquizadas em relação umas às outras nem combinadas umas com as outras. Ao contrário, a produção intelectual e a ação política são consideradas entidades distintas, mas interdependentes. O construto do ativismo intelectual captura essa tensão criativa entre o pensar e o fazer[7].

A interseccionalidade e a solidariedade flexível são duas dimensões interdependentes do pensamento feminista negro que refletem essa relação recursiva entre ideias e ação no ativismo intelectual. A interseccionalidade e a solidariedade flexível moldam e extraem significado da ação social em um contexto social específico. No caso do pensamento feminista negro, mulheres negras agem em nome das comunidades negras estadunidenses e dentro delas. Os contornos de uma e de outra também se transformam em resposta às novas realidades políticas e intelectuais. Cada uma se aprofunda tendo em vista novas restrições e oportunidades de dominação e resistência.

---

[6] Patricia Hill Collins, *Pensamento feminista negro,* cit.

[7] Patricia Hill Collins, *On Intellectual Activism* (Filadélfia, Temple University Press, 2013). A historiografia das mulheres negras dá ênfase a essas conexões entre ideias e ação (ver, por exemplo, Carly Thomsen, "The Post-Raciality and Post-Spatiality of Calls for LGBTQ and Disability Visibility", *Hypatia,* v. 30, n. 1, 2015, p. 149-66). A história das mulheres negras fornece uma base para o pensamento feminista negro. Foram importantes para a formação do campo da historiografia das mulheres negras os estudos de Paula J. Giddings, *When and Where I Enter: The Impact of Black Women on Race and Sex in America* (Nova York, William Morrow, 1984), e Darlene Clark Hine, Elsa Barkley Brown e Rosalyn Terborg-Penn, *Black Women in America: An Historical Encyclopedia* (Nova York, Carlson, 1993). De modo significativo, a combinação de intelectualidade e envolvimento ativista difere de uma mulher negra estadunidense para outra – por escolhas pessoais, circunstâncias, oportunidades e coerção.

## Localizando a interseccionalidade: a campanha antilinchamento de Ida B. Wells-Barnett

A cruzada antilinchamento de Ida B. Wells-Barnett (1862-1931) ilustra como o ativismo intelectual das mulheres negras estadunidenses reflete a ação social como modo de conhecimento. Nesse caso, Wells-Barnett realizou uma ação social bem fundamentada em resposta às suas experiências com o grave problema social dos linchamentos, e suas ações, por sua vez, moldaram sua análise interseccional da violência[8]. Ida Wells-Barnett era lembrada principalmente como uma ativista irritante, ao lado de William E. B. Du Bois e outras lideranças negras estadunidenses. Sem dúvida, Wells-Barnett foi uma ativista extremamente eficaz para a época. Ao longo de sua vida adulta, participou de uma série impressionante de iniciativas antirracistas e pelos direitos das mulheres. Wells-Barnett também usou sua carreira de jornalista, seus discursos, sua liderança em organizações políticas, seus artigos de opinião e seus panfletos para fazer análises inovadoras sobre as conexões entre o desempoderamento das pessoas negras e a necessidade de justiça social nos Estados Unidos. Por seu ativismo e seu trabalho intelectual estarem tão interligados, ela oferece uma janela para o funcionamento do ativismo intelectual das mulheres negras.[9]

---

[8] O feminismo negro como projeto de justiça social e o pensamento feminista negro como seu centro intelectual estão inextricavelmente ligados, assumindo diferentes formas ao longo do tempo em resposta aos desafios enfrentados pelas mulheres negras estadunidenses (Patricia Hill Collins, *Pensamento feminista negro*, cit.). A persistência da violência constitui um desafio profundo. Como tal, no pensamento feminista negro, a violência constitui um catalisador para o desenvolvimento de uma análise interseccional da violência em si e das relações de poder que a engendram (ver Patricia Hill Collins, "It's All in the Family: Intersections of Gender, Race, and Nation", *Hypatia*, v. 13, n. 3, 1998, p. 62-82). Nesse caso, como forma de violência sancionada pelo Estado, o linchamento foi a ponta visível de uma constelação de práticas que desvalorizavam a vida negra. Descobrir maneiras de sobreviver e contestar as formas de violência que afetaram suas vidas constitui um fio condutor importante que permeia o ativismo intelectual das mulheres negras estadunidenses. Volto à questão da violência como um problema social que requer uma análise interseccional em vários pontos deste livro.

[9] Estudos feministas negros investigaram recentemente o escopo do trabalho intelectual de Wells-Barnett; ver, por exemplo Patricia Hill, Collins, "Introduction to *On Lynchings*", em Ida B. Wells-Barnett, *On Lynchings*, (Amherst, Humanity, 2002), e Paula J. Giddings, *Ida: A Sword Among Lions* (Nova York, Amistad, 2008). Até o surgimento do movimento feminista negro moderno na década de 1970, Wells-Barnett era uma figura negligenciada na historiografia negra estadunidense, em grande parte porque a história das mulheres negras era negligenciada. O ressurgimento de trabalhos no campo da história das mulheres negras estadunidenses criou um novo contexto para a recuperação de figuras negligenciadas, como Wells-Barnett. O livro de Angela Davis *Mulheres, raça e classe* (trad. Heci Regina Candiani, São Paulo, Boitempo, 2016) situou Wells-Barnett no crescente interesse pelos estudos de raça, classe e gênero amplamente catalisados

Wells-Barnett é mais conhecida por sua cruzada antilinchamento, que durou décadas e começou em 1892, após três prósperos donos de uma mercearia terem sido linchados em um bairro negro nos arredores de Memphis. Wells-Barnett os conhecia e desconfiava que cidadãos brancos de Memphis tinham se ressentido dos empresários negros porque a loja deles competia com vantagem com uma loja de brancos. Essa dolorosa experiência pessoal com o linchamento foi um momento decisivo em sua vida. Indignada com o fato de que "a cidade de Memphis demonstra que nem o caráter nem a posição favorecem o negro* se ele se atrever a se proteger do homem branco ou se tornar seu rival", Wells-Barnett convocou a comunidade negra de Memphis a "poupar nosso dinheiro e deixar essa cidade, que não protege nossas vidas e nossos bens nem nos dá um julgamento justo nos tribunais, quando pessoas brancas nos acusam"[10].

Em resposta ao linchamento de seus vizinhos, Wells-Barnett escreveu um editorial contundente em que criticava o senso predominante sobre o linchamento. Afirmava que os homens negros estadunidenses eram frequente e falsamente acusados de estupro, mas algumas mulheres brancas se sentiam atraídas por homens negros e muitas das relações sexuais que ocorriam entre homens negros e mulheres brancas eram consensuais. Felizmente, Wells-Barnett estava fora da cidade quando esse inflamado editorial foi publicado, ou também teria sido linchada. No entanto, o prédio do jornal negro que publicou o editorial de Wells-Barnett foi incendiado e ela foi ameaçada de morte, caso voltasse à cidade. Esses eventos específicos marcaram o início da impressionante cruzada de Ida Wells-Barnett contra o linchamento, com turnês de palestras, publicação de editoriais, preparação de panfletos, organização de serviços comunitários e participação em grupos de mulheres e a favor dos direitos civis.

Em seus textos, Wells-Barnett fornece nomes, datas e detalhes da horrível violência do linchamento contra pessoas negras. Também detalha a dor das pessoas linchadas e dos entes queridos que ficaram para trás. Seu panfleto "Mob Rule in

---

pelo feminismo negro, e contextualizou a análise de Wells-Barnett do crime de linchamento nessa estrutura interpretativa emergente. Na mesma linha, os ensaios sobre as mulheres negras estadunidenses em Bettina Aptheker, *Woman's Legacy: Essays on Race, Sex and Class in American History* [O legado da mulher: ensaios sobre raça, sexo e classe na história estadunidense] (Amherst, University of Massachusetts Press, 1982), também investigam a importância da campanha antilinchamento de Wells-Barnett para o ativismo das mulheres negras em favor do sufrágio feminino.

* No original, *negro*. (N. E.)
[10] Alfreda M. Duster, *Crusade for Justice: The Autobiography of Ida B. Wells* (Chicago, University of Chicago Press, 1970).

New Orleans" [O domínio das multidões em Nova Orleans] é um exemplo impressionante das habilidades de jornalista de Wells-Barnett; nele, ela descreve três dias de violência contra pessoas negras nos Estados Unidos e destaca seus efeitos sobre as vítimas[11]. Significativamente, o incidente precipitador envolveu policiais que abordaram dois homens negros que estavam conversando em frente a uma casa. A polícia, sem motivo aparente, decidiu prendê-los. Os homens resistiram, houve confronto e um dos policiais foi ferido. Em vez de relatar o incidente do ponto de vista da polícia, Wells-Barnett imagina como esse evento foi percebido por Charles, um dos homens abordados sem motivo pela polícia de Nova Orleans:

> Em qualquer comunidade que cumprisse a lei, Charles teria razões para procurar de imediato as autoridades devidamente constituídas e pedir um julgamento formado por um júri de pares. Ele teria a certeza de que, ao resistir a uma prisão sem mandado, estaria no seu direito de defender a própria vida e até mesmo de tomar uma vida nessa defesa, mas Charles sabia que sua prisão em Nova Orleans, mesmo sendo por defender a própria vida, significava nada menos que uma longa permanência na penitenciária e, mais provavelmente, a morte por linchamento nas mãos de uma multidão covarde.[12]

Nesse contexto, Charles não apenas fugiu da polícia, como fez o impensável ao revidar. A resistência de Charles ao que ele percebeu como assédio policial enfureceu a população branca de Nova Orleans de tal forma que, "incapaz de despejar seu revanchismo e sua sede sanguinária de vingança sobre Charles, a multidão se voltou para outros homens de cor que, por acaso, atravessaram seu caminho de fúria. Até as mulheres de cor, como acontecera muitas vezes, foram agredidas, espancadas e mortas pela turba brutal de delinquentes que encheu as ruas"[13]. Wells-Barnett conta história após história de pessoas negras desavisadas que foram retiradas de bondes, perseguidas nas ruas e assassinadas enquanto dormiam em casa. O único crime delas era serem negras e terem tido a infelicidade de esbarrar na fúria da multidão. "Mob Rule in New Orleans" é especialmente revelador porque se recusa a retratar as pessoas negras como se aguardassem passivamente seu destino como vítimas do domínio da multidão, orando por sua salvação. Ele registra as diferentes reações dessas pessoas à violência da multidão. A maioria fugiu, escondeu-se ou tentou fugir. Outras, como

---

[11] Ida B. Wells-Barnett, *On Lynchings*, cit., p. 153-203.
[12] Ibidem, p. 158.
[13] Ibidem, p. 164.

Charles, lutaram. Ele acabou sendo morto em um tiroteio, mas, mesmo ao relatar sua morte, Wells-Barnett se recusou a retratá-lo apenas como uma vítima.

A análise de Wells-Barnett do crime de linchamento ilustra a capacidade da autoridade testemunhal de destacar o ponto de vista das pessoas subordinadas. Mas também estabelece as bases das premissas orientadoras da intersecccionalidade que consistem em usar a intersecção dos sistemas de poder de raça, sexualidade, classe e gênero para resolver problemas sociais (ver figura 1.1). Nesse sentido, seu trabalho prenuncia análises interseccionais feministas negras que dão ênfase ao modo como as estruturas sociais se interligam para moldar resultados sociais específicos[14]. Wells-Barnett sugere que o crime de linchamento surgiu menos da psique individual daqueles presentes nas multidões e mais das relações de poder estruturais de raça, classe, nação, gênero e sexualidade que legitimaram o comportamento coletivo dessas multidões. Por seu ativismo intelectual, Wells-Barnett estabelece as bases para uma análise interseccional da violência sancionada pelo Estado que Angela Y. Davis, Kimberlé Crenshaw, Beth Ritchie e outras abordariam muito tempo depois[15].

O trabalho de Wells-Barnett sobre o linchamento estabeleceu as bases para as análises interseccionais subsequentes da violência de gênero. Como assinalam muitas obras feministas negras, a luta para controlar os corpos e a sexualidade das mulheres negras é uma parte importante das relações interseccionais de poder em toda a diáspora africana[16]. O trabalho de Wells-Barnett sobre o linchamento aprimorou nosso entendimento acerca da política sexual negra, mas não pelo foco nas mulheres negras estadunidenses. Ao contrário, Wells-Barnett analisa como a combinação de racismo, heteropatriarcado e classe produziu imagens de controle da masculinidade negra que foram essenciais para controlar os corpos e a sexualidade de homens negros. Wells-Barnett produziu uma análise feminista negra da masculinidade negra que justapõe a masculinidade branca como fonte

---

[14] Combahee River Collective, "A Black Feminist Statement", em Beverly Guy-Sheftall (org.), *Words of Fire: An Anthology of African-American Feminist Thought* (Nova York, New Press, 1995 [1975]), p. 232-40.

[15] Angela Y. Davis, "Rape, Racism and the Capitalist Setting", *Black Scholar*, v. 9, n. 7, 1978, p. 24-30; Kimberlé Williams Crenshaw, "Mapping the Margins: Intersectionality, Identity Politics, and Violence against Women of Color", *Stanford Law Review*, v. 43, n. 6, 1991, p. 1241-99; Beth Richie, *Arrested Justice: Black Women, Violence and America's Prison Nation* (Nova York, New York University Press, 2012).

[16] Patricia Hill Collins, *Black Sexual Politics: African Americans, Gender, and the New Racism* (Nova York, Routledge, 2004).

de linchamento contra a humanidade dos homens negros como vítimas desse crime. A autora não avança em uma análise interseccional das conexões entre a masculinidade negra e a feminilidade negra, mas estabelece as bases para uma política sexual negra que se baseia na sensibilidade interseccional.

O trabalho de Wells-Barnett sobre linchamento também postula uma análise interseccional provocativa que incorpora a sexualidade. O que é único no trabalho de Wells-Barnett é que ela não apenas introduziu uma análise de gênero muito necessária nas análises da violência, mas incorporou a ela o tema controverso da sexualidade inter-racial. Suas ideias geraram uma grande polêmica quando ela ousou afirmar que muitas das ligações sexuais entre mulheres brancas e homens negros eram de fato consensuais e, com certeza, não eram estupro. Além disso, apontou os homens brancos como os verdadeiros perpetradores dos crimes de violência sexual contra os homens negros por meio do linchamento e contra as mulheres negras por meio do estupro. Vejamos como seus comentários em "Southern Horrors" [Horrores do Sul][17] sobre as contradições das leis que proíbem o casamento inter-racial atribuem a responsabilidade ao comportamento e ao poder dos homens brancos:

> As leis de miscigenação do Sul operam somente contra a união legítima das raças: elas permitem ao homem branco seduzir todas as moças de cor que puder, mas é [sic] a morte para o homem de cor que cede à força e aos avanços de uma atração semelhante em mulheres brancas. Homens brancos lincham o ofensor negro não por ele ser um desvirtuador, mas porque sucumbe aos sorrisos das mulheres brancas.

Nessa análise polêmica, ela mostra como as ideias sobre a diferença de gênero – a passividade aparente das mulheres e a agressividade dos homens – são de fato construções profundamente racializadas. O gênero tinha uma face racial, na qual as mulheres negras, os homens negros, as mulheres brancas e os homens brancos ocupavam categorias de raça/gênero distintas dentro de uma estrutura social abrangente de lugares predeterminados. As ligações sexuais inter-raciais violaram esse espaço. Nesse sentido, Wells-Barnett prenunciou o trabalho contemporâneo sobre as conexões entre a famosa "linha de cor" de William E. B. Du Bois e as ideias sobre sexualidade e seu papel na construção do gênero durante esse mesmo período[18].

---

[17] Ida B. Wells-Barnett, *On Lynchings*, cit., p. 31.
[18] Siobhan B. Somerville, *Queering the Color Line: Race and the Invention of Homosexuality in American Culture* (Durham, NC, Duke University Press, 2000).

Ao explicar o linchamento, Wells-Barnett acrescenta uma crítica implícita ao capitalismo e à política de classe social engendrada por ele. O domínio da multidão se manteve por vários dias, mas, como aponta Wells-Barnett, começou a diminuir quando a "parte melhor da cidadania branca" percebeu os custos financeiros para Nova Orleans. Wells-Barnett oferece uma crítica mordaz da relação entre a população branca rica que se beneficiava financeiramente da pobreza negra e a população branca pobre e de classe trabalhadora que compunha a multidão. Como ela aponta, "o assassinato de algumas pessoas negras" pela multidão não é especialmente importante na Louisiana. Mas quando o "reinado da lei da multidão exerce uma influência depreciadora sobre o mercado de ações e os títulos públicos da cidade começam a indicar uma posição instável nos centros financeiros, o braço forte da boa gente branca do Sul se impõe e a ordem é rapidamente restabelecida a partir do caos"[19]. Esse foi o caso de Nova Orleans: as "partes melhores da cidadania branca" intervieram pela supressão do tumulto "com o propósito de salvar o crédito [financeiro] da cidade"[20].

Wells-Barnett tinha consciência da política hegemônica de classe da "boa gente branca do Sul", pela qual pessoas brancas ricas se beneficiavam da desvantagem financeira das pessoas brancas pobres. Também mostrou que a linha de cor que separava "a cidadania branca" de todas as classes sociais de suas contrapartes negras empobrecidas e privadas de direitos sustentava a desigualdade social. Mas ela estava igualmente consciente de que essas políticas amplas de classe social nos Estados Unidos influenciavam as relações de classe nas comunidades negras. O fato de Wells-Barnett ter crescido no Sul dos Estados Unidos, no período pós-escravidão, lhe mostrou as provações da pobreza e da vida da classe trabalhadora negra. Ela não nasceu na classe média negra emergente, mas tornou-se parte dela por meio da educação. Sua experiência com a mobilidade social ascendente lhe proporcionou experiências econômicas que diferiam de forma dramática das de muitas pessoas negras como ela. A participação de Wells-Barnett em organizações de mulheres e pessoas negras, bem como seu estilo de vida de classe média, muitas vezes geraram atrito, concessões e *insights* consideráveis. Wells-Barnett pode ter vivido grande parte de sua vida adulta *na* classe média negra, mas não era *da* classe média negra.

---

[19] Ida B. Wells-Barnett, *On Lynchings*, cit., p. 168.
[20] Idem.

A cruzada antilinchamento de Ida Wells-Barnett mostra que o próprio conhecimento pode constituir uma forma de opressão epistêmica[21]. A análise interseccional ainda em desenvolvimento de Wells-Barnett desafiou as representações das pessoas negras estadunidenses que tornavam o linchamento inteligível para a "boa gente branca" do Sul e do Norte. Antes da intervenção de Wells-Barnett, o registro histórico sobre linchamento promovia a tese de que os homens negros mereciam ser linchados, porque sua natureza supostamente animalesca os compela a cobiçar as mulheres brancas. O fim da escravidão, que acabou com a vigilância branca, aparentemente relaxou essas tendências violentas dos homens negros. Em síntese, a escravidão tinha sido boa para os homens negros, porque eliminava sua natureza violenta. Wells-Barnett refutou diretamente as imagens de controle que patologizavam os homens negros e os mostravam como preguiçosos, pouco inteligentes, sexualmente devassos e violentos. A necessidade urgente de lidar com o linchamento demandou que ela se concentrasse nos homens, mas sua abordagem sugere um conjunto semelhante de imagens de controle sobre as mulheres negras. Essas imagens não eram simplesmente representações benignas, mas essenciais na sustentação das relações de poder[22].

Além do mais, Wells-Barnett não apenas criticou a história dominante de supremacia branca e inferioridade negra como elaborou uma narrativa alternativa. Usando suas próprias experiências, utilizou raça, gênero, sexualidade e classe para explicar o mesmo conjunto de condições sociais. Como sua mãe e seu pai foram escravizados e ela própria nasceu na escravidão, ela pôde se basear nas experiências de sua família e de sua comunidade para refutar imagens depreciativas e controladoras a respeito das pessoas negras estadunidenses. Wells-Barnett enfatizava que essas pessoas precisavam rejeitar a narrativa dominante. No prefácio de seu panfleto "Southern Horrors", observa:

> O negro não é uma raça bestial. Se este texto puder contribuir de alguma forma para provar isso e, ao mesmo tempo, despertar a consciência do povo estadunidense no sentido de exigir justiça para cada cidadão e punição por lei para quem não a

---

[21] Kristie Dotson, "Conceptualizing Epistemic Oppression", *Social Epistemology*, v. 28, n. 2, 2014, p. 115-38.
[22] Patricia Hill Collins, *Pensamento feminista negro,* cit.; "Controlling Images", em Gail Weiss, Ann Murphy e Gayle Salamon, *50 Concepts for a Critical Phenomenology* (Evanston, IL, Northwestern University Press, 2018).

segue, sentirei que fiz um bom trabalho pela minha raça. Outras considerações são de menor importância.[23]

Wells-Barnett assumiu um grande risco ao desafiar o senso convencional acerca da bestialidade dos homens negros que se esconde sob a superfície da normalidade – ela foi ameaçada de morte, se algum dia voltasse a Memphis. Assim, devemos ler sua ressalva de que "outras considerações são de menor importância" no contexto político do fim do século XIX no Sul dos Estados Unidos, onde falar às claras significava perigo.

Metodologicamente, a maneira *como* Wells-Barnett construiu sua refutação do registro histórico do linchamento é tão importante quanto o conteúdo de sua argumentação contra o discurso dominante. Seu brilhantismo está em sua decisão de usar os dados coletados pelo jornalismo branco para desafiar o senso comum sobre o linchamento. Wells-Barnett reuniu uma série de artigos sobre crimes de linchamento que foram publicados na imprensa branca tradicional. Analisando os temas desses artigos, argumentou que o que parecia ser eventos isolados era, na verdade, parte de um padrão mais amplo de ilegalidade. Seus dados eram difíceis de refutar porque eram os mesmos da grande imprensa, mas ela os recontextualizou em resposta às preocupações das pessoas negras. Invertendo a etnografia tradicional, na qual os acadêmicos se informam com pessoas nativas para que os dados se encaixem em suas teorias, Wells-Barnett transformou os artigos da imprensa branca em seus "informantes nativos". Eles lhe forneceram dados para desenvolver uma teoria do linchamento como forma de violência sancionada pelo Estado que incluía raça, gênero, sexualidade, classe e cidadania. Nesse sentido, Wells-Barnett reivindicou uma autoridade testemunhal significativa dentro das restrições do poder epistêmico que se apoiava em suposições não questionadas sobre raça, gênero, sexualidade e classe[24]. No contexto daquela época, sua metodologia constituiu uma resistência epistêmica[25].

O trabalho de Wells-Barnett sobre o linchamento ilustra como a epistemologia feminista negra conceitua e valoriza a experiência como parte da resistência epistêmica[26]. Seja testemunhando em seu próprio nome, seja, como sugere seu

---

[23] Ida B. Wells-Barnett, *On Lynchings*, cit., p. 26.
[24] Kristie Dotson, "Tracking Epistemic Violence, Tracking Practices of Silencing", *Hypatia*, v. 26, n. 2, 2011, p. 236-57.
[25] Ian James Kidd, José Medina e Gaile Pohlhaus Jr. (orgs.), *The Routledge Handbook of Epistemic Justice* (Nova York, Routledge, 2017).
[26] Patricia Hill Collins, *Pensamento feminista negro,* cit., p. 251-71.

caso, acreditando no testemunho de outras pessoas, a experiência vivida é valorizada na análise do significado dos eventos. Tal teorização argumenta que, para as pessoas negras e similarmente oprimidas, olhar para as próprias experiências e para as de outras pessoas em situação semelhante é valioso na resistência à opressão. Na época de Wells-Barnett, os danos causados aos homens, mulheres e crianças negras que sofreram linchamento e aqueles causados às pessoas negras como coletividade, sempre sob ameaça de violência, serviam como lembretes diários de que era necessário acreditar nas vítimas de linchamento e que as interpretações das pessoas negras sobre suas próprias experiências tinham um valor especial. Para valorizar as experiências vividas, é preciso concentrar-se nas necessidades de um determinado grupo prejudicado pela injustiça social e encontrar um lugar de destaque para as análises promovidas pelas vítimas nas narrativas ou histórias que são contadas sobre ou por aquele grupo.

Essa compreensão da experiência anima a análise teórica feminista negra em geral e a ideia de interseccionalidade em particular. Wells-Barnett fez análises interseccionais sobre o linchamento porque seu ativismo intelectual se baseou nas experiências de pessoas negras estadunidenses. Ela não acreditava em teorias abstratas sobre o linchamento que o avaliavam como uma punição apropriada para estupradores negros e eram apresentadas por "cidadãos brancos". A necessidade de tentar resolver o importante problema social da violência trouxe uma urgência e um compromisso com o ativismo intelectual que ela manteve ao longo de duas décadas. O conjunto das iniciativas intelectuais e ativistas de Wells-Barnett demonstra uma relação sinérgica entre suas ideias e seu ativismo; especificamente, sua análise do linchamento como uma forma de violência sancionada pelo Estado e suas experiências como mulher negra estadunidense, enfrentando as vulnerabilidades do viver sob ameaça de terrorismo. Seu ativismo foi inspirado por ideias, e os fatos e as novas interpretações das velhas realidades permitiram que ela traçasse uma trajetória ativista para si mesma.

A necessidade não precisa ser só para a pessoa. Em face das sensibilidades feministas ocidentais contemporâneas que enfatizam a defesa pessoal como marca registrada do feminismo, o apoio de Wells-Barnett ao sufrágio feminino a qualifica ostensivamente como "feminista". Em contrapartida, por ser excessivamente focada em homens, a cruzada antilinchamento de Wells-Barnett parece mais adequada ao pensamento social e político negro estadunidense. Ela reconheceu que, nas condições de severa segregação racial que enfrentou, o destino das pessoas negras permanecia intimamente – se não mais – ligado tanto aos interesses dos homens negros quanto aos das mulheres brancas. Como seu trabalho sobre o linchamento examina uma forma de violência sexual que afetou mais os homens negros que as mulheres, sua defesa pode ser vista como um apoio a um etos de luta política definido pelo homem, em que as preocupações dos homens negros estadunidenses têm precedência sobre as das mulheres negras estadunidenses. No entanto, isso seria uma interpretação errônea acerca do ativismo de Wells-Barnett.

Sua campanha antilinchamento ilustra como o ímpeto das mulheres negras para o ativismo político reflete muitas vezes uma resposta a um problema social que afeta as pessoas negras estadunidenses como comunidade, por exemplo, a preocupação com as crianças, com os entes queridos e com a vizinhança em uma comunidade geográfica. Mas essa mesma preocupação também pode ser estendida às pessoas negras como uma comunidade imaginada, que vivencia um destino compartilhado, embora os indivíduos que a componham possam nunca se encontrar cara a cara[27]. O ativismo intelectual de Ida Wells-Barnett abrange ambas as dimensões da comunidade.

O ativismo intelectual de Ida B. Wells-Barnett também aponta para a importância do trabalho comunitário das mulheres negras no pensamento feminista negro[28]. O trabalho comunitário constitui uma forma de trabalho reprodutivo que foi projetada para: (1) garantir a sobrevivência física das crianças e da juventude negra estadunidense; (2) construir identidades negras que protegessem as pessoas negras dos ataques da supremacia branca; (3) apoiar famílias, organizações e outras instituições negras viáveis da sociedade civil negra; e (4) transformar escolas, locais de trabalho, agências governamentais e outras instituições sociais importantes. No caso da campanha antilinchamento de Wells-Barnett, o trabalho comunitário envolveu estratégias que se opunham ao assassinato sancionado pelo Estado de pessoas negras como povo ou comunidade imaginária.

---

[27] Benedict Anderson, *Imagined Communities: Reflections on the Origin and Spread of Nationalism* (Londres, Verso, 1983) [ed. bras.: *Comunidades imaginadas: reflexões sobre a origem e a difusão do nacionalismo,* trad. Denise Bottman, São Paulo, Companhia das Letras, 2008].

[28] Patricia Hill Collins, *From Black Power to Hip Hop: Essays on Racism, Nationalism, and Feminism* (Filadélfia, Temple University Press, 2006), p. 123-60.

## Localizando a solidariedade flexível: o trabalho comunitário das mulheres negras

Os contornos variáveis do trabalho comunitário nas comunidades negras estadunidenses inspiram a política das mulheres negras e o pensamento feminista negro[29]. Antes dos movimentos sociais de meados do século XX, o trabalho comunitário ocorria sobretudo em comunidades racialmente segregadas e abrangia tanto políticas de protesto quanto de sobrevivência, mas a sobrevivência tomava a maior parte dos recursos[30]. Para as pessoas negras estadunidenses, trabalhar pela mudança social constituiu um caminho importante para a dignidade pessoal e a liberdade individual. As pessoas negras enfrentaram nos Estados Unidos uma longa lista de problemas sociais que, embora originários da escravidão, tiveram efeitos intergeracionais profundamente arraigados. Por exemplo, o encarceramento em massa pode parecer um problema social novo, mas a prisão de jovens negros foi um mecanismo de controle durante a vigência da escravidão e das leis Jim Crow e está codificada na 13ª emenda da Constituição dos Estados Unidos[31]. Mesmo assim, em razão dos ataques aos homens negros, o fardo do trabalho comunitário recaiu mais pesadamente sobre as mulheres negras.

Na sociedade civil negra ou na comunidade negra, muitas mulheres exerceram uma liderança que foi planejada para ajudar os membros das comunidades a sobreviver, crescer e rejeitar as práticas de racismo contra a população negra[32]. O trabalho materno das mulheres negras, um importante espaço de trabalho comunitário,

---

[29] Idem.
[30] Em sociedades democráticas, a *política institucional* verifica os mecanismos de governança, considerando representantes eleitos, burocratas, eleitorado, cidadãos e cidadãs como agentes políticos de boa-fé. Sem direitos de cidadania, e por vezes definidas como menos que humanas, às mulheres negras foram historicamente negados cargos de poder e autoridade nas instituições sociais dos Estados Unidos. A *política de protesto* na esfera pública completa as definições liberais de política institucional, tipicamente enquadrada por um enfoque no ativismo dos movimentos sociais. Em contrapartida, a *política de sobrevivência*, o árduo trabalho necessário para garantir que um grupo de pessoas esteja preparado para entrar nas instituições públicas e seja capaz de protestar, constitui o alicerce da política comunitária porque está associada à esfera privada e é negra, feminina e pobre. Os movimentos sociais de meados do século XX criaram oportunidades para que muitas mulheres negras entrassem para a política institucional.
[31] Michelle Alexander, *The New Jim Crow: Mass Incarceration in the Age of Colorblindness* (Nova York, New Press, 2010) [ed. bras.: *A nova segregação: racismo e encarceramento em massa*, trad. Pedro Davoglio, São Paulo, Boitempo, 2017].
[32] Uso os termos *sociedade civil negra*, *comunidade negra* e *esfera pública negra* de forma intercambiável para me referir à constelação de organizações que se posicionam entre as famílias negras

ilustra as várias camadas da política dessas mulheres[33]. Embora o trabalho materno se assemelhe ao trabalho do cuidado, em especial no entendimento do trabalho do cuidado como um conjunto de princípios para a participação democrática[34], por ser profundamente enraizado nas políticas de sobrevivência das comunidades negras estadunidenses, ele foi transmitido com uma intenção política mais ampla. Quer tivessem crianças de seus próprios ventres ou não, o trabalho que as mulheres negras realizavam no cuidado de suas comunidades constituiu um importante espaço que ao mesmo tempo *politizou* as mulheres negras estadunidenses e serviu para muitas como uma expressão de ativismo político.

Em um mundo que desvaloriza as vidas negras, defender a vida dos jovens negros e buscar dar-lhes esperança é um ato de resistência radical. Nesse sentido, expressões contemporâneas de trabalho materno que invocam essas profundas raízes culturais conferem aos projetos políticos uma noção mais politizada do cuidado. No passado e no presente, o trabalho materno assume diversas formas. Ella Baker não teve filhos, mas seu trabalho com a juventude durante o movimento dos Direitos Civis nas décadas de 1950 e 1960 reforça sua visão democrática radical[35]. Nas décadas de 1960 e 1970, as jovens negras do Partido dos Panteras Negras para Autodefesa se envolveram em uma variedade de projetos que apoiavam a juventude negra como forma de desenvolver suas comunidades[36]. Atualmente, ativistas locais que lutam por água potável, melhores escolas, educação profissional e serviços policiais e sociais mais responsivos para seus bairros agem porque cuidam de suas comunidades e se preocupam com elas. É óbvio que homens negros também realizaram esse tipo de trabalho reprodutivo, mas, diante das políticas públicas de encarceramento em massa que retiram tantos homens das comunidades negras, o trabalho materno continua a recair desproporcionalmente sobre as mulheres negras.

---

estadunidenses e a sociedade civil, em geral. Nesse sentido, pessoas negras estadunidenses não são apenas indivíduos na sociedade branca.

[33] Stanlie M. James, "Mothering: A Possible Black Feminist Link to Social Transformation?", em Stanlie M. James e Abena P. A. Busia (orgs.), *Theorizing Black Feminisms: The Visionary Pragmatism of Black Women* (Nova York, Routledge, 1993), p. 44-54; Kaila Adia Story (org.), *Patricia Hill Collins: Reconceiving Motherhood* (Bradford, Demeter Press, 2014).

[34] Ver, por exemplo, Joan C. Tronto, *Caring Democracy: Markets, Equality, and Justice* (Nova York, New York University Press, 2013).

[35] Barbara Ransby, *Ella Baker and the Black Freedom Movement: A Radical Democratic Vision* (Chapel Hill, University of North Carolina Press, 2003).

[36] Ashley D. Farmer, *Remaking Black Power: How Black Women Transformed an Era* (Chapel Hill, University of North Carolina Press, 2017).

Nesse sentido, a sociedade civil negra forneceu uma arena importante para o ativismo político das mulheres negras e para sua consciência a respeito da política. Seja por uma tradição moral e ética que encorajava as mulheres negras estadunidenses a renunciar aos supostos interesses especiais ligados a sua condição de mulher em nome do bem maior da comunidade, seja por uma política de sobrevivência que significava que, se elas não fizessem um trabalho específico, esse trabalho simplesmente não seria feito por ninguém, o trabalho reprodutivo delas foi colocado a serviço das comunidades negras. Dentro dessa estrutura interpretativa, lutar pela liberdade e pela justiça social para toda a comunidade negra, lutar por uma sociedade mais inclusiva baseada na justiça social era, com efeito, lutar pela própria liberdade pessoal. Uma e outra não podiam ser separadas facilmente.

Trabalhar em organizações negras tanto sensibilizou as mulheres negras estadunidenses para as desigualdades de gênero e sexualidade dentro das comunidades negras quanto lhes proporcionou um local para a ação política em resposta às desigualdades de gênero. Por exemplo, usando seu poder como mulheres, muitas defenderam as questões femininas em suas igrejas[37]. Outras questionaram as interpretações das escrituras cristãs sobre o lugar legítimo das mulheres, oferecendo análises alternativas da ética feminista[38], do papel da sexualidade nas igrejas negras[39] e do empoderamento das mulheres negras com base nas Escrituras[40]. Muitas mulheres negras desenvolveram uma consciência feminista no contexto do trabalho pelos direitos civis negros nos Estados Unidos[41]. Como sugere o caso de Ida Wells-Barnett, as análises de gênero estavam inerentemente ligadas às análises raciais.

---

[37] Cheryl Townsend Gilkes, *If It Wasn't for the Women: Black Women's Experience and Womanist Culture in Church and Community* (Maryknoll, Orbis, 2001); Evelyn Brooks Higginbotham, *Righteous Discontent: The Women's Movement in the Black Baptist Church 1880-1920* (Cambridge, Harvard University Press, 1993).

[38] Katie G. Cannon, *Black Womanist Ethics* (Atlanta, Scholars Press, 1988).

[39] Kelly Brown Douglas, *Sexuality and the Black Church: A Womanist Perspective* (Maryknoll, NY, Orbis, 1999).

[40] Jacqueline Grant, *White Women's Christ and Black Women's Jesus: Feminist Christology and Womanist Response* (Atlanta, Scholars Press, 1989).

[41] Kristin Anderson-Bricker, "'Triple Jeopardy': Black Women and the Growth of Feminist Consciousness in SNCC, 1964-1975", em Kimberly Springer (org.), *Still Lifting, Still Climbing: African American Women's Contemporary* Activism (Nova York, New York University Press, 1999), p. 49-69; Pauli Murray, "The Liberation of Black Women", em Mary Lou Thompson, *Voices of the New Feminism* (Boston, Beacon, 1970), p. 87-102; Jennifer Scanlon, *Until There Is Justice: The Life of Anna Arnold Hedgeman* (Nova York, Oxford University Press, 2016).

Em condições de segregação racial, as mulheres negras certamente enfrentaram discriminação de gênero em seus empregos como trabalhadoras domésticas, bem como assédio sexual em locais públicos. Muitas sofreram agressão sexual, o que tornava o espaço público branco um espaço de perigo. Sob essas condições de cidadania de segunda classe, as comunidades negras forneciam locais de alívio dos ataques dos homens brancos e da vigilância das mulheres brancas. No entanto, as mulheres negras que viviam em bairros racialmente segregados também vivenciavam questões especificamente femininas nas interações diárias dentro das organizações que formavam a esfera pública das comunidades negras nos Estados Unidos. Mas lá, como integrantes das comunidades negras, tinham não apenas a obrigação de defender pontos de vista rígidos de solidariedade negra, mas também a oportunidade de moldar seu significado. Apesar da necessidade de solidariedade em face da ameaça racial constante, as mulheres negras, na sociedade civil negra estadunidense, muitas vezes questionaram políticas de solidariedade que exigiam sua lealdade sem oferecer suporte para as questões específicas que elas enfrentavam.

Atuar dentro dos limites do trabalho comunitário feminino gerou habilidades de solidariedade flexível que ao mesmo tempo aceitaram e desafiaram os entendimentos de solidariedade negra definidos pelos homens. Em ambientes racialmente segregados, onde a ameaça de violência era onipresente, o trabalho comunitário das mulheres negras exigia comprometimento com a solidariedade negra como característica central do engajamento político. Essa solidariedade ocorreu *nas* comunidades negras estadunidenses e *em nome delas*. Sem solidariedade entre as pessoas negras estadunidenses, as lutas políticas para acabar com a dominação racial estariam condenadas. No entanto, para as mulheres negras, uma solidariedade inquestionável não poderia ser inerentemente desejável nem eficaz quando se apoiava em uma hierarquia de gênero intergeracional dominada pelos homens. Essa solidariedade era rígida e frequentemente apoiada por uma teologia ou tradição religiosa, e criava barreiras para uma ação política eficaz. As mulheres negras viam a necessidade da solidariedade negra, mas calibravam suas ideias e ações específicas de forma flexível a fim de se adequar melhor a projetos políticos reais. A solidariedade não era uma categoria essencialista, um conjunto de regras aplicadas sem nenhum critério através do tempo e do espaço.

Apesar da frente unida apresentada ao público, nas comunidades negras estadunidenses as mulheres com frequência questionavam uma política de solidariedade que exigia lealdade aos homens, os quais não só não conseguiam entender os problemas sociais que as mulheres negras enfrentavam, mas muitas vezes também os criavam. Em vez de rejeitar por completo a política de solidariedade, elas escolheram manipular essa solidariedade, ora trabalhando com os homens negros, ora opondo-se a eles[42]. Essa compreensão flexível da solidariedade política permitiu-lhes moldar a ação social segundo os desafios em questão. A flexibilidade que estava atrelada a uma ação social baseada em princípios não significava que elas eram acriticamente obedientes, mas sim que realizavam escolhas estratégicas que fizessem mais sentido em resposta aos problemas sociais que enfrentavam.

O ressurgimento no início do século XXI de um feminismo negro vibrante e seus crescentes laços transnacionais com os feminismos da diáspora negra, as iniciativas em prol dos direitos humanos e da justiça social apontam para as continuidades e mudanças na interseccionalidade e na solidariedade flexível do feminismo negro. O feminismo negro contemporâneo se autodefine explicitamente em termos interseccionais e se vale cada vez mais da solidariedade flexível como estratégia política dentro de suas práticas organizacionais. Esses conceitos de interseccionalidade e de solidariedade flexível aparecem tanto no espaço físico quanto no digital. Por exemplo, os ensaios em *The Intersectional Internet: Race, Sex, Class, and Culture Online* [A internet interseccional: raça, sexo, classe e cultura *on-line*][43] detalham as diversas maneiras como as novas tecnologias de comunicação possibilitaram que as conversas que antes ocorriam em comunidades

---

[42] As mulheres negras estadunidenses não tinham as mesmas opiniões quando aprimoravam seus entendimentos acerca da interseccionalidade e da solidariedade. Por exemplo, muitas que trabalharam no Student Nonviolent Coordinating Committee [Comitê de Coordenação Estudantil Não Violento] durante o movimento pelos direitos civis assistiram a um crescimento da consciência feminista como resultado da política de gênero promovida pela organização (Kristin Anderson-Bricker, "'Triple Jeopardy'", cit.). Em contrapartida, outras não conseguiram desafiar as hierarquias de gênero e sexualidade, argumentando que focar questões que aparentemente estavam fora da agenda dos direitos civis diluiria a ação antirracista. De maneira similar, as mulheres negras estadunidenses há muito mantêm múltiplas perspectivas e realizam uma série de ações dentro de organizações religiosas negras. Muitas usaram a teologia de uma igreja administrada por homens para defender a igualdade de gênero, enquanto outras questionaram as interpretações das escrituras cristãs sobre o lugar legítimo das mulheres (Evelyn Brooks Higginbotham, *Righteous Discontent*, cit.). Algumas abandonaram completamente as igrejas, encontrando outras tradições religiosas mais adequadas às suas perspectivas políticas. As mulheres negras estavam mais sujeitas a se deparar com problemas femininos nas interações diárias realizadas nas organizações que formavam a esfera pública das comunidades negras estadunidenses que nas organizações feministas formais.

[43] Safiya Umoja Noble e Brendesha M. Tynes (orgs.), *The Intersectional Internet: Race, Sex, Class, and Culture Online* (Nova York, Peter Lang, 2016).

geográficas ocorram agora no ambiente *on-line*. Algumas intelectuais ativistas negras encontraram uma maneira de conjugar as comunidades acadêmicas e *on-line* usando o espaço digital de *blogs* que catalisam as discussões das mulheres negras estadunidenses em comunidades imaginárias da blogosfera. A pesquisa de Catherine Knight Steele[44] sobre as mulheres negras e o discurso de resistência *on-line*, assim como os *blogs* do Crunk Feminist Collective [Coletivo Feminista Crunk][45] são exemplares nesse sentido. Em outros casos, uma nova geração de feministas negras não apenas abraçou, como aprofundou entendimentos sobre a interseccionalidade e a solidariedade flexível em seus projetos políticos[46].

Essas ideias de solidariedade flexível e interseccionalidade continuam a desafiar a compreensão da solidariedade nas comunidades negras estadunidenses e a inspirar iniciativas mais amplas de justiça social. Em seu livro apropriadamente intitulado *Making All Black Lives Matter: Reimagining Freedom in the 21st Century* [Fazendo todas as vidas negras importarem: reimaginando a liberdade no século XXI], a historiadora Barbara Ransby examina o significado intelectual e político do movimento *Black Lives Matter* [Vidas Negras Importam] (BLM). De maneira significativa, Ransby identifica a política feminista negra como a "base ideológica do movimento"[47]. O movimento aborda o racismo e a violência vividos pelas comunidades LGBTQ. O movimento BLM cresceu e se tornou uma iniciativa internacional do Movement for Black Lives [Movimento pelas Vidas Negras]. Construído sobre a base fornecida pelo movimento BLM, o Movement for Black Lives também se baseia na particularidade heterogênea dos projetos locais e agrupa as preocupações de muitos projetos locais distintos sob um amplo guarda-chuva. Ambos os movimentos ilustram os desafios de utilizar a solidariedade flexível *numa* comunidade política específica e promover a solidariedade entre as comunidades políticas e por meio delas. O movimento BLM inicial ilustrava uma continuidade em relação às expressões históricas de interseccionalidade e solidariedade flexível no trabalho comunitário das

---

[44] Catherine Knight Steele, "Signifyin,' Bitching, and Bloggins: Black Women and Resistance Discourse Online", em Safiya Umoja Noble e Brendesha M. Tynes (orgs.), *The Intersectional Internet*, cit.

[45] Idem; Brittney Cooper, Susana M. Morris e Robin M. Boylorn (orgs.), *The Crunk Feminist Collection* (Nova York, Feminist Press at Cuny, 2017).

[46] Charlene A. Carruthers, *Unapologetic: A Black, Queer, and Feminist Mandate for Radical Movements* (Boston, Beacon Press, 2018).

[47] Barbara Ransby, *Making All Black Lives Matter: Reimagining Freedom in the 21st Century* (Oakland, University of California Press, 2018), p. 2.

mulheres negras. No entanto, objetivava ao mesmo tempo aprofundar ambos os construtos, ampliando o círculo de vidas negras para incorporar pessoas trans negras e outras que enfrentam discriminação dentro e fora das comunidades negras. As experiências das pessoas não deveriam mais ser excluídas dos "limites da negritude"*, como descreveu Cathy Cohen[48], mas eram centrais para a política negra em si. Em suma, ao utilizar uma análise interseccional, essa abordagem expandiu o significado da comunidade negra. Por meio dessas atividades, o movimento BLM enfatizou a sinergia de ideia e ação tanto em sua contranarrativa das relações interseccionais de poder quanto por sua contrapolítica baseada na ação coletiva. Em outras palavras, a abordagem para resolver os problemas sociais baseou-se na interseccionalidade como uma ferramenta para analisar a intersecção das relações de poder e na solidariedade flexível como uma estratégia necessária para a ação política.

## PRAGMATISMO ESTADUNIDENSE E AÇÃO SOCIAL CRIATIVA

Ao discutir a importância do pragmatismo para a teoria social contemporânea, o teórico social alemão Hans Joas identifica as ideias que estão no cerne do pragmatismo estadunidense:

> Argumento que o pragmatismo estadunidense é caracterizado por sua compreensão da ação humana como ação *criativa*. A compreensão da criatividade contida no pragmatismo é específica, no sentido de que ele se concentra no fato de que a criatividade está sempre incorporada em uma *situação*, ou seja, na "liberdade situada" do ser humano.[49]

A descrição de Joas toca em duas dimensões importantes do pragmatismo, ou seja, sua crença na criatividade humana dando sentido às experiências e ações

---

\*    Em inglês: *blackness*. (N. T.)
[48]    Cathy J. Cohen, *The Boundaries of Blackness: AIDS and the Breakdown of Black Politics* (Chicago, University of Chicago Press, 1999).
[49]    Hans Joas, *Pragmatism and Social Theory* (Chicago, University of Chicago Press, 1993), p. 4. Joas também aponta que essa dimensão do pragmatismo estadunidense tem recebido críticas: "É precisamente essa ênfase na interconexão entre criatividade e situação que deu vazão à repetida acusação de que os pragmatistas possuem uma teoria que é apenas uma filosofia de adaptação às circunstâncias dadas. Essa acusação não percebe o impulso antideterminista dos pragmatistas. Em sua opinião, agentes enfrentam problemas, queiram ou não; a solução para esses problemas, entretanto, não é prescrita de forma óbvia e de antemão pela realidade, mas exige criatividade e traz algo objetivamente novo para o mundo" (idem).

humanas por meio do pensamento crítico e a premissa de que tal criatividade e o engajamento crítico sempre ocorrem num contexto social[50].

A noção do eu social é fundamental em ambas as dimensões do discurso pragmatista. Esse eu social é um ser humano situado em uma rede de processos transacionais com outras pessoas. As experiências que um ser humano tem no mundo social por meio de transações com outras pessoas constituem a substância que uma pessoa usa para dar sentido aos mundos social e natural. Os significados sociais são negociados no espaço da transação.

---

[50] As narrativas-padrão do pragmatismo estadunidense o abordam como um subcampo da filosofia cuja versão clássica emergiu nos Estados Unidos do fim dos anos 1880 aos anos 1940. Charles Peirce, William James, John Dewey e George Herbert Mead costumam ser citados como figuras emblemáticas do cânone pragmatista clássico. Uma série de antologias de figuras-chave nesse campo apresentam uma história geralmente aceita do pragmatismo estadunidense (das origens no fim do século XIX às expressões contemporâneas como uma filosofia exclusivamente estadunidense) que é dada pela seguinte cronologia provisória: (1) fundação do campo, principalmente por meio de ensaios e ações seminais de membros do Clube Metafísico; (2) amadurecimento do campo por meio da abundante obra do filósofo John Dewey; (3) período de declínio durante as décadas de 1940 e 1950, quando as ideias de Dewey perderam popularidade; e (4) período de ressurgimento e revitalização, marcado por novos movimentos sociais nas décadas de 1960 e 1970 e pelo aumento do interesse acadêmico pelas ideias em si na década de 1980 até o presente. De acordo com a história, nas décadas de 1980 e 1990, o pragmatismo estadunidense foi revitalizado na academia, especialmente na filosofia. Dois filósofos são apontados como líderes desse movimento. Richard Rorty (1999) abordou-o na qualidade de neopragmatista. O filósofo alemão Jürgen Habermas recorreu ao pragmatismo estadunidense pela utilidade na elaboração de suas teorias de ação comunicativa e democracia, um movimento que deu ainda mais legitimidade ao campo. Isso aconteceu em outras disciplinas que beberam do pragmatismo, mas não o reconheciam como tal. Dado o período de quiescência, a revitalização do pragmatismo estadunidense foi significativa.

Apresento aqui uma descrição muito geral do pragmatismo. Para introduções úteis, Cornelis De Waal, *On Pragmatism* (Belmont, CA, Wadsworth Press, 2005) [ed. bras.: *Sobre o pragmatismo*, trad. Cassiano Terra Rodrigues, São Paulo, Loyola, 2007], fornece um resumo sólido das principais ideias e da história do pragmatismo para estudantes de filosofia. Hans Joas, *Pragmatism and Social Theory*, cit., enfatiza as expressões de pragmatismo nos Estados Unidos e na Europa. Nem todas as histórias do pragmatismo são uniformemente positivas. O livro de Cornel West, *The American Evasion of Philosophy: A Genealogy of Pragmatism* (Madison, University of Wisconsin Press, 1989), tenta ampliar o cânone pragmatista para incluir temas e intelectuais que não costumam aparecer nas histórias. Abordando o pragmatismo como um subcampo da filosofia, West visa mostrar a utilidade potencial do pragmatismo para uma agenda mais democrática. Scott L. Pratt, *Native Pragmatism: Rethinking the Roots of American Philosophy* (Bloomington, Indiana University Press, 2002) tem um projeto semelhante. Pratt examina as conexões entre pragmatismo e filosofia, mas lança uma rede muito mais ampla que West e outros, incorporando como núcleo o encontro entre povos nativos e povos colonizadores. Ainda nessa tradição de vincular o pragmatismo aos limites da filosofia em particular e da teoria social em geral, Larry A. Hickman, *Pragmatism as Post-Postmodernism: Lessons from John Dewey* (Nova York, Fordham University Press, 2007) examina a provocativa tese de que o pragmatismo pode constituir a próxima etapa pós-estruturalismo.

A noção de experiência é fundamental para a compreensão dessa ideia do eu social. Tomemos, por exemplo, a descrição do filósofo John Stuhr da centralidade da experiência para entendimentos intersubjetivos, ou os significados que as pessoas criam ao interagir umas com as outras:

> Eles [James e Dewey] insistem que a experiência é uma questão ativa e contínua na qual o sujeito experienciador e o objeto experienciado constituem uma unidade relacional, integral e primária. A experiência não é uma interação de sujeito e objeto separados, um ponto de conexão entre um reino subjetivo do sujeito experienciador e a ordem objetiva da natureza. Ao contrário, *a experiência é existencialmente inclusiva, contínua, unificada: é essa interação entre sujeito e objeto que constitui sujeito e objeto* – como características parciais dessa totalidade ativa, ainda que não analisada. A experiência, portanto, não é uma "interação", mas uma "transação" na qual o todo constitui seus aspectos inter-relacionados.[51]

Nessa compreensão extensiva da experiência como existencialmente inclusiva, contínua e unificada, pessoas não são recipientes passivos de um mundo social acabado; ao contrário, por meio de suas relações entre si, com as instituições sociais e com o meio ambiente ("a ordem objetiva da natureza"), elas constroem ativamente seu mundo social. Experienciar é um processo de viver no mundo social, diferentemente das experiências como artefatos de interações passadas[52].

Nesse sentido, a concepção pragmatista das experiências humanas e sua conexão com o eu social difere do senso comum acerca da identidade individual, segundo a qual um indivíduo permanece quem é independentemente do contexto social em que está situado. Indivíduos se movem de um lugar para outro, coletam experiências à medida que avançam, carregam experiências acumuladas para cada novo contexto. O senso comum acerca da identidade entende que uma pessoa carrega uma identidade essencial de um contexto social para outro. Assim categorizadas, as experiências de cada pessoa são reduzidas a uma perspectiva, preconceito ou mera opinião individual. As experiências tornam-se entidades que o indivíduo coleta e que moldam a identidade individual deste.

---

[51] John J. Stuhr, "Introduction: Classical American Philosophy", em *Pragmatism and Classical American Philosophy: Essential Readings and Interpretive Essays* (Nova York, Oxford University Press, 2000), p. 4-5. Grifo nosso.

[52] Nesse sentido, o pragmatismo e a fenomenologia compartilham pressupostos estruturais importantes sobre a natureza socialmente situada da consciência humana. Ver Neil Gross, "Pragmatism, Phenomenology, and Twentieth-Century American Sociology", cit.

A compreensão pragmatista das experiências no contexto social rejeita essa compreensão da identidade. Como experienciar o mundo social está sempre sujeito a interpretações e reinterpretações, as identidades são fenômenos sociais e, como tal, nunca estão terminadas. Ao contrário, as experiências e as identidades que elas engendram estão sempre em formação; ou seja, as pessoas moldam seus mundos sociais por meio das ações que realizam e das experiências que essas ações provocam. Nesse sentido, a experiência tem um significado duplo: tanto é o resultado das transações no mundo social (por exemplo, minha biografia, o significado que atribuo às minhas próprias experiências) quanto descreve um processo ativo de estar no mundo social (por exemplo, de que modo experiencio o mundo como participante ativo, vivendo nele ao longo do tempo).

Ao situar a experiência individual no centro do mundo social, o pragmatismo oferece uma análise da experiência que valoriza suas contribuições para a investigação intelectual. O construto pragmático da ação social criativa origina-se dessa compreensão de experienciar o mundo social como o que estimula o pensamento crítico e a imaginação. Em outras palavras, as pessoas não experienciam o mundo simplesmente através da observação, como se assiste a um filme. Ao contrário, elas trabalham ativamente para dar sentido ao mundo por meio do pensamento crítico e da imaginação e, por meio de suas ações, moldam o mundo social. Por exemplo, Ida B. Wells-Barnett não viu o linchamento de seus amigos como uma experiência benigna, com pouco efeito em sua visão de mundo. Ela analisou criticamente os eventos para poder entendê-los. E ao fazê-lo, consultou outras pessoas, desenvolvendo uma análise provisória das causas do linchamento baseada em suas próprias experiências. Agir por meio de experiências de discursos, escrever e viajar não apenas aprofundaram sua análise, mas também contribuíram para seu compromisso de imaginar um mundo sem linchamentos.

O conceito pragmatista de experimentalismo na vida cotidiana fortalece essa categoria mais amorfa de ação social criativa. As pessoas experimentam o tempo todo, tentam coisas novas e aprendem com as diferenças entre o que pensavam que aconteceria e o que realmente aconteceu. O experimentalismo não é ensinado; é algo que as pessoas fazem. Por exemplo, para o desespero de mães, pais e responsáveis, as crianças pequenas passam por uma fase em que põem tudo na boca. Os dentes estão nascendo, é fome ou se trata de uma forma de experimentar para aprender o que deve ir para a boca e o que definitivamente não deve? O conceito pragmatista de experimentalismo na vida cotidiana é semelhante ao tipo de pensamento crítico que foi formalizado como método científico. No pragmatismo, *experimentalismo* se refere a uma forma de pensar que faz suposições provisórias, testa hipóteses por meio de experiências e determina como elas se enquadram nessas suposições provisórias, formando então novas suposições provisórias com base no que aconteceu. Isso é exatamente o que a criança faz. A verdade das crianças pequenas nunca é certa, mas sempre provisória e sujeita a mudanças. Em estruturas pragmatistas, as verdades sociais são sempre provisórias e estão sempre sujeitas a reinterpretações.

Esse conceito de experimentalismo sugere que o significado de uma ideia vem de seu uso pragmático no contexto social, e não exclusivamente de sua lógica interna ou de alguma definição predeterminada. Quanto mais uma ideia circula entre as pessoas que a utilizam, mais clara ela se torna, porque foi testada pela experiência. Numa metodologia pragmatista, o conhecimento ou as "verdades" não são absolutas, mas são continuamente reavaliadas e reinterpretadas de acordo com seu bom funcionamento (seu valor pragmático). Nessa estrutura experimentalista, ideias sociais importantes (como liberdade, justiça social, igualdade e democracia) nunca estão terminadas – elas ganham significado à medida que são utilizadas. Problemas sociais também são passíveis de revisão contínua, reinterpretação e ação social renovada.

Sendo uma dimensão da ação social criativa, o experimentalismo é especialmente útil para a teoria social crítica[53]. Por exemplo, John Dewey evitou análises da democracia nas quais os intelectuais desenvolviam teorias e aplicavam análises abstratas a respeito da democracia. A abordagem de Dewey foi mais abdutiva, examinava como o significado da democracia se aprofundava ao longo do tempo pela forma como as pessoas a experienciavam e usavam. Em vez de desenvolver uma grande teoria da democracia como sistema político e

---

[53] Esse construto do experimentalismo destaca a importância da análise crítica para a ação social criativa como um modo de conhecimento. Neste livro, minha análise do pensamento crítico no âmbito da interseccionalidade é moldada por uma compreensão pragmatista do experimentalismo (ver figura 1.1). Por exemplo, no âmbito da interseccionalidade, quando os indivíduos identificam e usam metáforas de uma nova maneira, usam heurísticas para resolver problemas e promovem mudanças de paradigma no que é visto como uma verdade, essas ações são basicamente experimentais. Os aspectos distintos da arquitetura cognitiva da interseccionalidade se apoiam em ideias básicas do pensamento crítico como ferramenta para a ação social criativa. Da mesma forma, o engajamento dialógico é fundamentalmente uma abordagem pragmatista da experiência. É o caso, por exemplo, da análise abdutiva como forma de teorização (ver capítulo 4). Uma vez que se tenha feito um trabalho criativo e um trabalho crítico suficientes, os processos de ação social criativa podem catalisar teorias sociais críticas.

uma ética de sua concretização, a filosofia de Dewey implicava uma abordagem mais dialógica. Em essência, o significado de democracia nos Estados Unidos emergiria do modo como o público participaria das instituições democráticas. O compromisso de Dewey com a educação pública originou-se desse sentimento de que a democracia participativa exigia um público educado. *The Public and Its Problems* [O público e seus problemas][54] ilustra o compromisso de Dewey com a análise crítica como forma de diagnosticar e resolver problemas sociais. Dewey pretendia cultivar indivíduos cujo "pensamento inteligente" traria as melhores ideias para a mesa da democracia participativa. O trabalho de Dewey ilustra como podem funcionar o experimentalismo e o desenvolvimento de significado por meio da ação social.

Ao mesmo tempo, a abordagem de Dewey, bem como a abordagem geral do(a)s pragmatistas, evitou um dilema da sociedade estadunidense. Por um lado, o pragmatismo fornece de fato ferramentas conceituais importantes para repensar o construto da comunidade como um espaço no qual os mundos subjetivos dos indivíduos e as estruturas sociais objetivas e duráveis criadas por eles se encontram. O pragmatismo estadunidense defendeu o desejo de fomentar a criatividade humana nas comunidades democráticas. Por outro lado, as comunidades imaginadas do pragmatismo eram muito mais democráticas que as comunidades reais. O pragmatismo tinha muito pouco a dizer acerca da influência das relações de poder na própria experiência e organização das comunidades. Com essa omissão, o pragmatismo evitou por décadas a difícil questão do funcionamento da ação social criativa em situações de desigualdade social, em que a liberdade humana é tão notoriamente restringida.

## Inscrevendo a desigualdade social no pragmatismo: gênero, raça, indigeneidade e nação

Os pensadores pragmatistas clássicos não conseguiam entender como a intersecção dos sistemas de poder moldava suas experiências em comunidades específicas de investigação, tampouco como incorporava entendimentos alternativos de pragmatismo em seus projetos intelectuais básicos. Charles Peirce, William James e outros membros do Clube Metafísico pragmatista que se reuniam regularmente para discutir as ideias do pragmatismo constituíam uma comunidade muito

---

[54] John Dewey, *The Public and Its Problems* (Athens, Ohio University Press, 1954).

pequena de investigação[55]. Além disso, a homogeneidade de suas experiências em famílias, comunidades e instituições acadêmicas que valorizavam a branquitude, a riqueza, a masculinidade e a heterossexualidade significa que eles não eram expostos a pessoas e ideias situadas fora de suas experiências.

Os pragmatistas clássicos certamente sabiam que a desigualdade social existia – como poderiam ignorá-la? – no entanto, como intelectuais privilegiados, não deram muita importância ao tema. Nesse sentido, não podiam recorrer a experiências que não tinham tido nem podiam consultar pessoas cujas experiências eram muito distantes de suas próprias experiências cotidianas. Nesse mesmo período do pragmatismo clássico, pensadoras feministas negras enfrentavam um contexto social que tornava virtualmente impossível que ignorassem o funcionamento do poder em sua vida. Os membros do Clube Metafísico e Ida B. Wells-Barnett habitavam contextos sociais completamente diferentes, o que teve efeitos correspondentes em suas teorias sociais. Se uma gama mais ampla de pessoas tivesse participado das comunidades pragmatistas de investigação, talvez o pragmatismo estadunidense tivesse se desenvolvido de maneira diferente.

Um ressurgimento do interesse pelo pragmatismo catalisou a crítica interna a respeito de uma série de temas. No início do século XXI, muitos filósofos e filósofas criticaram o cânone pragmatista, questionando verdades tidas como certas[56]. Esse ressurgimento do interesse pelo pragmatismo tornou possível trazer para ele questões colocadas pela desigualdade social e questionar como ele poderia contribuir para a compreensão da desigualdade social.

---

[55] Louis Menand, *The Metaphysical Club: A Story of Ideas in America* (Nova York, Farrar, Straus and Giroux, 2001).

[56] Parte da crítica voltou sua atenção para figuras cujas associações com o pragmatismo haviam sido negligenciadas, como Ralph Waldo Emerson (Cornel West, *The American Evasion of Philosophy*, cit., p. 9-41). Outros investigaram intelectuais que ficaram de fora do cânone pragmatista, mais notavelmente William E. B. Du Bois (Ross Posnock, "Going Astray, Going Forward: Du Boisian Pragmatism and Its Lineage", em Morris Dickstein (org.), *The Revival of Pragmatism: New Essays on Social Thought, Law, and Culture*, Durham, NC, Duke University Press, 1998, p. 176-89; Cornel West, *The American Evasion of Philosophy*, cit.) e Jane Addams (Charlene Haddock Seigfried, *Pragmatism and Feminism: Reweaving the Social Fabric*, Chicago, University of Chicago, 1996). Em outros casos, figuras que costumavam ser associadas a outros campos foram analisadas por seus laços com o pragmatismo: é o caso, por exemplo, de Jürgen Habermas, que seguia as ideias da Teoria Crítica da Escola de Frankfurt (Hans Joas, *Pragmatism and Social Theory*, cit., p. 125-53). A ampliação da rede mostra também como figuras históricas fundamentais para a democracia estadunidense influenciaram potencialmente os entendimentos contemporâneos a respeito do pragmatismo: é o caso, por exemplo, de Benjamin Franklin (James Campbell, *Recovering Benjamin Franklin*, Chicago, Open Court, 1999; Scott L. Pratt, *Native Pragmatism*, cit.).

Reformar campos de estudo existentes, especialmente aqueles com a longevidade e o prestígio do pragmatismo estadunidense, leva tempo. Reformar disciplinas existentes requer criticar as ideias e as práticas predominantes de um campo, idealmente oferecendo argumentos convincentes de que este se beneficiará se seus praticantes adotarem a mudança. Reformas duradouras são mais bem conduzidas por especialistas da disciplina – a crítica pode emanar de fora de um campo de investigação, mas as pessoas que já têm um interesse direto no campo estão em uma posição única para reformar seu discurso. Esse é o caso em especial da filosofia, uma disciplina com requisitos estritos de ingresso.

A atenção renovada que filósofos e filósofas iniciados dirigiram à desigualdade social no pragmatismo estadunidense ocorreu concomitantemente com o ressurgimento do interesse pelo próprio pragmatismo estadunidense. Três atividades inter-relacionadas caracterizam esse movimento: iniciativas para (1) remediar exclusões do discurso pragmatista, principalmente para incluir intelectuais cujas ideias tratam das principais preocupações do pragmatismo; (2) revisar a narrativa pragmatista para corrigir o preconceito existente, explicar os temas existentes, ou ambos; e (3), quando justificado, imaginar estruturas alternativas do pragmatismo que são reconhecíveis como pragmatismo, mas não podem ser confortavelmente incorporadas à autonarrativa do pragmatismo. Filósofos e filósofas pragmatistas utilizaram gênero, raça, etnia, nação e categorias similares para criticar o cânone pragmatista.

Na filosofia, a análise da ausência de gênero no cânone pragmatista constitui uma dimensão importante da reforma. Analisar como a ausência de trabalho de mulheres filósofas afetou o pragmatismo constituiu um importante ponto de partida para a reforma. Em "Reclaiming a Heritage: Women Pragmatists" [Reivindicando um legado: mulheres pragmatistas][57], Charlene Seigfried examina o trabalho de mulheres filósofas que se inspiraram em ideias pragmatistas e fornece, assim, uma importante introdução ao modo como o feminismo e o pragmatismo moldaram um ao outro[58]. Reivindicar Jane Addams como uma

---

[57] Charlene Seigfried, *Pragmatism and Feminism: Reweaving the Social Fabric*, cit., p. 40-66.
[58] A recuperação do trabalho de filósofas feministas proeminentes, que não são associadas ao pragmatismo, também tem sido promissora. Por exemplo, a produção intelectual de Simone de Beauvoir tem recebido grande atenção, como era esperado havia muito tempo (ver, por exemplo, Laura Hengehold e Nancy Bauer (orgs.), *A Companion to Simone de Beauvoir*, Hoboken, NJ, Wiley-Blackwell, 2017). Apresento uma argumentação semelhante no capítulo 6 a respeito do tratamento da obra de Simone de Beauvoir pelo existencialismo. As discussões sobre o existencialismo canônico apontam em geral para Sartre, Camus, Fanon e outras figuras masculinas,

importante pensadora pragmatista é uma ilustração da importância dessa estratégia de inclusão para a reforma. Addams[59] foi uma filósofa em sentido próprio, e a refundição como filósofas de pensadoras como Jane Addams, que trabalhou fora da filosofia, e, por conseguinte, a inclusão delas nas genealogias revisionistas da própria filosofia desafia os limites do que conta como pragmatismo. Ao levar em consideração o gênero, muito desse trabalho sobre as mulheres filósofas busca revisar a narrativa para corrigir os preconceitos existentes. Incluir as mulheres filósofas é um primeiro passo promissor, que abre as portas para perguntarmos como análises de gênero em geral, mas não exclusivamente promovidas por mulheres podem oferecer novos *insights* sobre a substância do próprio pragmatismo[60].

Estudiosos e estudiosas de raça e etnia se envolveram em um processo semelhante de reivindicação de intelectuais, novamente com o objetivo de reformar o cânone pragmatista. William E. B. Du Bois é uma escolha óbvia aqui, principalmente porque a produção intelectual de Du Bois é amplamente reconhecida em muitos campos[61]. O trabalho intelectual interdisciplinar de Du Bois parte da história, da sociologia e da filosofia e demonstra uma amplitude teórica que o torna passível de recontextualização no âmbito da filosofia. Du Bois deu vazão inicialmente às suas afiliações intelectuais com a sociologia, procurando trabalho na Universidade da Pensilvânia; não obtendo sucesso, passou uma década na Universidade de Atlanta, onde chefiou pesquisas sobre questões de raça. Escritor prodigioso, Du Bois abandonou finalmente suas aspirações

---

muitas vezes alinhando Beauvoir ao existencialismo, com base em sua associação com esse grupo. Mais recentemente, Beauvoir passou a ser considerada uma filósofa existencialista por méritos próprios, e parte da crítica investiga como suas ideias podem ter moldado ideias existencialistas que são rotineiramente atribuídas a Sartre.

[59] Jane Addams, *Democracy and Social Ethics* (Urbana, IL, University of Illinois Press, 2002).

[60] Muitos trabalhos se destacam nessa empreitada, entre eles os de Charlotte Haddock Seigfried, "Shared Communities of Interest: Feminism and Pragmatism", *Hypatia*, v. 8, n. 2, p. 1-14, e *Pragmatism and Feminism*, cit.; e a leitura de Shannon Sullivan, "Reconfiguring Gender with John Dewey: Habit, Bodies, and Cultural Change", *Hypatia*, v. 15, n. 1, 2000, p. 23-42, sob o prisma da reconfiguração do gênero, bem como a análise que faz em "Intersections between Pragmatist and Continental Feminism", em Edward N. Zalta (org.), *The Stanford Encyclopedia of Philosophy* (Stanford, CA, Stanford University, 2015), disponível em: <https://plato.stanford.edu/archives/spr2015/entries/femapproach-prag-cont/>. Esse exame da relação entre as análises de gênero, que podem ou não ser feministas, e o pragmatismo pode abrir novos caminhos de investigação.

[61] Ver, por exemplo, David Levering Lewis, *W. E. B. Du Bois: A Reader* (New York, Henry Holt, 1995).

acadêmicas e voltou sua atenção para outras questões. Apesar da tênue relação histórica de Du Bois com a filosofia, parte da revitalização do pragmatismo se concentrou na investigação da ligação de Du Bois com as questões filosóficas[62]. A persistência das desigualdades sociais continua a romper os limites da relação do pragmatismo com a questão social de raça e etnia[63] e sua utilidade como marco para a compreensão da ação política negra estadunidense[64].

O foco em Du Bois é importante, mas o interesse crescente pelas obras de Alain Locke, uma figura tão ou mais significativa para a filosofia, ilustra a importância da inclusão de figuras negligenciadas para a reforma do cânone pragmatista[65]. Como filósofo que se formou na Universidade de Harvard com William James, Locke foi diretamente exposto a uma das figuras-chave do pragmatismo estadunidense clássico. No entanto, ao contrário de James, Dewey, Mead e outras figuras da filosofia pragmatista clássica, como intelectual negro, Locke seguiu uma carreira diferente. Seu trabalho intelectual ilustrou o alcance e a profundidade da investigação filosófica, entre elas a literatura, a arte, o drama, a música, a estética e a cultura[66]. A compreensão de Locke sobre raça prefigurou as análises contemporâneas de raça como uma construção social, e sua análise de raça e racismo introduziu questões importantes de hierarquia racial e poder[67].

Ao contrário de Du Bois, Locke conseguiu um cargo acadêmico e foi chefe do Departamento de Filosofia da Universidade Howard, o que lhe permitiu trabalhar como filósofo profissional. Assim como a exclusão de Du Bois do

---

[62] Ver, por exemplo, a análise de Du Bois como um "intelectual jamesiano orgânico" em Cornel West, *The American Evasion of Philosophy*, cit., p. 138-49, ou a análise do pragmatismo de Du Bois e sua linhagem em Ross Posnock, "Going Astray, Going Forward", cit. A sociologia também se envolveu em um projeto semelhante de identificação e incorporação do trabalho de pensadores e pensadoras negros, muitos dos quais excluídos desse campo. A análise de Aldon Morris em *The Scholar Denied: William E. B. Du Bois and the Birth of Modern Sociology* (Berkeley, CA, University of California Press, 2015), em que discute como a exclusão de Du Bois do campo da sociologia moldou sua trajetória, apresenta uma argumentação semelhante.

[63] Bill E. Lawson e Donald F. Koch (orgs.), *Pragmatism and the Problem of Race* (Bloomington, Indiana University Press, 2004).

[64] Eddie S. Glaude, *In a Shade of Blue: Pragmatism and the Politics of Black America* (Chicago, University of Chicago Press, 2007).

[65] Nancy Fraser, "Another Pragmatism: Alain Locke, Critical 'Race' Theory, and the Politics of Culture", em Morris Dickstein (org.), *The Revival of Pragmatism*, cit., p. 157-75; Leonard Harris, *The Critical Pragmatism of Alain Locke* (Lanham, MD, Rowman and Littlefield, 1999).

[66] Charles Molesworth (org.), *The Works of Alain Locke* (Nova York, Oxford University Press, 2012).

[67] Ver, por exemplo, a monografia de Locke, *Race Contacts and Interracial Relations* (Washington, Howard University Press, 1992).

cânone sociológico moldou o desenvolvimento da sociologia como um campo[68], a produção intelectual de Locke na disciplina de filosofia pode ter enriquecido os contornos do pragmatismo estadunidense de uma maneira que só agora é reconhecida. Nancy Fraser identifica o trabalho de Locke como a expressão de um "pragmatismo crítico" que não apenas avançou o entendimento de raça e racismo que prenuncia o período contemporâneo como teve implicações significativas na orientação do pragmatismo para o poder e a dominação. Segundo Fraser:

> Muitos comentaristas apontavam o caráter excessivamente integrador e idealista do pensamento social dos pragmatistas clássicos. Apesar de muitas ideias importantes, John Dewey, George Herbert Mead, Jane Addams e W. I. Thomas são amplamente vistos como intelectuais que não conseguiram dar um peso adequado aos "fatos concretos" do poder e da dominação na vida social. Assumindo o inevitável desenvolvimento de uma civilização mundial cada vez mais integrada, e enfatizando a cultura em detrimento da economia política, tendiam por vezes a postular "soluções" imaginárias e holísticas para conflitos sociais difíceis, às vezes irreconciliáveis. No entanto, as palestras de Locke em 1916 fornecem um vislumbre de um outro pragmatismo. Por estar teorizando "raça" e racismo, ele vinculou as questões culturais diretamente ao problema da desigualdade e enfatizou a centralidade do poder na regulamentação das diferenças entre grupos nos Estados Unidos. Assim, em contraste com pragmatistas de maior visibilidade no período da Primeira Guerra Mundial, Locke foi pioneiro em uma abordagem da teoria social que levava a sério a dominação.[69]

Fraser sugere que Locke promoveu o pragmatismo crítico que criticou o cânone clássico e ao mesmo tempo desenvolveu alternativas a ele[70].

Em algum momento, a reforma pode dar lugar a transformações ou catalisar uma reação. Reivindicar os nomes de Jane Addams, Alain Locke e outras figuras negligenciadas e projetos reformistas é importante, mas essa estratégia tem seus limites. Como sugerem os casos de Du Bois e Locke, a reforma por etapas graduais é lenta. Pela estrutura de mudanças de paradigma de Kuhn, a transformação ocorreria quando a narrativa do pragmatismo a respeito de suas

---

[68] Ver, por exemplo, Aldon Morris, *The Scholar Denied*, cit.
[69] Nancy Fraser, "Another Pragmatism", cit., p. 158-9.
[70] Essa tese é retomada em Leonard Harris, *The Critical Pragmatism of Alain Locke*, cit., cujos ensaios discutem como Locke abordava a teoria do valor, a estética, a comunidade, a cultura, a raça e a educação.

próprias origens e preocupações não pudesse mais ser desenvolvida ou revisada dentro de seus pressupostos tradicionais. Surgem então narrativas alternativas para substituí-lo. A revitalização do pragmatismo estadunidense contemporâneo pode exigir que se lance essa rede sobre intelectuais cujas ideias se assemelham às do cânone pragmatista, mas não são tipicamente incluídos nele[71]. Esse contexto mais amplo de descoberta tem o potencial de fornecer narrativas alternativas ao pragmatismo estadunidense que tomam em consideração as desigualdades sociais e as relações de poder. Por exemplo, em *Native Pragmatism: Rethinking the Roots of American Philosophy* [Pragmatismo nativo: repensando as raízes da filosofia estadunidense], Scott Pratt[72] identifica um novo ponto de origem do pragmatismo estadunidense que lhe permite construir uma genealogia sobre as interações entre os povos indígenas e as principais figuras da filosofia estadunidense. Pratt desenvolve cuidadosamente três premissas principais: (1) os compromissos centrais que caracterizam o pragmatismo clássico de Charles S. Peirce, William James e John Dewey aparecem claramente muito mais cedo no pensamento de povos nativos do Norte da América; (2) existem casos nos séculos XVII, XVIII e XIX que sugerem que o pensamento de povos nativos do Norte da América influenciou intelectuais europeus radicados nos Estados Unidos; e (3) esse contexto social, intelectual e político mais robusto do qual emergiu o pragmatismo clássico sugere que o pragmatismo não foi simplesmente um desenvolvimento posterior do pensamento europeu moderno confrontado com as condições de um "deserto". Ao contrário, o pragmatismo estadunidense constituiu uma filosofia de resistência que visava desafiar a perspectiva europeia[73].

Identificar ideias centrais do pragmatismo estadunidense como originárias de interações entre povos indígenas e europeus não apenas enfraquece a narrativa convencional do pragmatismo como estimula novas questões sobre a democracia e a identidade nacional estadunidense. Baseando-se em modelos de contato entre indígenas e colonizadores, essa narrativa revisada associa as origens americanas do pragmatismo ao problema social essencialmente estadunidense da maneira como as transações entre grupos heterogêneos moldaram o significado da identidade nacional estadunidense. As interações entre os povos indígenas e seus contatos com exploradores e colonos europeus são fundamentais para

---

[71] Ver, por exemplo, Erin McKenna e Scott L. Pratt (orgs.), *American Philosophy: From Wounded Knee to the Present* (Londres, Bloomsbury Academic, 2015).

[72] Scott L. Pratt, *Native Pragmatism*, cit.

[73] Ibidem, p. xii.

as tentativas subsequentes de construir comunidades democráticas entre pessoas com cosmovisões distintas para esse processo. Pratt situa o pragmatismo estadunidense em seu contexto social geográfico específico e promove uma mudança de perspectiva temporal, identificando as origens do pragmatismo, não na mente de seus pensadores canônicos do fim do século XIX, mas nas interações sociais que ocorreram muito antes disso.

Por criticarem pressupostos-padrão do pragmatismo acerca das relações de poder e da desigualdade social, essas estratégias são cruciais para a reforma. Estudiosos e estudiosas de gênero, raça e indigeneidade podem estar na vanguarda dos esforços para revitalizar o pragmatismo estadunidense, mas o desafio de transformá-lo vai além dessas contestações específicas. Nas páginas iniciais de *Pragmatism and Feminism* [Pragmatismo e feminismo][74], Charlene Seigfried passa uma mensagem cristalina que indica a necessidade de irmos além da genealogia legitimada do pragmatismo:

> Eu [...] começo definindo como pragmatismo as posições desenvolvidas por integrantes do movimento historicamente reconhecido do pragmatismo estadunidense. Mas esse é apenas um começo que deve ser deixado para trás. Um problema que surge imediatamente é que boa parte da literatura que define o movimento concentrou-se quase exclusivamente no método pragmático e nas teorias pragmáticas de significado e verdade e tiraram suas inferências de artigos e livros especificamente voltados para esse conjunto de questões.[75]

Temas levantados pela crítica acerca da maneira como o pragmatismo tratava gênero, raça e indigeneidade poderiam ter sido situados no centro do cânone pragmatista se o trabalho de "integrantes do movimento historicamente reconhecido do pragmatismo estadunidense" não tivesse sido definido como sinônimo do pragmatismo. Se o "pragmatismo crítico" de Alain Locke tivesse sido incorporado anteriormente, o próprio pragmatismo estadunidense teria sido bem diferente.

Gênero, raça e indigeneidade constituem estratégias reformistas distintas. Ao agrupar essas ideias, a interseccionalidade pode desenvolver e, potencialmente, estender essas iniciativas. As premissas que orientam a interseccionalidade podem oferecer novos rumos para as questões e as preocupações pragmatistas. Como a produção intelectual pragmatista bebe da produção intelectual de

---

[74] Charlene Haddock Seigfried, *Pragmatism and Feminism*, cit.
[75] Ibidem, p. 5.

mulheres de cor no interior do feminismo, o trabalho das filósofas *of color* é especialmente instrutivo aqui para trazer a interseccionalidade para a filosofia em geral e para o pragmatismo em particular. Livros como *Convergences: Black Feminism and Continental Philosophy* [Convergências: feminismo negro e filosofia continental][76] abrem novos caminhos porque bebem de múltiplas tradições teóricas, colocando o feminismo negro como uma tradição intelectual em diálogo com o pós-estruturalismo, o existencialismo, a epistemologia de ponto de vista, a fenomenologia e áreas similares da filosofia continental. Alargar essa paisagem filosófica cria espaço para diálogos mais específicos entre o pensamento feminista negro e o pragmatismo estadunidense[77].

Quão diferente poderia ter sido o pragmatismo estadunidense se desde o início a produção intelectual das mulheres *of color* tivesse sido central em suas ideias e práticas. Desigualdade social e questões de poder sempre estiveram no centro da teorização feminista negra, nunca em suas margens. A teorização feminista negra postulou que o racismo, o classismo, o sexismo, o heterossexismo e sistemas similares de opressão exigiam novas análises das relações sociais, bem como novas práticas sociais para produzi-las. Por outro lado, quão diferente poderia ter sido o desenvolvimento do pensamento feminista negro se as mulheres negras estadunidenses tivessem podido trabalhar como filósofas. O pragmatismo estadunidense e o pensamento feminista negro poderiam ter se beneficiado do engajamento dialógico que pôs as ideias de cada discurso em contato um com o outro.

## Comunidade e relações de poder

O pragmatismo desmistifica potencialmente a estrutura social, vendo-a não como predeterminada ou transmitida através de tempos imemoriais, mas sim como resultado da ação humana. As experiências individuais são fundamentais para o mundo social, mas o mundo social não pode ser compreendido simplesmente pela agregação de experiências individuais. Não faz sentido que

---

[76] Maria Del Guadalupe Davidson, Kathryn T. Gines e Donna-Dale L. Marcano (orgs.), *Convergences: Black Feminism and Continental Philosophy* (Albany, NY, State University of New York Press, 2010).

[77] Ver, por exemplo, V. Denise James, "Theorizing Black Feminist Pragmatism: Forethoughts on the Practice and Purpose of Philosophy as Envisioned by Black Feminists and John Dewey", *Journal of Speculative Philosophy*, v. 23, n. 2, 2009, p. 92-9.

indivíduos tenham relações críticas e criativas que de imediato são inseridas em um mundo social caracterizado por uma durabilidade tal que ele próprio não muda nem pode mudar. Se as experiências das pessoas refletem seu envolvimento ativo em seus mundos sociais, a experiência é a chave que une o mundo individual e o social, ou o subjetivo e o objetivo.

Nesse sentido, o pragmatismo oferece um arcabouço para teorizar como as comunidades são socialmente construídas pela ação humana e como constituem locais de ação social. De forma significativa, as comunidades têm vida própria, que geralmente é anterior à chegada de qualquer membro individual e vive independentemente da partida de qualquer indivíduo. O construto de comunidade possui significados variados, e com frequência contraditórios, que refletem práticas sociais diversas e conflitantes. Pessoas podem compartilhar símbolos culturais, mas entendê-los e utilizá-los de maneiras diferentes, uma situação que catalisa significados e práticas variadas. Nesse sentido, o conceito de comunidade não é simplesmente um construto cognitivo abstrato; está impregnado de emoções e significados carregados de valores. Significativamente, comunidades são veículos para o comportamento coletivo.

Como a teorização ocorre em contextos sociais específicos, o construto de comunidade oferece um marco analítico para conceituar contextos sociais como lugares em que ocorre ação coletiva ou em grupo[78]. O pragmatismo oferece algumas ferramentas conceituais importantes para teorizar tipos múltiplos de comunidades. A comunidade é um construto importante para teorizar o comportamento coletivo como um processo, isto é, como interações entre pessoas numa determinada comunidade. Mas o construto de comunidade também invoca a ideia de uma estrutura social que resulta da tomada de decisão coletiva dos atores sociais. Em outras palavras, a comunidade é simultaneamente um processo e uma estrutura. Trazer uma análise de poder para essa ideia-chave de pragmatismo oferece uma linguagem para averiguar como as relações de poder operam nas comunidades e entre elas. Nelas, as pessoas aprendem a hierarquia social no contexto das práticas da comunidade. Também aprendem a resistir nesses mesmos contextos.

Mas a concepção pragmatista de comunidade vai longe o suficiente? Em contextos de desigualdades sociais, os significados maleáveis da comunidade podem tanto catalisar definições contraditórias quanto facilitar suas coexistências.

---

[78] Patricia Hill Collins, "The New Politics of Community", cit.

As comunidades são caracterizadas por hierarquias de poder dentro de determinada comunidade, como a ordem hierárquica da ação epistêmica em comunidades interpretativas, bem como entre comunidades – ou seja, a classificação hierárquica das comunidades nas relações interseccionais de poder, por exemplo, as hierarquias de comunidades *of color*. Ignorar essas relações de poder, especificamente as de classe, raça, gênero, etnia e condição de imigrante – que foram especialmente relevantes nos anos de formação do pragmatismo – limita sua teoria da ação social.

Apesar de sua provocadora tese da ação social criativa, o pragmatismo permanece limitado como teoria da ação social principalmente porque subestima a influência das relações de poder tanto sobre as relações específicas entre indivíduos quanto sobre a maneira como o poder político e epistêmico estrutura a dinâmica interna das comunidades interpretativas. Isso significa que com frequência o pragmatismo faz vista grossa para a forma como as relações de poder moldam as práticas em sua própria comunidade interpretativa. A ação não se guia simplesmente pela racionalidade, considerando todas as opções, agindo e incorporando o novo conhecimento em um ciclo de compreensão recursiva que se retroalimenta. O pragmatismo estadunidense permanece inerentemente reativo às condições sociais porque não se compromete com uma agenda política ou ética que declare o que ele quer fazer. Certamente pensadores e pensadoras pragmatistas estiveram na vanguarda dessas iniciativas, mas o pragmatismo em si permanece em silêncio. A versatilidade do pragmatismo aumenta sua capacidade de ação, mas sua incapacidade de abraçar quaisquer princípios orientadores como centrais para os contornos simbólicos de seu discurso significa que suas ferramentas podem ser usadas para uma variedade de fins. Essa postura não torna o pragmatismo estadunidense fatalmente falho, mas torna-o incompleto.

A ausência de uma análise de poder tem consequências. Apesar do potencial do pragmatismo, sua abordagem real da estrutura social se inclinou mais para a compreensão da ordem social que para a compreensão da mudança social. Hans Joas explica essa conexão entre a abordagem pragmatista da ação e sua ênfase correspondente na ordem social:

> O pragmatismo é uma filosofia de ação [...]. No entanto, não ataca o utilitarismo pelo problema da ação e da ordem social, mas sim pelo problema da ação e da consciência. O pragmatismo desenvolveu o conceito de ação para superar os dualismos cartesianos [...]. A teoria pragmatista da ordem social é guiada, portanto,

por uma concepção de controle social que diz respeito à autorregulação coletiva e à resolução de problemas.[79]

Ironicamente, como teoria da ação, a mudança social no pragmatismo é gradual, deliberativa e, em última análise, reformista. Essa abordagem da ação e da ordem social permite ao pragmatismo imaginar que a estrutura de comunicação nas comunidades de cientistas – em outras palavras, o "pensamento inteligente" necessário para participar de um diálogo informado – deveria servir de modelo para as comunidades e instituições democráticas. O engajamento dialógico que não está vinculado a relações de poder pode rapidamente se transformar em conversa fiada. Sem um princípio orientador para ajudar as pessoas a valorizar as ideias, os diálogos podem continuar em ciclos infinitos de mal-entendidos capazes de corroer as possibilidades de mudança social.

Quando moldadas por uma análise da desigualdade social, várias características do construto de comunidade fazem dele um candidato promissor para compreendermos como as experiências e as ações das pessoas em contextos coletivos podem moldar a teorização interseccional[80]. Em primeiro lugar, as comunidades são os principais veículos que ligam os indivíduos às instituições sociais que estabelecem desigualdades sociais complexas. Desigualdades sociais de raça, classe, gênero, idade, etnia, religião, sexualidade e capacidade tomam forma por meio de estruturas sociais como bairros, escolas, empregos, instituições religiosas, espaços recreativos e mercados físicos e digitais. Tipicamente hierárquicas, essas estruturas oferecem oportunidades e recompensas desiguais. Seja de forma intencional ou não, as pessoas usam o construto de comunidade para dar sentido e organizar todos os aspectos da estrutura social, inclusive respostas políticas a situações pessoais. Da mesma forma, as instituições sociais utilizam os símbolos e os princípios organizacionais da comunidade para estabelecer as desigualdades sociais.

Em segundo lugar, as ideias sobre a comunidade levam muitas vezes as pessoas à ação, em geral catalisando sentimentos fortes e profundos. A comunidade não é simplesmente uma construção cognitiva; está impregnada de emoções e significados carregados de valores. Seja a comunidade imaginada um bairro, um modo de vida associado a um grupo de pessoas ou um etos cultural compartilhado por um grupo racial, nacional ou étnico, ou mesmo uma coletividade

---

[79] Hans Joas, *Pragmatism and Social Theory*, cit., p. 18.
[80] Patricia Hill Collins, "The New Politics of Community", cit.

religiosa, as pessoas rotineiramente sentem necessidade de celebrar, proteger, defender e replicar suas próprias comunidades e ignorar, desconsiderar, evitar e, ocasionalmente, destruir as de outras pessoas[81]. Essa capacidade de controlar as emoções significa que o construto de comunidade é versátil e fácil de usar. No entanto, essas mesmas características fomentam suposições não examinadas e dadas como certas acerca de como são e deveriam ser as comunidades[82]. Na vida cotidiana e em muitos discursos acadêmicos, o termo *comunidade* é usado de forma descritiva, com um mínimo de análise ou explicação. O resultado é que "comunidade" pode ser imaginada de muitas maneiras, desde o nível micro, tão importante na psicologia social, até o nível macro das nações como comunidades imaginadas. Podemos imaginar a comunidade tanto pelas lentes da inclusão multicultural quanto pelas lentes do racismo, do sexismo e de categorias semelhantes de pertencimento e exclusão[83].

Assim, na medida em que exercem poder na vida cotidiana como indivíduos nas comunidades, as pessoas usam a construção da comunidade para pensar e fazer política. Em outras palavras, o construto de comunidade oferece um modelo para descrever as relações de poder reais tal como as pessoas as vivem e conceituam. Elas usam a ideia de comunidade para organizar as experiências individuais e coletivas que têm nos arranjos de poder hierárquico e dar sentido a elas. Uma comunidade é mais que uma coleção aleatória de indivíduos. Ao contrário, as comunidades são espaços importantes de reprodução e contestação das relações interseccionais de poder. Num determinado Estado-nação, as desigualdades sociais estabelecem sua identidade nacional ou senso de comunidade nacional, com indivíduos integrados a comunidades reais como forma de refletir sobre seus posicionamentos nas relações interseccionais de poder. Assim, a comunidade constitui um construto político central porque serve como um modelo para o comportamento político.

Em terceiro lugar, olhar para a comunidade como uma estrutura para a política constitui um fator importante para a compreensão do comportamento político de grupos subordinados. Muitas vezes, indivíduos de grupos oprimidos encontram pouco espaço para sua individualidade, tanto na sociedade em geral quanto em comunidades religiosas e étnicas. As democracias liberais

---

[81] Benedict Anderson, *Imagined Communities*, cit.
[82] Anthony P. Cohen, *The Symbolic Construction of Community* (Londres, Tavistock, 1985).
[83] Nira Yuval-Davis, *The Politics of Belonging: Intersectional Contestations* (Londres, Sage, 2011).

apontam os direitos de cidadania individual como o alicerce da política democrática, prometendo liberdade pessoal quando as restrições do grupo são deixadas para trás. No entanto, a desigualdade social significa não apenas que indivíduos de grupos oprimidos não podem exercer esses direitos como que é improvável que ganhem esses direitos sem uma ação coletiva constante. Os grupos oprimidos precisam de unidades coletivas duráveis que correspondam a instituições sociais duráveis. Essencialmente, a comunidade como modelo de relações de poder enfatiza a política coletiva em detrimento da valorização do indivíduo como principal destinatário da cidadania.

Finalmente, em um contexto de relações interseccionais de poder, a comunidade nunca está terminada, mas está em constante formação. Uma compreensão mais dinâmica e voltada para o futuro da comunidade cria um espaço para se imaginar algo diferente do presente e uma visão de mundo que analisa criticamente os arranjos sociais existentes. Nesse sentido, participar da construção de uma comunidade é simultaneamente político (negociar diferenças de poder num grupo), dinâmico (negociar práticas que equilibram objetivos individuais e coletivos) e aspiracional. O desafio para sustentar essa concepção dinâmica de comunidade, no entanto, é encontrar maneiras de negociar as contradições[84].

## INTERSECCIONALIDADE E AÇÃO SOCIAL

Este capítulo coloca a interseccionalidade em diálogo com o pensamento feminista negro e o pragmatismo estadunidense, dois projetos de conhecimento cujas abordagens da experiência e da comunidade são relevantes para o conteúdo crítico e a metodologia da interseccionalidade. Como se baseia em múltiplos discursos críticos, a interseccionalidade navega por uma série de projetos de conhecimento concorrentes e complementares. Ao contrário do pensamento feminista negro e do pragmatismo estadunidense, a interseccionalidade não está intimamente ligada a determinados grupos sociais e comunidades interpretativas – mulheres negras estadunidenses para o pensamento feminista negro ou

---

[84] Nesse sentido, o simbolismo associado à comunidade é fundamental, a elasticidade do símbolo servindo de medida de sua eficácia. Os símbolos costumam ser mais úteis quando são imprecisos: o conteúdo específico de um determinado projeto político é menos significativo que a forma como o construto de comunidade permite que as pessoas imaginem novas formas de comunidade, ao mesmo tempo que recuperam e retrabalham símbolos do passado (Anthony P. Cohen, *The Symbolic Construction of Community*, cit.).

profissionais da filosofia para o pragmatismo –, mas, antes, tem um público muito mais amplo. Ao contrário do pragmatismo estadunidense e, em menor medida, do pensamento feminista negro, a interseccionalidade ainda não se cristalizou em um cânone com figuras fundadoras, uma narrativa coerente de suas origens e uma lista de princípios fundamentais. As narrativas da interseccionalidade em ambientes acadêmicos continuam sendo contestadas no que diz respeito às perspectivas sobre a interseccionalidade que prevalecerão. Vejo três implicações do engajamento dialógico da interseccionalidade com o pensamento feminista negro e o pragmatismo estadunidense.

Em primeiro lugar, o pensamento feminista negro e o pragmatismo estadunidense fazem contribuições importantes, embora diferentes, à reflexão sobre a experiência de maneira a facilitar a interseccionalidade como uma teoria social crítica. O pensamento feminista negro mostra o significado epistemológico e político de teorizar a partir da experiência individual no contexto de uma comunidade com experiências, identidades e pontos de vista compartilhados[85]. A experiência constitui uma fonte de sabedoria, um modo de conhecimento que é democrático justamente porque não depende de uma educação formal. Basear-se em experiências para teorizar não é uma forma privilegiada de saber, mas é uma maneira de saber que pode ser mais adequada a questões específicas que ao conteúdo das teorias sociais formais.

Nesse sentido, a substância da experiência é importante para o diagnóstico dos problemas sociais e a descoberta de formas de enfrentá-los. Basear-se na experiência como modo de conhecimento pode trazer sabedoria para a investigação crítica, mas apenas se essa sabedoria permanecer em construção. O pensamento feminista negro mostra esse uso da sabedoria que anima a ação social na luta contra um importante problema social. Historicamente, esse projeto mais amplo do pensamento feminista negro como conhecimento resistente se inspirou e influenciou o comportamento político cotidiano das mulheres negras estadunidenses no contexto social de famílias, empregos, comunidades e participação cívica. Também moldou a forma como as mulheres negras estadunidenses, como lideranças intelectuais e ativistas, entendiam o poder e a política. Isso é importante porque as mulheres negras trazem um sentido distinto da ação política tanto para a interseccionalidade quanto, potencialmente, para as instituições políticas democráticas, uma sensibilidade

---

[85] Patricia Hill Collins, *Pensamento feminista negro,* cit., p. 251-71.

que reflete como aqueles que estão na base das hierarquias sociais teorizam o poder e agem politicamente em resposta à dominação.

Tal conhecimento deu ênfase a compreensões complexas acerca do modo como a dominação se organiza e opera (opressões interseccionais) e a perspectivas complexas sobre as possibilidades políticas em tais contextos (solidariedade flexível). As mulheres negras estadunidenses foram capazes de conceituar a interseccionalidade em conjunto com – e não em oposição a – suas experiências de ação social. A riqueza e a capacidade do pensamento feminista negro de influenciar tantos outros projetos de conhecimento resistente apontam para os benefícios de ampliar o contexto de descoberta da interseccionalidade para incluir tradições de teorização semelhantes, cujas ações sociais criativas se baseiem na experiência. Talvez o pensamento feminista negro seja tão central para a interseccionalidade porque muitos outros grupos reconhecem o valor da teorização a partir das experiências. Esses grupos tiveram de refletir sobre suas experiências com a opressão. Nesse sentido, essas conexões entre o pensamento feminista negro, a interseccionalidade e a solidariedade flexível mostram a importância do contexto social para a teorização (experiência e comunidade)[86].

A análise teórica da experiência pelo pragmatismo estadunidense está relacionada a essas sensibilidades feministas negras. No pragmatismo estadunidense, a experiência molda a ação social no mundo social, que, por sua vez, influencia o pensamento sobre o mundo social. A concepção pragmatista de que as ideias ganham significado pelo uso trata dessa relação recursiva entre ideias e ação. O tema das ideias em ação ou da ação em ideias é importante para a análise crítica. A análise preenche essa suposta lacuna entre o pensar e o fazer, ou entre o conhecimento e o poder, com a análise atribuída à teoria e a ação atribuída ao poder. E se a experiência é uma janela para uma análise crítica das ideias em ações e das ações por meio de ideias, a teorização crítica da interseccionalidade pode ser igualmente recursiva. Essencialmente, o pensamento feminista negro e o pragmatismo estadunidense chegam a destinos semelhantes em relação à experiência, sem que um discurso tenha muito contato com o outro. Ambos trazem uma concepção dinâmica da experiência como ideias em ação ou ações

---

[86] Irena I. Blea, *La Chicana and the Intersection of Race, Class, and Gender* (Nova York, Praeger, 1992); Patricia Hill Collins e Sirma Bilge, *Intersectionality: Key Concepts* (Cambridge, Polity, 2016), p. 63-87 [ed. bras.: *Interseccionalidade*, trad. Rane Souza, São Paulo, Boitempo, 2021]; Nancy L. Fischer e Steven Seidman (orgs.), *Introducing the New Sexuality Studies* (3. ed., Nova York, Routledge, 2016).

por meio de ideias, e ambos situam essa compreensão da experiência numa noção de comunidade.

Em segundo lugar, ao destacar diferentes aspectos das dimensões da comunidade, o pensamento feminista negro e o pragmatismo estadunidense esclarecem como uma concepção mais robusta de comunidade podem moldar a investigação crítica da interseccionalidade. Basicamente, o pragmatismo estadunidense fornece uma estrutura interpretativa que valoriza o trabalho comunitário de mulheres negras como um modo de conhecimento. E o foco duplo do pensamento feminista negro na interseccionalidade e na solidariedade flexível no interior do trabalho comunitário traz uma análise do poder para o pragmatismo estadunidense. Juntos, eles sugerem como um construto mais sofisticado de comunidade pode influenciar as comunidades interpretativas da interseccionalidade e como tais comunidades podem promover a ação social criativa da interseccionalidade. Por exemplo, ao enfocar as experiências individuais em pequenos grupos, o pragmatismo estadunidense esclarece como o poder epistêmico e a resistência epistêmica moldam a teorização interseccional numa comunidade interpretativa específica. No entanto, as ideias pragmatistas acerca dos processos de participação de grupos não precisam ser confinadas a pequenas comunidades. Seus princípios poderiam dar forma a comunidades imaginadas. Mas o pragmatismo permanece limitado pela ausência de longa data de uma consciência crítica da maneira como a desigualdade social e a intersecção das relações de poder moldam sua própria prática. Iniciativas para reformar o pragmatismo por dentro, incorporando ao cânone pragmatista análises críticas de gênero, raça e indigeneidade, bem como intervenções críticas de filósofas *of color*, são reformas importantes.

A abordagem da comunidade pelo pensamento feminista negro constitui um modelo para se compreender como as relações de poder se organizam e operam. Para as mulheres negras estadunidenses, a ação social constituiu uma forma de compreender o mundo social e agir nele. A ideia de comunidade forneceu uma conexão essencial entre as ideias e as estruturas sociais. As experiências das mulheres negras ocorreram em comunidades em que as experiências individuais não tinham sentido sem um quadro analítico coletivo pelo qual elas pudessem interpretá-las. O pensamento feminista negro se baseou na ideia de comunidade como uma ferramenta analítica para descrever a desigualdade social. Mas a ideia de comunidade também era um construto de esperança. O trabalho comunitário das mulheres negras e o pensamento feminista negro engendrado por ele contêm uma linha de pragmatismo visionário que aponta para a natureza coletiva da experiência, tanto geográfica quanto temporalmente, bem como para sua natureza política[87].

Por fim, ao trazer entendimentos mais abrangentes da experiência e da comunidade para a investigação crítica da interseccionalidade, o pensamento feminista negro e o pragmatismo estadunidense sugerem novas maneiras de pensar como a ação social pode moldar a teorização crítica. Juntos, sugerem que as ideias da interseccionalidade vêm das experiências autorreflexivas das pessoas com as relações interseccionais de poder de seus mundos sociais. As ideias centrais da interseccionalidade e suas premissas orientadoras podem parecer *insights* de criatividade individual. As ideias certamente vêm daí, mas também são profundamente sociais. E cultivar uma comunidade interpretativa mais ampla, que se baseie em experiências como formas de conhecimento, deveria promover ideias ricas e mais complexas na investigação crítica da interseccionalidade. Ida Wells-Barnett e os membros do Clube Metafísico podem parecer parceiros intelectuais improváveis, mas a interseccionalidade deve abrir espaço para estes e outros. Construir uma comunidade intelectual tão diversa para a interseccionalidade torna muito menos provável que as ideias da interseccionalidade permaneçam apenas ideias. Esse foco duplo na experiência e na comunidade destaca a importância de se construir estruturas organizacionais que possam abrigar e promover a interseccionalidade.

Um ponto importante deste capítulo é que a interseccionalidade que visa permanecer crítica *não pode* acomodar-se no pensamento feminista negro, no pragmatismo estadunidense ou em qualquer discurso existente. Nem pode fazê-lo por conta própria, rejeitando ideias de outros discursos como menos relevantes porque refletem ideias de "homens brancos mortos" ou parecem insuficientemente interseccionais. Para crescer, a interseccionalidade deve se tornar uma líder intelectual. Ela é impelida a construir algo novo, partindo de projetos de conhecimento como o pensamento feminista negro e o pragmatismo estadunidense, sem se definir em oposição a eles. A interseccionalidade também não deve ser categorizada em um discurso qualquer, não importa quão crítico possa parecer. A interseccionalidade ficaria melhor comprometendo-se com um processo aberto de ação social criativa, incorporando ideias e ações desses e de outros projetos de conhecimento em sua própria práxis.

---

[87] V. Denise James, "Theorizing Black Feminist Pragmatism", cit.; Stanlie M. James e Abena P. A. Busia (orgs.), *Theorizing Black Feminisms*, cit.; Cynthia Willett, *The Soul of Justice: Social Bonds and Racial Hubris* (Ithaca, NY, Cornell University Press, 2001).

# 6
# A INTERSECCIONALIDADE E A QUESTÃO DA LIBERDADE

Teorias sociais críticas com frequência concentram suas atenções na questão da liberdade humana. Após a destruição causada pela Segunda Guerra Mundial, Jean-Paul Sartre, Hannah Arendt, Zygmunt Bauman e outros intelectuais europeus encararam a difícil tarefa de explicar como o fascismo cerceou tão severamente a liberdade de tantas pessoas. Quando se tratava de liberdade, William E. B. Du Bois, Ida Wells-Barnett, Frantz Fanon e Stuart Hall, entre outros, expressaram preocupações distintas. Se pessoas de ascendência africana não eram vistas como totalmente humanas, que orientação as teorias sociais críticas poderiam oferecer às lutas pela liberdade negra? Feministas também viam a liberdade como vital para os movimentos em prol da emancipação e da liberação das mulheres, indagando como o feminismo poderia conceituar a liberdade de maneiras que conversassem com as preocupações heterogêneas das mulheres. LGBTQ fizeram uma pergunta simples, mas profunda: por que não somos livres para amar quem quisermos? Como as teorias sociais críticas têm interesse em se opor à dominação política, a questão da liberdade tem sido central para muitos projetos de conhecimento resistente[1].

Dada a centralidade da liberdade para tantos projetos de conhecimento resistente, pergunto como a ideia de liberdade pode inspirar a interseccionalidade como teoria crítica em formação. Para aprofundar essa questão, comparo duas perspectivas sobre a liberdade: uma da filósofa francesa Simone de Beauvoir (1908-1986) e a outra da ativista negra estadunidense Pauli Murray (1910--1985). Ambas oferecem análises da opressão e do significado de liberdade e, de maneira significativa para a interseccionalidade, ambas conceituam as relações entre raça, classe, gênero e sexualidade como parte de suas análises. No entanto,

---

[1] As ideias de liberdade e justiça social são frequentemente usadas de forma intercambiável no âmbito da interseccionalidade, mas têm histórias distintas e significam coisas diferentes. Os pensadores e as pensadoras a que faço menção neste parágrafo e ao longo deste livro apoiam-se em diferentes entendimentos desses termos.

como utilizam diferentes maneiras de teorizar, o conteúdo de seus argumentos difere dramaticamente. Beauvoir se apoia num uso filosófico tradicional do raciocínio analógico que pressupõe certas relações entre gênero, raça, classe, sexualidade e idade. Murray, por sua vez, oferece um vislumbre provocativo da ação social como modo de conhecimento que sugere que a teorização interseccional de gênero, raça, classe social, sexualidade e idade se assemelha mais a uma jornada metafórica de análise das experiências em contexto social.

Tanto a vida de Beauvoir como a de Murray se prestam a esse tipo de análise comparativa. Beauvoir e Murray foram contemporâneas de geração: nasceram com dois anos de diferença e morreram com um ano de diferença uma da outra. Ambas desenvolveram um trabalho intelectual significativo durante as turbulentas décadas de 1920, 1930 e 1940, um período crucial de mudança social. No entanto, sua semelhança geracional vai além da cronologia, relacionando-se, como diz Stuart Hall, mais a uma "experiência compartilhada, uma visão comum ou um pensamento dentro do mesmo 'espaço problema' que a uma mera data de nascimento"[2]. Embora compartilhassem sensibilidades geracionais, os diferentes e específicos contextos sociais nacionais e de classe em que trabalharam influenciaram suas visões de liberdade. Beauvoir era uma integrante altamente letrada da elite intelectual francesa, cujos contatos nos círculos intelectuais da França e da Europa continental facilitaram sua carreira filosófica. Murray, por outro lado, era uma advogada permanentemente desempregada e subempregada, apesar de ter se formado em instituições de prestígio. Seus círculos sociais consistiam em pessoas negras altamente qualificadas que trabalhavam em movimentos ativistas pelos direitos civis, bem como em redes mais amplas de ativistas sindicais e pelos direitos das mulheres. Essas posições distintas nos sistemas interseccionais de poder ajudam a explicar suas perspectivas diferentes sobre a liberdade.

Beauvoir e Murray desenvolveram análises importantes sobre a opressão imposta às mulheres e as possibilidades de liberdade, ainda que por meios diferentes e com resultados variados. Beauvoir ocupa há muito tempo uma posição de destaque no panteão das teóricas feministas, um lugar mapeado pela primeira edição de sua obra inovadora *O segundo sexo*[3]. Não faltaram esforços

---

[2] Stuart Hall, *Familiar Stranger: A Life between Two Islands* (Durham, NC, Duke University Press, 2017), p. 44.

[3] Simone de Beauvoir, *The Second Sex* (trad. Constance Borde e Sheila Malovany-Chevallier, Nova York, Vintage, 2011 [1949]) [ed. bras.: *O segundo sexo*, trad. Sérgio Milliet, 5. ed., Rio de Janeiro, Nova Fronteira, 2019].

para reinterpretar seu legado, por exemplo, uma nova tradução para o inglês de seu texto de base que recupera seu significado inicial[4], uma análise de seu diário de estudante que evidencia que sua trajetória intelectual foi independente, mas entrelaçada com a de Jean-Paul Sartre[5], e um livro com novas análises da obra intelectual de Beauvoir[6]. Essa autora tem recebido um reconhecimento e uma reinterpretação muito merecidos como filósofa feminista e existencialista.

Murray, por outro lado, apenas recentemente foi estudada como importante intelectual e ativista feminista negra[7]. No contexto de seu sólido envolvimento com o movimento pelos direitos civis e a luta pelos direitos das mulheres, Murray foi exposta não apenas a uma ampla variedade de ideias que se opunham à opressão, mas também às formas como essas ideias eram usadas em defesa da liberdade. Murray aprofundou suas análises da liberdade menos pela formação disciplinar e mais ancorando os desdobramentos de suas análises em lutas específicas pela liberdade. Murray engajou criticamente as explicações da opressão e da liberdade oferecidas pelo pensamento social e político negro estadunidense, pelo socialismo, pelo direito como um instrumento de mudança social, pelo pensamento feminista dominante e pela teologia cristã e tentou colocar essas ideias em prática.

Apesar de suas semelhanças e diferenças, ambas as intelectuais demonstraram forte compromisso com o feminismo. Beauvoir e Murray criticaram a maneira como era tratada a opressão imposta às mulheres em seus ambientes sociais específicos e em suas sociedades respectivas. Cada uma trouxe compreensões diferentes de raça, classe, gênero, sexualidade, nação e idade aos seus entendimentos sobre a opressão imposta às mulheres. Combinadas com suas experiências em diferentes comunidades interpretativas, essas análises distintas da opressão moldaram suas perspectivas sobre a liberdade.

---

[4] Judith Thurman, "Introduction", em Simone de Beauvoir, *The Second Sex*, cit., p. ix-xvi.

[5] Ver, por exemplo, Barbara Klaw, "The Literary and Historical Context of Beauvoir's Early Writings: 1926-1927", em Barbara Klaw e Margaret A. Simons (orgs.), *Simone de Beauvoir: Diary of a Philosophy Student* (Urbana, IL, University of Illinois Press, 2006), p. 7-28; Margaret A. Simons, "Beauvoir's Early Philosophy", em Barbara Klaw e Margaret A. Simons (orgs.), *Simone de Beauvoir*, cit., p. 29-50.

[6] Laura Hengehold e Nancy Bauer (orgs.), *A Companion to Simone de Beauvoir* (Hoboken, NJ, Wiley Blackwell, 2017).

[7] Sarah Azaransky, *The Dream Is Freedom: Pauli Murray and American Democratic Faith* (Nova York, Oxford University Press, 2011); Patricia Bell-Scott, *The Firebrand and the First Lady: Portrait of a Friendship* (Nova York, Vintage, 2016); Rosalind Rosenberg, *Jane Crow: The Life of Pauli Murray* (Nova York, Oxford University Press, 2017).

## SIMONE DE BEAUVOIR, A OPRESSÃO IMPOSTA ÀS MULHERES E A LIBERDADE EXISTENCIAL

Como importante filósofa existencialista, Simone de Beauvoir ilustra em seu trabalho uma relação específica entre opressão e liberdade[8]. Beauvoir deixa um registro claro sobre a liberdade, que exploro lendo dois textos centrais, publicados quase simultaneamente. *Por uma moral da ambiguidade* (1947) e *O segundo sexo* (2011 [1949], duas das obras mais significativas de Beauvoir, tratam da questão da opressão e da liberdade. *O segundo sexo* é um extenso tratado sobre a ausência de liberdade para as mulheres[9]. Em contrapartida, em *Por uma moral da ambiguidade* Beauvoir faz uma análise teórica da liberdade existencial com base nas ideias centrais da filosofia existencialista. Ambos os textos discutem diferentes aspectos da filosofia da opressão e da liberdade de Beauvoir.

Podemos ler os argumentos de Beauvoir sobre a liberdade em *Por uma moral da ambiguidade* preenchendo-os com exemplos de nossas próprias experiências. Muitas vezes análises abstratas como as dela parecem plausíveis porque, quando autor e leitor compartilham a mesma visão de mundo, eles se apoiam

---

[8] O status de filósofa existencialista fundamental permitiu a Beauvoir ter acesso a pessoas, lugares e ideias que não eram disponíveis a pessoas de classes, raças ou nacionalidades diferentes. Como intelectual privilegiada, ela penetrou em círculos rarefeitos, onde as ideias eram debatidas por um número relativamente pequeno de pessoas. Beauvoir experimentou a discriminação de gênero, mas poucos ousaram questionar sua participação legítima no existencialismo; o fato de ser uma integrante legítima do círculo mais íntimo da filosofia é incontestável e constitui o ponto de partida da análise. Por exemplo, o importante trabalho arqueológico sobre o grau de influência que Sartre e Beauvoir tiveram sobre o trabalho um do outro visa corrigir o costume histórico de tomar a produção intelectual das mulheres e atribuí-la aos homens (ver, por exemplo, Margaret A. Simons, *Beauvoir and the Second Sex: Feminism, Race, and the Origins of Existentialism*, Lanham, MD, Rowman and Littlefield, 1999; "Beauvoir's Early Philosophy", cit.). O relacionamento de Beauvoir e Sartre pode refletir ambas as respostas. A pesquisa revisionista contemporânea sobre esse relacionamento sugere que eles eram parceiros intelectuais em grau muito maior do que sugerem os registros acadêmicos (Barbara Klaw, "The Literary and Historical Context of Beauvoir's Early Writings", cit.; Margaret A. Simons, "Beauvoir's Early Philosophy", cit.). Apesar da importância dessa investigação sobre as contribuições originais de Beauvoir para o existencialismo, o fato de sua participação pode ser dado como certo.

[9] Em *O segundo sexo*, Beauvoir faz um trabalho magistral ao destrinchar o sexismo do discurso dominante. Para o público de língua inglesa, a tradução de oitocentas páginas de Borde e Malovany-Chevallier fornece uma versão dos argumentos de Beauvoir mais acurada que as anteriores (Simone de Beauvoir, *The Second Sex*, cit.). Corrigindo erros da primeira tradução e recuperando partes substanciais do texto original, a tradução de 2011 fornece amplas evidências da diligência de Beauvoir como acadêmica, bem como de sua análise da dominação masculina e da opressão imposta às mulheres. Fico espantada que Beauvoir tenha conseguido usar a obra acadêmica existente no fim dos anos 1940, quando iniciou sua carreira (ela tinha 38 anos), para produzir uma obra de tal escopo, discernimento e valor.

normalmente em material cultural semelhante e, portanto, não conseguem ver que suas premissas comuns moldam a verdade que eles constroem mutuamente. Mas porque, nesse caso, *O segundo sexo* fornece o material cultural invocado, embora não declarado em *Por uma moral da ambiguidade*, a leitura desses dois livros juntos deixa muito menos à imaginação de quem os lê. A obra-prima de Beauvoir, *O segundo sexo*, trata menos abertamente da questão da liberdade, mas a longa discussão sobre a opressão imposta às mulheres no livro sugere outra dimensão da análise da liberdade da autora. Juntos, os dois livros são peças complementares: um desenvolve os argumentos teóricos de Beauvoir e o outro detalha as evidências empíricas das afirmações sobre a opressão e a liberdade[10].

*Por uma moral da ambiguidade* se destaca ao definir as possibilidades da liberdade humana – o sentido de construirmos nosso próprio destino e reivindicarmos nossa liberdade. A análise de Beauvoir da liberdade existencial parece bem clara. Sua afirmação fundamental é que todos os seres humanos nascem livres (com uma liberdade natural) e podem alcançar a liberdade ética assumindo a responsabilidade por sua vida por meio da ação social. No entanto, cada pessoa busca a liberdade em um contexto de ambiguidade. Não existem respostas fáceis, roteiros sociais para a liberdade humana ou certezas, mas apenas ambiguidade. Rejeitando grandes teorias que aparentemente têm todas as respostas, ela argumenta que "a moralidade reside na dor de um questionamento indefinido"[11]. Esse é o espaço da ambiguidade: não sabermos todas as respostas ou mesmo se nossos esforços produzirão alguma resposta. No entanto, reivindicar esse espaço de ambiguidade constitui um princípio fundamental de liberdade existencial.

Beauvoir vê esse espaço de ambiguidade como um espaço de possibilidade. As escolhas pessoais dos seres humanos moldam as experiências e a compreensão que temos de nossas próprias experiências. A liberdade é sempre um estado de devir, de escolhas por meio das quais vivenciamos o mundo. A ambiguidade

---

[10] Em busca de provas adicionais relativas às experiências que moldaram sua análise, também consultei Simone de Beauvoir, *America Day by Day* (trad. C. Cosman, Berkeley, CA, University of California Press, 1999 [1954]), memórias de sua estadia de quatro meses nos Estados Unidos no início de 1947. Essas memórias documentam suas reflexões em 1947, um ano antes da publicação de *Por uma moral da ambiguidade* e *O segundo sexo*. Apresento esse material de forma mais completa em "Simone de Beauvoir, Women's Oppression and Existential Freedom", em Nancy Bauer e Laura Hengehold (orgs.), *A Companion to Simone de Beauvoir*, cit.

[11] Simone de Beauvoir, *The Ethics of Ambiguity* (Nova York, Citadel Press, 1976 [1947]), p. 78 [ed. bras.: *Por uma moral da ambiguidade*, trad. Marcelo Jacques de Moraes, Rio de Janeiro, Nova Fronteira, 2005].

molda ambas as escolhas humanas – nunca saber com certeza no momento da escolha se ela é melhor que outra – e a ambiguidade das situações em que fazemos escolhas. Por meio desse compromisso com a experiência humana, Beauvoir conceitua a liberdade como algo que toma forma pela ação social criativa e não pela reflexão contemplativa passiva. Ela deixa claro que mover-se em direção à liberdade ética não é algo que ocorra como um "questionamento indefinido" na cabeça de alguém, mas está ligado às ações no mundo. Tomemos, por exemplo, a descrição que ela faz dos artistas: "Para que o artista tenha um mundo para expressar, ele precisa primeiro situar-se nesse mundo, oprimido ou opressor, resignado ou rebelde, uma pessoa entre pessoas"[12]. Em outras palavras, cada ser humano deve ocupar um lugar no mundo por meio da ação, a fim de avançar em direção à própria liberdade[13].

O esforço contínuo de se criar por meio da experiência sustenta a noção de liberdade criativa de Beauvoir:

> Querer é comprometer-me a perseverar em minha vontade. Isso não significa que eu não deva almejar um fim limitado. Posso querer absolutamente e para sempre a revelação de um momento. Isso significa que o valor desse fim provisório será confirmado indefinidamente. Mas essa confirmação viva não pode ser meramente contemplativa e verbal. É realizada em um ato. O objetivo para o qual me supero deve aparecer para mim como um ponto de partida para um novo ato de superação. Assim, a liberdade criativa se desenvolve felizmente, sem jamais congelar em facticidade injustificada. Quem cria apoia-se nas criações anteriores para criar a possibilidade de novas criações. Seu projeto presente abarca o passado e deposita confiança na liberdade por vir, uma confiança que nunca é decepcionada.[14]

A ação social no âmbito dessa ambiguidade é fundamentalmente um compromisso ético que vê a própria liberdade criativa de alguém como vinculada à de outras pessoas. O esforço individual sustenta a noção de liberdade existencial de Beauvoir, mas tal liberdade é realizada no mundo social. A ética importa não como um conjunto de regras, mas como critérios aspiracionais para a ação

---

[12] Simone de Beauvoir, *The Ethics of Ambiguity*, cit., p. 78
[13] O experimentalismo pragmatista oferece uma visão da racionalidade e da escolha humana que poderia moldar as percepções existencialistas que indicam que seres humanos escolhem a liberdade porque não podem se apoiar na tradição. Quando se trata de liberdade, essas conexões entre o pragmatismo estadunidense e o existencialismo podem abrir vias importantes de investigação para a interseccionalidade como teoria social crítica.
[14] Simone de Beauvoir, *The Ethics of Ambiguity*, cit., p. 27-8.

criativa no mundo social. "A ética não fornece mais receitas que a ciência e a arte", afirma Beauvoir. "Pode-se simplesmente propor métodos"[15].

*Por uma moral da ambiguidade* sugere que o compromisso com a liberdade existencial para si e para os outros é um ideal ético por si só. Beauvoir reconhece as tensões entre a aspiração ao ideal de liberdade existencial (transcendência) e a realidade da opressão. Defendendo-se da afirmação de que os existencialistas eram tristes e niilistas, ela argumenta: "Acreditamos na liberdade. É verdade que essa crença deve nos levar ao desespero? [...] Parece-nos que, voltando-nos para essa liberdade, vamos descobrir um princípio de ação cujo alcance será universal"[16].

## A analogia raça/gênero e a opressão imposta às mulheres

Em *O segundo sexo* e *Por uma moral da ambiguidade*, Beauvoir se apoia em analogias de gênero e raça para estruturar seus argumentos, fazendo repetidas comparações entre a condição das mulheres e das pessoas negras[17]. Criticando essa abordagem, Margaret Simons observa que a comparação de Beauvoir entre a escravidão e a opressão imposta às mulheres é limitada, tanto pela caracterização da escravidão quanto pela explicação etnocêntrica da vida das mulheres, que ela generaliza a partir de seu próprio ponto de vista cultural[18]. Kathryn Gines desenvolve uma crítica similar em seu ensaio "Sartre, Beauvoir, and the Race/Gender Analogy: A Case for Black Feminist Philosophy" [Sartre, Beauvoir e a analogia raça/gênero: um caso para a filosofia negra feminista], argumentando que a analogia entre raça e gênero limita a compreensão filosófica da interseccionalidade[19]. Porque usa as categorias de raça, gênero, classe, etnia e idade para

---

[15] Ibidem, p. 134.
[16] Ibidem, p. 23.
[17] O raciocínio analógico de Beauvoir tem raízes na epistemologia ocidental. Abbott identifica o uso da analogia como uma importante estratégia de busca para o uso heurístico da interseccionalidade. Como ferramenta de raciocínio, as variações da analogia podem ser fonte de *insights* para seus próprios enigmas e problemas. As analogias fornecem novos ângulos de visão sobre o familiar: "As origens das analogias são geralmente bem dissimuladas por quem as usa. E muitas vezes as analogias fornecem apenas um ponto de partida para o argumento, o qual então deve ser cuidadosamente elaborado e criticamente reelaborado por si mesmo" (Andrew Abbott, *Methods of Discovery: Heuristics for the Social Sciences*, Nova York, W. W. Norton, 2004, p. 118).
[18] Margaret A. Simons, *Beauvoir and the Second Sex*, cit., p. 26-8.
[19] Kathryn T. Gines, "Sartre, Beauvoir, and the Race/Class Analogy: A Case for Black Feminist Philosophy", em Maria Del Guadalupe Davidson, Kathryn T. Gines e Donna-Dale L. Marcano

construir seus argumentos sobre a liberdade e a opressão imposta a mulheres, o trabalho de Beauvoir parece interseccional. No entanto, o modo *como* ela usa essas categorias explicita o tipo de análise interseccional que ela apresenta e, sobretudo, se é mesmo uma análise interseccional o que ela faz. Essa questão é especialmente significativa porque Beauvoir é uma filósofa conhecida, que trabalha em uma comunidade interpretativa com poder epistêmico substancial. Como ela constrói seu caso sobre a opressão imposta às mulheres é tão ou mais significativo que os contornos substanciais de seus argumentos.

A analogia entre raça e gênero aparece repetidamente em *Por uma moral da ambiguidade* e *O segundo sexo*. Beauvoir retorna frequentemente à metáfora das mulheres como escravas para explicar a opressão feminina, uma ideia que faz sentido no âmbito das suposições de Beauvoir sobre as pessoas negras[20]. O tema destas como "escravas" também aparece com frequência e fornece uma importante metáfora conceitual que passa acriticamente por metáforas relacionadas à prisão, à escravidão e ao confinamento. Beauvoir usa estereótipos de negros encarcerados, ignorantes, inconscientes de sua própria falta de liberdade e felizes com sua situação. Com esse atalho metafórico, Beauvoir aceita acriticamente o discurso científico e a cultura popular, que reformula a cultura negra na América como despreocupada e estranhamente "livre". Por meio da analogia entre raça e gênero, ela usa as pessoas negras como uma entidade já conhecida para invocar a escravidão como referência para suas afirmações sobre a opressão imposta às mulheres.

Beauvoir afirma, com toda a razão, que as justificativas ideológicas para as várias formas de opressão se assemelham. Tomemos, por exemplo, a seguinte passagem na qual Beauvoir se apoia em analogias para apontar as semelhanças ideológicas das opressões de negros, judeus e mulheres. Beauvoir tem aqui os ingredientes de uma análise interseccional com os quais poderia ter analisado as experiências interconectadas desses grupos. Em vez disso, ela se apega à analogia básica entre raça e gênero e que exclui os judeus de sua análise:

> Essa convergência não é de forma alguma puro acaso: seja raça, casta, classe ou sexo reduzido a uma condição inferior, o processo de justificação é o mesmo. "O eterno feminino" corresponde à "alma negra" ou ao "personagem judeu". No entanto, o

---

(orgs.), *Convergences: Black Feminism and Continental Philosophy* (Albany, NY, State University of New York Press, 2010), p. 36.

[20] Discuto o significado das metáforas para o pensamento crítico no capítulo 1. O raciocínio analógico de Beauvoir se apoia em uma cadeia de metáforas na qual cada uma dá significado às outras.

problema judaico é muito diferente dos outros dois: para o antissemita, os judeus configuram mais um inimigo que alguém inferior, e nenhum lugar nesta terra é reconhecido como deles; seria preferível aniquilá-los. Mas há analogias profundas entre as situações das mulheres e dos negros: ambos os grupos estão hoje liberados do mesmo paternalismo, e a antiga casta de senhores quer mantê-los "em seu lugar", ou seja, o lugar que lhes é atribuído.[21]

A parte inicial desse trecho afirma que as justificativas ideológicas para a opressão de mulheres, negros e judeus (gênero, raça e etnia) se assemelham. No final, entretanto, Beauvoir classifica o povo judeu em uma categoria distinta com base na natureza da ameaça percebida. Judeus são pessoas inimigas que podem ser mortas. Mulheres e pessoas negras, por outro lado, compartilham inferioridade comum e devem ser dominadas.

Beauvoir parece não conseguir se afastar das analogias, utilizando outras categorias que destaquem a centralidade da analogia entre raça e gênero. Comparemos, por exemplo, a cadeia lógica de mulheres, negros e judeus na passagem acima com o raciocínio analógico que compara mulheres, negros e crianças em *Por uma moral da ambiguidade*:

> Enquanto a mulher ou o escravo feliz ou resignado vive no mundo infantil de valores pré-fabricados, chamá-los de "eterna criança" ou "criança grande" tem um significado, mas a analogia é apenas parcial. A infância é um tipo particular de situação: é uma situação natural cujos limites não são criados por outros homens e que, portanto, não é comparável a uma situação de opressão [...] a criança é ignorante porque ainda não teve tempo de adquirir conhecimento, não porque esse tempo lhe foi recusado. Tratá-la como uma criança não é impedi-la de ver o futuro, mas abri-lo para ela.[22]

Nessa passagem, a ideia da criança desempenha uma função diferente daquela do judeu, que é um inimigo cuja força constitui uma ameaça. A criança, por outro lado, se assemelha à inferioridade da mulher e à das pessoas negras. No entanto, a criança pode escapar dessa inferioridade simplesmente crescendo. Nesse sentido, a criança é a alegoria da liberdade natural, a base para avaliar a falta de liberdade ou opressão imposta às mulheres e às pessoas negras. A criança pode escapar da subordinação, elas não.

---

[21] Simone de Beauvoir, *The Second Sex*, cit., p. 12.
[22] Idem, *The Ethics of Ambiguity*, cit., p. 141.

Porque a idade como uma categoria de análise é subestimada no âmbito da interseccionalidade, é interessante ver como ela se destaca na análise de Beauvoir sobre a opressão imposta a mulheres. O pensamento analógico de Beauvoir projeta as pessoas negras como "escravas" e as crianças como seres sem história. A seguinte passagem de *Por uma moral da ambiguidade* ilustra como analogias entre raça e idade que se apoiam nessa premissa permitem a Beauvoir repetir o estereótipo das mulheres não ocidentais como subdesenvolvidas:

> Há seres cuja vida se esvai em um mundo infantil porque, mantidos em estado de servidão e ignorância, não têm como quebrar o teto que cobre sua cabeça. Como a criança, esses seres podem exercer sua liberdade, mas apenas dentro desse universo que foi criado antes deles, sem eles. É o caso, por exemplo, dos escravos que não se conscientizaram de sua escravidão. Os fazendeiros do Sul não estavam totalmente errados ao considerar os negros, que docilmente se submetiam ao seu paternalismo, "crianças grandes". Na medida em que respeitavam o mundo dos brancos, a situação dos escravos negros era justamente infantil. Essa também é a situação das mulheres em muitas civilizações; elas só podem se submeter às leis, aos deuses, aos costumes e às verdades criadas pelos homens. Ainda hoje, nos países ocidentais, entre as mulheres que não tiveram em seu trabalho um aprendizado da liberdade, ainda existem muitas que se refugiam à sombra dos homens.[23]

Três categorias de pessoas carecem de consciência adulta inteiramente humana: crianças, cuja infantilização é um estado natural e temporário; pessoas negras, cuja infantilização resulta do trauma de terem sido escravizadas; e mulheres não ocidentais, cuja submissão aos homens as escraviza.

A análise de classe de Beauvoir também é vítima do pensamento analógico de raça/gênero. Porque as pessoas negras são tão intimamente associadas à escravidão, elas se tornam uma classe distinta de qualquer outra, isto é, sem diferenças internas de status econômico, gênero ou cidadania. A raça significa a classe. Separar as pessoas negras da própria categoria de classe define classe, por padrão, como branca, ocidental e exclusiva de homens trabalhadores. A descrição de Beauvoir do proletariado é breve e parece própria a fortalecer sua análise teórica da opressão imposta às mulheres:

> O proletariado também não é uma minoria numérica e, no entanto, nunca formou um grupo separado. No entanto, não é *um* evento, mas todo um desen-

---
[23] Ibidem, p. 37.

volvimento histórico que explica sua existência como uma classe e dá conta da distribuição desses indivíduos nessa classe. Nem sempre existiram proletários: sempre existiram mulheres.[24]

Com o proletariado branco garantido pela história e, portanto, situado nas relações de classe, Beauvoir volta sua atenção para as mulheres ocidentais, brancas e burguesas, novamente usando de analogia:

> Elas não têm passado, história, religião própria e, ao contrário do proletariado, não têm solidariedade de trabalho ou interesses; elas nem ao menos têm seu próprio espaço, o que possibilita a criação de comunidades de negros na América, judeus em guetos ou trabalhadores em [...] fábricas. Elas vivem dispersas entre homens, vinculadas por lar, trabalho, interesses econômicos e condições sociais mais a determinados homens – pais ou maridos – que a outras mulheres. Como mulheres burguesas, lidam com homens burgueses e não com mulheres proletárias; como mulheres brancas, são solidárias com os homens brancos e não com as mulheres negras.[25]

O raciocínio analógico de Beauvoir a leva por uma ladeira escorregadia. Alguém poderia pensar que, a opressão imposta às mulheres sendo definida por analogias com negros, judeus, crianças, mulheres não ocidentais e proletários brancos do sexo masculino, não sobra nenhum espaço para a liberdade das mulheres. No entanto, Beauvoir identifica uma categoria de mulher livre no final de *O segundo sexo*. Em um excerto especialmente problemático, Beauvoir argumenta:

> Entende-se que o homem integrou as forças da espécie em sua individualidade, enquanto a mulher é a escrava da espécie [...] está fora de questão pensar nela como simplesmente livre. Na França, em especial, a mulher livre e a mulher fácil se confundem obstinadamente, pois a ideia de fácil implica uma ausência de resistência e controle, uma falta, a própria negação da liberdade.[26]

A opressão imposta à mulher é tão completa que ela é "a escrava da espécie". Esse construto faz sentido como uma hipótese plausível que emerge do raciocínio analógico de Beauvoir.

É interessante notar que o raciocínio analógico de Beauvoir coloca as mulheres brancas ocidentais em situação pior que a das crianças, dos judeus,

---

[24] Idem, *The Second Sex*, cit., p. 8.
[25] Idem.
[26] Ibidem, p. 730.

dos negros e dos homens brancos da classe trabalhadora, porque: (1) as crianças têm liberdade natural, embora não irrestrita; (2) os judeus possuem uma história que comprova tanto sua opressão quanto sua tradição de resistência; (3) os negros são tão resignados com seu estado de aviltamento que não sentem mais a dor da escravidão; e (4) os homens brancos proletários possuem uma história sindical de solidariedade para resistir à opressão de classe. Todos esses grupos têm algo que falta às mulheres. A opressão imposta às mulheres repousa sobre as premissas estabelecidas pela maneira como Beauvoir trata esses outros grupos: as mulheres não recebem o status de adultas e são tratadas como crianças; as mulheres não têm uma história como o povo judeu; a subordinação das mulheres se assemelha à das pessoas negras escravizadas; e, ao contrário dos homens brancos ocidentais da classe trabalhadora, as mulheres carecem de tradições patentes de protesto político e organização eficazes.

O efeito desse método de teorização por analogias é um curioso *privilégio* da opressão imposta às mulheres. A afirmação de Beauvoir de que a opressão imposta às mulheres é universal, fundamental e única é explícita. Na introdução de *O segundo sexo*, ela argumenta que a relação eu/outro do par homem/mulher difere de todas as outras:

> As mulheres não são minoria como os negros nos Estados Unidos ou os judeus: há tantas mulheres quantos homens na Terra. Frequentemente, esses dois grupos opostos foram independentes um do outro; ou não tinham consciência um do outro no passado, ou aceitavam a autonomia um do outro; e algum evento histórico subordinou o mais fraco ao mais forte: a diáspora judaica, a escravidão na América e as conquistas coloniais são fatos com datas. Nesses casos, para os oprimidos havia um *antes*: eles compartilham um passado, uma tradição, às vezes uma religião ou uma cultura.[27]

Comparar pessoas sem história (crianças) àquelas que têm histórias que elas lutam para controlar (judeus, negros estadunidenses e colonizados), àqueles que têm poder e autoridade que lhes permitem fazer história (homens) deixa as mulheres curiosamente *dentro* da história, ainda que sem uma história para chamar de sua.

---

[27] Ibidem, p. 7-8.

## A opressão imposta às mulheres como um teste de liberdade existencial

A análise da liberdade em *Por uma moral da ambiguidade* pode ser utilizada como uma ferramenta bastante útil para imaginar comportamentos políticos. No entanto, colocar os principais argumentos de *Por uma moral da ambiguidade* em diálogo com os de *O segundo sexo* revela uma ironia fundamental – o argumento existencialista *abstrato* sobre a liberdade como estado de existência dos seres humanos titubeia nos bancos de areia da *real* falta de liberdade (opressão de gênero) das mulheres. Em outras palavras, Beauvoir teoriza a liberdade de forma abstrata, mas tem dificuldade de imaginar seus próprios argumentos no mundo concreto da opressão imposta às mulheres. Essa inconsistência não é necessariamente uma contradição ou um deslize conceitual, mas antes representa o desafio de trabalhar em dois conjuntos distintos de pressupostos: o primeiro claramente enquadrado nas estruturas epistemológicas e metodológicas da filosofia, e o segundo mais estreitamente alinhado ao empirismo das ciências sociais. Curiosamente, o projeto de filosofia e o projeto de ciências sociais de Beauvoir podem ter objetivos diferentes, mas ela se utiliza do pensamento analógico em ambos.

A maneira como Beauvoir aborda a opressão imposta às mulheres em *O segundo sexo* parece minar seus próprios argumentos. Pelo pensamento analógico de Beauvoir, categorias inteiras de seres humanos são isentadas da luta pela liberdade ética por razões aceitáveis e não tão aceitáveis. A criança como arquétipo, por exemplo, "escapa da angústia da liberdade"[28], assim como as pessoas escravizadas e as mulheres submissas, que optam por permanecer infantis. A assunção de Beauvoir de que amplas faixas da população carecem de agência e vontade política permite que ela restrinja sua busca por mulheres livres a pessoas muito parecidas com ela. Beauvoir lança um olhar atento às mulheres privilegiadas do Ocidente, considerando-as cúmplices da opressão de gênero: "É então que descobrimos a diferença que as distingue de uma criança real: a situação da criança é imposta a ela, enquanto a mulher (quero dizer a mulher ocidental de hoje) escolhe ou pelo menos consente isso"[29].

O único capítulo de *O segundo sexo* que examina a agência e a ação social das mulheres aparece no fim do livro. Na Parte IV, "A caminho da libertação",

---

[28] Idem, *The Ethics of Ambiguity*, cit., p. 36.
[29] Ibidem, p. 38.

há um capítulo intitulado "A mulher independente". Esse capítulo se concentra exclusivamente nas mulheres ocidentais, letradas, brancas e, dados os exemplos, provavelmente também francesas. Considerar mulheres brancas, educadas e francesas as porta-bandeiras da liberdade feminina é colocar mulheres como Beauvoir no centro da análise. Os principais desafios enfrentados pela mulher francesa independente (ou seja, a mulher emancipada, liberada ou livre) se assemelham às próprias experiências de Beauvoir. Basear-se nas próprias experiências como mulher independente para construir uma visão é uma coisa. Situar sua própria experiência de grupo no centro da possibilidade de liberdade para todas as mulheres é outra completamente diferente. Beauvoir ignora tão completamente a agência das mulheres não ocidentais e da classe trabalhadora quanto percebe que os homens ignoram as mulheres.

A ação social das mulheres também é bloqueada na estrutura de Beauvoir. Ela menospreza os argumentos de algumas feministas por considerá-los polêmicos, porque estas estruturam suas demandas para as mulheres de acordo com a relação das mulheres com os homens. Feministas tentam provar que as mulheres são iguais, superiores ou inferiores aos homens. Para Beauvoir, enquadrar demandas políticas como questões femininas é algo fora de moda. Por outro lado, mulheres imparciais como ela (o uso do "nós" é revelador no excerto a seguir) estão na linha de frente da libertação:

> Acho que determinadas mulheres ainda são mais adequadas para elucidar a situação das mulheres [...] não é uma essência misteriosa que dita boa ou má-fé a homens e mulheres; é a situação de cada grupo que os dispõe a buscar a verdade em maior ou menor grau. Muitas mulheres, afortunadas por terem recebido todos os privilégios do ser humano, podem hoje se dar ao luxo da imparcialidade: até sentimos a necessidade dela. Não somos mais como nossas antecessoras militantes: estamos com o jogo mais ou menos ganho [...] muitos outros problemas parecem mais essenciais que aqueles que nos preocupam exclusivamente: esse mesmo distanciamento permite esperar que nossa atitude seja objetiva. No entanto, conhecemos o mundo feminino mais intimamente que os homens, porque nossas raízes estão nele.[30]

Não apenas as mulheres que não são como Beauvoir são cúmplices de sua própria dominação – é o caso das feministas "militantes" que se enganam por falta de objetividade e imparcialidade – como Beauvoir acha difícil considerar que outras mulheres além daquelas de seus próprios círculos tenham agência

---

[30] Idem, *The Second Sex*, cit., p. 15.

ou capacidade analítica. Essa é uma grande contradição que parece minar sua afirmação fundamental de que todos os seres humanos nascem com uma liberdade natural e podem alcançar a liberdade ética assumindo responsabilidade e ação social.

A análise de Beauvoir no capítulo "A mulher independente" chega mais perto de esclarecer como ela aborda a questão da liberdade. No entanto, aqui também, a argumentação é tão inclinada a dobrar os dados para que se encaixem em uma estrutura de opressão imposta às mulheres que até mesmo as conquistas femininas que poderiam se aproximar da liberdade são consideradas inadequadas. A independência econômica não basta: "Não se deve pensar que a simples justaposição do direito de voto e de emprego equivale à libertação total; trabalhar hoje não é liberdade"[31]. Conquistar uma profissão traz seu próprio conjunto de desafios: "Mesmo a mulher que se emancipou economicamente do homem ainda não se encontra em uma situação moral, social ou psicológica idêntica a dele. Seu compromisso e foco na profissão dependem do contexto de sua vida como um todo"[32]. Beauvoir também apresenta o dilema da "mulher emancipada": "Ela se recusou a se limitar ao seu papel de mulher porque não quer se mutilar; mas também seria uma mutilação repudiar seu sexo"[33]. Além disso, para as mulheres, não importa quais sejam suas realizações, a aparência ainda importa: "A mulher [...] sabe que quando as pessoas a olham, elas não a distinguem de sua aparência: ela é julgada, respeitada ou desejada por sua aparência"[34]. A sexualidade oferece desafios específicos: "É no sexo que surgirão os maiores problemas"[35].

Em um excerto especialmente revelador, Beauvoir se dá ao trabalho de defender o caso da intelectual como uma categoria especial de mulher independente: "A mulher independente – e especialmente a intelectual que reflete sobre sua situação – sofrerá de um complexo de inferioridade como mulher"[36]. Em seguida, ela descreve o fardo das mulheres independentes, sua incapacidade de acompanhar os rituais de beleza, sua falta de elegância, como tentam agir como outras mulheres e falham. Sua conclusão: "Se ela tem dificuldade de agradar

---

[31] Ibidem, p. 721.
[32] Ibidem, p. 723.
[33] Idem.
[34] Ibidem, p. 724.
[35] Ibidem, p. 725.
[36] Idem.

aos homens, é porque não é como suas *irmãzinhas escravas,* pura vontade de agradar"[37]. As degradantes "irmãzinhas escravas" constituem o ponto final lógico das analogias recorrentes.

A premissa existencialista central de Simone de Beauvoir é que pessoas que nasceram livres passam o resto da vida em busca da liberdade que foi perdida quando foram lançadas no mundo. No entanto, embora homens e mulheres nasçam livres, parece que as mulheres terão muito mais dificuldade de se tornarem livres novamente, se é que se tornarão, porque o domínio do homem mexeu os pauzinhos. O mundo que ela pinta em *O segundo sexo* é realmente sombrio, e perguntamo-nos como as mulheres podem conquistar a liberdade se o peso do mundo está tão fortemente contra elas. As mulheres existem em um espaço de dominação perpétua, em um estado de imanência, nunca alcançando a transcendência masculina. Se a própria Beauvoir, com tantas vantagens, não conseguiu alcançar a liberdade, que esperança resta a todas as outras mulheres? A representação magistral de Beauvoir da opressão imposta às mulheres aparentemente extrai vida da liberdade existencial.

## PAULI MURRAY, ATIVISMO INTELECTUAL E JUSTIÇA SOCIAL

Beauvoir elaborou sua análise da opressão e da liberdade das mulheres trabalhando *dentro* dos limites da prática acadêmica convencional, nesse caso, o raciocínio analógico como convenção da filosofia e da teoria social ocidental. Com frequência, ela é ovacionada como um ícone feminista, mas esta leitura atenta de sua filosofia da opressão imposta às mulheres e da liberdade existencial levanta questões sobre o conteúdo de sua teoria feminista. Da mesma forma, sua análise da opressão imposta às mulheres critica a opressão, evidentemente, mas sua metodologia – isto é, o raciocínio analógico – solapa suas ideias principais. Em suma, nem sua teoria da opressão imposta às mulheres e da liberdade existencial nem seu método de teorização pelo uso de analogias é interseccional. As categorias de raça, gênero, etnia, idade e classe estão todas lá, mas são definidas e usadas de maneira não interseccional.

Pude usar as próprias palavras de Beauvoir para fazer esta análise e, ao comparar a abordagem de suas ideias em dois textos diferentes, examinei como o uso que ela faz do raciocínio analógico estabelece conexões entre as

---

[37] Ibidem, p. 726; grifo nosso.

categorias de raça, gênero, classe, idade e etnia. Não seria possível usar a mesma estratégia com Pauli Murray, e isso também faz parte da história da opressão imposta às mulheres. Como Beauvoir, Murray foi autora de suas próprias ideias, mas, diferentemente de Beauvoir, Murray era ativista. Pelo fato de Pauli Murray e outras mulheres negras serem normalmente qualificadas como ativistas e não como intelectuais, estudar o trabalho teórico de Murray traz desafios especiais, que não se apresentam no estudo de Simone de Beauvoir e de outras filósofas feministas semelhantes[38]. Murray era uma ativista intelectual cuja análise crítica foi moldada por um compromisso vitalício com a luta pela liberdade das pessoas negras nos Estados Unidos, mas não se limitava a ela. Murray se descreveria mais propriamente como alguém que lutava por justiça social. Liberdade e justiça social não substituíam uma à outra. Ao contrário, a justiça social era uma estrutura mais ampla que abrangia as especificidades das lutas pela liberdade.

Estudar os laços de Murray com a interseccionalidade requer uma estratégia diferente que toma a ação social como uma forma de teorização e ação política considerada central para a teoria social crítica. A trajetória de Murray ao longo de sua vida, durante a qual ela transitou entre as categorias de raça, classe, gênero, sexualidade e nação, constitui uma metáfora para a teorização interseccional[39]. Essa abordagem requer uma interpretação da

---

[38] A análise acadêmica da obra intelectual da ativista feminista negra estadunidense Pauli Murray ainda está engatinhando. No entanto, Murray é elogiada há muito tempo por suas contribuições ao longo da vida para projetos de justiça social ligados a raça, gênero e igualdade de classe. Em um artigo intitulado "The Many Lives of Pauli Murray" [As muitas vidas de Pauli Murray], publicado em 10 abril de 2017 na *New Yorker*, Kathryn Schulz chama Murray de arquiteta da luta pelos direitos civis e do movimento de mulheres e faz uma pergunta provocadora: "Por que nunca se ouviu falar dela?". Naquele mesmo ano, a Universidade de Yale rebatizou uma de suas faculdades com seu nome, fazendo dela a primeira mulher negra estadunidense a receber esse tipo de homenagem. A publicação de duas biografias de Murray no intervalo de um ano – *Jane Crow: The Life of Pauli Murray*, de Rosalind Rosenberg (New York, Oxford University Press, 2017), e *The Firebrand and the First Lady: Portrait of a Friendship*, de Patricia Bell-Scott (New York, Vintage, 2016) – diz muito sobre a relevância crescente de Murray na história das mulheres e do pensamento feminista negro. Além disso, muitos dos campos de análise crítica mais intimamente associados à interseccionalidade mostraram diferentes graus de interesse por certos aspectos da vida de Murray.

[39] Estratégias cognitivas de uso de metáforas e analogias são fundamentais para a maneira como os humanos dão sentido ao mundo. Nós nos apoiamos sobre o que pensamos saber – muitas vezes metáforas enraizadas que aparentemente não precisam de explicação – para passar do familiar para o estrangeiro ou desconhecido. Independentemente do conteúdo, porque são onipresentes na vida cotidiana, as metáforas formam a base de nosso pensamento e ação (George Lakoff e Mark Johnson, *Metaphors We Live By*, Chicago, University of Chicago Press, 2003 [1980]; Lara Trout, *The Politics of Survival: Peirce, Affectivity, and Social Criticism*, Nova York, Fordham University Press, 2010).

biografia e das experiências centrais para o processo de produção intelectual. As ideias constituem a ponta do *iceberg*, os sinais visíveis de um envolvimento intelectual muito mais profundo. Como Murray era escritora e ativista, estou interessada tanto no que ela pensava quanto no que fazia. Além disso, o curso de vida de Murray foi guiado por uma busca por justiça social que a levou para e por diferentes comunidades interpretativas de raça, classe, gênero, sexualidade e nação. Murray foi uma renegada, habitou sempre um espaço de fronteira e expressou uma consciência *mestiza* muito antes de Gloria Anzaldúa fornecer a linguagem apropriada para nomear esse espaço[40]. Em outras palavras, a jornada de Murray testou e reformulou constantemente a ideia de liberdade existencial de Beauvoir por meio da experiência e da ação social. A adoção de Murray da liberdade existencial molda potencialmente o entendimento da interseccionalidade.

Nas diferentes fases da vida de Murray, raça, gênero, classe, sexualidade, nação e idade como sistemas de poder, individualmente ou em conjunto, sobressaíram diferentemente na formação de suas experiências e ação social. Como Murray não teve acesso a uma estrutura interseccional (ainda que tenha contribuído para a construção dela), ela teorizou sobre os problemas sociais com que se deparou, usando as categorias que faziam mais sentido em determinado contexto social. É importante ressaltar que o aprofundamento do contexto interseccional de Murray não mapeia de forma organizada um estágio ou evento específico em sua vida. Embora seja tentador afirmar que Murray teve uma fase de "raça" nas décadas de 1920 e 1930 e uma fase de consciência emergente de gênero na década de 1960, os estudos existentes sobre ela ainda não sustentam essas afirmações.

Uma interpretação mais cuidadosa sugere que os sistemas de poder podem ser teoricamente interseccionais, embora, na prática, algumas formas de opressão sobressaiam especialmente em determinados períodos e em determinados contextos sociais. No caso de Murray, alguns aspectos da desigualdade social lhe apareciam sobretudo como formas de opressão, em grande parte em razão de sua localização social. Murray tinha acesso ao pensamento social e político

---

Metáforas enraizadas servem como pontos de referência que tornam compreensíveis os fenômenos desconhecidos. Os pensamentos comparativo ou analógico (por exemplo, como as entidades se assemelham ou não) se baseiam em metáforas, permitindo que as pessoas entendam o mundo.

[40] Gloria Anzaldúa, *Borderlands/La Frontera: The New Mestiza* (São Francisco, Spinsters/Aunt Lute, 1987).

negro que conceituou a ação política como luta contínua pela liberdade. Esse discurso era bastante conhecido na sociedade civil negra; era organizado por instituições comunitárias, envolvia mulheres e homens e comportava elementos intergeracionais. A individualidade de Murray se aprimorou no contexto dessa luta contínua pela liberdade que analisava como o racismo, a exploração de classe e a negação da cidadania enquadravam a desigualdade social. Eram preocupações públicas que davam contornos às comunidades negras nos Estados Unidos[41]. No entanto, Murray experenciou ao mesmo tempo outros aspectos da desigualdade social como preocupação privada. Quando se tratava de gênero e sexualidade, não havia uma comunidade facilmente disponível que lhe fornecesse uma linguagem adequada para suas lutas pessoais. Gênero e sexualidade sempre estiveram presentes, mas tornaram-se publicamente relevantes como categorias de análise mais tarde em sua vida, quando ela encontrou e pôde contribuir para a construção de uma comunidade de mulheres[42].

A metáfora da jornada anima esse processo de descoberta como processo de aprendizagem, ao longo de uma vida, de reconhecer e usar as distintas categorias da interseccionalidade[43]. A metáfora da jornada também fundamenta a ideia de ação social criativa na ação política. Nesse sentido, a importância da jornada de Murray reside na forma como ela dá corpo à análise abdutiva como metodologia – ou seja, como sua postura crítica em relação às injustiças sociais, seu engajamento dialógico com múltiplas comunidades interpretativas, sua constante autorreflexão e vontade de reconsiderar sua posição e seu compromisso consistente com a justiça social servem como tema para a teorização

---

[41] Murray provavelmente conhecia as obras de William E. B. Du Bois, Oliver Cox, Alain Locke e outro(a)s intelectuais que desenvolveram análises antirracistas, muitas vezes em conjunção com outras categorias, por exemplo, *As almas da gente negra*, de Du Bois [trad. Heloísa Teller Gomes, Rio de Janeiro, Nova Aguilar, 1999], *Caste, Class, and Race: A Study in Social Dynamics*, de Oliver Cox [Garden City, NY, Doubleday & Company, 1948], e obras de grandes figuras do renascimento do Harlem. O trabalho de Anna Julia Cooper sobre a Revolução Haitiana também pode ter sido de interesse.

[42] Nesse período, Murray escreveu publicamente sobre sua identidade multirracial e privadamente sobre sua identidade sexual. Em ambos os casos, "lutou para negociar a construção de sua própria experiência enquanto resistia a narrativas normativas sobre quem era, seja como uma pessoa multirracial, seja como mulher que amava sexualmente outras mulheres" (Sarah Azaransky, *The Dream Is Freedom*, cit., p. 9). Essa autoconsciência precoce aparentemente moldou afirmações posteriores de Murray de que imaginar novas identificações poderia inspirar possibilidades democráticas para o(a)s estadunidenses.

[43] Essa metáfora da jornada faz eco à análise abdutiva do pragmatismo estadunidense. A biografia de Murray fundamenta essas ideias em seu projeto específico de trabalhar pela justiça social.

interseccional. O significado das contribuições de Murray para a interseccionalidade reside não apenas no conteúdo de sua produção intelectual, mas também em sua práxis.

## A jornada como uma metáfora para a ação social criativa

A metáfora da jornada resume como Murray experenciou sistemas de raça, classe, gênero, sexualidade e nação ao longo de sua vida. As comunidades negras enfatizaram a liberdade como um objetivo fundamental de uma população anteriormente escravizada[44]. Líderes e intelectuais estadunidenses se engajaram em debates sobre a questão da "raça". Nos limites das comunidades negras, essas lideranças debateram a melhor linha de ação para se opor à segregação racial nos Estados Unidos e em todo o mundo.

Durante sua vida, Murray entrou em contato com um amplo espectro de pensamentos sociais e políticos negros estadunidenses relativos à melhor maneira de combater o racismo. Essa rica tradição intelectual no âmbito das lutas civis e de igualdade racial exerceu uma influência importante no compromisso de Murray com a justiça social. Ela tinha 21 anos em 1931, quando o vil caso de estupro inter-racial conhecido como caso Scottsboro Boys preocupou os círculos intelectuais e políticos negros nos Estados Unidos. Murray tinha 24 anos em 1935, quando a Guerra Civil Espanhola estourou e a intelectualidade negra estadunidense debatia os méritos do Internacionalismo Negro, muitos optando por ir para a Europa em apoio à democracia. Ela tinha trinta e poucos anos em 1945, quando, no rescaldo da Segunda Guerra Mundial, os soldados negros estadunidenses que lutaram pela democracia no exterior viram-se excluídos da democracia por políticas racialmente discriminatórias de habitação, educação e emprego, uma segregação racial de fato que desmentia a postura democrática dos Estados Unidos no contexto global. Murray atingiu sua maturidade intelectual em um período em que o comunismo, o internacionalismo negro,

---

[44] Similar à liberdade existencial do enfoque existencialista na consciência individual, a liberdade coletiva de uma comunidade negra estadunidense também exigia a recriação de si mesma em resposta às mudanças nas condições reais. O historiador Robin D. J. Kelley, em *Freedom Dreams: The Black Radical Imagination* (Boston, Beacon, 2002), apresenta a ideia de uma "imaginação radical negra" – que sustenta vários períodos do ativismo social, bem como temas particularmente proeminentes durante esses períodos. Em particular, Kelley identifica as mulheres negras, de forma geral, e Murray, em particular, como uma figura cujo longo envolvimento nos direitos civis e no ativismo feminista foi parte de uma luta coletiva pela liberdade negra (ibidem, p. 138).

os direitos civis e os nacionalismos negros (resquícios do movimento Garvey e a ascensão da Nação do Islã) foram debatidos na sociedade e no pensamento político negro estadunidense. O uso eficaz e estratégico feito por Gandhi da não violência e a longa luta pelos direitos civis que se inspirou em suas ideias não eram abstrações para Murray. Ela teve contato com o pensamento político e social radical negro das décadas de 1930 e 1940 (antes do macarthismo, nos anos 1950), com a filosofia política da não violência como forma de derrubar o racismo e com o nacionalismo negro radical das décadas de 1960 e 1970[45].

Apesar da predominância do racismo nos Estados Unidos e no pensamento social e político negro estadunidense, Murray se recusou a reduzir tudo à raça[46]. Ela aprendeu por experiência própria como as desigualdades de classe e os problemas sociais que estas geravam também afetavam um grande número de pessoas brancas nos Estados Unidos. As experiências dessas pessoas com despejos e busca de emprego se assemelhavam às das pessoas negras. A base do desenvolvimento político de Murray foi sua própria situação econômica e até que ponto o racismo explicava ou não tal situação. Murray graduou-se em 1933, a pior época possível para terminar seus estudos e iniciar uma carreira. Por ser negra, mesmo que os tempos fossem bons, ninguém a contrataria. Murray conheceu a pobreza na cidade de Nova York e mal tinha dinheiro para pagar seu aluguel. No auge da Grande Depressão, sem perspectivas de encontrar emprego, ela pegava carona em trens de carga. Ela se recorda: "o custo nacional causado pelo desemprego, que

---

[45] Hakim Adi, "The Negro Question: The Communist International and Black Liberation in the Interwar Years", em Michael O. West, William G. Martin e Fanon Che Wilkins, *From Toussaint to Tupac: The Black International Since the Age of Revolution* (Chapel Hill, University of North Carolina Press, 2009), p. 155-78; Robin D. G. Kelley, *Race Rebels: Culture, Politics, and the Black Working Class* (Nova York, Free Press, 1994); Lara Putnam, "Nothing Matters But Color: Transnational Circuits, the Interwar Caribbean, and the Black International", em Michael O. West, William G. Martin e Fanon Che Wilkins, *From Toussaint to Tupac*, cit., p. 107-29.

[46] É importante assinalar que raça e classe nem sempre foram vistas como distintas no pensamento social e político negro estadunidense. A interseccionalidade contemporânea negligencia tradições críticas do antirracismo que incorporam as críticas do capitalismo. Da mesma forma, ativistas intelectuais estadunidenses que incorporaram o gênero à produção intelectual negra se debateram com uma relação analítica desigual entre raça e classe. Por exemplo, em sua análise sobre escravidão e reprodução, a crítica de Angela Davis ("Rape, Racism and the Capitalist Setting", *Black Scholar*, v. 9, n. 7, 1978, p. 24-30) ao capitalismo incorpora uma análise de gênero a uma compreensão da escravidão que se baseia na classe. A análise de gênero de Manning Marable ("Groundings with My Sisters: Patriarchy and the Exploitation of Black Women", em *How Capitalism Underdeveloped Black America*, Boston, South End Press, 1983, p. 69-104) sobre o racismo e o capitalismo demonstra uma sensibilidade semelhante. Esses aparentes acréscimos à literatura sobre colonialismo, capitalismo e racismo constituem importantes revitalizações dos campos.

vislumbrei no rosto de bandos de homens e meninos que rondavam os pátios de carga e viviam em acampamentos improvisados, e a luta pela sobrevivência que experimentei brevemente na estrada fizeram meus próprios problemas parecerem leves"[47]. Depois de algum tempo, ela conseguiu encontrar trabalho no Workers Education Project [Projeto de Educação para Pessoas Trabalhadoras] (WEP), um programa da Works Project Administration [Administração de Projetos de Trabalho] no âmbito do New Deal. As condições sociais que Murray testemunhou enquanto viajava pelos Estados Unidos, suas experiências de trabalho com a WEP e sua própria precariedade econômica lhe ofereceram uma perspectiva da pobreza e das classes que influenciou seu trabalho intelectual.

As décadas de 1930 e 1940 foram um período importante para Murray, uma época marcada por sua educação política como "jovem radical"[48]. A atenção de Murray com as interconexões da opressão racial e a exploração de classe se aprofundou durante esse período. Em 1940, ofereceram-lhe um cargo de secretária itinerante na Workers Defense League [Liga de Defesa de Pessoas Trabalhadoras] (WDL) para arrecadar dinheiro em nome de Odell Waller, um meeiro negro condenado por matar um proprietário de terras branco. Suas viagens num contexto mais amplo aprofundaram suas análises sobre os problemas enfrentados pelas comunidades negras estadunidenses. Enquanto viajava pelo país discutindo o caso Waller, seus discursos apaixonados sobre a necessidade de proteção igualitária perante a lei lhe forneceram uma base para visões cada vez mais sofisticadas sobre o racismo e o poder do Estado-nação. Murray trabalhou incansavelmente para livrar o meeiro Odell Waller da execução, não com uma multidão, mas recorrendo ao próprio governo, que deveria ter protegido seus direitos. Murray percebeu a importância da democracia, da cidadania e da necessidade de envolver o governo federal no empoderamento das pessoas negras. A WDL e Murray não estavam à altura do poder estatal. O Estado da Virgínia executou Waller. O fracasso da campanha de ação direta deixou Murray e outras pessoas com perguntas sem resposta. Que diferença fazia ter liberdades abstratas (direitos) no papel, se não se podia exercê-las[49]? Murray decidiu estudar direito.

A afiliação de Murray ao feminismo foi consequência dessas experiências multifacetadas com o racismo, o capitalismo e o uso diferencial do poder do

---

[47] Sarah Azaransky, *The Dream Is Freedom*, cit., p. 10-11.
[48] Ibidem, p. 9-35.
[49] Idem.

Estado-nação. Nas décadas de 1940 e 1950, sua análise da opressão imposta às mulheres tornou-se mais visível, provavelmente em resposta a uma série de eventos que a levaram a mudar sua compreensão individualista de gênero, considerando as mulheres uma coletividade cuja opressão se assemelhava à opressão vivida pelas pessoas negras nos Estados Unidos, embora não fosse a mesma. Um incidente se destaca como catalisador. Apesar de sua passagem brilhante pela Faculdade de Direito da Universidade Howard, e da expectativa de receber um convite para ingressar na Universidade de Harvard, que era reservado a quem se destacava na Howard, Harvard recusou-se a admiti-la porque ela era mulher. Murray violou as normas de gênero ao longo de toda a sua vida, mas eventos como esse lhe mostraram como o gênero era vivenciado individualmente, embora em sua raiz fosse uma preocupação estrutural coletiva. A rebelião individualizada de Murray às normas de gênero e sexualidade tornou-se pública quando ela se envolveu com o feminismo. Sua compreensão das intersecções de racismo e sexismo ganhou nuances à medida que ela avançava na vida. Quando começa a fazer análises de gênero em seus escritos, na mesma época em que Beauvoir, seu trabalho passa a expressar cada vez mais uma sensibilidade interseccional acerca do racismo e do sexismo[50].

Pelos padrões contemporâneos, Murray seria vista provavelmente como transgênero. Suas experiências com a sexualidade eram um tema privado, tomando forma em cartas a amigos e amigas e em sua poesia. Ela não escreveu sobre sua sexualidade e não usou sua identidade individual como catalisador para discussões mais amplas sobre sexualidade. É evidente, porém, que a identidade sexual era um tema importante em sua vida, como adolescente e jovem mulher. Murray costumava se vestir com roupas masculinas e era confundida com um menino. Já adulta, buscou orientação médica para ver se poderia mudar de sexo. A visão então predominante sobre sexualidade e identidade sexual explicava a crença de Murray de que ela estava no corpo errado, de que era uma aberração individual, por conta de má-sorte ou falha moral. Se visse a sexualidade como um sistema de opressão, Murray poderia ter encontrado significado na filosofia da liberdade existencial de Beauvoir. Na maior parte de sua vida, não houve movimentos sociais de gênero ou sexualidade *queer*.

---

[50] Pauli Murray, "The Liberation of Black Women", em Mary Lou Thompson, *Voices of the New Feminism* (Boston, Beacon, 1970), p. 87-102; Pauli Murray e Mary O. Eastwood, "Jane Crow and the Law: Sex Discrimination and Title VII", *George Washington Law Review*, v. 34, n. 2, 1965, p. 232-56.

Essa breve biografia apresenta a complexidade das experiências de Murray com raça, classe, nação, gênero e sexualidade. Teoricamente, esses sistemas de poder sempre estiveram presentes, mas tornaram-se importantes de maneiras distintas para Murray em resposta a experiências específicas ao longo de sua vida. Como a vida e as ideias de Pauli Murray só recentemente atraíram a atenção da academia, só posso esboçar uma análise provisória de suas contribuições para a interseccionalidade. Murray entendeu a importância de ser autora de suas ideias e, por meio de seus escritos, exerceu autoridade de testemunho sobre o significado de sua própria vida. Mas há muito que não sabemos e talvez nunca saibamos.

No entanto, a obra de Murray fornece evidências promissoras para o desenvolvimento dessa metáfora da jornada como quadro para a teorização interseccional. Em fases diferentes de sua vida, ela escreveu duas autobiografias que mapeiam suas análises políticas, sempre em mudança[51]. Essas autobiografias foram escritas em prosa e em primeira pessoa, mas, para os padrões contemporâneos, revelam muito menos de sua vida íntima que os livros de memórias atuais. Os escritos jurídicos de Murray estavam diretamente ligados a vários aspectos do movimento pelos direitos civis. Na época em que lecionava direito em Gana, recentemente independizada, ela foi coautora de um livro sobre a Constituição do país[52]. Seus escritos políticos sobre o feminismo ainda não foram publicados em livro, mas dão acesso a análises de gênero em constante desenvolvimento[53]. Murray tornou-se sacerdote episcopal já em idade avançada, e seus sermões oferecem uma lente diferente sobre seu compromisso vitalício com a justiça social[54]. O ressurgimento do interesse dos estudos religiosos em Murray mostra a amplitude, o crescimento e a substância de suas ideias[55].

Os escritos públicos de Murray tratavam de raça e gênero, já seus escritos privados mostravam muito mais dúvida e autorreflexão que demonstrava sua personalidade pública. A poesia de Murray oferece um panorama de seus pensamentos mais íntimos. Publicado em 1970, *Dark Testament and Other Poems* [Testamento negro e outros poemas] é uma seleção de poemas escritos desde

---

[51] Pauli Murray, *Proud Shoes: The Story of an American Family* (Nova York, Harper and Row, 1978 [1956]); *Song in a Weary Throat: An American Pilgrimage* (Nova York, Harper and Row, 1987).

[52] Pauli Murray e Leslie Rubin, *The Constitution and Government of Ghana* (Londres, Sweet and Maxwell, 1961).

[53] Ver, por exemplo, "The Liberation of Black Women", cit.

[54] Anthony B. Pinn (org.), *Pauli Murray: Selected Sermons and Writings* (Nova York, Orbis, 2006).

[55] Idem, *Becoming "America's Problem Child": An Outline of Pauli Murray's Religious Life and Theology* (Eugene, OR, Pickwick, 2008).

1939. Sua poesia revela uma voz íntima e privada que não podia se expressar tão livremente na década de 1930 como hoje. A correspondência de Murray com sua professora e mentora Caroline Ware – que começou em 1943 e terminou com a morte de Murray, em 1985 – constitui mais um registro do desenvolvimento intelectual de Murray, em suas próprias palavras[56].

Pauli Murray escreveu em diferentes gêneros; as formas assumidas por sua escrita demonstram uma amplitude que é pouco apreciada na atual ênfase acadêmica na especialização. Por exemplo, o trabalho de Murray se situava nos debates sobre o sentido da poesia para a democracia[57]. Infelizmente, a precária situação econômica em que viveu durante toda a sua vida, em razão do desemprego e do subemprego crônicos que enfrentou, significava que ela não tinha "um teto seu" sob o qual escrever nem viu seu trabalho publicado como desejava.

## Reconstruindo a teorização interseccional de Pauli Murray

Até agora, sugeri que o ativismo intelectual de Pauli Murray refletia sua luta constante para entender como raça, classe, nação, gênero e sexualidade moldavam tanto suas experiências individuais quanto a organização social da sociedade ao seu redor. Em substância, a ação social criativa de Murray reconfigurou a abstrata análise de Beauvoir da liberdade existencial, não como a dor dilacerante de ter de jogar no escuro, deixando o conhecido para trás, mas como uma jornada pragmática e contínua para nos libertarmos das limitações das injustiças sociais, levando conosco o que vale a pena saber. Visto que Murray nunca se instalou confortavelmente em lugar nenhum, ela não se ensimesmou. Ao contrário, optou por se lançar num futuro que lutou para construir, criando a si mesma. Além disso, por ter atuado no contexto das relações interseccionais de poder, raça, classe, gênero e sexualidade nos Estados Unidos, sua jornada em direção à liberdade prenunciou não apenas o conteúdo da interseccionalidade como uma forma de investigação crítica, mas também um importante mecanismo para a própria teorização interseccional.

Mas onde estão as provas desse argumento? Como Pauli Murray era uma ativista intelectual, ainda que acreditasse ser autora de suas próprias ideias,

---

[56] Anne Firor Scott (org.), *Pauli Murray and Caroline Ware: Forty Years of Letters in Black and White* (Chapel Hill, University of North Carolina Press, 2006).

[57] Christiana Z. Peppard, "Democracy, the Verb: Pauli Murray's Poetry as a Re-source for Ongoing Freedom Struggles", *Journal of Feminist Studies in Religion*, v. 29, n. 1, 2013, p. 148-55.

muitas vezes ela não tinha tempo ou recursos para fazê-lo. Desenvolver uma análise abrangente da influência de seu trabalho na teorização interseccional significa trabalhar com o que ela nos deixou. Dito isso, a fim de examinar se e como as experiências de Murray aprofundaram sua perspectiva interseccional, precisamos de uma análise secundária de sua vida e de suas obras que avalie como seus livros, artigos, discursos e textos jornalísticos formam um projeto teórico crítico holístico e contínuo.

Não há dois livros escritos *por* Murray que se prestem às mesmas estratégias de leitura que empreguei ao analisar as duas obras filosóficas de Beauvoir. Felizmente, duas biografias *sobre* a vida de Murray detalham suas experiências e abrem uma porta para seu pensamento. Por terem sido publicados no mesmo momento, também se prestam a uma estratégia de leitura comparativa. *Jane Crow: The Life of Pauli Murray* [Jane Crow: a vida de Pauli Murray], de Rosalind Rosenberg, e *The Firebrand and the First Lady: Portrait of a Friendship* [A incendiária e a primeira-dama: retrato de uma amizade], de Patricia Bell-Scott, preenchem uma lacuna importante nos estudos sobre Pauli Murray. Ambas as biografias não apenas estabelecem uma base acadêmica para o estudo da jornada de Pauli Murray rumo à liberdade, como apontam para uma análise mais complexa da própria interseccionalidade. Ao apresentar diferentes perspectivas sobre o mesmo material, os dois livros ilustram que a história das conexões de Pauli Murray com a interseccionalidade será escrita e reescrita por algum tempo.

Quando o assunto é interseccionalidade, cada biografia se baseia em uma estrutura interpretativa diferente. Bell-Scott define o engajamento de Murray na luta pela justiça social como um quadro analítico central para seu livro, cuja origem está no envolvimento de longa data de Murray com os direitos civis e os projetos de justiça racial e que se aprofundou e se expandiu ao longo de sua vida. As décadas de 1930 a 1960 são o centro da biografia de Bell-Scott: foi nesse período que Murray desenvolveu análises cada vez mais sofisticadas do racismo, da pobreza, do sexismo e da centralidade das instituições dos Estados-nação na reparação das injustiças sociais. Esses anos estabeleceram as bases da atuação de Murray e de sua análise dos diferentes aspectos da luta pela justiça social que se desenrolou nas décadas seguintes. Bell-Scott também toma a surpreendente decisão editorial de destacar a amizade de Pauli Murray com a primeira-dama Eleanor Roosevelt, usando-a como principal ferramenta organizacional de *The Firebrand and the First Lady*. Caracterizada pelo respeito mútuo, essa amizade se estabeleceu nesse importante período histórico, quando as normas de raça e gênero começavam a mudar. Nessa relação de amizade, Pauli Murray era a "incendiária", um apelido carinhoso dado a ela por Eleanor Roosevelt, que a via como uma instigadora. Murray agradeceu respeitosamente à sra. Roosevelt por seu apoio às causas progressistas, mas também a encorajou a fazer mais.

Diferentemente de Bell-Scott, em *Jane Crow* Rosenberg apresenta um panorama do longo arco de vida de Pauli Murray, destacando sua sensibilidade de gênero em relação à raça. Murray entendeu o conceito de Jane Crow* não apenas como uma metáfora das intersecções das desigualdades de raça e gênero (que tomaram uma forma substancial para as mulheres negras estadunidenses), mas também como uma sólida doutrina jurídica capaz de influenciar o direito como instrumento de mudança social. O termo *Jane Crow* desafiou o preconceito masculino dentro do movimento pelos direitos civis, argumentando que uma análise interseccional de raça e gênero seria necessária para remediar as desigualdades econômicas enfrentadas especificamente pelas mulheres negras estadunidenses. Rosenberg intitula seu livro de *Jane Crow* como forma de reconhecer essas interconexões.

Ao examinar as ideias e as experiências de Murray, *The Firebrand and the First Lady* e *Jane Crow* lançaram luz sobre diferentes aspectos da teorização interseccional. Em primeiro lugar, em suas interpretações da biografia de Murray, ambos os livros se apoiam em raça, classe, gênero e sexualidade como categorias de análise, ainda que atribuam pesos analíticos diferentes a esses conceitos. Enquanto Bell-Scott se concentra nas lutas políticas antirracistas de Murray contra a exploração econômica e a violência sancionada pelo Estado, Rosenberg se esforça para mostrar como sexualidade e gênero moldaram as ações e as escolhas de vida de Murray. Em certo sentido, os dois livros podem ser lidos como narrativas complementares: um coloca raça e classe em primeiro plano e o outro, gênero e sexualidade. É possível atribuir esse tipo de ênfase analítica à vida de qualquer figura histórica, mas, visto que o trabalho intelectual e político de Murray envolveu todas essas categorias, ele se presta especialmente bem a esse tratamento.

Ao tentarmos sintetizar a vida de Murray usando obras de gêneros tão díspares, e em períodos tão diferentes, é importante evitarmos impor sensibilidades contemporâneas à vida de uma figura histórica como forma de falar ao público contemporâneo. Nesse sentido, pelo fato de se concentrar

---

\* Referência às leis Jim Crow, de segregação racial. (N. T.)

na vida pública de Murray, a tarefa de Bell-Scott acaba sendo mais fácil que a de Rosenberg. A obra pública de Murray sobre raça, classe e gênero está em muitos arquivos, inclusive no da própria Murray. Dar ênfase a sua amizade com Eleanor Roosevelt, uma figura pública reconhecível, restringe ainda mais o enquadramento de Bell-Scott sobre ações pela justiça social, principalmente na esfera pública. Embora amistosas, as cartas entre Murray e Roosevelt evitam as confissões pessoais frequentemente compartilhadas por amigas íntimas. A análise de Bell-Scott também respeita as convenções das autobiografias de Murray, bem como a estratégia histórica das tradições narrativas femininas negras de proteger deliberadamente a própria privacidade por meio da cultura de dissimulação[58].

Durante os anos de amizade com Eleanor Roosevelt, Murray teve uma série de empregos que nunca pagaram o que seu trabalho valia nem permitiam que ela tivesse segurança financeira. Ainda assim, ela manteve o compromisso com as causas políticas progressistas, principalmente as iniciativas antirracistas. Nesse período, Murray escreveu repetidas vezes a Eleanor Roosevelt, pedindo à primeira-dama que chamasse a atenção do presidente para algo que ela considerava especialmente grave. Eleanor Roosevelt poderia simplesmente ter se afastado dessa "incendiária" que nunca se satisfazia com as respostas bem-intencionadas, porém cautelosas, de Roosevelt ao problema da raça. Murray também poderia ter desistido, abandonando o tipo de mudança gradativa que "damas" como Roosevelt apoiavam. No entanto, elas não o fizeram.

A amizade de Eleanor Roosevelt era uma das muitas amizades com mulheres negras e brancas que Murray prezava. No entanto, o significado dessa amizade reside no que Bell-Scott pode dizer sobre a compreensão de Pauli Murray do trabalho em favor da justiça social. De gerações diferentes, Pauli Murray e Eleanor Roosevelt criaram uma ponte entre eras históricas num momento em que as relações de raça e gênero estavam mudando substancialmente. Roosevelt serviu quase como uma mentora para Murray, mas a maneira como elas se influenciaram mutuamente ilustra a importância do diálogo através das diferenças de poder que caracterizam raça, classe e geração. Murray estava na restrita lista de pessoas que desafiaram as crenças e ações de Roosevelt. E Roosevelt apreciava a honestidade de Murray. Em contrapartida, Roosevelt ofereceu a Murray a sabedoria da experiência e da ampla perspectiva sobre as

---

[58] Darlene Clark Hine, "Rape and the Inner Lives of Black Women in the Middle West: Preliminary Thoughts on the Culture of Dissemblance", *Signs*, v. 14, n. 4, 1989, p. 912-20.

questões sociais. Como uma loba solitária esculpindo seu próprio caminho, Murray estimava o apoio de Roosevelt, mas, como uma incendiária, ela chegou às suas próprias conclusões. Um ponto forte do livro de Bell-Scott é que ela não tenta resolver as tensões dessa relação, alicerçada na amizade. Ao contrário, deixando em aberto esse compromisso comum com a justiça social, Bell-Scott sugere que a luta pela justiça social foi maior que Murray ou Roosevelt e teria se empobrecido se uma delas tivesse abandonado a outra.

Em contraste, Rosenberg desenvolve um argumento provocativo sobre como as experiências pessoais de Murray com sua identidade catalisaram suas perspectivas críticas sobre raça e gênero. Concentrar-se em Murray como indivíduo permitiu a Rosenberg destacar as identidades de gênero e racial de Murray como primordiais e, assim, apoiar sua análise da resistência de Murray aos limites aparentemente fixos de raça e gênero. As identidades multirraciais e multiétnicas de Murray constituíram um tema importante em sua vida e forneceram evidências para a tese de Rosenberg de que Murray desafiava consistentemente os limites fixos da raça. Os escritos de Murray certamente oferecem uma ampla evidência para essa tese. Por exemplo, ela chamou sua primeira autobiografia de *Proud Shoes: The Story of an American Family* [Sapatos orgulhosos: a história de uma família estadunidense]. Escrito na década de 1950, período em que o governo dos Estados Unidos questionou agressivamente o patriotismo de artistas, intelectuais e ativistas progressistas, o livro de Murray tem a pretensão de expandir o sentido do que significava ser estadunidense. Ele evita aqueles entendimentos de identidade racial que tornam *negra* a pessoa que possui "uma gota" de sangue *negro*. Murray se via como inteiramente estadunidense, reivindicando todos os aspectos de sua herança multirracial. Não queria ser assimilada a uma noção preconcebida de raça; ao contrário, queria mudar o significado de raça para que a identidade nacional estadunidense incluísse como iguais pessoas como ela e sua família. Nesse sentido, Rosenberg situa a ação política de Murray, e as ações específicas que ela realizou em sua época, em apoio a uma visão de igualdade racial que prefigurava a inconsciência de cor [*colorblindness*] contemporânea.

Rosenberg dá também muito mais ênfase que Bell-Scott à importância do gênero e da sexualidade na vida de Murray. *Jane Crow* examina a crescente consciência analítica de Murray sobre o gênero, começando pelo enigma que tanto sua sexualidade como seu gênero significaram para ela em sua infância. *Jane Crow* lança luz sobre a rebelião de Murray contra as categorias convencionais de sexualidade e gênero que lhe foram atribuídas. Ao longo de toda a vida, sua recusa em aceitar essas categorias despertou nela perguntas a respeito do gênero como categoria fixa de análise. Murray lutou com a identidade de gênero em sua infância e adolescência, acreditando que era um homem em um corpo de mulher. A sexualidade também foi um catalisador para sua identidade de gênero. Ela sentia atração por mulheres heterossexuais, não como lésbica, mas sim como se fosse um homem. Inicialmente, Murray acreditou que a explicação para a incompatibilidade entre seu gênero e a sexualidade e as convenções predominantes encontrava-se na própria biologia. Essa convicção a levou a consultar profissionais médicos em busca das razões científicas que a faziam sentir tão fortemente que estava no corpo errado. Murray estava claramente décadas à frente da pesquisa médica, política e teórica que embasa as análises contemporâneas da natureza socialmente construída do gênero e da sexualidade.

Nesse sentido, nem a identidade racial de Murray – que desafiava as categorizações binárias de negro e branco – nem sua identidade de gênero – que rejeitava as categorizações binárias de masculinidade e feminilidade – poderiam ser acomodadas nas compreensões proeminentes de raça, gênero e sexualidade. Em vez de se render às normas sociais de raça, gênero e sexualidade, Murray rejeitou-as, pois elas limitavam sua liberdade pessoal. Ela estava armada de experiências, mas as ferramentas teóricas de que dispunha ao longo de sua vida só poderiam produzir resultados limitados. As ações de Murray como "incendiária" e sua recusa em frequentar espontaneamente os locais políticos e intelectuais que lhe foram atribuídos dão força à compreensão de Rosenberg de que a vida de Murray era impelida por identificações raciais e de gênero. Mas Murray também foi "incendiária" no contexto das opressões estruturais de raça e gênero que animaram sua análise crítica da justiça social.

Quando se trata de conceituar a jornada de Murray como uma metáfora para a teorização interseccional, identificar o que ambos os livros menos enfatizam também merece comentário. Significativamente, nenhum deles apresenta o capitalismo como categoria analítica central nas narrativas ou na vida de Pauli Murray. A classe certamente está presente, mas não explica muito mais que a situação econômica de Murray em determinados momentos de sua vida. Ao destacar respectivamente gênero e raça, *Jane Crow* e *The Firebrand and the First Lady* tratam a classe como um *background* descritivo e estrutural e, ao fazer isso, trabalham dentro das premissas aceitas do capitalismo. No entanto, a descrição da vulnerabilidade e da insegurança econômica de Murray, sem falar da pobreza em vários momentos de sua vida, não substituem a análise de classe, capaz de explicar tanto a trajetória econômica de Murray quanto a influência dessa trajetória em sua investigação crítica. Se a insegurança econômica era um fator tão importante em sua vida, um fator que ela compartilhava publicamente com tantas outras pessoas, por que a própria Murray não analisou o óbvio? A classe era considerada tão evidente nas análises raciais existentes que ela, como outras pessoas, presumia que vencer o racismo nivelaria o campo de jogo da classe? Murray foi reticente no que diz respeito à classe porque a classe se tornou cada vez mais perigosa para ela na década de 1950? Como Rosenberg parece mais atenta ao mantra da raça, classe, gênero e sexualidade, ela teve o cuidado de incluir todas essas quatro categorias de análise em sua discussão. Por exemplo, ela se apoia nos debates atuais sobre o modo como as normas de respeitabilidade da classe média negra, com seu suposto patriarcado negro, restringiram Murray. Porque trabalhou em estreita colaboração toda a sua vida com homens negros, Murray certamente estava em uma posição que lhe permitia ver o patriarcado em ação nas comunidades negras estadunidenses. No entanto, quais são os efeitos do patriarcado dos homens brancos – mais distante, porém potencialmente mais poderoso – nas escolhas e análises de Murray?

Refletindo uma tendência semelhante da própria interseccionalidade, a ausência de uma análise de classe é uma oportunidade perdida em ambos os livros. A Grande Depressão (anos 1930) suscitou perguntas acerca do capitalismo e respostas socialistas e comunistas num contexto global. Pauli Murray morava em Nova York nessa época, um tempo de grande consciência política entre ativistas e intelectuais negro(a)s estadunidenses, que examinavam cada vez mais como racismo e capitalismo se entrelaçavam. Com amigas, amigos e colegas intelectuais, Murray estava familiarizada com essas questões e compreendia como o racismo nos Estados Unidos estava ligado ao desenvolvimento capitalista. Assim como outras pessoas, Murray desenvolveu uma perspectiva crítica do capitalismo nesse período, mas aparentemente não a vinculou à sua análise do racismo, cada vez mais crítica. Nas décadas de 1940 e 1950, ela pode ter se sentido pressionada a minimizar qualquer análise radical de classe tanto do racismo quanto do sexismo, reconhecendo os efeitos assustadores da Guerra Fria na política interna dos Estados Unidos. Ao enfatizar raça e gênero/sexualidade, nenhum dos dois livros trata a classe como uma categoria analítica e, assim, ambos tomam o capitalismo e suas relações de classe como um pano de fundo para as análises raciais e de gênero. Nesse sentido, ambos se ajustam à sensibilidade do público contemporâneo estadunidense, para o qual as análises de classe são secundárias em relação a outras estruturas teóricas.

Da mesma maneira como tratam a classe, ambas as biografias têm pouco a dizer sobre a nação como categoria analítica. Essa é uma escolha editorial interessante, pois Murray, como advogada, estava bem ciente da opressão que os Estados Unidos, como Estado-nação, promoveram. Apesar dos esforços incansáveis da campanha antilinchamento de Ida Wells-Barnett, houve pouca intervenção ou censura do governo e a prática persistiu. Alcançar a justiça social não era apenas uma questão de política pessoal, mas um projeto coletivo que exigia análises e ações relativas ao pertencimento nacional, ao nacionalismo como ideologia e à identidade nacional.

A constante atenção de Murray para fazer a democracia estadunidense funcionar criou um importante espaço para suas análises da justiça social. As autobiografias de Murray são dedicadas a questões de cidadania, pertencimento nacional e raça. Ela lembra que, quando terminou a faculdade, em 1933, queria escrever a história de sua família como parte de seu desejo de ser escritora. No entanto, seu caminho para tornar-se uma autora publicada encontrou repetidos obstáculos. Em *Proud Shoes*, publicado duas décadas depois, Murray invoca sua família como uma metáfora para a luta mais ampla por uma identidade nacional inclusiva e socialmente justa. Murray tinha como objetivo desestabilizar a narrativa dominante, que relegava as pessoas negras estadunidenses a cidadãs de segunda classe. Na introdução da edição de 1978 de *Proud Shoes*, Murray reflete sobre sua jornada:

> Escrever *Proud Shoes* tornou-se para mim a solução de uma busca de uma identidade e o exorcismo dos fantasmas do passado. Não mais limitada por memórias reprimidas, comecei a me ver sob uma nova luz – o produto de um lento processo de integração biológica e cultural, um processo contendo o caráter de muitas culturas e muitos povos, um experimento do Novo Mundo, frágil, ainda tênue, um possível indício de uma futura América mais forte e mais livre, não mais refreada em seu crescimento por um etnocentrismo insidioso.[59]

Bell-Scott e Rosenberg fornecem um material significativo sobre a política dos Estados Unidos, mas os discursos sobre a cidadania, que são tão centrais para o nacionalismo e as políticas dos Estados-nação, não são temas analíticos importantes em nenhuma dessas autoras. Felizmente, o livro de Sarah

---

[59] Pauli Murray, *Proud Shoes*, cit., p. xvi.

Azaransky[60] preenche esse vazio. Azaransky examina como Murray considerava os discursos mais amplos sobre a cidadania, consciente desde tenra idade das lacunas da narrativa dominante sobre a identidade nacional estadunidense e o comportamento discriminatório que enfrentavam as cidadãs e os cidadãos negros. Essa era a tensão entre a promessa de democracia dos Estados Unidos e a realidade da cidadania desigual. Murray não queria apenas ser incluída na democracia estadunidense tal como ela era – ela queria que a democracia do país fosse mais compatível com seus próprios princípios e ações. Murray apresentou um argumento alternativo sobre o que significava ser estadunidense, um argumento baseado na igualdade e na justiça social.

Por fim, *The Firebrand and the First Lady* e *Jane Crow* oferecem evidências provocativas de que as compreensões de Murray sobre raça, classe, gênero e sexualidade dentro de um quadro de justiça social foram precursoras da interseccionalidade como forma de investigação e práxis crítica[61]. A leitura conjunta desses dois livros fornece diferentes peças para compreendermos as contribuições reais e potenciais de Murray para os entendimentos contemporâneos da interseccionalidade. Em vários momentos de sua vida, Murray não só enfatizou raça, classe, gênero, sexualidade e – com a contribuição de Azaransky – nação como categorias de análise, mas também se empenhou em uma ação social criativa em e por meio de várias comunidades interpretativas. Por isso, Murray estava bem posicionada para enxergar raça, gênero, sexualidade, classe e nação como fenômenos interseccionados.

Como Murray viveu uma vida longa que se espraiou em tantas direções diferentes, acadêmicos e acadêmicas da atualidade dão ênfase em geral à parte da biografia de Murray que mais os atrai. Por exemplo, intelectuais e ativistas *queer* encontram inspiração na coragem de Murray como uma pessoa trans e reconhecem suas realizações no espectro da teoria *queer*. Da mesma forma, ativistas no âmbito da religião se interessam pela adesão tardia de Murray à religião, trazendo um novo reconhecimento para a centralidade da ética no trabalho intelectual e na política de mulheres negras[62]. Essa abordagem fragmentada pode trazer acréscimos importantes aos debates em andamento em determinado campo.

---

[60] Sarah Azaransky, *The Dream Is Freedom: Pauli Murray and American Democratic Faith* (New York, Oxford University Press, 2011).

[61] Patricia Hill Collins e Sirma Bilge, *Intersectionality: Key Concepts* (Cambridge, Polity, 2016) [ed. bras.: *Interseccionalidade*, trad. Rane Souza, São Paulo, Boitempo, 2021].

[62] Anthony B. Pinn, *Becoming "America's Problem Child"*, cit.

No entanto, por mais bem-intencionadas que sejam, o fato de muitas comunidades interpretativas distintas e aparentemente desconectadas reivindicarem cada vez mais Murray como um ícone para seus projetos pode aplanar a complexa natureza interseccional de sua vida e obra. É tentador reunir os fragmentos de vida de Murray – cuidadosamente categorizados em gênero, sexualidade, raça ou classe – em uma narrativa sintética que aparentemente demonstre sua crescente consciência da interseccionalidade. Essa abordagem pode fomentar a interseccionalidade, mas apresenta inadvertidamente uma narrativa sobre a vida de Murray que ela mesma poderia não reconhecer. Mapear o quadro interseccional cada vez mais profundo de Murray num modelo linear simples, que atribui a consciência do racismo, do heterossexismo, da opressão de gênero ou do capitalismo a uma fase particular, ou a uma série de eventos no curso de sua vida, não é apenas prematuro, como também pode ser equivocado, pois não há evidências acadêmicas suficientes que sustentem essa perspectiva.

A metáfora da jornada oferece uma estratégia de orientação muito útil para compreendermos a busca de justiça social de Murray, sua compreensão subsequente da liberdade, bem como as implicações metodológicas dessa jornada para a teorização interseccional. O trabalho de toda a vida de Murray ilustra um modelo de práxis crítica de movimento dentro de diferentes sistemas de poder e através deles, especificamente os de raça, classe, sexualidade, nação e gênero. O ângulo de visão de Murray sobre as inter-relações entre essas formas de desigualdade não emergiu totalmente. Na verdade, ela trabalhou com as categorias que pareciam mais relevantes para o avanço da justiça social em um contexto social específico e, em seguida, extraiu *insights* de categorias que eram relevantes em outros contextos sociais.

Murray enfrentou vários tipos de desigualdade, alguns mais proeminentes em certas fases de sua vida que em outras. A trajetória de sua biografia sugere que ela se recusou a se fixar em apenas um sistema de poder – raça, classe, gênero, sexualidade, nação ou idade – como mais fundamental que outros. Em vez disso, ela se concentrou no sistema ou sistemas que foram mais relevantes para suas experiências nas diferentes fases de sua vida, colocando seu conhecimento anterior em diálogo com aquele adquirido posteriormente. Por estar engajada em uma luta mais ampla por justiça social, manteve em jogo vários sistemas cada vez mais complexos à medida que vivia a vida. Murray usou suas experiências com a ação social e a produção intelectual como referências fundamentais para sua análise, mas suas experiências individuais e os pontos de vista que elas engendraram não determinaram sua análise. Murray foi uma pensadora crítica, e seus padrões de engajamento crítico iam em duas direções: para as relações sociais das comunidades às quais ela estava mais intimamente alinhada (a comunidade negra, durante a maior parte de sua vida) e para comunidades mais amplas, que aparentemente estavam fora de suas preocupações imediatas (por exemplo, o movimento trabalhista, o movimento de mulheres, as ações de justiça social de organizações religiosas e iniciativas mais amplas em apoio à democracia estadunidense). Por meio dessa análise, Murray também estava aberta a múltiplas alianças, com feministas brancas, com colegas africanas que questionavam sua compreensão do sentido de ser estadunidense, com negras pobres estadunidenses cuja situação econômica desesperadora era central para suas visões de justiça social, e até mesmo com Eleanor Roosevelt.

O trabalho de Pauli Murray faz eco à ideia de pragmatismo visionário do pensamento feminista negro, mas leva esse pensamento a diferentes arenas[63]. Inspiradas pelo trabalho comunitário, as mulheres negras tinham um ângulo de visão distinto e interseccional sobre a noção de liberdade que estava associada ao pensamento social e político negro estadunidense. Também tinham uma compreensão da experiência mais ampla do tipo de solidariedade política que seria necessária para avançar em direção à liberdade. Esse pragmatismo visionário que abraçou a ação social como uma forma de conhecer o mundo social e teorizar a desigualdade social promoveu uma compreensão pragmática da maneira como se dá a mudança no mundo social. A luta pela liberdade exigia um compromisso concomitante com a justiça social, e mover-se rumo à justiça social exigia flexibilidade e persistência. Pauli Murray talvez nunca tenha usado a frase "pragmatismo visionário" para descrever sua jornada, mas suas ações falam tão alto quanto suas palavras.

## IMPLICAÇÕES PARA A INTERSECCIONALIDADE

Simone de Beauvoir e Pauli Murray seguiram caminhos diferentes para abordar a questão da liberdade, cada uma com perspectivas parciais sobre o significado desta. Beauvoir conseguiu viver, segundo suas próprias palavras, como uma

---

[63] Stanlie M. James e Abena P. A. Busia (orgs.), *Theorizing Black Feminisms: The Visionary Pragmatism of Black Women* (Nova York, Routledge, 1993).

"mulher independente" na sociedade francesa. Como filósofa conhecida e integrante proeminente dos círculos intelectuais franceses, Beauvoir desfrutou do tempo e dos recursos materiais de que precisava para escrever e exercer seu ofício. Seu status de filósofa em uma comunidade interpretativa privilegiada permitiu que ela desenvolvesse uma análise inovadora da opressão imposta às mulheres, a qual resultou num texto emblemático do feminismo. No entanto, Beauvoir também enfrentou dificuldades para superar suas próprias experiências de maneira a garantir a todas as mulheres o arbítrio que ela mesma possuía. Por depender da analogia raça/sexo para fundamentar o argumento da opressão imposta a mulheres, ela comprometeu sua tese a respeito da liberdade existencial. A perspectiva parcial de Beauvoir sobre a liberdade refletiu essas experiências[64].

Murray viveu como um tipo diferente de mulher independente, uma mulher que nunca teve segurança econômica nem proteção política. Ela não teve o refúgio de pertencer a uma comunidade, nem mesmo a comunidades negras, mas também não expressou o desejo de tê-lo. Sua jornada entre comunidades múltiplas e diversificadas lhe propiciou uma perspectiva distinta sobre o que era necessário para uma pessoa como ela ser livre. Murray não pôde se concentrar na liberdade como abstração, mas sim em ideias engajadas de liberdade como um estado de devir, um processo de caminhar em direção à liberdade que afetou sua própria vida. Para ela, o significado de liberdade estava assentado em sua conquista, que era calibrada pela ação pragmática. Seus textos jurídicos, autobiografias e poesia refletem a esperança de que a justiça social e a equidade promoveriam a liberdade. Apesar de seu escopo, a perspectiva de Murray sobre a liberdade é parcial e inacabada, deixando-nos um registro histórico que ainda não foi totalmente examinado.

Nem Beauvoir nem Murray desenvolveram uma narrativa coerente que explicasse como sua análise do significado de liberdade ia além das circunstâncias em que elas próprias viviam. A perspectiva parcial de liberdade oferecida por

---

[64] Essa ideia de perspectivas parciais articula o caráter aberto das metáforas na teorização. Como metáforas espaciais conceituais, nem a interseccionalidade nem a ideia de fronteiras garantem coerência, consistência ou conclusão. Ambas se movem, trabalhando ora em conjunto em favor de determinados projetos, ora separadas. No entanto, quando um conceito é estruturado por uma metáfora, ele o é apenas parcialmente e pode ser estendido de determinadas maneiras, mas não de outras (Lara Trout, *The Politics of Survival*, cit., p. 13). O enigma da interseccionalidade reside na análise dos modos de pensar característicos no âmbito dos discursos que contribuem para a própria interseccionalidade. Discursos de raça, classe, gênero, sexualidade, idade, capacidade e nação dependem do pensamento metafórico e, como perspectivas parciais, tais pensamentos metafóricos são igualmente parciais.

cada uma delas tem duas implicações para a interseccionalidade: uma conteudística e a outra metodológica.

Em primeiro lugar, este capítulo adverte que o mero aparecimento de categorias como raça, classe, gênero e sexualidade, entre outras, numa análise crítica não significa que um argumento seja necessariamente interseccional. Beauvoir e Murray trataram de categorias semelhantes e, para um grande número de intelectuais, aparentemente Beauvoir faz uma análise interseccional mais abrangente, porque incorpora mais de uma categoria em seu exame. Ela poderia ter escrito sobre "a opressão imposta às mulheres", deixando para leitores e leitoras imaginarem que mulheres tinha em mente. Em vez disso, ela desenvolveu uma análise da liberdade apoiada numa analogia de raça/gênero que emprega outras categorias de análise. Seu argumento compreende categorias de gênero, raça, etnia, classe e idade, e, para construir seu caso, faz hipóteses sobre como elas se relacionam. Suas categorias são interligadas, mas seu argumento é interseccional?

Murray, por outro lado, emprega ostensivamente menos categorias, abordando raça e gênero em sua análise de Jane Crow[65], não as comparando, mas examinando suas interconexões. Nesse trabalho, Murray explica a opressão imposta às mulheres não por analogia, mas discutindo como raça e gênero estão relacionados. O foco nas especificidades das experiências das mulheres negras estadunidenses em um contexto de racismo e discriminação de gênero moldou sua análise interseccional. Beauvoir e Murray veem conexões entre gênero e raça, mas apresentam argumentos diferentes. Como a interseccionalidade é servida por essas duas abordagens?

A resposta pode estar no modo como cada pensadora lida com a ideia de diferença, na qual as relações entre as categorias podem ser entendidas em termos de oposição ou relação. Estruturas de diferença oposicional enfatizam as entidades como *ou* iguais *ou* diferentes. Tal binarismo pressupõe que as entidades são separadas, distintas, não sobrepostas e opostas (por exemplo, homens são de Marte e mulheres são de Vênus). Estruturas de diferença relacional, em contrapartida, reconhecem as distinções, mas buscam padrões de conexão entre entidades que são entendidas como diferentes. Para a diferença relacional, o desafio é descortinar pontos de conexão, sobreposição ou intersecção (por exemplo, homens e mulheres podem ser diferentes, mas suas experiências de gênero são interconectadas). Comparar raça e gênero segundo as premissas da

---

[65] Pauli Murray e Mary O. Eastwood, "Jane Crow and the Law", cit.

diferença oposicional exige que perguntemos: como o racismo e o sexismo são semelhantes e diferentes um do outro? Já comparar raça e gênero segundo as premissas da diferença relacional exige que perguntemos: o que a relação entre racismo e sexismo revela sobre essas entidades como sistemas distintos de poder, e como elas moldam umas às outras[66]?

Essa distinção entre diferença oposicional e diferença relacional lança luz sobre a abordagem de Beauvoir e Murray da relação entre categorias de raça e gênero. O uso comparativo de raça e gênero empregado por Beauvoir parece mais alinhado às estruturas de diferença oposicional, com consequências importantes para sua análise teórica crítica da opressão imposta às mulheres. Nesse sentido, o pensamento analógico de Beauvoir, que busca semelhanças e diferenças entre a opressão vivida pelas mulheres e a vivida pelas pessoas negras, reflete ideologias tradicionais da ciência e da filosofia ocidentais. Ideologicamente, o pensamento analógico repousa em um circuito lógico que assume que crianças são como animais (naturalmente livres), as pessoas negras são como animais, as mulheres estão presas na armadilha de sua biologia (animais seriam mais físicos) e as mulheres são infantis[67]. Certamente Beauvoir tem consciência do poder da ideologia – em *O segundo sexo* ela detalha os efeitos perniciosos da ideologia de gênero. No entanto, o fato de ela apoiar-se acriticamente em uma estrutura de diferença oposicional que iguala pessoas negras, crianças, pobres, animais e mulheres limita sua análise. Ironicamente, Beauvoir fornece as ferramentas para argumentar sobre as opressões interconectadas de pessoas negras e mulheres, mas não as emprega.

A teorização social de Murray parece mais ligada às ideias de diferença relacional, talvez porque suas experiências de ativista inspirem sua teorização crítica. O ativismo de Murray a colocou em diálogo com muitos tipos diferentes de pessoas, no qual o sucesso ou o fracasso de um projeto específico dependia de encontrar um terreno comum. Construir coalizões entre projetos distintos exigia a identificação de pontos de semelhança e diferença entre eles. As experiências das mulheres negras estadunidenses com a solidariedade

---

[66] O engajamento dialógico envolve pensamento comparativo. A análise comparativa é uma dimensão importante do pensamento crítico, normalmente em busca de uniformidade ou diferença. Aqui, comparo as ideias de Beauvoir e Murray sobre liberdade para destacar semelhanças e diferenças no modo como elas entendiam essa ideia.

[67] Nancy Stepan, "Race and Gender: The Role of Analogy in Science", em David Goldberg (org.), *Anatomy of Racism* (Minneapolis, MN, University of Minnesota Press, 1990), p. 38-57.

flexível mostram como a diferença relacional funciona em contextos de trabalho comunitário. Essa estrutura de diferença relacional pode sustentar a ideia de solidariedade flexível. E essa ideia de solidariedade flexível – e consequentemente de diferença relacional – remete a questões importantes da práxis interseccional. Como ativista e intelectual negra estadunidense cuja práxis crítica se movia entre vários projetos políticos e se expressava de várias formas, Murray desenvolveu uma compreensão da opressão e da liberdade cada vez mais sofisticada, porque estava constantemente em busca de conexões entre ideias e ação.

Beauvoir e Murray se apoiaram no pensamento comparativo, mas como sugere a distinção entre diferença oposicional e diferença relacional, não da mesma maneira. A análise de Beauvoir da opressão imposta às mulheres foi comprometida em grande parte pelo uso do raciocínio analógico, que iguala as mulheres a outros grupos oprimidos – uma abordagem que *suprime* a análise interseccional. Ela usou a terminologia de gênero, raça, classe e idade como categorias de análise, porém a maneira como o fez resultou numa perspectiva parcial de opressão e liberdade. Murray, por outro lado, apoiou-se na análise comparativa, levando para um projeto o que havia aprendido em outro e, assim, mudando ambos. A trajetória de seu trabalho intelectual lembra o experimentalismo do pragmatismo estadunidense. A análise crítica de Murray sobre a opressão se aprofundou pela ação social como uma forma de conhecimento, com experiências moldando os significados de opressão e liberdade. Nem Beauvoir nem Murray expressaram uma perspectiva integral do significado de liberdade. Nesse contexto, comparações superficiais enaltecendo Beauvoir como teórica que fornece análises teóricas a Murray, que, por sua vez, testa essas ideias na ação social, são particularmente especialmente mal pensadas.

Em segundo lugar, essa discussão comparativa de Beauvoir e Murray levanta questões sobre como o engajamento dialógico pode moldar a teorização crítica da interseccionalidade. Murray e Beauvoir foram contemporâneas; como teria sido interessante se tivessem podido se encontrar e compartilhar ideias. Mas como esse diálogo poderia prosseguir sem alguns critérios de gerenciamento das diferenças entre duas mulheres que viveram vidas tão diferentes? E suas vidas não eram apenas diferentes, elas eram desiguais. Nesse sentido, a amizade de Murray com Eleanor Roosevelt é um exemplo de engajamento dialógico através de uma diferença substancial de poder. Ambas as mulheres aprenderam a ouvir uma à outra e calibraram suas ideias por meio de conversas particulares. Esse tema do diálogo através das diferenças de poder é importante para as comunidades interpretativas da interseccionalidade, principalmente porque o diálogo esclarece perspectivas parciais. Sem engajamento dialógico, em qual perspectiva parcial sobre a liberdade devemos acreditar? E se preferimos Murray a Beauvoir, ou vice-versa, que critérios estamos utilizando para fazer essa escolha?

Quando se trata de liberdade, colocar em diálogo as ideias de Beauvoir e Murray esclarece a natureza complementar das análises abstratas da liberdade existencial e da teorização que emerge da ação social criativa em direção à liberdade. A liberdade existencial não tem sentido sem a práxis crítica, mas a práxis crítica precisa de ideias teóricas como a liberdade existencial. Isso sugere que podemos comprometer as contribuições e limitações dessas formas diferentes de teorizar a interseccionalidade quando enfatizamos uma em detrimento da outra. Esse caso sugere que as concepções de liberdade existencial não apenas emergem da práxis crítica, mas também são testadas por sua capacidade de influenciá-la. Essa visão integra a experiência como importante para a formação do conhecimento. Mas, sobretudo, aponta para a importância da ação social intencional. Da mesma forma, a práxis crítica sem comunidade e sem objetivo não tem sentido e é ineficaz.

O ativismo intelectual de Murray não apenas prefigura as ideias centrais do conteúdo da interseccionalidade, mas também inspira o tipo de engajamento dialógico que pode fundamentar a metodologia da interseccionalidade. A estratégia de Murray de se apoiar na experiência e na ação social ao longo do tempo, emolduradas por um compromisso ético com a justiça social, sugere que a metáfora da jornada é uma descrição adequada de seu ativismo intelectual. A jornada de Murray é menos uma "história bem-sucedida de busca pela liberdade" e mais "uma rota alternativa rumo ao que não podia ser transcendido. Há algo de dialético nesse processo: os imperativos de identificação são sempre paradoxais"[68]. As identificações de Murray de raça, classe, gênero, sexualidade, idade e nação foram diferentemente relevantes, individualmente ou em conjunto, em fases diversas de sua vida e, como resultado, permaneceram "sempre paradoxais". Teoricamente, estavam todas lá o tempo todo, mas a práxis crítica exigia que fossem vistas e usadas quando fossem mais adequadas para a situação em questão. Nesse sentido, a jornada de Murray promoveu um aprofundamento da análise interseccional.

Ter o poder de uma língua, de uma cultura, de um estilo de comunicação pode ser uma marca de poder para indivíduos e comunidades interpretativas.

---

[68] Stuart Hall, *Familiar Stranger*, cit., p. 22.

No entanto, sem comunidades interpretativas estabelecidas, que cultivem a comunicação, os indivíduos permanecem dispersos e o poder comunicativo permanece não realizado. Os diálogos são essenciais porque nenhum indivíduo ou comunidade interpretativa pode abraçar a magnitude da interseccionalidade nem os argumentos de um pequeno número de intelectuais ou as práticas de um projeto de conhecimento resistente podem se tornar um modelo para a teorização interseccional. Assim como Beauvoir e Murray tinham perspectivas parciais sobre a liberdade, muitas outras pessoas têm compreensões parciais de uma série de temas. Quando se trata de liberdade ou de qualquer outro tópico, o desafio da interseccionalidade é teorizar as relações entre eles.

# PARTE IV
## AFIANDO A LÂMINA CRÍTICA DA INTERSECCIONALIDADE

# 7
# RELACIONALIDADE NA INTERSECCIONALIDADE

A ideia de que raça, gênero, classe e fenômenos semelhantes são mantidos por meio de processos relacionais serve agora como um truísmo tão inequívoco que já não é novidade o *insight* da interseccionalidade de reconhecer essas categorias de análise como interconectadas[1]. A interseccionalidade não está sozinha em sua adoção da relacionalidade[2]. Na academia, a ideia de relacionalidade é generalizada e aparece em projetos de ciências sociais tão diversas quanto a sociologia relacional[3], a análise de rede[4] e a análise conversacional, bem como em projetos que visam a uma maior participação de cidadãs e cidadãos nos processos democráticos[5].

A relacionalidade está no cerne das análises teóricas da desigualdade social, como é o caso das relações de classe na teoria social marxista. Em um contexto global, termos como *internacional* e *transnacional* sinalizam novos

---

[1] Ann Phoenix e Pamela Pattynama, "Intersectionality", *European Journal of Women's Studies*, v. 13, n. 3, 2006, p. 187.

[2] As metodologias de pesquisa quantitativas e qualitativas também se baseiam em diferentes suposições sobre o modo como se estuda o mundo social; a objetividade do método científico como forma de abordar a verdade difere consideravelmente das tradições interpretativas que levam em conta a localização social da pesquisadora ou do pesquisador. A ideia de relacionalidade também aparece em diferentes tradições filosóficas ocidentais; o pragmatismo, a fenomenologia e o realismo crítico assumem posturas diferentes sobre a importância da relacionalidade em suas análises do mundo social. Ao reivindicar a interconexão de povos, gerações e ambiente natural, a relacionalidade invoca as epistemologias alternativas dos povos indígenas. Coletivamente, esses projetos sinalizam uma mudança conceitual que se apoia em "uma tradição de pensamento relacional sobre o mundo social [que] concebe que a vida social consiste em processos e não substâncias, em relações dinâmicas e desdobráveis, e não em coisas estáticas e imutáveis" (Mustafa Emirbayer e Matthew Desmond, *The Racial Order*, Chicago, University of Chicago Press, 2015, p. 79).

[3] Christopher Powell e François Depelteau (orgs.), *Conceptualizing Relational Sociology: Ontological and Theoretical Issues* (Nova York, Palgrave MacMillan, 2013).

[4] Manuel Castells, *The Rise of Network Society* (2. ed., Malden, Blackwell, 2000) [ed. bras.: *A sociedade em rede*, trad. Roneide Venancio Majer, 21. ed. rev., Rio de Janeiro, Paz e Terra, 2020].

[5] Ver, por exemplo, Carmen Sirianni, *Investing in Democracy: Engaging Citizens in Collaborative Governance* (Washington, Brookings Institution Press, 2009).

entendimentos acerca do modo como os fenômenos políticos se interconectam. Dada a importância da relacionalidade para o próprio construto da interseccionalidade, bem como da crescente atenção conferida à relacionalidade na academia, é muito importante que a interseccionalidade se distinga dos usos múltiplos e transversais que agora existem do termo *relacionalidade*. A relacionalidade constitui um tema central do pensamento paradigmático da interseccionalidade (ver quadro 1.1). Se a relacionalidade é tão central para a interseccionalidade, desenvolver uma análise mais abrangente desse tema central é uma tarefa essencial para o projeto de construção teórica da interseccionalidade[6]. Mas como a relacionalidade é atualmente entendida e usada na interseccionalidade? Além disso, como esses entendimentos de relacionalidade podem moldar a teorização crítica da interseccionalidade? Essas perguntas são importantes para compreendermos como a relacionalidade foi e pode ser usada para a interseccionalidade como teoria social crítica.

Neste capítulo, examino o pensamento relacional *na* interseccionalidade, explorando a lógica relacional que molda a produção intelectual e o ativismo da interseccionalidade. Esboço três modos de pensamento relacional: a relacionalidade mediante adição, articulação e interdependência. Esses modos de pensamento relacional constituem pontos focais na maneira como observo o(a)s profissionais da interseccionalidade conceituarem e usarem a relacionalidade. Pelo fato de moldarem a investigação crítica da interseccionalidade, esses três pontos focais (adição, articulação e interdependência) mapeiam os modos como se usa a relacionalidade na interseccionalidade[7]. Em minha

---

[6] Ao longo deste livro, pretendo estabelecer as bases de tal análise usando a relacionalidade como premissa fundamental para guiar minha argumentação. Por exemplo, no capítulo 4, discuto que trabalhar dialogicamente com diferenças de poder é uma premissa metodológica importante para a interseccionalidade e apresento a análise abdutiva como ferramenta metodológica para fazê-lo. Também me apoio no engajamento dialógico para combinar discursos que normalmente não aparecem juntos, como a leitura dialógica do pensamento feminista negro e do pragmatismo estadunidense no capítulo 5 e a discussão do pensamento relacional na obra de Beauvoir e Murray no capítulo 6. Também coloquei próximos uns dos outros capítulos que podem ser lidos dialogicamente, por exemplo, o fato de as teorias sociais críticas (capítulo 2) e os projetos de conhecimento resistente (capítulo 3) lançarem luz sobre o significado de ser crítico. Visando a uma análise da diferença relacional, apresento esses projetos como distintos, mas interconectados no modo como suas abordagens do ser crítico podem moldar a interseccionalidade.

[7] Aqui, para conceituar a relacionalidade, emprego uma abordagem semelhante à que utilizei para analisar a arquitetura cognitiva da interseccionalidade. Para identificar esses pontos focais, pesquisei uma série de documentos a fim de ver como pesquisadores e pesquisadoras, teóricos e teóricas conceituam a relacionalidade em seus projetos. Isso implicou a leitura de trabalhos empíricos, especialmente no campo das ciências sociais, e a identificação das definições variáveis

discussão, também incluo uma análise preliminar acerca do potencial de cada forma de pensamento relacional de moldar a questão da teorização das relações interseccionais de poder. Obter uma melhor compreensão da relacionalidade é especialmente importante para afinar a análise da interseccionalidade das relações de poder. A natureza relacional das relações de poder tem sido uma premissa importante da interseccionalidade desde o início. Mas que evidências temos para fazer essa afirmação?

Como pontos de partida para o pensamento relacional e não pontos finais para a análise da relacionalidade, a adição, a articulação e a interdependência oferecem uma maneira de organizar as ferramentas de pensamento adotada em vários projetos interseccionais. Minha argumentação a respeito da relacionalidade no âmbito da interseccionalidade é especulativa e provisória. Destina-se a despertar o diálogo sobre o pensamento paradigmático da interseccionalidade – ou seja, como se pode desenvolver a relacionalidade como tema central e as maneiras pelas quais as relações interseccionais de poder moldam as premissas orientadoras da interseccionalidade (ver quadro 1.1). Afiar a lâmina crítica da interseccionalidade exige que se desenvolvam entendimentos convencionados, embora provisórios, de seus construtos centrais e princípios orientadores.

## ESTRUTURAS ADITIVAS

Para um grande número de praticantes da interseccionalidade, o pensamento relacional por adição é uma ferramenta de pensamento maleável que se presta a diferentes usos. Em geral, as abordagens aditivas sinalizam o que está faltando, revelam como a ausência de raça, gênero, sexualidade e categorias semelhantes compromete um estudo, teoria ou conjunto específico de práticas. O uso heurístico da interseccionalidade repousa com frequência sobre estruturas aditivas, como acontece, por exemplo, quando se adiciona raça e gênero aos estudos do trabalho.

As estruturas aditivas podem parecer simples, mas suas estratégias perturbam fundamentalmente o conhecimento tido como certo. Pesquisadores e

---

de interseccionalidade como reflexo de certos entendimentos de relacionalidade. Ideias sobre o engajamento dialógico no trabalho de teóricos e teóricas críticos que não são comumente associados à interseccionalidade – por exemplo, Stuart Hall, Zygmunt Bauman e Michael Burawoy – também foram úteis para mapear esses pontos focais. Pesquisadores e pesquisadoras da própria interseccionalidade também lançaram um olhar reflexivo sobre esse tópico, ainda que não de forma consistente ou análoga.

pesquisadoras, ativistas e praticantes descobriram que as estratégias aditivas são muito úteis para estudos específicos. No entanto, quando se trata de aplicar estratégias aditivas a corpos de conhecimento criados por comunidades de investigação, estas assumem um significado diferente. Por exemplo, adicionar a interseccionalidade a um campo bem estabelecido pode gerar debates sobre estruturas consideradas já como certas. Conforme o caso, o campo pode passar por uma mudança de paradigma. Uma tarefa mais árdua consiste em tentar *agregar* campos de investigação que se desenvolveram de forma independente. Quando um campo de investigação passou por mudanças aditivas – como foi o caso, por exemplo, dos estudos femininos e de gênero, que acolheram análises de sexualidade, e, inversamente, dos estudos de sexualidade, que se voltaram para a natureza de gênero do material –, pode surgir uma nova estrutura baseada nesses componentes distintos. Novos termos, como *heteropatriarcado*, parecem combinar essas separações. A própria interseccionalidade surgiu como um campo de investigação que inicialmente agregou o que havia se separado. Antes do surgimento da interseccionalidade, classe, raça e gênero funcionavam como categorias dominantes ou mestras, com suas próprias preocupações e comunidades de investigação. No entanto, como cada uma dessas categorias tem uma genealogia distinta, seu processo de adição esclarece vários aspectos do processo aditivo.

Apesar de sua aparente simplicidade, as estratégias aditivas desafiam fundamentalmente a lógica da segregação subjacente às relações sociais e seus projetos de conhecimento. A relacionalidade por adição perturba a lógica da segregação subjacente ao conhecimento ocidental. Essa lógica central de segregação tem várias características distintas. Em primeiro lugar, na lógica de segregação, tudo tem *um* lugar, um lugar só tem sentido em relação a outros lugares e todo lugar tem sua posição. Essa lógica dá sustentação ao racismo, ao sexismo, ao heterossexismo, ao nacionalismo, ao colonialismo e a estruturas semelhantes de poder. Nesse contexto, o pensamento relacional de qualquer natureza não é apenas uma tarefa pequena, mas desafia a lógica categórica que escora a epistemologia ocidental. Em segundo lugar, os projetos de conhecimento geram ideologias que classificam ideias, pessoas e práticas sociais em um espaço segregado legitimado[8]. O funcionamento dessa lógica de

---

[8] Simone de Beauvoir analisa exaustivamente como a ideologia de gênero viabiliza a opressão de mulheres, empregando a categoria de mulher para estruturar os lugares atribuídos a elas. Pode parecer que homens, mulheres, pessoas LGBTQ e pessoas negras estadunidenses da classe

segregação para o colonialismo, o nacionalismo, o racismo, o sexismo e sistemas de poder semelhantes foi criticado, mas é importante assinalar que essa mesma lógica sustenta práticas que não parecem implicadas nas relações de poder. Por exemplo, práticas como dividir o conhecimento em campos especializados de estudo, ou mesmo distinguir entre as ciências e as humanidades, fazem parte dessa lógica categórica que sustenta o pensamento social ocidental. Em substância, as normas da lógica da segregação são notavelmente semelhantes às normas da ciência normal – ou seja, crença na classificação, na objetividade, na linearidade e no empirismo[9]. Finalmente, manter espaços segregados requer que se mantenham os limites. Para distribuir os bens sociais, é preciso saber quem pertence realmente à categoria em questão e quem é o intruso. Os debates sobre a cidadania tratam muito da questão do pertencimento[10]. Manter limites como parte de uma lógica de separação também molda a maneira como se exerce o poder epistêmico para se decidir quem pode fazer o trabalho intelectual em primeiro lugar[11].

No entusiasmo inicial após a descoberta da interseccionalidade, a adição parecia ser o passo que aproximaria a interseccionalidade de formas mais complexas de pensamento relacional. No entanto, transcender a lógica da segregação

---

trabalhadora parecem se dirigir voluntariamente para o lugar que lhes é atribuído, em especial quando confrontadas com ideologias hegemônicas que naturalizam a desigualdade social. No nível societal, entretanto, os indivíduos herdam posições sociais específicas e devem lutar com os atributos positivos e negativos associados a seus lugares atribuídos. Imagens de controle podem fazer parte das relações de dominação quando as pessoas aceitam as relações sociais, mas também podem fazer parte das relações de poder quando as pessoas se recusam a permanecer no lugar que lhes foi atribuído (Patricia Hill Collins, "Controlling Images", em Gail Weiss, Ann Murphy e Gayle Salamon (orgs.), *50 Concepts for a Critical Phenomenology* (Evanston, IL, Northwestern University Press, 2018).

[9] Sandra Haring, *The Science Question in Feminism* (Ithaca, NY, Cornell University Press, 1986); Patricia Hill Collins, *Fighting Words: Black Women and the Search for Justice* (Minneapolis, MN, University of Minnesota Press, 1998), p. 95-123.

[10] Nira Yuval-Davis, *The Politics of Belonging: Intersectional Contestations* (Londres, Sage, 2011).

[11] O conceito de essencialismo, um conjunto de ideias que pressupõe que pessoas que compartilham classificações sociais atribuídas também compartilham atributos biológicos ou culturais básicos, é uma forma de justificar fronteiras essencialmente construídas em termos sociais. Pauli Murray se insurgiu contra esse essencialismo, rejeitando as normas predominantes de masculinidade e feminilidade, pois acreditava que era um homem num corpo de mulher; também rejeitou as categorias dominantes de identidade racial como negra ou branca, apontando que sua família multirracial também era uma família estadunidense. Segregações de todo tipo colocam em evidência as práticas de poder disciplinar necessárias para sustentar as relações de inclusão e exclusão, mas, para muitas pessoas, tais segregações merecem resistência (Michel Foucault, *Discipline and Punish: The Birth of the Prison*, Nova York, Vintage, 1979) [ed. bras.: *Vigiar e punir: nascimento da prisão*, trad. Raquel Ramalhete, 42. ed., Petrópolis, Vozes, 2014].

por meio de estratégias aditivas é mais desafiador. As categorias de raça, classe, gênero, sexualidade, etnia, idade e capacidade, bem como os discursos críticos que se desenvolveram em torno delas, não são ideias flutuantes não ancoradas nas relações sociais. Não há consenso nas comunidades interpretativas acerca do significado de cada categoria de análise, da mesma forma que não há consenso nas comunidades políticas acerca da política relacionada a esses termos. Tentar adicionar duas ideias às relações interseccionais de poder traz à tona os desafios do engajamento dialógico em meio às diferenças de poder. Além disso, como as relações desiguais de poder não desaparecem simplesmente dos espaços interseccionais, mas podem se reorganizar dentro desses espaços, é necessário que haja vigilância intelectual, mesmo para o que pareça uma adição simples.

Um perigo que pode advir da simples adição é o fato de se privilegiar uma categoria de predileção como categoria supostamente principal e acomodar categorias inferiores, adicionando-as à categoria principal. A análise de Simone de Beauvoir da opressão feminina trata o gênero como categoria dominante; ela adiciona as categorias de raça, etnia, classe e idade *a* sua análise de gênero. Beauvoir considera o gênero tanto como seu objeto de investigação quanto como sua principal categoria analítica. Por outro lado, ela vê raça, idade e classe como entidades descritivas evidentes, muitas das quais não necessitando de análise. Se as ideias de "pessoas negras" e "escravas" se tornam intercambiáveis, e a experiência da escravidão é usada como arquétipo da própria raça, adicioná-las juntas deixa de ser uma questão de "adicionar a" e torna-se uma questão de "adicionar ao" que já é considerado verdadeiro. Nesse caso, incorporar ideias sobre raça, idade, etnia e classe não permitiu explicar melhor como as opressões interseccionais moldam a opressão de gênero. Beauvoir, raciocinando de forma analógica, simplesmente adicionou outras categorias de análise que confirmaram sua hipótese da natureza fundamental da opressão de gênero[12].

A relacionalidade por meio de adição pode ser mais bem abordada se se adicionar paulatinamente categorias ao longo do tempo, em vez de se adicionar imediatamente todas as categorias em um único momento. Essa mudança sugere que a ordem temporal com que se adicionam as categorias pode aprimorar a relacionalidade por adição como uma ferramenta teórica da interseccionalidade. Em teoria, pode-se agregar gênero, raça e classe em qualquer ordem. Mas, na

---

[12] Simone de Beauvoir, *The Second Sex* (trad. Constance Borde e Sheila Malovany-Chevallier, Nova York, Vintage, 2011 [1949]) [ed. bras.: *O segundo sexo*, trad. Sérgio Milliet, 5. ed., Rio de Janeiro, Nova Fronteira, 2019].

prática, a sequência na qual uma categoria particular é adicionada a outras se mostra importante[13]. O significado de uma categoria é alterado quando ela é adicionada a outra. Os processos de engajamento dialógico no interior de uma investigação interseccional se assemelham a uma jornada, na qual o ponto de partida fornece uma origem e molda um conhecimento subsequente. Por exemplo, partimos do gênero e "adicionamos" categorias quando incorporamos classe, ou partimos da etnia e nos movemos em direção à sexualidade, ou permanecemos na intersecção anterior de raça e classe e avançamos em direção à capacidade. O engajamento do mundo social, mesmo que seja um engajamento crítico do mundo social, com base em pontos de origem tão diferentes conduz a resultados distintos. Por exemplo, a jornada de Pauli Murray em direção à interseccionalidade refletiu particularidades de sua vida. Outra pessoa que se engaje numa jornada interseccional semelhante pode recorrer a experiências diferentes, adicionando categorias em uma sequência também diferente. Entendimentos mecanicistas da relacionalidade por adição, que se baseiam em adições matemáticas simples para compreender essa dimensão da investigação interseccional, negligenciam a riqueza de possibilidades das abordagens aditivas.

## O desafio de adicionar a categoria de classe

A forma como a classe social é tratada na interseccionalidade ilustra alguns dos desafios de agregar projetos de conhecimento distintos. A categoria de classe é uma curiosa categoria dominante na tríade raça, classe e gênero. Algumas figuras da crítica apontam com razão que a categoria de classe foi negligenciada no âmbito da interseccionalidade[14]. No entanto, ela reaparece na interseccionalidade ora como uma categoria hipervisível, mencionada com tanta frequência que acaba perdendo seu significado (vem-nos à mente a discussão do capítulo 4 sobre a repetição da narrativa de "cunhagem" de Crenshaw), ora como uma categoria descritiva, não analítica, aludindo a identidades de classe dentro de um sistema de estratificação social, ora como uma categoria analítica do pensamento social marxista que analisa o capitalismo e as relações sociais engendradas por

---

[13] Valerie Smith, *Not Just Race, Not Just Gender: Black Feminist Readings* (Nova York, Routledge, 1998).

[14] Joan Acker, "Rewriting Class, Race, and Gender: Problems in Feminist Rethinking", em Myra Marx Ferree, Judith Lorber e Beth B. Hess (orgs.), *Revisioning Gender* (Thousand Oaks, CA, Sage, 1999), p. 44-69.

ele (ver capítulo 2). Dadas as diferenças entre versões nitidamente diferentes de classe, qual classe é invocada quando são adicionadas raça e gênero?

Ao simples termo *classe* cabe boa parte do trabalho pesado nos estudos interseccionais, precisamente porque questões prévias sobre que tipo de análise de classe é adicionado aos projetos interseccionais permanecem não investigadas. Por exemplo, "Doing Difference" [Fazendo a diferença], o importante artigo de West e Fenstermaker publicado na revista *Gender and Society*, ignora os contornos estruturais de classe e capitalismo a fim de imaginar como a classe é levada a efeito[15]. Essa extensão à classe da ideia pós-estruturalista de performatividade foi criticada por eliminar as análises estruturalistas de classe[16]. Em si, como as pessoas levam a efeito as identidades de classe não é um problema. A questão mais ampla é o que significa compreender classe fundamentalmente como uma performance, ignorando análises estruturais que oferecem análises de economia política, capitalismo, ideologia e relações de classe.

Aparentemente alarmados com a maneira como a classe é tratada no âmbito da interseccionalidade, alguns estudiosos e estudiosas da classe social têm resistido às estratégias aditivas da interseccionalidade, argumentando que a teoria social marxista *já* fornece uma explicação adequada para a desigualdade social. E, posto que o faz, não há necessidade de adicionar classe à interseccionalidade. Em vez disso, a interseccionalidade se beneficiaria mais se fosse, de fato, adicionada à análise de classe marxista. O valor agregado pela interseccionalidade está no fortalecimento de uma análise de classe preexistente, adicionando raça, gênero ou ambos a ela. Sob essa perspectiva, classe é uma categoria dominante que pode ser mudada pela crítica interseccional, mas ela mesma não precisa de transformação.

A importância da análise de classe da teoria social marxista não pode ser ignorada, principalmente porque a teoria social marxista teve uma grande influência sobre a teoria social crítica ocidental. E, no contexto dessa tradição teórica crítica ocidental, a interseccionalidade bebe desse conhecimento ocidental. Podemos rastrear uma influência significativa, embora não reconhecida, de ideias selecionadas da teoria social marxista sobre as teorias sociais críticas e os projetos de conhecimento resistente descritos nos capítulos 2 e 3. A teoria

---

[15] Candace West e Sarah Fenstermaker, "Doing Difference", *Gender and Society*, v. 9, n. 1, 1995, p. 8-37.

[16] Patricia Hill Collins, "Reflections on Doing Difference', *Gender and Society*, v. 9, n. 4, 1995, p. 505-9.

crítica da Escola de Frankfurt, a teoria da libertação de Fanon, a teoria racial crítica, algumas vertentes do feminismo e os estudos culturais britânicos adotaram em seus projetos ideias diversas da teoria social marxista. Isso não significa que esses projetos sejam derivados da análise marxista ou se definam como influenciados pela teoria social marxista. Ao contrário, muitas teorias sociais críticas se engajaram em diálogos com as ideias das teorias sociais marxistas sem fazer essa atribuição[17].

Em vez de tentar adicionar classe à interseccionalidade, trabalhar com exemplos de análise de classe que já se encontram na interseccionalidade pode ser suficiente. Não é que não existam análises de classe na interseccionalidade, mas é que classe é conceituada na análise interseccional por meio de padrões desiguais. A produção intelectual de Angela Y. Davis é instrutiva nesse sentido. Os primeiros estudos de Davis trazem uma análise robusta do capitalismo em seu centro, prefigurando as análises interseccionais. Tomemos, por exemplo, o emblemático "Rape, Racism and the Capitalist Setting" [Estupro, racismo e o cenário capitalista][18], publicado uma década antes do inovador artigo de Kimberlé Crenshaw sobre interseccionalidade e violência contra mulheres *of color*. Surpreendentemente, a análise de Davis do estupro como instrumento de violência é paralela à análise do linchamento feita por Ida Wells-Barnett décadas antes. Davis invoca essas análises da violência contra as mulheres. Mas, em sua argumentação, o capitalismo é uma categoria analítica significativa. Não determina a violência contra as mulheres *of color*, mas constitui uma dimensão essencial que explica os contornos dessa violência. Davis oferece um argumento que combina estupro (violência sexual contra as mulheres), racismo (escravidão como um estado de policiamento) e escravidão como instância particular de um cenário capitalista no interior de um argumento sintético. Como esse artigo precede a designação da interseccionalidade como estrutura de análise, Davis não adiciona raça, gênero e sexualidade ao capitalismo nem classe no lugar do capitalismo, em visões predominantes sobre raça, gênero e sexualidade. Seus primeiros estudos mostram, ao contrário, como uma análise

---

[17] Quando se trata de relacionalidade como tema de investigação interseccional, a teoria social marxista contribui com o importante construto das *relações* de classe para explicar a desigualdade e a injustiça social. Como a teoria social marxista tem uma longa e célebre história nos projetos de conhecimento ocidentais, especialmente na Europa, há muitos esforços para incorporar raça, gênero, etnia e sexualidade, sistemas de poder antes ausentes, a um modelo de classe abrangente.

[18] Angela Y. Davis, "Rape, Racism and the Capitalist Setting", *Black Scholar*, v. 9, n. 7, 1978, p. 24-30.

crítica inovadora pode surgir da estratégia inicial de adição de entidades que aparentemente não combinam. A obra de Davis sugere que começar pela relacionalidade por adição pode parecer algo descomplicado, mas o processo de trabalhar dialogicamente por adição revela novas questões e conexões que podiam não ser acessíveis antes[19].

Esses debates sobre classe social no âmbito da interseccionalidade identificam um importante desafio para a construção teórica da interseccionalidade. Aparentemente, o processo contínuo de incorporação de categorias de análise desestabiliza os entendimentos já existentes da interseccionalidade. Quantas categorias podem ser adicionadas antes que a interseccionalidade perca seu sentido? A filósofa feminista Judith Butler parece sugerir essa questão ao rejeitar sumariamente a interseccionalidade como algo que se decompõe em categorias cada vez menores até se tornar um "etc." sem sentido. Butler identifica um desafio importante para uma interseccionalidade que simplesmente continua a incorporar novas categorias de análise sem nenhuma reflexão sobre como cada categoria transforma todas as outras. No entanto, presumir acriticamente que a interseccionalidade é um conjunto simples de entidades aparentemente semelhantes que, quando somadas, produzem a interseccionalidade, banaliza esse discurso.

Enfrentar esses desafios do pensamento relacional por meio da adição implica avaliar de forma meticulosa como a interseccionalidade é modificada pelo constante crescimento categorial. Esses debates a respeito do tratamento da classe no âmbito da interseccionalidade sugerem que é insuficiente apenas adicionar categorias umas às outras. Tomando seriamente o argumento de que a classe repousa sobre fundamentos ontológicos diferentes, assim como outras categorias da interseccionalidade, Floya Anthias e Nira Yuval-Davis observam que "classe, gênero e raça podem depender de diferentes localizações existenciais, mas não são manifestações de diferentes tipos de relação social com bases causais distintas em sistemas distintos de dominação"[20]. Em outras palavras, não existem efeitos independentes de raça, classe ou gênero – não existe nada

---

[19] O problema talvez não resida no fato de que é muito complicado incorporar classe, ou que classe já explica tudo, e sim que pode haver outras fontes de resistência à interseccionalidade entre teóricos e teóricas sociais marxistas. A crítica da interseccionalidade está certa. As análises críticas do capitalismo que são adicionadas ou agregadas a categorias semelhantes são negligenciadas no âmbito da interseccionalidade.

[20] Floya Anthias e Nira Yuval-Davis, *Racialized Boundaries: Race, Nation, Gender, Colour and Class and the Anti-Racist Struggle* (Nova York, Routledge, 1992), p. 109.

"puramente de gênero". Na verdade, os conhecimentos desenvolvidos dentro de uma lógica de segregação levam a interseccionalidade apenas até certo ponto. Nesse momento, as concepções aditivas de relacionalidade prenunciam a articulação como outro aspecto do pensamento relacional, um aspecto que traz percepções diferentes para a análise interseccional.

## PENSAMENTO RELACIONAL POR ARTICULAÇÃO

A concepção de articulação de Stuart Hall[21] fornece um sólido ponto de partida analítico para investigarmos como a relacionalidade por articulação molda a interseccionalidade[22]. Para Hall, o termo *articulação* tem um "duplo significado sutil" que invoca relações sociais e ideias. O primeiro significado do termo *articulação* refere-se a uma ligação ou junção que, como a dos ossos, é móvel. Usando a metáfora do acoplamento e do desacoplamento das partes dianteira e traseira de um caminhão, Hall argumenta que, para funcionarem como um caminhão, as duas partes se conectam ou se articulam entre si por uma ligação específica. As partes distintas do caminhão permanecem intactas, mas o foco é deslocado das partes do caminhão para as diferentes maneiras como se pode criar um caminhão com base nas diferentes configurações das partes. Com objetos tangíveis, nenhuma parte se altera no processo de articulação, mas a articulação cria um novo caminhão. Uma articulação é, portanto, "a forma da conexão que pode criar uma unidade tendo por base dois elementos diferentes, sob certas condições. É uma ligação que não é necessária, determinada, absoluta e essencial para todo o sempre"[23].

---

[21] Stuart Hall, *Familiar Stranger: A Life between Two Islands* (Durham, NC, Duke University Press, 2017), p. 91.

[22] Fundamento essa discussão nos estudos culturais britânicos. Mas as ideias de articulação reaparecem em outros contextos. A relacionalidade por articulação também pode ser encontrada na obra do sociólogo negro estadunidense Oliver Cromwell Cox. Suas afirmações de que as relações raciais podem ser estudadas como uma forma de exploração de classe e de que "somente podemos entender o problema das pessoas *negras* na medida em que entendemos sua posição como classe trabalhadora" (Oliver Cromwell Cox, *Caste, Class, and Race: A Study in Social Dynamics*, New York, Modern Reader Paperbacks, 1948) parece antitética à interseccionalidade. No entanto, apesar de ele tender a priorizar a análise de classe, seria um equívoco descartá-lo, pois equivaleria a negligenciar o fato de que suas análises fazem parte da mesma tentativa de estabelecer vínculos e relações entre os sistemas de dominação.

[23] Lawrence Grossberg, "On Postmodernism and Articulation: An Interview with Stuart Hall", em David Morley e Kuan-Hsing Chen (orgs.), *Stuart Hall: Critical Dialogues in Cultural Studies* (Nova York, Routledge, 1996), p. 141.

Esse uso da articulação sugere que a sociedade não é uma totalidade orgânica, mas sim uma série de partes móveis com uma estrutura geral que reflete os padrões dinâmicos dessas partes. Quando se trata da organização das relações interseccionais de poder, essa dimensão da articulação oferece uma estrutura para as relações mutáveis entre os múltiplos sistemas de poder. Em resumo, racismo, sexismo, capitalismo, nacionalismo, homofobia e xenofobia, entre outros, são articulados de forma diferente em contextos sociais diversos e através deles. As relações entre os sistemas de poder são contingentes e não fixas. E como a sociedade não é organizada por regras capazes de prever resultados estruturais, as relações interseccionais de poder refletem lutas relacionadas à maneira como os elementos da sociedade serão articulados[24].

O segundo significado de articulação definido por Hall concentra-se na interconexão das ideias, bem como na forma como as ideias e a sociedade se inter-relacionam. Hall sugere que uma teoria da articulação é ao mesmo tempo uma "maneira de entender como os elementos ideológicos chegam a se articular, sob certas condições, em um discurso e uma maneira de se perguntar como eles se articulam ou não, em conjunturas específicas, com certos sujeitos políticos"[25]. Esse segundo significado se refere à maneira como a linguagem "articula" ou traz novas ideias, combinando ideias existentes em novos padrões, atribuindo-lhes novas conotações, ou ambas as coisas. Nesse uso, conjuntos de ideias podem ser acoplados e desacoplados, mas tanto a nova entidade quanto as partes individuais são modificadas por essas transações. Como a linguagem e a comunicação sempre ocorrem no contexto social, essa compreensão da articulação invoca as ideias em ação e a ação em ideias do pragmatismo estadunidense.

Essa dimensão da articulação levanta algumas questões importantes para a interseccionalidade como forma de investigação crítica. Por exemplo, quais são as ideias centrais da interseccionalidade e como elas se "juntaram"? Como a análise interseccional seria alterada se elementos diferentes fossem articulados – por exemplo, se se examinasse como a capacidade e a religião moldaram as políticas públicas? Além disso, que conexões existem entre as ideias da interseccionalidade e os "sujeitos políticos", as pessoas que promovem essas ideias ou são representadas por elas?

---

[24] Kobena Mercer, "Introduction", em *The Fateful Triangle: Race, Ethnicity, Nation* (Cambridge, MA, Harvard University Press, 2017), p. 9.
[25] Lawrence Grossberg, "On Postmodernism and Articulation", cit., p. 141-2.

Os dois significados de articulação são importantes para a teorização interseccional. Por exemplo, quando se trata de teorizar a desigualdade social, a articulação afirma que os argumentos são sempre provisórios. Em vez de tentar provar a verdade de alguma perspectiva, essa abordagem busca múltiplas articulações de raça, classe e gênero, entre outras, na explicação da desigualdade social, questionando por que algumas interpretações prevalecem sobre outras em contextos sociais específicos. A articulação estabelece conexões contingentes e não necessárias entre diferentes práticas, como, por exemplo, entre ideologia e forças sociais, entre diferentes elementos na ideologia, entre distintos grupos num movimento social e entre diversos projetos de conhecimento. A articulação concentra-se na importância das ideias na estruturação das relações de dominação e resistência. Na lógica da articulação, uma tarefa importante da teorização interseccional é examinar como as relações variáveis, tanto as não intencionais quanto as cultivadas ativamente, promovem ou retardam intersecções específicas. Em outras palavras, a teorização interseccional deve tentar explicar os fenômenos sociais com base em análises provisórias que podem ser continuamente reformuladas.

Como a ideia de *conjuntura* é moldada por ambos os usos de articulação, ela constitui um construto bastante rico para investigarmos como o conhecimento molda e é moldado pelas relações interseccionais de poder[26]. As conjunturas são pontos de conexão de várias partes. Em alguns casos, uma crise aparente nas conjunturas de fatores – por exemplo, a combinação de circunstâncias e eventos que impulsionaram os governos de direita ao poder em 2016 – catalisa uma crise que se presta a uma análise interseccional. Novos entendimentos acerca dos problemas sociais também podem emergir de tais situações de crise, como a enxurrada de estudos interseccionais após o furacão Katrina e outros desastres aparentemente naturais.

A noção de *conjunturas* levanta questões sobre os novos conhecimentos que são produzidos por meio dos processos de articulação no espaço da conjuntura. Frequentemente, o surgimento de um novo termo sinaliza uma nova articulação de ideias e práticas existentes. A criação do termo *Jane Crow* por Pauli Murray

---

[26] No materialismo histórico, uma conjuntura sinaliza uma ruptura associada a uma mudança social. "Ao voltar seu olhar para os momentos de crise 'nos quais os processos culturais antecipam a mudança social', Hall dirige nossa atenção para as superfícies de emergência que dão acesso analítico ao potencial de transformação latente em cada conjuntura histórica" (Kobena Mercer, "Introduction", cit., p. 10).

para descrever como o racismo e o sexismo assumiram uma forma específica nas experiências das mulheres negras estadunidenses também ilustra o uso da articulação como estratégia de teorização crítica. Murray notou que não existia nenhum termo que explicasse como o racismo e o sexismo moldavam juntos as experiências das mulheres negras estadunidenses. Ela tinha familiaridade com o racismo e com o sexismo, estudava e vivia os dois. Criou o termo *Jane Crow* como forma de nomear essa conjuntura nas relações reais[27].

O termo *sexage* [sexagem], cunhado pela feminista francesa Colette Guillaumin, ilustra como a relacionalidade por articulação poderia se basear na ideia de uma conjuntura de discursos para explicar uma intersecção particular. Em *Racism, Sexism, Power and Ideology* [Racismo, sexismo, poder e ideologia], Guillaumin[28] desenvolve uma análise materialista feminista da sexagem como uma conjuntura de capitalismo, racismo e sexismo como sistemas de poder articulados. Expandindo a análise materialista da teoria social marxista sobre a apropriação da força de trabalho das pessoas pelo capitalismo, Guillaumin argumenta que o capitalismo não se apropria apenas do trabalho, mas também dos próprios corpos das pessoas. Considerando essa apropriação corporal um importante ponto em comum entre racismo e sexismo, Guillaumin usa analogias para evidenciar as semelhanças dos processos de produção das categorias de "raça" e "sexo", que não existem nem como entidade biológica nem como grupo social natural. A análise de Guillaumin da sexagem é moldada pela análise que ela faz do racismo como sistema de apropriação dos corpos das pessoas negras e do sexismo como uma apropriação dos corpos das mulheres. Guillaumin abordou de início o racismo e o sexismo como análogos, mas usou a semelhança de um com o outro para desenvolver uma teoria social da sexagem. Examinando o racismo e o sexismo como sistemas articulados de poder, a criação da sexagem por Guillaumin situa-se na conjunção histórica e analítica de racismo, sexismo e capitalismo[29].

---

[27] Pauli Murray e Mary O. Eastwood, "Jane Crow and the Law: Sex Discrimination and Title VII", *George Washington Law Review*, v. 34, n. 2, 1965, p. 232-56.

[28] Collette Guillaumin, *Racism, Sexism, Power and Ideology* (Nova York, Routledge, 1995).

[29] Collette Guillaumin e Simone de Beauvoir se apoiam no raciocínio analógico para teorizar a opressão imposta às mulheres. Beauvoir fez uma crítica muito eficaz dos sistemas deterministas de pensamento, reunindo provas abundantes da opressão sofrida pelas mulheres para mostrar que estas eram um grupo, que eram um grupo oprimido e que não eram livres. No entanto, ao comparar a situação das mulheres com a de outras pessoas oprimidas, Beauvoir se apoiou em um uso perturbador do raciocínio analógico segundo o qual "as mulheres são como crianças" ou "os

A articulação e as conjunturas são mais visíveis em tempos de crise, mas as conjunturas aparentemente comuns podem ser invisíveis, porque são dadas como certas. A premissa segundo a qual os sistemas de poder se constroem mutuamente é válida num primeiro momento, mas certas ideias e práticas devem ser mais importantes que outras em sua capacidade de fazê-lo. Espaços saturados de poder ou conjunturas em que sistemas de poder se encontram fornecem um ponto de partida e uma língua franca para analisar o próprio poder que são simultaneamente fundamentados em processos sociais reais e incluem espaço para a análise teórica. Espaços saturados de interseccionalidade constituem espaços hipervisíveis de relações interseccionais de poder e dão a impressão de serem uma conjuntura importante. São espaços para onde convergem sistemas interseccionais de opressão, mas não são estáticos. Modificam-se à medida que mudam os sistemas aos quais são vinculados.

Espaços saturados são ferramentas teóricas para a análise de conjunturas de relações interseccionais de poder. Vejamos, por exemplo, como a reconceituação da construção da família como um espaço saturado de poder promove uma nova perspectiva da relacionalidade por articulação. Cada um dos principais sistemas de poder que se encontram atualmente no marco da interseccionalidade – gênero, classe, sexualidade, nação, raça, etnia, capacidade e idade – muitas vezes dependem de pressuposições variadas sobre a família. Sabemos bastante sobre o modo como as distintas tradições acadêmicas discutem a desigualdade social em geral e a família em particular *dentro de* um determinado sistema de poder. Por exemplo, as feministas ocidentais foram um dos primeiros grupos a questionar as ideias de família naturalizadas e tidas como certas no âmbito do gênero como um sistema de poder[30]. Usando os relacionamentos que as mulheres tinham com seus familiares – como filhas, irmãs, esposas, mães e avós –, as feministas levantaram questões importantes sobre a desigualdade de gênero. Durante esse período de formação, intelectuais e ativistas ocidentais de gênero fizeram contribuições importantes para a análise do benefício e/ou

---

negros são como animais". Beauvoir se concentrou na categoria principal de opressão imposta às mulheres e acrescentou, por analogia, raça, etnia, idade e classe como categorias descritivas e frequentemente estereotipadas.

[30] Jane Collier, Michelle Z. Rosaldo e Sylvia Yanagisako, "Is There a Family? New Anthropological Views", em Barrie Thorne e Marilyn Yalom (orgs.), *Rethinking the Family: Some Feminist Questions* (Boston, Northeastern University Press, 1992), p. 31-48; Barrie Thorne, "Feminism and the Family: Two Decades of Thought", ibidem, p. 3-30.

do prejuízo que o ideal de família de classe média trouxe para as mulheres[31]. Da mesma forma, diferentemente do(a)s especialistas em gênero, e talvez em resposta parcial aos constantes ataques ao feminismo por seu suposto caráter antifamília, o(a)s especialistas em raça e etnia defenderam a família como uma proteção importante contra os piores ataques do racismo e da xenofobia. A produção intelectual negra estadunidense tem lutado contra um discurso dominante que usa as estruturas de disfuncionamento da família negra para explicar tudo, desde o desempenho escolar até a pobreza. Esses diferentes usos da família nas análises monocategóricas da desigualdade social – por exemplo, *tanto* de gênero *quanto* de raça como sistemas de poder – utilizam diferentes concepções de família para explicar a desigualdade de gênero e raça. Usar a articulação para analisar a retórica e a organização familiar mostra como, apesar da ampla variabilidade entre contextos sociais, a instituição social da família desempenha uma função semelhante nos sistemas interseccionais de poder. As ideias de família formam a base de todas as sociedades. As famílias podem se organizar de maneiras diferentes de uma sociedade para outra, mas ainda assim sustentam funções sociais importantes de obtenção de direitos de cidadania, regulação da sexualidade e transferência intergeracional de riqueza e dívida. A retórica e as práticas familiares organizam as desigualdades sociais de gênero, sexualidade, raça, etnia, religião, classe e cidadania, mas normalizam as desigualdades sociais ao naturalizar os processos sociais[32].

Às vezes, conjunturas particulares em sistemas de poder variados produzem problemas sociais recorrentes que não podem ser ignorados. Por exemplo, a interseccionalidade gerou uma sólida tradição de pesquisa sobre a violência[33]; a

---

[31] Stephanie Coontz, *The Way We Never Were: American Families and the Nostalgia Trap* (Nova York, Basic, 1992).

[32] Patricia Hill Collins, *Fighting Words*, cit.; "Like One of the Family: Race, Ethnicity, and the Paradox of US National Identity", *Ethnic and Racial Studies*, v. 24, n. 1, 2001, p. 3-28. A família é uma instituição social universal. O construto de comunidade cumpre uma função semelhante, servindo de estrutura dada como certa para a maneira de pensar e fazer política, bem como de modelo ideológico para imaginar grupos políticos (Patricia Hill Collins, "The New Politics of Community", *American Sociological Review*, v. 75, n. 1, 2010, p. 7-30). Violência, família e comunidade são essenciais para reproduzir a dominação política *no* racismo, *no* sexismo, *na* exploração de classe e *na* homofobia e resistir a elas. No entanto, como esses construtos centrais também operam como espaços saturados de relações interseccionais de poder, eles oferecem possibilidades de resistência que transcendem qualquer sistema.

[33] Patricia Hill Collins, "The Tie That Binds: Race, Gender and U.S. Violence", *Ethnic and Racial Studies*, v. 21, n. 5, 1998, p. 918-38; "On Violence, Intersectionality and Transversal Politics", *Ethnic and Racial Studies*, v. 40, n. 9, 2017, p. 1-14.

violência também constitui um espaço saturado de relações de poder. Como a violência é uma preocupação de feministas, organizações antirracistas, intelectuais, organizações comunitárias e profissionais, existe um rico conjunto de conhecimento sobre a violência moldado pela interseccionalidade em vários campos de estudo e formas de práxis política. Na interseccionalidade, a violência há muito é vista como um problema social importante. As violências de gênero no abuso doméstico, incesto e assédio sexual em ambiente de trabalho são muito mais visíveis que no passado. As repetidas ondas de pessoas refugiadas e o crescimento do número de apátridas refletem em geral um catalisador de guerras e violência sancionadas pelo Estado nos países de origem. Munidos da consciência da amplitude e da dinâmica da violência como um problema social, intelectuais e ativistas com envolvimento em projetos de luta contra a violência elevaram a consciência da violência como problema social. Entendimentos sobre violência de gênero, violência racial e sexual, entre outras, têm sido amplamente moldados por estruturas interseccionais. Nesse sentido, a relacionalidade por articulação parece especialmente adequada ao foco crítico de resolução de problemas da interseccionalidade.

A violência abre uma janela para as conexões entre os vários sistemas de poder. Grande parte dessa literatura se baseia na premissa orientadora da interseccionalidade de que os sistemas de poder se constroem mutuamente ao moldar os problemas sociais e os fenômenos sociais em geral[34]. Aqui, recorrer à base de conhecimento sobre a violência catalisada pela interseccionalidade pode lançar luz sobre uma premissa teórica central da interseccionalidade: a de que os sistemas de poder se constroem mutuamente. Em outras palavras, o foco na violência pode abrir uma janela para observarmos o funcionamento do capitalismo, do colonialismo, do racismo e do heteropatriarcado como sistemas distintos de poder, bem como para a violência como um fio comum que os une. Se a violência é organizada na conjuntura de múltiplos sistemas de poder, o que isso significa?

---

[34] Por exemplo, as maneiras pelas quais a violência como problema social catalisou análises interseccionais é um tema recorrente no pensamento feminista negro. A violência constituiu a ponta visível de um enorme *iceberg*: intelectuais e ativistas feministas negras descobriram rapidamente que a expressão específica de violência que mais as preocupava não poderia ser remediada exclusivamente dentro dos limites de um sistema de poder. Alguns exemplos são a cruzada de Ida Wells-Barnett contra o linchamento de pessoas negras (capítulo 5), a reação de Pauli Murray ao testemunhar a execução do meeiro Odell Waller (capítulo 6) e a análise de Angela Davis do estupro como forma de violência sancionada pelo Estado (capítulo 7). O ímpeto do feminismo negro estadunidense em direção à interseccionalidade se deu pela necessidade de responder às expressões de violência ao longo do tempo e do espaço. Essas ideias podem ser essenciais para o feminismo negro, mas essa perspectiva não é de forma alguma exclusiva dele.

## A violência como um espaço saturado de relações interseccionais de poder

Esse crescente entendimento da violência como um problema social tem potencial para esclarecer como ela pode ser essencial para a organização e a operação de relações interseccionais de poder. Em outras palavras, a violência não é apenas um "anexo" das relações de poder, uma das muitas estratégias de dominação. Isso ela é certamente, mas a violência e as relações de poder também podem estar intimamente interligadas. Em diversos contextos sociais, o uso ou a ameaça de violência é fundamental para as relações de poder que produzem desigualdade social, como estupro e violência doméstica no sexismo, o linchamento no racismo e os crimes de ódio contra LGBTQ.

A violência pode ser essencial para o capitalismo, o colonialismo, o racismo e o sexismo, mas suas formas características nesses sistemas de poder variam consideravelmente. Em sistemas distintos de poder, algumas formas de violência são mais visíveis que outras, como é o caso, por exemplo, da violência doméstica interpessoal vivida pelas mulheres (sexismo); do discurso de ódio dirigido a muçulmanos, judeus e minorias religiosas em democracias multiculturais (intolerância religiosa); da violência rotineira do policiamento extrajudicial de minorias raciais e étnicas (racismo); e do militarismo, como a violência das guerras sancionadas pelo Estado (nacionalismo). Isso não significa que não existam outras expressões de violência. Na verdade, algumas expressões são mais visíveis que outras, o que nos dá a impressão de que determinadas expressões de violência são menos importantes.

Apesar da onipresença da violência, as análises teóricas da conexão entre violência e relações interseccionais de poder permanecem vagas, precisamente porque as formas características que a violência assume no racismo, no colonialismo e no heteropatriarcado variam enormemente. Tratar a violência como um *espaço saturado de relações de poder* em que o funcionamento do poder no capitalismo, no colonialismo, no racismo e no heteropatriarcado – e por meio deles – é especialmente visível funciona como um ponto de partida para a teorização de sistemas interseccionais de poder. Espaços saturados agrupam práticas, instituições sociais, representações e padrões de interação social cotidiana que aparecem e reaparecem em sistemas de opressão aparentemente separados. Espaços saturados são importantes porque sua hipervisibilidade e onipresença tornam os pontos de convergência ou transações de relações interseccionais de poder mais visíveis.

Enxergo várias razões pelas quais tratar a violência como um lugar saturado de relações interseccionais de poder é importante para o desenvolvimento teórico da interseccionalidade. Em primeiro lugar, a violência e os espaços saturados similares são nós importantes nas relações de poder que organizam e viabilizam sistemas de poder interconectados ou interligados. Em outras palavras, a violência constitui uma forma de *cola conceitual* que une sistemas interseccionais de poder[35]. No entanto, a violência é mais que a cola conceitual que une teoricamente os múltiplos sistemas de poder; como uma constelação de práticas, ela também é essencial para organizar e administrar o poder como dominação. As pessoas não ocupam de boa vontade os lugares que lhes são atribuídos. Aqui, as conexões entre discurso de ódio e atos violentos, a natureza rotineira e normalizada da violência e os mecanismos que legitimam todo esse empreendimento de dentro dos vários sistemas de poder tornam-se mais visíveis em estruturas que enxergam a violência como um nó do tecido conjuntivo dos sistemas de poder.

Em segundo lugar, conceituar a violência como um espaço saturado de relações interseccionais de poder abre novos caminhos para a conceituação da dominação. A violência é evidentemente uma dimensão importante do capitalismo, do colonialismo, do racismo e do heteropatriarcado como formas distintas de dominação política. A extensa literatura sobre a dominação política, que se desenvolveu amplamente sem influência das estruturas interseccionais, fornece pistas importantes sobre as relações interseccionais de poder. Por exemplo, ao fazer distinção entre racismo de extermínio ou eliminação (racismo exclusivo, como o genocídio nazista) e racismo de opressão ou exploração (racismo interno, como a segregação racial nos Estados Unidos, o *apartheid* na África do Sul e racismo colonial), Étienne Balibar realiza uma intervenção crucial na teoria racial crítica[36]. Balibar argumenta que esses tipos ideais quase nunca são encontrados isoladamente e que as conexões entre eles são mais comuns. O livro clássico de Zygmunt Bauman, *Modernidade e holocausto*[37], desenvolve a tese do racismo de extermínio, levando a argumentação de Balibar para além do nacionalismo e ligando o racismo de extermínio à modernidade. A pensadora política Hannah Arendt tinha pouco interesse teórico pelo

---

[35] Ver, por exemplo, Patricia Hill Collins, "The Tie That Binds", cit.
[36] Étienne Balibar, "Racism and Nationalism", em Étienne Balibar e Immanuel Wallerstein (orgs.), *Race, Nation, Class: Ambiguous Identities* (Nova York, Verso, 1991), p. 37-67 [ed. bras.: *Raça, nação, classe:* as identidades ambíguas, trad. Wanda Caldeira Brant, São Paulo, Boitempo, 2021, p. 75-107].
[37] Zygmunt Bauman, *Modernity and the Holocaust* (Ithaca, NY, Cornell University Press, 1989) [ed. bras.: *Modernidade e holocausto*, trad. Marcus Penchel, Rio de Janeiro, Zahar, 1998].

racismo, mas as histórias paralelas de dominação citadas no magistral *Origens do totalitarismo*[38] ressoam tanto na tese de Balibar sobre o racismo interno e externo quanto na análise de Bauman do racismo e da modernidade. Na medida em que a análise interseccional da violência reformula esta última não como uma questão de natureza ou de circunstância humanas, mas como tão fundamental para o poder quanto para a dominação, conceituar a violência como um espaço saturado de relações interseccionais de poder fornece uma perspectiva potencialmente significativa sobre a dominação política.

Heteropatriarcado, neocolonialismo, capitalismo, racismo e imperialismo constituem formas de opressão que caracterizam a geopolítica global, assumem diferentes formas entre os Estados-nação e catalisam a desigualdade social. A ênfase da interseccionalidade nos sistemas interseccionais de poder sugere que formas distintas de opressão têm todas uma rede própria, uma "matriz" própria de dinâmicas interseccionais de poder[39]. Por exemplo, as intersecções de racismo, capitalismo e sexismo nos Estados Unidos diferem das do Brasil, produzem matrizes distintas de dominação em cada um desses Estados-nação e nas relações entre eles. Ambos podem compartilhar histórias gerais de dominação, como a maneira como seu amplo envolvimento com o tráfico transatlântico de pessoas, na qualidade de colônia e de Estado-nação livre, era parte integrante de sua incorporação ao capitalismo global. No entanto, os modelos distintos que a dominação assumiu em cada um deles diferem dramaticamente; as dominações de raça, classe e gênero nos Estados Unidos e no Brasil não podem ser reduzidas uma à outra, tampouco a alguns princípios gerais de dominação sem as especificidades de suas histórias.

Finalmente, conceituar a violência como um espaço saturado de relações interseccionais de poder também lança luz sobre projetos de conhecimento resistente desenvolvidos por iniciativas de luta contra a violência[40]. Ver a violência como

---

[38] Hannah Arendt, *The Origins of Totalitarianism* (Nova York, Harcourt, 1968) [ed. bras.: *Origens do totalitarismo*, trad. Roberto Raposo, São Paulo, Companhia das Letras, 1989].

[39] Patricia Hill Collins, *Black Feminist Thought: Knowledge, Consciousness, and the Politics of Empowerment* (2. ed., Nova York, Routledge, 2000), p. 274-6 [ed. bras.: *Pensamento feminista negro: conhecimento, consciência e a política do empoderamento*, trad. Jamille Pinheiro Dias, São Paulo, Boitempo, 2019].

[40] A articulação e a rearticulação podem contribuir para análises sobre a ação política e as mudanças sociais. Hall faz um contraste importante entre um modo de conclusão temporária, que é receptivo à revisão e, por isso, permanece em aberto, e uma abordagem que visa à finalidade. Em sua interpretação de Hall, Kobena Mercer argumenta que "a conclusão arbitrária [...] não é o fim, mas [...] torna tanto a política quanto a identidade possíveis" (Stuart Hall, *Familiar Stranger*, cit., p. 19).

hegemônica e onipotente pode colocar como ineficazes e fadadas ao fracasso pequenas ações contra ela. Mas conceituar as iniciativas de luta contra a violência como espaços saturados de relações interseccionais de poder traz questões inteiramente novas sobre ideias e ações contra a violência. Quando a violência se naturaliza e se normaliza a ponto de se tornar invisível, a dominação política parece hegemônica. No entanto, quando agentes político(a)s retiram o verniz da hegemonia e resistem ao discurso de ódio, aos atos violentos e à violência institucionalizada rotineira e normalizada, suas ações políticas podem ter efeitos de grande envergadura.

Permitir que a violência permaneça inconteste coloca a opressão como natural, normal e hegemônica. Alternativamente, o ativismo político e a resistência que investigam como a violência une sistemas de poder aparentemente díspares podem ter um impacto que vai muito além da simples oposição política. Tal contestação mostra que as expressões de violência não são eventos distintos, mas parte de um todo interconectado que refuta a dominação política como hegemônica. Um ato de resistência intelectual ou política, quando associado a muitas outras ideias e ações semelhantes em vários sistemas de poder, pode ter um grande efeito cumulativo. Desmascarar a violência e mostrá-la como ilegítima em um espaço específico pode ter repercussões que vão ultrapassar o caso em questão. Tal reenquadramento da antiviolência nas estruturas interseccionais pode promover a compreensão do poder como empoderamento, o oposto da dominação.

A violência como espaço saturado de relações interseccionais de poder está no cerne da dominação, e a pressão aplicada aos nós nos quais as relações de poder se interconectam tem potencial para resistir à dominação em múltiplos sistemas interconectados de poder. Nesse sentido, conceituar a violência como um espaço saturado de relações interseccionais de poder destaca a importância dos atos de resistência aparentemente isolados e desconexos, pois mostra como as ideias e as ações contra a violência são elas mesmas interconectadas. Quer se trate de racismo ou de sexismo, a resistência está sempre presente, mesmo que não apareça nitidamente. Assim como há uma violência rotineira nas instituições sociais, há uma resistência política imanente e tangível. Porque existe possibilidade de resistência e protesto sob a dominação política, é importante mirar em espaços saturados de relações interseccionais de poder e tratá-los como espaços de resistência política. Uma análise interseccional que trate da dominação política captura as complexidades e instabilidades que caracterizam o modo como a opressão e a resistência coexistem.

Tomar a violência como pedra de toque para tal análise é um lembrete premonitório do que está em jogo para agir da melhor forma. Como a violência se encontra profundamente enraizada na estrutura de muitas sociedades, é improvável que ela ceda aos esforços de qualquer teoria ou grupo de agentes sociais. No entanto, assim como as opressões interseccionais estão longe de ser estáticas, as formas de resistência política – que são igualmente flexíveis – estão preparadas para essa constante luta intelectual e política. Para esse fim, desenvolver uma análise teórica mais sofisticada das formas de relacionalidade no interior da interseccionalidade deve esclarecer novas conexões entre os sistemas interseccionais de poder e as novas possibilidades de resistência política.

## PENSAMENTO RELACIONAL POR INTERDEPENDÊNCIA

O pensamento relacional por interdependência adiciona outra camada de complexidade à teorização crítica da interseccionalidade. Embora seja teoricamente interessante, como alguém procederia para teorizar de forma pragmática fenômenos interdependentes, quanto mais algo tão desalentador quanto sistemas interseccionais de poder? Como alguém poderia ir além da interdependência como argumento teórico abstrato? Comparar a relacionalidade por articulação e a relacionalidade por interdependência pode evidenciar o que está em jogo. A articulação chega mais perto de descrever o que as pessoas de fato fazem quando se engajam na teorização crítica da interseccionalidade. E, como sugere a discussão da violência como lugar saturado de relações interseccionais de poder, o pensamento relacional por articulação pode conservar o caráter distinto das várias partes que não precisam ser montadas da mesma maneira. Como a articulação é contingente e produz conjunturas variadas, sejam elas expressões de violência, sejam sistemas de poder, as várias partes podem se separar e se reformar. A articulação é inerentemente flexível, aberta e resiste a conclusões.

Em contraste, aparentemente a interdependência dissolve as categorias, visando a um argumento ou teoria universal das relações interseccionais de poder. Não faz sentido defender que raça e gênero são interdependentes sem presumir que são entidades distintas. Nesse sentido, a interdependência se encontra mais com mais frequência na imaginação de um(a) intelectual ou teórico(a) que nas relações sociais reais. Em consequência, a interdependência é muito mais fácil de se imaginar abstratamente que de se alcançar metodologicamente ou "encontrar" no mundo social por meio das ferramentas de pesquisa das ciências sociais.

Abordei as relacionalidades por adição e articulação como formas de pensamento relacional que poderiam moldar a teorização interseccional. Essas formas de pensamento moldam os processos de teorização e uma metodologia para fazer interseccionalidade (por exemplo, engajamento dialógico e análise de espaços saturados de poder nas conjunturas das relações de poder). Em contraste, a interdependência pressupõe uma análise holística de um processo contínuo de construção mútua de raça, classe e gênero como fenômenos. Ela parece descrever uma realidade que não se pode observar ou estudar empiricamente. Em consequência, a ideia de relacionalidade por interdependência ou se torna uma visão puramente filosófica das ciências humanas que está fora dos limites da teorização científica social ou enfrenta a difícil tarefa de provar por metodologias que foram desenvolvidas para outros fins. A interseccionalidade pode oferecer premissas segundo as quais raça, classe e gênero são interdependentes e se constroem mutuamente (ver figura 1.1). Mas é possível utilizar a interdependência como estratégia metodológica para construir uma teoria crítica sobre a construção mútua de sistemas de opressão? Essa teoria forneceria provas suficientes da utilidade da própria interdependência? Os desafios da teorização da interdependência e sua possível metodologia são intimidadores.

Quando se trata da teorização interseccional baseada na interdependência, as diferenças fundamentais da conceituação da teoria social – e dos processos usados para gerá-la – pelas várias disciplinas e campos de estudo influenciam as diferentes abordagens adotadas. Isso remete à discussão do capítulo 1 sobre a maneira como a teoria social é compreendida e praticada nas ciências sociais e humanas. As ciências sociais ocidentais baseiam-se em uma visão específica da teoria social que mantém uma relação particular e recorrente com os dados empíricos. Na sociologia, nas ciências políticas, na economia, na geografia e na antropologia, a teorização surge para explicar as verdades do mundo social. O mundo social não é meramente uma entidade holística e evidente que podemos entender apenas refletindo a respeito. Na verdade, o mundo social tem estruturas que podem ser descobertas por meio de processos científicos. As teorias sociais emergem dos dados empíricos, mas a verdade dessas teorias depende de sabermos se podem ser testadas.

Apesar do grande desafio que é teorizar a interdependência, profissionais da teoria social que trabalham segundo as convenções das ciências sociais estabeleceram as bases para o estudo da interdependência como objeto de análise[41]. Os esforços para analisar a complexidade como uma importante dimensão da interseccionalidade são especialmente promissores na teorização da interdependência. Em um artigo amplamente citado, Leslie McCall[42] fornece um modelo provisório para pensar a relação entre complexidade e interseccionalidade. McCall identifica três abordagens metodológicas que especialistas em interseccionalidade usam quando explicam as "categorias" analíticas (raça, classe, gênero etc.); cada abordagem trata a complexidade de tais categorias de maneira diferente. McCall fornece uma taxonomia útil do pensamento categórico que se alinha com as tendências filosóficas gerais do conhecimento ocidental[43]. A socióloga britânica Sylvia Walby também lida com a árdua tarefa de examinar as conexões entre desigualdade social,

---

[41] Uma literatura acadêmica pequena, mas significativa, examina a interdependência. A ideia de construção mútua é com frequência um truísmo dado como certo que reaparece na interseccionalidade. As convenções metodológicas nos campos interpretativos, como a filosofia e a crítica literária, viabilizam a teorização de entidades complexas como a interseccionalidade. As áreas filosóficas da ética, da epistemologia e da estética teorizam o significado do mundo social, oferecendo interpretações que são validadas e refutadas pelo engajamento dialógico com outros discursos semelhantes. A crítica literária oferece uma tradição interpretativa em que a interdependência é mais compatível com seu uso ou teorização. Nessas tradições interpretativas, os textos são em geral utilizados como dados para análise. Ironicamente, essas tradições usam abordagens indutivas para teorizar, selecionar um texto e então explicar seu significado. No entanto, com frequência o poder epistêmico dessa forma de proceder permanece invisível. A interdependência, por exemplo, pode ser completamente plausível quando um determinado texto é usado como exemplo; da mesma forma, pode fazer sentido se outro texto for selecionado. Aqui, concentro-me na teorização das ciências sociais, que pode ser útil no desenvolvimento da interdependência.

[42] Leslie McCall, "The Complexity of Intersectionality", *Signs*, v. 30, 2005, p. 1.771-800.

[43] As análises anticategóricas desconstroem as fronteiras categóricas, expondo sua natureza socialmente construída; a complexidade intercategórica pressupõe estrategicamente a realidade de tais categorias num esforço para documentar as desigualdades sociais entre diferentes grupos categóricos. A terceira abordagem, complexidade intracategórica, adota características analíticas de complexidade anticategórica e intercategórica ao desconstruir categorias, ao mesmo tempo que aceita estrategicamente a existência delas num esforço para documentar as desigualdades sociais numa categoria "mestre". Leslie McCall ("The Complexity of Intersectionality", cit., p. 1.779) aponta para o trabalho de Crenshaw ("Mapping the Margins: Intersectionality, Identity Politics, and Violence against Women of Color", *Stanford Law Review*, v. 43, n. 6, 1991, p. 1.241-99) e de outras feministas como intelectuais que trabalham dentro desse registro de análise intracategórico. Notavelmente, McCall reconhece que vários tipos de abordagem metodológica moldam diferentes projetos de conhecimento interseccional ("The Complexity of Intersectionality", cit., p. 1.774).

complexidade e interseccionalidade[44]. Walby mostra os desafios de se operacionalizar a ideia de interdependência nas ciências sociais, especialmente em pesquisas que pretendam desenvolver uma teoria da interdependência adequada à interseccionalidade ou almejem incorporar a interdependência em abordagens metodológicas dos fenômenos sociais. Essas são direções promissoras para as ciências sociais, mas a teorização da relacionalidade por interdependência pode se beneficiar de outros métodos de trabalho, além dos sugeridos pelas abordagens tradicionais de McCall, Walby, entre outros.

O modo diferente como as ciências humanas tratam a teoria social leva a uma abordagem correspondente da teorização da interdependência. Filosofia, crítica literária, história e humanidades teorizam questões importantes. Teorizar tópicos filosóficos amplos, como democracia, desigualdade, liberdade, justiça social e poder resulta de um esforço que visa explicar a condição humana. Não há argumentos certos ou errados, tampouco verdades absolutas, apenas argumentos melhores ou piores. Assim, as ciências humanas propõem mais frequentemente estratégias de leitura para interpretar o mundo social. A análise do discurso e a análise textual consideram menos a "verdade" da interdependência como entidade e mais as maneiras como a interdependência pode funcionar. Por exemplo, em *Not Just Race, Not Just Gender: Black Feminist Readings* [Nem só raça nem só gênero: leituras feministas negras], a crítica literária Valerie Smith usa o feminismo negro para investigar o que significa empregar a interseccionalidade como modo de análise cultural ou textual. Numa série de capítulos que se concentram num tema que aparentemente envolve apenas uma categoria de experiência – raça, classe, sexo ou gênero –, Smith analisa como o "predomínio ostensivo de uma categoria mascara tanto a operação de outras quanto as interconexões entre elas"[45]. Smith mostra engenhosamente como a raça estava já presente em um texto que tratava de gênero, e como o gênero impregnou a análise racial. Por serem tão distintas as visões de mundo de campos diferentes, tendemos a reivindicar o campo com o qual temos mais familiaridade e

---

[44] Sylvia Walby ("Complexity Theory, Systems Theory, and Multiple Intersecting Social Inequalities", *Philosophy of the Social Sciences*, v. 37, n. 4, 2007, p. 449-70). Há aqui algumas distinções metodológicas. A ideia de cocausalidade se aproxima da relacionalidade por interdependência. Mas enquanto a interdependência tem igual peso teórico para cada dimensão da relação – por exemplo, raça, gênero e classe são teoricamente todos conformes em qualquer situação –, a cocausalidade se assemelha ao tema da relevância da interseccionalidade para determinar quais entidades são mais importantes que outras.

[45] Valerie Smith, *Not Just Race, Not Just Gender*, cit., p. xiv-xv.

tentar adicionar os restantes. No entanto, a estratégia de leitura simultânea de Smith sugere que os capítulos podem ser lidos em qualquer ordem, porque a categoria que se presume ausente já está lá. A análise de Smith faz eco ao tema da relevância invocado na jornada intelectual de Pauli Murray em direção à análise interseccional – teoricamente, raça, classe, gênero e sexualidade estavam já presentes, mas a interseccionalidade, o ato de descobrir o que se encontra lá, marca o reconhecimento da interdependência.

Como a interseccionalidade abrange as ciências sociais e humanas, ela pode ser conceituada ou como uma teoria social que orienta a busca pela verdade ou como uma busca pelo significado social. Cada uma dessas abordagens tem implicações para o pensamento relacional por interdependência no âmbito da interseccionalidade. Quando se trata de interdependência, o desafio da interseccionalidade reside menos nas distinções entre as ciências sociais e as humanidades e mais na maneira como as ciências sociais e humanas aderem aos pressupostos da epistemologia ocidental. Fundamentalmente, a interdependência é um conceito holístico. Assim, analisar a interdependência segundo as premissas da lógica ocidental é basicamente tentar reconstruir as visões holísticas do mundo social que a própria lógica ocidental pretendia destruir. Quer se trate das ciências sociais, quer das humanas, as ferramentas epistemológicas e metodológicas ocidentais foram concebidas para desmontar as entidades holísticas e compreendê-las. Essa é a ideia de dissecar algo para ver como funciona, ou de destrinchar o texto para ver como ele constrói seu sentido[46].

A relacionalidade por interdependência está no cerne da própria interseccionalidade, e me esforcei para não partir dos estudos existentes sobre a interdependência na interseccionalidade, mas sim para descobrir as camadas de análise necessárias para aprofundar o pensamento relacional por interdependência. Neste livro, faço uma distinção entre a teorização de cima para baixo e de baixo para cima que dá forma a meus argumentos. Não comecei examinando a interdependência em si, identificando construtos centrais e, a partir daí, aplicando essas ideias à interseccionalidade para definir seus contornos teóricos. Ao contrário, concentrei-me na identificação das ferramentas

---

[46] Como disse certa vez uma colega, a filosofia ocidental busca com frequência o conhecimento sobre a vida por meio da morte. O caso clássico é matar e depois dissecar um animal para ver as partes que o compõem. Essas partes podem revelar as categorias que formavam o todo do animal, mas não podem explicar a vida em si, recompor o animal, fazê-lo ser um todo novamente e muito menos trazê-lo de volta à vida.

metodológicas que seriam necessárias para fundamentar uma argumentação sobre a interdependência no contexto social da interseccionalidade, tal como ela realmente se desdobra. Ao enfrentar os desafios de teorizar a relacionalidade por interdependência, as metáforas me forneceram uma importante ferramenta metodológica.

## METÁFORAS DA INTERDEPENDÊNCIA

O pensamento metafórico que resiste ativamente ao conhecimento colonial ocidental e às práticas epistêmicas pode ser especialmente útil para visualizar a interdependência e a interseccionalidade. Ampliando o contexto de descoberta da interseccionalidade, identifico três metáforas que emergem dos projetos de conhecimento de pessoas subordinadas que estimulam formas alternativas de refletir sobre a interdependência. Cada uma enfatiza aspectos diferentes do mundo social como holístico e cada uma é baseada em relações sociais específicas.

A metáfora da teorização da fronteira da feminista chicana Gloria Anzaldúa, com seus componentes de espaço de fronteira, cruzamento de fronteira e identidade *mestiza*, é uma dessas metáforas. O texto clássico de Anzaldúa, *Borderlands/La Frontera*[47], invoca a relacionalidade por interdependência como forma de teorizar o espaço de encruzilhada da interseccionalidade. Apoiando-se nos conceitos de nova *mestiza* e consciência *mestiza*, a teoria da fronteira de Anzaldúa invoca o etos da interdependência. Como aponta Patrick Grzanka:

> Suas "fronteiras" [...] significam uma paisagem geográfica, afetiva, cultural e política que não pode ser explicada pela lógica binária (negro/branco, gay/hétero, mexicano/estadunidense etc.), ou mesmo pela ideia de liminaridade, ou seja, *o espaço entre*. As fronteiras de Anzaldúa são um espaço muito *real* de corte, sobreposição, colisão, violência, resistência, mistura e complexidade; simultaneamente, são quase irrepresentáveis, visto que nenhuma estrutura científica, geométrica ou cartográfica específica pode capturar de forma adequada os processos dinâmicos e coconstitutivos que caracterizam a vida nas fronteiras. Nesse sentido, o trabalho de Anzaldúa exemplifica o conceito de interseccionalidade [...] porque Anzaldúa nega qualquer lógica que presuma que sempre existiram dimensões discretas de diferença que colidiram em algum ponto específico: na fronteira, mestiçagem,

---

[47] Gloria Anzaldúa, *Borderlands/La Frontera: The New Mestiza* (São Francisco, Spinsters/Aunt Lute, 1987).

hibridismo, sínteses inacabadas e amálgamas imprevisíveis sempre aconteceram e estão sempre acontecendo.[48]

O construto das fronteiras é uma metáfora espacial da interdependência. A teoria da fronteira de Anzaldúa destaca a natureza política das fronteiras de todos os tipos e os desafios de navegar por elas. Ressaltando que o movimento através das fronteiras espaciais e simbólicas raramente é suave, e que estas são sempre contestadas de alguma forma, o espaço de fronteira de Anzaldúa se assemelha ao ímpeto da interseccionalidade rumo à interdependência. Essa é uma metáfora poderosa, que ilustra a interdependência de entidades que se articulam não como projetos acabados, mas sim necessariamente como conectadas e perpetuamente interdependentes. Essas fronteiras não podem ser desmontadas e remontadas à vontade, porque têm forma simbólica, existem na memória e são fronteiras materiais tangíveis entre nações, categorizações raciais e binários de gênero. Como constituem muros com significados simbólicos e materiais, são perpetuamente instáveis. Não podem ser teorizadas como discurso puro, mas se mostram passíveis de análise por meio de ferramentas desconstrutivas da teoria social pós-moderna.

Ao reivindicar uma identidade *mestiza*, Anzaldúa valoriza os espaços de fronteira como lugares de engajamento intelectual e político. Ela usa suas próprias experiências como forma de conhecimento para teorizar a natureza dinâmica, mutável e instável das identificações de fronteira. Essas identificações estão sempre em construção, assim como os espaços de fronteira na qualidade de espaços de possibilidade. A metáfora da fronteira sinaliza uma mudança epistêmica na teorização interseccional. Estruturas ocidentais de centro e margem, dentro de uma lógica de segregação, desaparecem na construção das fronteiras como um espaço de heterogeneidade, multiplicidade e transgressão que funciona como pedra de toque da teorização crítica. A metáfora da encruzilhada não é um espaço morto para o qual convergem estradas duradouras que, em seguida, continuam sem se afetar por cruzar a intersecção. Na teorização crítica da interseccionalidade, os espaços interseccionais são mais bem-conceituados como espaços de fronteira em que as ideias se tornam interdependentes por meio do engajamento dialógico. Nesse sentido, essa metáfora faz referência ao espaço de fronteira como um conjunto dinâmico, porém estruturado, de

---

[48] Patrick R. Grzanka (org.), *Intersectionality: A Foundations and Frontiers Reader* (Boulder, CO, Westview, 2014), p. 106-7.

interações que, formando-se e reformando-se constantemente no tempo e no espaço, condensam a interdependência. A interseccionalidade é um espaço de interdependência.

O jazz ao vivo fornece mais uma metáfora para imaginarmos a interdependência, tanto o processo de criação da música quanto a própria música como resultado holístico da interdependência. A experiência holística da performance ao vivo é real – as pessoas que tocam a música e aquelas que a experimentam e que se emocionam com ela existem no espaço virtual, mas são reais umas para as outras no contexto da comunidade. É possível identificar as partes variáveis – a partitura, os instrumentos, o ambiente do lugar –, mas a música em si é inteiramente nova e, por ser ao vivo, sempre única. Como ao ser tocado ao vivo o jazz reúne uma constelação particular de pessoas em que predomina a improvisação, nunca há dois eventos criativos iguais. Mas a improvisação não significa uma ausência de estrutura. Para serem reconhecidos como jazz, os eventos ao vivo podem parecer um com o outro e compartilhar certas semelhanças estruturais. Os elementos da metáfora do jazz – provocação e resposta, liderança do grupo e envolvimento do público – fornecem uma estrutura para a performance, mas algo que não pode ser repetido é criado. Em cada evento, ocorre uma complexa interdependência que ilustra a natureza coletiva da ação social criativa. O jazz ao vivo também pode ser transcendente, convidando quem dele participa a entrar em um espaço de experiência universal onde o mundo cotidiano se desfaz e o novo mundo da cocriação por meio da experiência do jazz se materializa. O jazz como performance ao vivo fala da natureza fugaz, porém duradoura, da interdependência, algo que deixa de existir quando os músicos param de tocar, mas que o público cocriador leva consigo em seus sentimentos e memórias.

O jazz fornece uma base epistemológica distinta para a interdependência, uma base que reflete a influência das cosmovisões africanas autóctones e suas reinterpretações culturais na diáspora africana. Sair das metáforas visuais, que são tão centrais para a teoria social ocidental (ver o acoplamento ou desacoplamento dos caminhões), e entrar nas metáforas sonoras, que possuem valor para as culturas não ocidentais (narrativa, poesia, música e dança como iniciativas coletivas criativas) sugere novos caminhos de investigação para a interseccionalidade. Como o jazz é uma paisagem sonora sintética, que toma de empréstimo vários aspectos dos sons ocidentais e não ocidentais e neles se baseia, ele constitui uma conjuntura de múltiplas culturas. O jazz funciona nelas, mas muda as regras da música ocidental. Ele é simultaneamente parte das relações materiais dos sistemas de articulação e um lugar para se imaginar a articulação. O jazz pode ser a metáfora da interdependência, e o ato de criação do jazz pode esclarecer aspectos da articulação[49]. Quando se trata de relações sociais reais, a complexidade das linhas melódicas, movendo-se singularmente ou em conjunto, sugere um tipo de articulação que se assemelha às dinâmicas sociais. Em vez de imaginar um grupo social como uma constelação de pessoas, podemos imaginá-lo como um grupo com seu próprio ritmo, som, sensação ou "vibe". A música se torna uma linguagem universal para o engajamento dialógico[50]. O jazz como metáfora da interdependência fornece um caminho alternativo para a conceituação da interseccionalidade como um lugar de interdependência.

Nas sociedades ocidentais, espaços de cocriação ao vivo, tal como o jazz, os bailes e a declamação de poesia criam formas alternativas de experienciar e interpretar o mundo social. No entanto, como a interseccionalidade é um conceito ocidental, aprimorado numa epistemologia ocidental, a questão das concepções alternativas de interdependência, dentro das estruturas epistemológicas ocidentais existentes, permanece em aberto. Em seu artigo "The Spider's Web: Creativity and Survival in Dynamic Balance" [A teia de aranha: criatividade e sobrevivência em equilíbrio dinâmico][51], Bill Cohen usa a metáfora da teia de aranha como ponto de partida alternativo para imaginar a estrutura social e as experiências que temos com ela. Ao oferecer um caminho para se compreender as complexidades das cosmovisões autóctones, o rico uso

---

[49] Aqui, a ideia de movimento contrapontístico na teoria musical parece adequada. O movimento contrapontístico, o movimento geral de duas linhas melódicas em relação uma à outra, assemelha-se à articulação de entidades anteriormente distintas em um novo som. No entanto, o movimento contrapontístico oferece várias maneiras possíveis de agrupar sons ou melodias. É importante que cada linha melódica mantenha sua independência na melodia coletiva (o jazz é um exemplo rítmico e melódico desses princípios gerais). As melodias fazem isso por meio de quatro tipos de movimento: (1) movimento contrário, ou de mesma direção, mas com mudança de intervalo entre as melodias; (2) movimento similar, ou melodias de mesma direção com mudança de intervalos entre elas; (3) movimento paralelo, que são melodias de mesma direção e com o mesmo intervalo; e (4) movimento oblíquo, em que uma melodia muda enquanto a outra permanece no mesmo tom.

[50] Há lugares que Pierre Bourdieu simplesmente não tem como alcançar, muito menos imaginar. Ver o capítulo sobre a cultura da classe trabalhadora em *Distinction: A Social Critique of the Judgement of Taste* (Cambridge, Harvard University Press, 1984 [orig. *La Distinction: critique sociale du jugement*, Paris, Les Éditions de Minuit, 1979 [ed. bras.: *A distinção: crítica social do julgamento*, trad. Daniela Kern e Guilherme J. F. Teixeira, 2. ed. rev, Porto Alegre, Zouk, 2011].

[51] Bill Cohen, "The Spider's Web: Creativity and Survival in Dynamic Balance", *Canadian Journal of Native Education*, v. 25, n. 2, 2001, p. 140-8.

que Cohen faz da metáfora sugere o pensamento holístico da interdependência[52]. Cohen evita a tendência acadêmica de criar uma cosmovisão generalizada, que apaga as particularidades dos povos autóctones. Ao contrário, ele permanece focado no particular, ou seja, assume a responsabilidade por sua narrativa e situa-se em sua história como um educador okanagan cuja narrativa é dedicada a resolver os problemas do(a)s jovens autóctones. Cohen abre seu artigo com uma pergunta provocativa: "Qual é sua visão de mudança positiva para os povos das Primeiras Nações?"[53]. O uso metafórico da teia de aranha por Cohen não foi planejado para ser visto como parte de uma cosmovisão essencializada. Ao contrário, o emprego que faz dessa metáfora parece mais alinhado com a tradição de ensino por meio da contação de histórias. A ideia de rede de Cohen baseia-se na cosmovisão okanagan da interconexão da própria vida:

> Um elemento central na cosmovisão okanagan – e, arrisco, da cosmovisão indígena em geral – é a crença de que os seres humanos não são os seres supremos do planeta; e que, embora os seres humanos sejam muito especiais, nossa saúde e nossa vitalidade estão diretamente relacionadas à saúde e à vitalidade do mundo natural do qual fazemos parte.[54]

Cohen faz uma discussão minuciosa do mundo, ou da rede de interconexões, não para apresentar a "verdade" de uma cosmovisão autóctone, mas para rever como as ideias centrais do povo okanagan podem constituir uma base para a

---

[52] Não há uma "cosmovisão autóctone" implícita no uso que faço da teia de aranha. Os debates nos estudos indígenas como campo de estudo e sobre eles são amplos e não pretendo resumi-los aqui. Usando a estrutura deste livro, as ideias do que eu chamaria de projetos de conhecimento indígenas são intelectualmente heterogêneas, localizadas e globais. Representam os diversos povos indígenas. Organizacionalmente, o conceito de "estudos indígenas" surgiu de departamentos preestabelecidos, como os de estudos maori na Nova Zelândia, os de estudos aborígenes na Austrália e os de estudos nativos no Canadá e nos Estados Unidos. Brendan Hokowhitu fala da teoria que vem para essa história: "É extremamente importante que o conceito universalizante e redutor de indigeneidade não pretenda ter a capacidade de fundamentar departamentos de estudos indígenas locais, para que não sigamos os passos universalizantes do modernismo europeu [...] Os povos indígenas continuarão a teorizar sua existência pelo compartilhamento e pela comparação de conhecimentos localizados, pois é a complexidade do posicionamento indígena 'glocal' que exige e determinará o desenvolvimento de uma disciplina de estudos indígenas com múltiplas camadas mais coerentes" ("Indigenous Existentialism and the Body", *Cultural Studies Review*, v. 15, n. 2, 2009, p. 103). Para discussões sobre essas questões, ver Hokowhitu et al. (orgs.), *Indigenous Identity and Resistance: Researching the Diversity of Knowledge* (Dunedin, NZ, Otago University Press, 2010); Linda Smith, *Decolonizing Methodologies* (2. ed., Londres, Zed, 2012).

[53] Bill Cohen, "The Spider's Web", cit., p. 140.

[54] Ibidem, p. 142.

educação de meninas e meninos. Ele apresenta uma cosmologia complexa, baseada em uma espiral de criatividade. Como observa Cohen, "a teia de aranha reflete a consciência, a criatividade, a estrutura, e simboliza a interação entre a criatividade e a sobrevivência"[55].

A teia é uma entidade orgânica, e não apenas os resquícios de uma criatividade passada que ficaram como evidência da ação da aranha. A trama da teia de aranha é fundamental para o uso metafórico que Cohen faz dessa história. Tecer histórias em uma teia invoca as dimensões narrativas do fazer teoria social. Cohen observa:

> a visão que compartilho é a urdidura ou síntese da contação, da história, da teoria, da poesia, da epistemologia e da criatividade – uma teia. Esse tecelão é um aprendiz e professor okanagan do século XXI, artista, poeta e, mais recentemente, teórico e filósofo crítico. Apresento minhas ideias como uma contribuição para um diálogo contínuo.[56]

Cohen evita romantizar as formas indígenas de conhecer como tendo de certo modo respostas prontas para os problemas modernos. Ele rejeita a nostalgia e oferece uma visão reparadora, que olha para o passado a fim de conceber "uma mudança positiva para os povos das Primeiras Nações".

Por essa interpretação das ideias de um povo indígena, a metáfora da teia de aranha fornece um vislumbre provocador das implicações das cosmovisões alternativas, autóctones e não ocidentais para a interseccionalidade. Na discussão de Cohen sobre a cosmovisão do povo okanagan, a necessidade de teorizar a interdependência parece absurda porque se baseia na ideia de que entidades que foram separadas precisam se reaproximar. Essa visão da interdependência visa sair da lógica colonial para reimaginar um mundo holístico de conexão e interdependência no futuro. Nós, como seres humanos, podemos ser "muito especiais", mas nossa "saúde e nossa vitalidade estão diretamente relacionadas às do mundo natural do qual fazemos parte". Nesse sentido, a metáfora da teia de aranha desperta *insights* e oferece uma maneira diferente de enxergar o mundo social e a interação social humana como já em interdependência. Sinaliza uma política e uma ética diferentes.

Ao sair das convenções epistemológicas da teorização ocidental, cada uma das três metáforas apresentadas aqui oferece um ponto de partida alternativo

---

[55] Ibidem, p. 144.
[56] Ibidem, p. 140.

para o pensamento relacional por interdependência – e para repensarmos a própria metáfora da interseccionalidade. A primeira metáfora, a do pensamento feminista latino, sugere que a interdependência é parte da própria emergência da interseccionalidade; a segunda metáfora reflete como a estética oral da paisagem sonora diaspórica negra ultrapassa os limites das epistemologias ocidentais do olhar e da visão; e a terceira metáfora vem das tradições do conhecer dos povos autóctones e reimagina a conexão entre todos os seres vivos.

As metáforas são importantes para a resistência epistêmica porque não criticam simplesmente o que é; ao contrário, imaginam o que é possível. Nesse caso, essas três metáforas (fronteiras, jazz e teia de aranha) não são desconhecidas das epistemologias ocidentais. Mas quando os projetos ocidentais de conhecimento descobrem e com frequência se apropriam desses termos, o contexto social que anima essas formas distintas de ver o mundo, bem como as mulheres e as pessoas *of color* que os criaram, muitas vezes desaparece. A descontextualização e a abstração são marcas da forma como as epistemologias ocidentais exercem o poder epistêmico. Termos como *fronteira*, *jazz* e *teia* podem continuar a circular, mas são redefinidos quando são apropriados para finalidades diferentes. Por exemplo, as complexidades da teoria das fronteiras de Anzaldúa são suplantadas por seu uso excessivo. O jazz é hoje uma disciplina nas faculdades de música, o que lhe garante reconhecimento institucional. Mas onde o jazz e formas similares da música negra estadunidense estão sendo criados? Da mesma forma, a análise de redes, as ciências da informação, os estudos da complexidade e da globalização, entre outros, foram influenciados pelo construto da teia[57], embora com questões e perspectivas muito diferentes daquelas sugeridas pela metáfora da teia de aranha. A metáfora da teia de aranha não é a internet e sua contribuição como fornecedora de um termo superficial para um novo paradigma.

Os exemplos deste capítulo e ao longo deste livro, tal como a metáfora da fronteira, do jazz e da teia de aranha, fornecem perspectivas parciais e abordagens potencialmente promissoras da interdependência como relacionalidade. Juntos, eles destacam as possibilidades de um contexto mais amplo de descoberta e as dificuldades de engajamento dialógico para o trabalho teórico. As fronteiras epistemológicas que definem a teoria costumam excluir muitas maneiras de teorizar. Tais fronteiras são traçadas de tal forma que certas formas de teorização –

---

[57] Ver, por exemplo, Manuel Castells, *A sociedade em rede*, cit.; John Urry, "The Complexity Turn", *Theory, Culture and Society*, v. 22, n. 5, 2005, p. 1-14.

por exemplo, a teorização por meio da ação social ou a criação por meio das artes – saem dos limites da própria teorização, isso quando são reconhecidas como teóricas. Embora significativo, o trabalho de intelectuais como Gloria Anzaldúa, a teia de aranha sem autoria clara e o jazz como esforço coletivo podem permanecer marginalizados ou serem apropriados pelas teorias sociais das epistemologias ocidentais.

## RELACIONALIDADE E INTERSECCIONALIDADE

Minha análise do pensamento relacional por adição, articulação e interdependência apresenta um quadro provisório de descrição da relacionalidade no âmbito da interseccionalidade. Cada concepção destaca como determinado entendimento do pensamento relacional foi ou pode ser usado na interseccionalidade. Como esses modos de pensamento relacional visam resolver problemas sociais específicos, eles adquirem significado por meio de seu uso. Não são entidades puras, estáticas e mutuamente exclusivas, mas destilam a essência das ideias em ação.

Por se tratar de uma estrutura provisória, encerro este capítulo com as várias implicações da minha argumentação até agora. Primeiro, quando se trata de investigação interseccional, apresento adição, articulação e interdependência como formas igualmente úteis de pensamento relacional; uma não é uma abordagem melhor que outra para a interseccionalidade. Rejeito aqui a suposição subjacente a grande parte da teoria social ocidental: narrativas lineares do progresso que vão de conquistas aparentemente básicas a conquistas cada vez mais elevadas. Por esse pressuposto, a interdependência representa um modo mais avançado de pensamento relacional que suas contrapartes (adição e articulação), suplantando-as com sua maior complexidade. Como visto aqui, as relacionalidades por adição, articulação e interdependência são estratégias equivalentes, cada uma com suas próprias complexidades. Ao realizar trabalho interseccional, constatamos que algumas formas de pensamento relacional podem ser melhores que outras. Intelectuais e ativistas adotam em suas comunidades de prática diferentes formas de pensamento relacional que são aplicáveis aos problemas sociais que pretendem resolver. Coletivamente, essas pessoas fornecem ferramentas para se refletir acerca de como diferentes compreensões de relacionalidade estimulam análises distintas das relações interseccionais de poder.

Em segundo lugar, essas categorias de relacionalidade por adição, articulação e interdependência são abstrações que, quando lidas em conjunto, fornecem um mapa provisório de relacionalidade no âmbito da interseccionalidade. Nesse sentido, elas contribuem para a arquitetura cognitiva da interseccionalidade (ver figura 1.1). Também explicam por que a metodologia é importante para a interseccionalidade. Como compreender a relacionalidade por adição, articulação e interdependência enfatiza os processos do trabalho interseccional, ter em mente um projeto específico fundamenta a análise interseccional[58]. Minha análise da violência como um espaço saturado de poder oferece um projeto que tem sido fundamental para a própria interseccionalidade. No entanto, há muito trabalho teórico a ser feito na análise da relacionalidade e do poder. A questão da teorização das relações interseccionais de poder, especialmente aquelas visíveis através das lentes da violência, implica perguntar que concepções de relacionalidade moldam nossos entendimentos da interseccionalidade em geral e das relações interseccionais de poder em particular. Examinar como se organizam e operam a violência e os espaços saturados de relações interseccionais de poder é uma direção provocativa para se teorizar as relações interseccionais de poder. Se os sistemas de poder são interconectados e se constroem mutuamente na concepção de violência e de fenômenos semelhantes, o que isso significa? A relacionalidade é um construto central da interseccionalidade e a interseccionalidade alude à natureza relacional do poder.

Finalmente, talvez seja hora de nos apoiarmos no *corpus* de conhecimento e práxis produzido pelo uso metafórico, heurístico e paradigmático da interseccionalidade para observarmos melhor a relacionalidade em si. Embora eu apresente os pensamentos relacionais por adição, articulação e interdependência como analiticamente distintos, na prática eles são interconectados, recursivos e moldam uns aos outros.

Abordagens aditivas catalisam as novas questões e perspectivas que emergem da tentativa de combinar o que antes era visto como distinto. Uma contribuição

---

[58] Encorajo o público leitor a trazer um projeto específico para a leitura deste material. Uma estratégia de leitura pode ser se perguntar que modo(s) de pensamento relacional descreve(m) melhor a ideia de relacionalidade que alguém tem em mente em seu trabalho. O uso desses modos de pensamento se desdobra e se transforma ao longo do tempo, sendo alguns mais apropriados que outros para problemas sociais ou componentes de projetos de pesquisa. Assim como a interseccionalidade continua sendo um projeto de conhecimento dinâmico, esses conceitos de relacionalidade fornecem ferramentas conceituais maleáveis para uma variedade de projetos interseccionais.

importante das abordagens aditivas reside no modo como elas sustentam a integridade analítica e política de entidades distintas: por exemplo, raça não é o mesmo que gênero e classe não é o mesmo que raça. Esse foco sugere que essas entidades, portadoras de histórias distintas, comunidades interpretativas distintas e ênfases distintas, não podem ser substituídas umas pelas outras. Elas se parecem, mas não são equivalentes. As concepções aditivas constituem maneiras úteis de verificar os limites de um determinado discurso; por exemplo, o processo de adição de classe e sexualidade pode revelar ênfases exageradas ou insuficientes em uma ou outra.

Já a articulação sugere formas pelas quais o processo de pôr em diálogo, por exemplo, raça, classe e gênero pode funcionar. A articulação teoriza como diferentes discursos podem se conectar, enfatizando a natureza contingente e provisória dessas conexões. Além disso, a articulação mantém o foco no contexto social como dimensão importante da proeminência das conexões. Seu construto fornece uma estrutura analítica para a investigação da intersecção dos sistemas de poder. Juntas, adição e articulação fornecem ferramentas metodológicas importantes para a teorização interseccional.

O construto de interdependência se refere a um espaço intermediário – não apenas entre os conhecimentos disciplinares das ciências sociais e humanas, mas, sobretudo, entre as epistemologias ocidentais e não ocidentais. A interseccionalidade nomeia esse espaço intermediário, dinâmico e liminar nas fronteiras de entidades ostensivamente separadas e diferentes. A interseccionalidade enfrenta o desafio de observar melhor as articulações que ocorrem nas encruzilhadas ou nos espaços de fronteira. No entanto, em que ponto a articulação flui suavemente para tornar-se interdependência, sobretudo pela dissolução das velhas categorias e talvez pela geração de novas? Talvez o espaço da interseccionalidade seja inerentemente um espaço de interdependência, à espera de uma nova linguagem que descreva melhor o que ali acontece.

# 8
# INTERSECCIONALIDADE SEM JUSTIÇA SOCIAL?

A interseccionalidade é, com frequência, percebida como fundamentalmente crítica em relação às sociedades injustas, porque a justiça social parece estar no centro de muitos de seus projetos. Aparentemente a interseccionalidade está do lado da justiça social. Movimentos sociais pelos direitos da classe trabalhadora, igualdade para as mulheres, reparações para os povos negros e indígenas, proteções contra a discriminação para pessoas LGBTQ, movimentos pelos direitos de imigrantes e projetos políticos semelhantes se baseiam na interseccionalidade como marco para o trabalho de justiça social. Visões gerais da interseccionalidade a retratam como uma forma de conhecimento resistente que se dedica inerentemente à justiça social[1]. No entanto, apesar dessa suposição generalizada, estaria a interseccionalidade *inerentemente* comprometida com a justiça social? A justiça social é uma característica definidora da própria interseccionalidade, ou essa associação com as causas progressistas significa que as pessoas que defendem a interseccionalidade simplesmente a presumem?

Uma maneira de investigar essas questões é examinar um discurso que é, com frequência, reconhecido como explicitamente *não* fundamentado em princípios de justiça social, mas também coloca o pensamento relacional no centro de sua lógica e prática[2]. Quando se trata de justiça social, os projetos eugenistas parecem estar o mais longe possível da interseccionalidade, servindo,

---

[1] Patricia Hill Collins e Sirma Bilge, *Intersectionality: Key Concepts* (Cambridge, Polity, 2016) [ed. bras.: *Interseccionalidade*, trad. Rane Souza, São Paulo, Boitempo, 2021]; Bonnie Thornton Dill e Marla H. Kohlman, "Intersectionality: A Transformative Paradigm in Feminist Theory and Social Justice", em Sharlene Hesse-Biber (org.), *Handbook of Feminist Research, Theory and Praxis* (Thousand Oaks, CA, Sage, 2012), p. 154-74; Patrick R. Grzanka (org.), *Intersectionality: A Foundations and Frontiers Reader* (Boulder, CO, Westview Press, 2014); Vivian M. May, *Pursuing Intersectionality, Unsettling Dominant Imaginaries* (Nova York, Routledge, 2015).

[2] Essa distinção remete à discussão sobre teoria social tradicional e teoria social crítica do capítulo 2. Basicamente, a justiça social marca a diferença entre esses dois projetos teóricos. A discussão do capítulo 2 sobre o significado de *crítica* também estabelece as bases para os argumentos aqui apresentados.

para muitas pessoas, como um emblema de *in*justiça social. As sociedades que adotam filosofias eugênicas costumam ter como objetivo transformar problemas sociais (como desemprego, aumento dos índices de criminalidade, gravidez na adolescência e pobreza) em questões técnicas que sejam passíveis de engenharia social pelo Estado-nação. Os projetos eugenistas combinam uma "filosofia de determinismo biológico com a crença de que a ciência pode fornecer uma solução técnica para problemas sociais"[3].

Colocar a interseccionalidade em diálogo com a eugenia, um discurso que não tem comprometimento com a justiça social, mostra a importância dos critérios éticos na interseccionalidade como teoria social crítica. A eugenia alcançou relevo como uma ciência normal porque não havia uma prática ética de autorregulação em seu próprio discurso. De que outra forma eugenistas poderiam produzir conhecimento que defendesse o racismo, o heteropatriarcado, o colonialismo e o nacionalismo sem um conluio acadêmico que ignorasse as implicações éticas de sua produção acadêmica? Conforme discutido ao longo deste livro, a assunção de que a pesquisa é inerentemente objetiva porque as epistemologias exigem que ela assim o seja é insuficiente. Quando as comunidades interpretativas afirmam que a justiça social ou outros princípios normativos semelhantes são responsabilidade dos indivíduos e não de suas próprias comunidades de investigação, elas não levam em consideração que negligenciar a própria ética tem efeitos muito reais sobre as questões, os métodos e as consequências sociais da produção intelectual. Portanto, a questão da ética é especialmente importante para as perspectivas da interseccionalidade como teoria social crítica.

## A LÓGICA RELACIONAL DA EUGENIA

Apesar de sua associação com a Alemanha nazista, a eugenia, como discurso científico, é muito mais onipresente que apenas nesse caso hipervisível e preocupante[4]. Antes da Segunda Guerra Mundial, os projetos eugenistas tiveram uma

---

[3] Robert N. Proctor, *Racial Hygiene: Medicine under the Nazis* (Cambridge, Harvard University Press, 1988), p. 286.

[4] Sara Goering, "Eugenics", em Edward N. Zalta (org.). *The Stanford Encyclopedia of Philosophy* (Stanford, CA, Stanford University Press, 2014), disponível em: <https://plato.stanford.edu/archives/fall2014/entries/eugenics/>. A sociologia ilustra quão implicada estava a eugenia nas disciplinas ocidentais. No início do século XX, sociólogos e sociólogas lutaram com vários aspectos do discurso eugênico. Questões sobre raça, gênero, classe, nação e eugenia foram

longa história na ciência ocidental e nas políticas públicas de muitos Estados-
-nação modernos, influenciando especialistas em saúde pública, reformistas do
bem-estar social e grupos formuladores de políticas[5]. Originários dos Estados
Unidos e da Grã-Bretanha, os movimentos eugenistas proliferaram na Europa,
na América do Norte, na América do Sul e na União Soviética na década de
1920. Muitos outros Estados-nação, dos quais China, Índia, África do Sul e Austrália, também apoiaram políticas públicas embasadas em projetos eugenistas.
Historicamente, esses projetos podem ser divididos em três períodos: o período
anterior à Primeira Guerra Mundial, quando a eugenia surgiu concomitantemente com a fundação das ciências ocidentais, as ciências sociais e as ciências
humanas; o período entreguerras, no qual a ciência eugênica influenciou mais
diretamente as políticas públicas; e o período pós-Segunda Guerra Mundial,
quando os projetos eugenistas aparentemente desapareceram. Ao longo dessa
história, os projetos eugenistas foram um espaço de contestação intelectual e
política; intelectuais, políticos e cidadãos comuns fizeram lobby tanto a favor
como contra a eugenia[6].

O uso da eugenia no Estado-nação alemão (1933-1945) continua sendo
o exemplo arquetípico, sobretudo porque o governo alemão implementou os
princípios ideológicos da eugenia até sua conclusão lógica nas políticas públicas.
Armado de uma justificação científica fornecida pela ciência eugenista, o Estado
nazista sistematicamente matou, prendeu e realizou experiências médicas com
milhões de pessoas. Nesse sentido, o uso da eugenia como discurso científico
orientou e legitimou a violência extrema sancionada pelo Estado. Genocídios
haviam sido cometidos em épocas anteriores, mas a ciência eugenista foi associada ao surgimento político do Estado-nação moderno. O Estado moderno fez

---

debatidas abertamente no *American Journal of Sociology*, um periódico fundamental para o campo da sociologia. Vários artigos sobre a eugenia preocuparam os primeiros sociólogos e sociólogas, como os de Francis Galton (1904 e 1905) e um de Lester F. Ward (1912-1913). Um artigo de Edward A. Ross intitulado "Western Civilization and the Birth Rate" [Civilização ocidental e a taxa de natalidade] (1907) gerou uma discussão exaltada no periódico. Espaços como esse mostram a elaboração de uma série de ideias sobre raça, etnia, classe, gênero, sexualidade, nação, idade e capacidade em contextos nacionais, num período importante de formação tanto para o imperialismo quanto para os projetos de conhecimento que ele engendrou.

[5] Deborah Barrett e Charles Kurzman, "Globalizing Social Movement Theory: The Case of Eugenics", *Theory and Society*, v. 33, n. 5, 2004, p. 180.

[6] A eugenia sempre encontrou oposição (Deborah Barrett e Charles Kurzman, "Globalizing Social Movement Theory", cit.; Peter Weingart, "Science and Political Culture: Eugenics in Comparative Perspective", *Journal of Scandinavian History*, v. 24, p. 2, 1999, p. 163-77.

muito mais que apenas fechar os olhos para o desregramento de seus cidadãos (como os linchamentos) ou cometer assassinatos por meio da pena capital, sancionada pelo Estado. Nesse caso, o Estado foi um agente ativo na organização e na administração da violência em grande escala.

O nome pode ter mudado, mas a lógica subjacente à eugenia persiste. Na década de 1950, o termo *eugenia* era tão malvisto que desapareceu da arena acadêmica e das políticas públicas. Apesar do desaparecimento do termo, as ideias dessa estrutura outrora dominante persistem na ciência contemporânea e nas políticas públicas[7]. Como assinala Troy Duster[8], a visibilidade dada à eugenia nas práticas científicas e nacionais passadas, juntamente com o fim dos projetos formais, não consideram os efeitos potenciais, embora invisíveis, da eugenia na ciência contemporânea. Seguindo Duster, estudos mostraram que o *termo* eugenia pode ter sido abandonado após a Segunda Guerra Mundial, mas a lógica eugenista pode ter tido efeitos duradouros na ciência e nas políticas públicas[9].

Os projetos eugenistas são um caso convincente e instrutivo de como, *sem* um compromisso ético com a justiça social, um discurso científico contribuiu para a reprodução da desigualdade social. Na construção de sua argumentação geral, os projetos eugenistas reuniram crenças científicas e crenças baseadas no senso comum sobre o corpo, as aptidões físicas, a evolução, a reprodução, a ciência e o Estado, assim como capacidade, raça, etnia, gênero, sexualidade, idade e nação. A eugenia não era um projeto explicitamente racial[10]. Raça, etnia, capacidade ou categorias semelhantes de análise não eram seu objeto principal de investigação. Em vez disso, ela se apoiava nessas categorias de análise dentro de uma estrutura relacional que era implicitamente interseccional. Basicamente, a eugenia era um discurso codificado sobre capacidade, raça, etnia, gênero, sexualidade e nação que, agrupando ideias a partir dessas categorias

---

[7] Deborah Barrett e Charles Kurzman, "Globalizing Social Movement Theory", cit.
[8] Troy Duster, *Backdoor to Eugenics* (Nova York, Routledge, 2003); "A Post-Genomic Surprise: The Molecular Reinscription of Race in Science, Law and Medicine", *British Journal of Sociology*, v. 66, n. 1, 2015, p. 1-27.
[9] Uma literatura florescente analisa os aspectos contemporâneos da eugenia (Troy Duster, *Backdoor to Eugenics*, cit.; "A Post-Genomic Surprise", cit.). Ver, por exemplo, os ensaios de Keith Wailoo, Alondra Nelson e Catherine Lee (orgs.), *Genetics and the Unsettled Past: The Collision of DNA, Race, and History* (New Brunswick, Rutgers University Press, 2012).
[10] Michael Omi e Howard Winant, *Racial Formation in the United States: From the 1960s to the 1990s* (Nova York, Routledge, 1994).

distintas, teve um efeito mais amplo que qualquer outra vertente de sua análise. De maneira significativa, a eugenia se apoiava em uma lógica relacional pela qual as ideias de capacidade, raça, gênero e etnia reapareciam em todo o seu discurso. A eugenia não era um projeto *intencionalmente* interseccional, mas um projeto cujos objetivos abrangentes dependiam de um pensamento relacional que se assemelha ao da própria interseccionalidade.

A eugenia tem sido tema de estudos sobre a ciência ocidental, normalmente em conjunto com análises que enfatizam sua organização em uma disciplina acadêmica específica ou sua importância nas políticas públicas. Os projetos eugenistas extraíram ideias sobre raça, gênero, classe, sexualidade, etnia, idade e cidadania da biologia, da antropologia, da história, da sociologia e de disciplinas acadêmicas similares. Inversamente, as ideias da eugenia influenciaram muitos dos conceitos centrais de disciplinas acadêmicas que aparentemente não tinham relação com essas categorias de análise. Estudos sobre a eugenia também indicam que ela estava relacionada, sem sombra de dúvida e de várias maneiras, às categorias de capacidade, raça, etnia, religião, gênero, sexualidade, idade e nacionalidade (status de cidadania). Por exemplo, estudos sobre o racismo científico que caracterizou várias disciplinas examinam como tais campos forneceram estruturas interpretativas e evidências empíricas para projetos eugenistas[11]. Há literatura específica sobre a própria eugenia que investiga como a biologia, a sociologia, a antropologia, a história e a medicina contribuíram com diferentes conjuntos de ideias para a eugenia[12].

Parte dessa literatura vai além das estruturas apenas de raça, ou apenas de gênero, e investiga como a eugenia estava envolvida na maneira como os próprios sistemas de poder se inter-relacionam. Nesse sentido, os estudos feministas sobre nacionalismo e eugenia são uma fonte especialmente rica de análise interseccional da eugenia. Por exemplo, a monografia de Nancy Stepan, *A hora da eugenia: raça, gênero e nação na América Latina*[13], usa uma estrutura interseccional para examinar a história da eugenia na América Latina. Baseando--se na teoria *queer*, o livro de Nancy Ordover, *American Eugenics: Race, Queer*

---

[11]   William H. Tucker, *The Science and Politics of Racial Research* (Urbana, IL, University of Illinois Press, 1994).
[12]   Troy Duster, *Backdoor to Eugenics*, cit.; "A Post-Genomic Surprise", cit.
[13]   Nancy Stepan, *"The Hour of Eugenics": Race, Gender, and Nation in Latin America* (Ithaca, NY, Cornell University Press, 1991) [ed. bras.: *A hora da eugenia: raça, gênero e nação na América Latina*, trad. Paulo M. Garchet, Rio de Janeiro, Fiocruz, 2005].

*Anatomy, and the Science of Nationalism* [Eugenia estadunidense: raça, anatomia *queer* e a ciência do nacionalismo][14], traz uma importante análise *queer* para a abordagem padrão da eugenia. O livro de Wendy Kline, *Building a Better Race: Gender, Sexuality, and Eugenics from the Turn of the Century to the Baby Boom* [Construindo uma raça melhor: gênero, sexualidade e eugenia desde a virada do século até o *baby boom*][15] traça como as abordagens da reprodução e da sexualidade das mulheres se articulam com a eugenia nos Estados Unidos. Embora essa literatura forneça uma base sólida para enxergarmos a eugenia como um projeto de conhecimento interseccional, ela não se concentra no modo *como* a eugenia operou para conectar vários sistemas de poder. Aqui esboço tal argumento, sugerindo que parte do sucesso da eugenia reside em sua capacidade de agrupar ideias oriundas da abordagem de disciplinas científicas de raça, etnia, religião, gênero, sexualidade, classe, idade e capacidade, bem como entendimentos dessas mesmas categorias baseados no senso comum.

Os projetos eugenistas ilustram uma cadeia de raciocínio relacional em que raça, gênero e outras categorias semelhantes de análise extraem significado umas das outras[16]. Os entendimentos científicos de inteligência, violência, emoção, motivação, racionalidade e outros construtos similares parecem refletir categorias universais que se aplicam a todos os seres humanos, embora as ideias estereotipadas sobre capacidade, raça, etnia, gênero, sexualidade e nacionalidade estejam frequentemente embutidas no significado dos termos[17]. Por meio de metáforas e raciocínios analógicos, um conceito menos familiar é explicado nos termos de um conceito mais conhecido. Tomemos, por exemplo, a maneira como a compreensão de inteligência reflete o senso comum de que as mulheres são infantis e menos inteligentes que os homens, as pessoas negras são infantis e menos inteligentes que as pessoas brancas e, portanto, já que tanto as mulheres quanto as pessoas negras são infantis e menos inteligentes

---

[14] Nancy Ordover, *American Eugenics: Race, Queer Anatomy, and the Science of Nationalism* (Minneapolis, MN, University of Minnesota Press, 2003).

[15] Wendy Kline, *Building a Better Race: Gender, Sexuality, and Eugenics from the Turn of the Century to the Baby Boom* (Berkeley, CA, University of California Press, 2001).

[16] Nancy Stepan, "Race and Gender: The Role of Analogy in Science", em David Goldberg (org.), *Anatomy of Racism* (Minneapolis, MN, University of Minnesota Press, 1990), p. 38-57. Para uma análise detalhada sobre o funcionamento dessa cadeia de raciocínio, ver minha discussão sobre a análise da opressão imposta às mulheres em Simone de Beauvoir (capítulo 6).

[17] Patricia Hill Collins, "Controlling Images", em Gail Weiss, Ann Murphy e Gayle Salamon (orgs.), *50 Concepts for a Critical Phenomenology* (Evanston, IL, Northwestern University Press, 2018).

que os homens brancos, *tanto* as mulheres *quanto* as pessoas negras são inferiores. Raça, gênero e idade agrupam-se em uma cadeia de significados. Esses mesmos estereótipos estão por trás das concepções de racionalidade e emoção como essencialmente diferentes: as pessoas negras são menos racionais e mais emocionais que as pessoas brancas, as pessoas negras são menos racionais e mais violentas que as pessoas brancas e as mulheres são mais emocionais e menos racionais que os homens; portanto, como as pessoas negras e as mulheres são menos racionais e mais emocionais que os homens brancos, elas são inferiores aos homens brancos. Essas concepções de inteligência, racionalidade e emoção contribuem para esclarecer os construtos de violência e sexualidade que se tornam compreensíveis por esse raciocínio analógico.

Outra vertente do raciocínio analógico fundamenta as construções de normalidade e anormalidade. Por esse raciocínio, as pessoas negras são sexualmente desviantes porque praticam uma sexualidade heterossexual não normativa (excessiva), as pessoas brancas homossexuais são sexualmente desviantes porque praticam uma sexualidade heterossexual não normativa (insuficiente) e, já que tanto as pessoas negras quanto as pessoas brancas homossexuais têm práticas sexuais não normativas, *ambos* os grupos são inferiores às pessoas brancas heterossexuais[18]. Por meio de uma cadeia de raciocínio que acomoda combinações flexíveis de raça, gênero, sexualidade, classe, religião, capacidade, etnia e identidade nacional, as ideias científicas podem se explicar e parecer plausíveis porque refletem "o que todo mundo sabe".

Essas ideias acerca da inferioridade intelectual, as distinções entre racionalidade e emoção e fenômenos como a violência e a sexualidade passam a ser mapeados nos grupos sociais marcados por estereótipos. Quando juntadas à estrutura da evolução, tanto essas ideias como as ideias de raça e gênero que as tornam compreensíveis adquirem um significado adicional. A evolução explica a mudança social no mundo natural como um processo gradual e natural de sobrevivência do mais apto. Quando aplicada às relações sociais, a teoria da evolução, ou darwinismo social, oferece uma estrutura abrangente que explica a hierarquia ostensivamente naturalizada entre os indivíduos e, sobretudo, entre os grupos sociais. Na evolução como estrutura explicativa, conceitos universais aparentemente benignos como inteligência, racionalidade, emoção, violência e sexualidade começam a explicar

---

[18] Nancy Stepan, "Race and Gender: The Role of Analogy in Science", cit.; "*The Hour of Eugenics*", cit., p. 9-14.

as diferenças entre grupos. Com essa lógica relacional, os projetos eugenistas fornecem uma base lógica para a hierarquia social e suas consequências para a cidadania desigual. Tratar as pessoas de maneira diferente conduz a um resultado razoável, quando elas são inerentemente diferentes.

Os projetos eugenistas colocaram o problema da desigualdade social nessa estrutura explicativa geral da evolução e do darwinismo social. A lógica relacional descrita aqui explica a desigualdade social e oferece uma solução para ela. Nesse sentido, a própria eugenia oferece uma abordagem familiar para a solução de problemas nas epistemologias ocidentais. Três princípios unificadores do discurso eugênico baseiam-se nessa lógica relacional: (1) uma política do corpo de diferença imutável; (2) a família como mecanismo de naturalização e normalização da hierarquia; e (3) a importância da engenharia social para o bem-estar nacional. Com esses princípios, os projetos eugenistas explicam as relações entre o mundo aparentemente natural (política do corpo), o mundo social (as famílias como modelo para a hierarquia naturalizada) e o mundo político (soluções do Estado-nação para eliminar a desigualdade). Significativamente, os projetos eugenistas também oferecem opções de políticas para melhorar a sociedade por meio da ciência.

## Políticas do corpo e diferença imutável

Os projetos eugenistas conceituaram o corpo como lugar de diferenças imutáveis e utilizaram essa premissa básica para explicar os fenômenos sociais. Foi fundamental na argumentação eugenista a classificação dos corpos em categorias de diferenças imutáveis, ou seja, permanentes e não sujeitas a mudanças[19] – em outras palavras, os corpos possuem uma natureza essencial única, sendo ou mulher ou homem, ou negro ou branco, ou heterossexual ou homossexual. A diferença imutável e a diferença oposicional trabalharam juntas. Uma vez categorizados os diferentes corpos, os projetos eugenistas os classificaram e lhes atribuíram um valor social. Aparentemente essa categorização/classificação dos corpos transformou as diferenças imutáveis em condições sociais imunes à mudança[20].

---

[19] Patricia Hill Collins, *Black Sexual Politics: African Americans, Gender, and the New Racism* (Nova York, Routledge, 2004), p. 87-116.
[20] As políticas do corpo se baseiam na seleção de certos aspectos dos corpos como mais relevantes que outros (cor, genitália) e na avaliação dos corpos de acordo com esses aspectos, categorizando--os em grupos existentes ou novos. Associada ao ímpeto de classificação da ciência ocidental,

As categorias da interseccionalidade (raça, gênero, sexualidade e capacidade) foram importantes para estabelecer uma base para a abordagem eugenista da política corporal. Os conceitos de capacidade e incapacidade se baseiam nessas premissas fundamentais das diferenças essenciais e imutáveis. Nos modelos médicos, as sociedades veem a capacidade e a incapacidade como intrínsecas ao corpo; esses modelos conceituavam a capacidade e a incapacidade como características predominantes de cada corpo. As incapacidades físicas são mais visíveis em geral, pois é possível vê-las no próprio corpo, mas as incapacidades intelectuais, que residem no interior do corpo, possuem aparentemente uma essência similar. O discurso eugenista usava uma linguagem avaliativa de aptidão e inaptidão, um binômio que conjugava os discursos científicos sobre a anormalidade e a normalidade com os discursos morais sobre o normal e o desviante.

Argumentando que a incapacidade é construída socialmente, a pesquisa contemporânea no campo dos estudos críticos rejeita essa visão da ciência ocidental[21]. Estudos críticos a respeito da incapacidade sugerem que os significados sociais atribuídos a *todos* os corpos são determinados socialmente, não são inerentes aos corpos. O discurso sobre os corpos incapazes evidencia esse processo de construção social, e vê o discurso sobre a capacidade e os corpos reais como recursivamente vinculados. Desse modo, uma política do corpo de diferença essencial e imutável se assenta em concepções de corpos normais e anormais que fundamentam os discursos de normalidade e anormalidade, de aptidão e inaptidão, bem como o significado de categorias socialmente determinadas de capacidade e incapacidade[22].

---

a categorização promovida pelas políticas do corpo pode criar novos grupos sociais *sui generis* ou se apoiar em outros já existentes. A questão é saber como a lógica da diferença essencial e imutável – que repousa sobre ideias de normalidade e anormalidade – contribui para a hierarquização entre grupos. Aqui, a eugenia se apoiou em grupos preexistentes, tal como são entendidos nas relações coloniais de escravidão e imperialismo, para classificar os grupos sociais.

[21] David Wasserman et al., "Disability: Definitions, Models, Experience", em Edward N. Zalta (org.), *The Stanford Encyclopedia of Philosophy* (Palo Alto, CA, Stanford University, 2016); disponível em: <https://plato.stanford.edu/archives/sum2016/entries/disability/>.

[22] Teoricamente, sendo a capacidade tão fundamental e, ao mesmo tempo, tão frequentemente invisível nas ideologias e práticas de múltiplas formas de opressão, ela também pode ser um construto importante para o desenvolvimento da relacionalidade por meio da interdependência. Nesse caso, a invisibilidade da capacidade no discurso interseccional pode originar-se mais da centralidade das ideias sobre a capacidade e a não deficiência [*able-bodiedness*] para o poder em si. As ideias sobre capacidade naturalizam e normalizam a desigualdade social a ponto de as tornar invisíveis. Ao destacar as interconexões de ideias centrais num discurso, as políticas do

Como projetos eugenistas se basearam fortemente em estruturas de diferença imutável que invocam uma metáfora central de normalidade/anormalidade, essa ideia de diferença imutável molda categorias de humano/não humano (por exemplo, quem conta como ser completamente humano); categorias de pessoalidade [*personhood*] (por exemplo, os indivíduos podem ser todos humanos em algum sentido, mas podem não ser o mesmo tipo de humano); e como a compreensão de grupos raciais, étnicos, religiosos e de gênero refletem essa lógica. A progressão conceitual de ser humano biológico para pessoa vai do puramente biológico (o mundo natural) para o mundo social (humanos como animais sociais que requerem domesticação, contenção ou extinção) e os grupos (unidades sociais naturais que estruturam o mundo social).

Estabelecer limites entre seres humanos e animais com base em suas diferenças oposicionais foi fundamental para esse projeto. Ao comparar os corpos e os comportamentos de humanos e animais, a biologia, a antropologia, a sociologia, a história e outras disciplinas acadêmicas similares passaram um bom tempo pesquisando o que significa ser humano. Teoricamente, essas comparações podem parecer óbvias, mas, na prática, a natureza da relação entre humanos e animais foi e continua sendo um tema de debates políticos e científicos. A "grande cadeia do ser" privilegia alguns grupos em detrimento de outros, de acordo com sua semelhança com os animais. As mesmas categorias binárias de razão/emoção, inteligência/instinto, controlado/violento e domesticado/selvagem que emergem da cadeia de raciocínio analógico são aplicadas aos corpos dos seres humanos e dos animais. Numa antropologia que cresceu com o colonialismo, pessoas de ascendência africana e povos indígenas são classificados como seres primitivos, cujos corpos são mais naturais, sexuais, emocionais e violentos que aqueles que desfrutam da influência civilizatória da cultura europeia[23].

Nem totalmente humanos nem totalmente animais, os povos indígenas e as pessoas de ascendência africana ocuparam um espaço de fronteira nessa política do corpo de diferença imutável. Esses povos foram considerados mais próximos dos animais que outras categorias de seres humanos. Além disso, o surgimento de uma biologia racial que ligava a inferioridade às diferenças biológicas imutáveis fez com que o estigma racial fosse visto como intergeracional e permanente.

---

corpo e o uso da biologia para explicar os processos sociais nos projetos eugenistas tornam-se preponderantes.

[23] Marianna Torgovnick, *Gone Primitive: Savage Intellects, Modern Lives* (Chicago, University of Chicago Press, 1990).

Como seres primitivos, pessoas de ascendência africana e indígenas carregavam o estigma da diferença imutável aonde quer que fossem. Em diferentes contextos nacionais, essa categorização e essa classificação dos corpos moldaram o discurso sobre as pessoas – que passaram a ser descritas como "primitivas"[24].

Nos Estados Unidos, nem os povos indígenas nem o povo negro, supostamente os primitivos do país, eram vistos como capazes de se assimilar à sociedade estadunidense[25]. As cosmovisões de ambos os grupos incorporavam uma relação distinta com o mundo natural, mas, nas estruturas coloniais, ambos eram vistos como "selvagens", e de humanidade questionável. Domesticar o animal selvagem em cada grupo exigia removê-los da "selva" por meio da conquista, da escravização ou de ambos. Para os povos indígenas, a escravização falhou, o que fomentou a confiança na conquista e no encarceramento em massa em reservas indígenas. Para as pessoas de ascendência africana, a escravização teve mais êxito em sua capacidade de se apropriar dos corpos para o trabalho e a reprodução. Ver os dois grupos como primitivos exigia estratégias de domesticação, disciplina e controle.

As compreensões modernas acerca de raça e as práticas de racismo em um contexto global baseiam-se nessas políticas do corpo. Passar da concepção mais generalizada de raça humana para o nível das raças que, somadas, constituem a raça humana permite que as políticas do corpo (que classificam os indivíduos) sejam aplicadas ao comportamento de grupo. Ao segmentar a "raça" humana em unidades raciais menores, esse tipo de pensamento permite que grupos diferentes sejam racializados ou construídos como opostos raciais, conforme as necessidades de um contexto político e econômico específico. As metáforas aplicadas às pessoas negras e aos grupos racialmente construídos como inferiores são frequentemente semelhantes às aplicadas aos grupos fracos. Nesse contexto, torna-se mais fácil entender a passagem do indivíduo visto como tendo características supostamente fracas (os "imbecis, mutilados e doentes"

---

[24] Idem.
[25] Promovida em grande parte pelos discursos antropológicos europeus que surgiram com o imperialismo, a concepção das pessoas negras como primitivas moldou os entendimentos sobre a África e os povos de ascendência africana (Harry Bash, *Sociology, Race, and Ethnicity: A Critique of Ideological Intrusions upon Sociological Theory*, Nova York, Gordon & Breach, 1979; Marianna Torgovnick, *Gone Primitive*, cit.). Como afirma McKee, "como viviam em isolamento rural no Sul, elas [as pessoas negras] eram consideradas as pessoas mais atrasadas da nação, e foi assim que apareceram na literatura sociológica" (James B. McKee, *Sociology and the Race Problem: The Failure of a Perspective*, Urbana, IL, University of Illinois Press, 1993, p. 8).

como categorias de incapacidade, por exemplo) para os *grupos* inteiros ou as "raças" vistos como inerentemente fracos (por exemplo, as mulheres como emocional e fisicamente mais fracas que os homens, as pessoas negras como intelectualmente inferiores às pessoas brancas). Os corpos carregam o estigma da capacidade ou da incapacidade que inspira uma concepção mais generalizada de capacidade em relação aos grupos.

## Família e hierarquia naturalizada

Um segundo princípio unificador dos projetos eugenistas se apoiava na retórica e nas práticas familiares para explicar a hierarquia social. Como observa Anne McClintock, "a imagem da família passou a representar a *hierarquia na unidade* como um elemento orgânico do progresso histórico e, portanto, tornou-se indispensável para legitimar a exclusão e a hierarquia em formas sociais não familiares, como nacionalismo, individualismo liberal e imperialismo"[26]. Espera-se que as chamadas famílias normais socializem seus membros em um conjunto apropriado de normas sociais. As relações hierárquicas de gênero, idade e capacidade nas famílias se articulam com a posição da unidade familiar nas relações sociais hierárquicas de raça, classe e cidadania. A família torna-se assim um lugar de reprodução da hierarquia social ou de resistência a ela. Enquanto os indivíduos aprendem normalmente os lugares que lhes são atribuídos nas hierarquias de raça, gênero, etnia, sexualidade, nacionalidade e classe social em suas famílias de origem, eles aprendem também a ver essas hierarquias como arranjos sociais naturais, e não como arranjos socialmente construídos. A hierarquia social e as desigualdades sociais tornam-se naturalizadas e normalizadas porque estão associadas a processos familiares aparentemente naturais.

A hierarquia naturalizada nas famílias estabelece a base para o entendimento dos sistemas de hierarquia fora dos limites dela. Por um lado, a compreensão das hierarquias familiares como normais e anormais estabelece um tipo de família – e, consequentemente, as relações sociais nela – como normal e natural. Nas sociedades ocidentais, a família nuclear prevaleceu por muito tempo como o tipo ideal de família, uma família que foi estudada pela ciência, celebrada pela cultura popular e beneficiada pelas políticas públicas. Além disso, as hierarquias

---

[26] Anne McClintock, *Imperial Leather: Race, Gender, and Sexuality in the Colonial Contest* (Nova York, Routledge, 1995), p. 45 [ed. bras.: *Couro imperial: raça, gênero e sexualidade no embate colonial*, trad. Plinio Dentzien, Campinas, Ed. Unicamp, 2010].

de gênero, riqueza, idade e sexualidade nas unidades familiares reais estavam correlacionadas com hierarquias semelhantes na sociedade. Outras instituições sociais, como a mídia ou o ambiente de trabalho, muitas vezes entendem e organizam suas práticas pela retórica familiar. Por exemplo, as relações familiares entre pais e filhos, ou mães e filhas, podem influenciar como docentes e estudantes entendem as relações de mentoria em departamentos e programas acadêmicos.

Os projetos eugenistas tomaram explicitamente o que as famílias simbolizavam e as práticas reais como modelos para explicar a hierarquia social. A onipresença e a universalidade da família fomentaram a ideia básica de que a família é o alicerce da sociedade. De acordo com a lógica ocidental, a grande cadeia do ser – que categorizava a própria vida em uma hierarquia social que privilegiava o Ocidente como forma mais elevada de civilização – extraiu significado de entendimentos diferenciais de certas famílias como superiores a outras. Tais projetos entendiam a família como uma entidade natural porque era onipresente, universal e aparentemente fazia parte da ordem natural dos seres vivos. Por essa lógica, as famílias e as culturas não normativas dos povos indígenas, bem como as de grupos não ocidentais formados na escravidão, no colonialismo e no imperialismo, contribuíram para sua inferioridade. De forma significativa, famílias não normativas nos Estados-nação soberanos também eram suspeitas de serem espaços de atraso e deterioração da civilização.

Em contraste com as versões idealizadas de família, que ocultam essas relações, as famílias reais permanecem organizadas em torno de padrões variados de hierarquia[27]. As famílias ensinam legitimidade e responsabilidades por meio de sua organização e funcionamento. A maioria das famílias tem uma estrutura de autoridade específica que se articula com ideais de religião, comunidade, grupo étnico ou cultura nacional. Por exemplo, mães, pais e responsáveis exigem obediência dos filhos (idade); filhos primogênitos têm autoridade sobre irmãs e irmãos mais novos (idade); filhos primogênitos e, cada vez mais, filhas primogênitas herdam a riqueza ou a dívida da família (classe); mães e filhas se submetem a pais, maridos e irmãos (gênero); e espera-se que os filhos deem

---

[27] Na virada do século XX, o colonialismo, o imperialismo, o crescimento do trabalho assalariado e as consequências da escravização moldaram as concepções de família. Nesse contexto político e interpretativo, as elites identificaram o ideal de família nuclear como modelo de avaliação de famílias de todos os tipos. Essa forma específica de família é útil porque constituía um ideal que todas as famílias deveriam tentar alcançar, embora fosse e continue sendo virtualmente impossível para a maioria da população mundial.

continuidade à família por meio do casamento heterossexual (sexualidade). Espera-se que as famílias permaneçam puras no que diz respeito a raça, etnia e religião, e transmitam certa cultura a seus filhos. Os indivíduos podem negociar esses ideais familiares como entidades distintas, embora, coletivamente, promovam entendimentos hegemônicos da família que são mais frequentemente levados a efeito que analisados.

Essa hierarquia *no interior* das famílias molda as normas institucionais relativas aos direitos e responsabilidades[28]. A relevância dos sistemas de parentesco é especialmente importante para a ideia de *nação* como distribuição de direitos de cidadania. A nação é entendida muitas vezes como sinônimo de "povo" e tudo o que entra nessa categoria imaginária. Há definições que veem o construto de *nação* como equivalente a "povo" ou população. A palavra *nação* pode se referir à população ou grupo social em termos físicos e ter estreita relação com "tribo", grupo étnico e, em muitas sociedades, "raça". Nesse sentido, o construto de *nação* ganha significado com base nos construtos relacionados de *etnia* e *raça*. Etnia é o que mais se aproxima dessa ideia de povo como unidade [*peoplehood*], a ideia de um grupo que tem uma história e uma cultura distintas e costuma ser visto como pré-moderno e datado de antes do Estado-nação moderno. Em contrapartida, a raça reivindicada como uma concepção de povo [*peoplehood*] é considerada em geral uma invenção moderna. O termo *raça* possui vários significados, mas refere-se de ordinário a um grupo de pessoas: por exemplo, o termo *raça* é usado genericamente com o significado de raça humana, ou como sinônimo de grupos étnicos (como na virada do século XX, em referência aos irlandeses como raça, ou à raça italiana). As definições modernas de raça e etnia mudaram com o tempo. Por exemplo, nos Estados Unidos grupos étnicos europeus usavam a etnia para conseguir empregos e, em seguida, apagavam essa etnia, assimilando-se a uma identidade estadunidense branca. Tornar-se estadunidense significava tornar-se uma pessoa branca.

A construção de ideias sobre nação tendo como base políticas do corpo de diferença imutável, associadas à retórica e às práticas familiares, ilustra como as lógicas relacionais de capacidade, raça, gênero, sexualidade e idade moldam umas às outras na construção das ideias de nação, Estado-nação e nacionalismo. Por exemplo, os entendimentos de hierarquias naturalizadas associadas à família

---

[28] Brackett F. Williams, "Classification Systems Revisited: Kinship, Caste, Race, and Nationality as the Flow of Blood and the Spread of Rights", em Sylvia Yanagisako e Carol Delaney (orgs.), *Naturalizing Power: Essays in Feminist Cultural Analysis* (Nova York, Routledge, 1995), p. 201-36.

moldam os entendimentos de cidadania de primeira e segunda classe num Estado-nação, bem como as políticas de imigração (por exemplo, quais pessoas pertencem à nação ou à família nacional). A hierarquia pode ser determinada por ordem de chegada: ou por nascimento ou por imigração. A afirmação de que os protestantes anglo-saxões brancos, que imigraram há mais tempo para os Estados Unidos, têm direito a mais benefícios que os imigrantes *of color* que imigraram mais recentemente, reflete essa concepção. Ou a hierarquia acompanha o gênero. Em muitas famílias, meninas e meninos são tratados de forma diferente em relação à autonomia econômica e à liberdade de locomoção no espaço público. Esse tratamento diferenciado serve de base para a divisão sexual do trabalho no mercado de trabalho remunerado. Como é o caso com todas as situações de hierarquia, o uso real ou implícito de força, sanções e violência pode ser necessário para manter relações de poder desiguais. A questão é como tudo isso liga os projetos eugenistas ao Estado-nação moderno.

## Engenharia social e Estado-nação

Um terceiro princípio unificador dos projetos eugenistas diz respeito à ênfase na engenharia social como função legítima do Estado-nação. A engenharia social se baseia na crença de que o Estado-nação tem um interesse justificável em encorajar e desencorajar comportamentos específicos entre seus cidadãos e cidadãs. Por exemplo, as políticas fiscais não recolhem dinheiro apenas para sustentar as funções de governo. Elas também encorajam certos comportamentos. Nos Estados Unidos, por exemplo, pessoas solteiras pagam impostos mais elevados que pessoas casadas, o que penaliza as que permanecem solteiras. Essa lógica de recompensa das pessoas boas e de punição das más é dimensão da política pública tida como certa.

A eugenia vinculou a engenharia social a questões de reprodução biológica e social. Para os projetos eugenistas, a regulamentação das capacidades reprodutivas dos grupos sociais constituía uma política pública para o bem público. As chamadas políticas eugenistas positivas deveriam encorajar a se reproduzir as pessoas e os grupos populacionais "aptos", enquanto as políticas negativas deveriam desencorajar a se reproduzir os "inaptos". As políticas públicas que regulamentavam a reprodução tinham permissão ética para melhorar a sociedade. Na prática, políticas demográficas punitivas regulavam a reprodução biológica de mulheres, homens, pessoas capazes, membros de diferentes grupos raciais e étnicos e jovens. Nem todo mundo tinha o direito de se reproduzir. Com base na classificação das pessoas como cidadãs desejáveis ou indesejáveis, ou nem sequer como cidadãs, as políticas de engenharia social visavam produzir mais ou menos pessoas que aparentemente eram desejáveis.

A engenharia social se apoia numa concepção de Estado-nação moderno como uma "comunidade imaginada" de pessoas com interesses comuns[29]. Como comunidades imaginadas, os Estados-nação modernos podem definir sua identidade nacional e seus interesses por meio de instituições democráticas de igualdade de cidadania que rejeitem os entendimentos da hierarquia naturalizada. Teoricamente, as democracias participativas como comunidades imaginadas podem acomodar heterogeneidade, multiculturalismo e diferença na identidade nacional. É do interesse desses Estados cultivar os talentos de todos os seus cidadãos e cidadãs para que estes possam contribuir para o bem-estar do Estado. Alternativamente, os Estados-nação podem definir sua identidade nacional e seus interesses com base em políticas governamentais que os consideram sob constante ameaça. Esses Estados percebem alguns de seus cidadãos ou cidadãs como ameaças internas ao seu bem-estar e os Estados-nação vizinhos como ameaças à sua identidade nacional. As políticas eugenistas podem ser vinculadas a esses dois entendimentos de Estado-nação como comunidade imaginada; muitas políticas eugenistas foram implantadas por governos eleitos democraticamente.

O sociólogo Zygmunt Bauman argumenta que a eugenia como ciência é exemplo da "atitude ativista e maquinadora em relação à natureza e a si mesma" que caracterizou o mundo moderno desde o Iluminismo. Nessa lógica científica do mundo moderno, "a ciência não devia ser conduzida por si mesma; era vista, antes de mais nada, como um espantoso instrumento de poder que permitia a quem o detinha melhorar a realidade, remodelá-la de acordo com os planos e os desígnios humanos e auxiliá-la no caminho para o autoaperfeiçoamento"[30].

---

[29] Benedict Anderson, *Imagined Communities: Reflections on the Origin and Spread of Nationalism* (Londres, Verso, 1983) [ed. bras.: *Comunidades imaginadas: reflexões sobre a origem e a difusão do nacionalismo*, trad. Denise Bottman, São Paulo, Companhia das Letras, 2008].

[30] Zygmunt Bauman, *Modernity and the Holocaust* (Ithaca, NY, Cornell University Press, 1989), p. 70 [ed. bras.: *Modernidade e holocausto*, trad. Marcus Penchel, Rio de Janeiro, Zahar, 1998]. Bauman continua: "A jardinagem e a medicina forneciam os arquétipos da postura construtiva, enquanto a normalidade, a saúde ou o saneamento ofereciam as arquimetáforas para as tarefas e estratégias humanas na gestão das questões humanas [...] A jardinagem e a medicina são formas funcionalmente distintas da mesma atividade de *separar e distinguir os elementos úteis destinados a viver e prosperar dos elementos nocivos e mórbidos, que deveriam ser exterminados*" (idem). O ponto principal de Bauman é que os projetos eugenistas seguem uma lógica de engenharia social na qual

A engenharia social de Estado refletia, portanto, o ímpeto na direção do aprimoramento humano, valendo-se da eugenia como ciência normal para auxiliá-la nesses projetos nacionais.

Os projetos de engenharia social implementados pelas burocracias estatais requerem um entendimento mais uniforme dos grupos sociais. Quando os aparatos estatais adotam uma lógica de eugenia, em geral implementam políticas públicas que atingem diferentemente quem eles entendem como populações diferentes dentro do Estado-nação. Nesse sentido, a demografia como discurso científico fornece ferramentas de planejamento que ajudam o Estado-nação a categorizar e administrar as populações[31]. Como um discurso característico das ciências sociais modernas, a demografia oferece uma série de ferramentas e perspectivas que auxiliam o Estado a classificar os corpos em homens e mulheres, e a categorizar as famílias e os grupos em raciais e étnicos. Como campo que estuda os modelos de nascimento, morte, casamento e imigração, a demografia tem sido fundamental para a criação e a manipulação de grupos populacionais. Nesse esforço, ela legitima as categorias que sustentam os argumentos eugênicos sobre populações desejáveis e indesejáveis e também contribui para o funcionamento administrativo do Estado, coletando dados sobre essas categorias[32]. Como construções científicas, as populações descrevem idealmente as famílias, os grupos étnicos e religiosos e os gêneros de uma sociedade, mas o conceito de população remete a uma categoria analítica discreta, criada por pesquisadores e pesquisadoras, assim como por analistas político(a)s.

Consideremos, por exemplo, como a categoria "mães adolescentes solteiras" cria um grupo populacional que pode ser estudado como um problema social e permite que pesquisadores e pesquisadoras examinem raça, idade, classe e etnia dentro dessa categoria estatística. No pensamento eugenista, a ênfase não são os problemas sociais que as mães adolescentes solteiras podem enfrentar, mas sim as mães adolescentes solteiras *como um problema social* para o Estado-nação[33].

---

o Estado se envolve ativamente na formação de seus interesses nacionais por meio de políticas populacionais. Essa parece ser a crença compartilhada por todo mundo, com divergências sobre as áreas que o Estado deveria administrar e aquelas que deveria deixar em paz.

[31] Tukufu Zuberi, *Thicker Than Blood: How Racial Statistics Lie* (Minneapolis, MN, University of Minnesota Press, 2001); Tukufu Zuberi e Eduardo Bonilla-Silva (orgs.), *White Logic, White Methods: Racism and Methodology* (Lanham, MD, Rowman and Littlefield, 2008).

[32] Tukufu Zuberi, *Thicker Than Blood*, cit.

[33] Linda Gordon, *Pitied but Not Entitled: Single Mothers and the History of Welfare* (Cambridge, MA, Harvard University Press, 1994).

O interesse por essa população parece aumentar e diminuir quanto maior ou menor o seu custo para o Estado-nação. Mas o que faz das mães adolescentes solteiras um grupo social? Existe uma pátria para esse grupo? Elas são um "povo" ou uma "nação" no sentido tradicional de raça e etnia? Elas se reconheceriam como parte de uma tribo de "mães"? Ver o mundo social pela lente demográfica das populações permite que certas questões científicas sejam investigadas e outras excluídas. Como esses grupos são usados como comparação, as definições dos grupos populacionais devem permanecer fixas em todos os projetos. A existência do campo da demografia crítica sugere que a demografia em si não é o problema. Ao contrário, como a especificação dos contornos das populações e a formulação de políticas populacionais apropriadas com base nessa classificação são uma dimensão importante da eugenia, os projetos eugenistas se basearam na demografia como estrutura moderna para classificar as pessoas.

A engenharia social está no cerne da ideologia e das políticas públicas dos projetos eugenistas[34]. Esses projetos defendem a legitimidade do controle das populações para o bem nacional. As políticas públicas dos Estados-nação visam administrar o tamanho e a composição da população nacional, ostensivamente para o bem público, por exemplo, por meio de empregos, moradia, escolaridade, saúde e distribuição justa de recursos. Para isso, baseiam-se em categorias de cidadania desigual que derivam das ideias da hierarquia naturalizada. Além disso, em seu esforço para moldar a capacidade reprodutiva das populações em determinado Estado-nação, os projetos eugenistas propõem uma forma de engenharia social que se baseia na política de corpos adequados e inadequados. Políticas sancionadas pelo Estado que encorajam ou desencorajam a reprodução de populações desejáveis ou indesejáveis constituem formas de controle populacional que recaem desproporcionalmente sobre as mulheres. Políticas de imigração que mudam conforme as necessidades percebidas da nação constituem outra forma de controle populacional que recai mais duramente sobre os grupos raciais/étnicos.

As políticas do Estado-nação alemão durante a era nazista de 1933 a 1945 trazem transparência à lógica da eugenia. Sobretudo, mostram as implicações da engenharia social levada ao extremo num Estado-nação moderno. Vemos neste exemplo como a lógica da eugenia influencia tanto as causas quanto as consequências da cidadania desigual. Politicamente, o Estado-nação nazista

---

[34] Zygmunt Bauman, *Modernidade e holocausto*, cit.

implementou a eugenia de três maneiras principais. Primeiro, dividiu a humanidade em categorias de diferença imutável: para a população alemã, essas categorias eram arianos e judeus, alemães e estrangeiros, heterossexuais e homossexuais, homens e mulheres, capazes e incapazes. Essas categorias eram classificadas segundo binômios de diferença oposicional (por exemplo, merecedor e não merecedor, apto e inapto) e valoradas em relação aos interesses nacionais. Segundo, com base em certas ideias sobre evolução social e degeneração, o Estado nazista usou essas diferenças para explicar a identidade nacional, a prosperidade e o declínio do Estado-nação. Culpou o povo judeu, o povo rom\*, homossexuais e dissidentes políticos pelo fracasso das políticas econômicas e qualificou-os de forasteiros na terra da família nacional alemã. Esses grupos foram apontados não só como culpados pelos fracassos da Alemanha, como sua presença atrapalhava o progresso do país. Finalmente, o Estado concebeu políticas demográficas para cidadãos e cidadãs desiguais, controlando a natalidade graças a políticas que encorajavam e desencorajavam a reprodução de diferentes categorias de mulheres, e políticas voltadas para pessoas já nascidas por meio de tratamento positivo para pessoas desejáveis e políticas genocidas para as outras[35].

As políticas públicas não precisam tratar explicitamente de raça, gênero ou capacidade, e a lógica relacional da eugenia que torna essas políticas inteligíveis não precisa mencionar as categorias de análise da interseccionalidade. O discurso público da eugenia não se apresentou como uma teoria de capacidade, raça, gênero, sexualidade ou classe, mas essas ideias tornaram a eugenia compreensível. Quando se trata de política pública, os projetos eugenistas associam as políticas do corpo da hierarquia naturalizada e normalizada (muitas vezes por meio da retórica da família) a agendas nacionais que concebem os Estados-nação como comunidades imaginadas. Eles explicam a ligação entre o mundo aparentemente natural (política do corpo, agora compreensível por meio da categorização e da classificação), o mundo social (famílias como modelo da hierarquia naturalizada) e a comunidade nacional imaginada (políticas do Estado-nação). Fornecem não apenas uma explicação para a hierarquia da cidadania desigual, mas também uma análise da mudança social. A evolução constituiu o modelo global de explicação dessa hierarquia

---

\*   Povo nômade também chamado de cigano (N. T.)
[35]   Tukufu Zuberi, *Thicker Than Blood*, cit.

naturalizada, bem como da mudança social, com ideias sobre degeneração que suscitaram uma série de medos. As ideias de aptidão e inaptidão foram postas em relação com pessoas reais, às quais foi atribuído o sucesso ou o fracasso da sociedade. Uma determinada sociedade ou nação pode melhorar se aumentar a quantidade de cidadãos e cidadãs do tipo certo, e pode evitar a ruína se refrear ou eliminar cidadãos e cidadãs do tipo errado. Em outras palavras, as populações mais desejáveis precisam crescer, enquanto as populações menos desejáveis não apenas precisam ser desencorajadas a crescer, como devem ser completamente eliminadas da sociedade.

Apesar do declínio da eugenia como discurso científico legítimo, seus princípios unificadores persistem. Conceitos centrais tanto para a ciência ocidental e as práticas sociais defendidas por ela quanto para os projetos eugenistas – por exemplo, a engenharia social para o bem comum, a evolução como a sobrevivência do mais apto e a valorização da vida segundo a sua contribuição para o bem social – continuam a dominar. A ideia importante aqui é que projetos com perspectivas políticas díspares podem se basear em um conjunto comum de princípios relativos a corpos, famílias e interesses nacionais. Esses projetos não podem mais ser chamados de "eugenistas", mas esses princípios unificadores ainda podem influenciar a opinião pública e as políticas públicas.

Como a eugenia, os projetos de conhecimento não precisam se concentrar intencionalmente em raça, classe, gênero, sexualidade e nação, embora possam se apoiar em uma lógica relacional semelhante. Nos Estados Unidos, por exemplo, a linguagem veemente dos debates sobre a imigração baseia-se em representações de imigrantes latino(a)s como seres indignos, que não merecem proteção legal. Da mesma forma, como sugere o caso das iniciativas pela igualdade no casamento, a família continua sendo um local contestado de debates públicos. Políticas que resultam em cidadania desigual – sejam políticas punitivas de encarceramento em massa, sejam políticas fiscais que dão aos proprietário(a)s vantagens fiscais lucrativas, sejam políticas de imigração que visam gerenciar o acesso à cidadania – baseiam-se em premissas da engenharia social direcionadas a categorias específicas de cidadãs e cidadãos. A intervenção do Estado em questões reprodutivas permanece uma questão controversa e influencia debates sobre aborto, direitos reprodutivos, licença familiar e acesso a métodos anticoncepcionais por menores de idade. A suposição de que o Estado deve intervir é amplamente aceita, mesmo em grupos políticos que aparentemente se opõem a tal intervenção.

## Eugenia e interseccionalidade

O período pós-Segunda Guerra Mundial representa uma conjuntura importante: foi quando diminuiu o apoio claro às ideologias eugenistas e aumentou o apoio à justiça social. Projetos ligados aos direitos humanos e movimentos sociais posicionaram-se cada vez mais contra a injustiça social tipificada pela eugenia. Coletivamente, as iniciativas em favor da igualdade de gênero, raça, classe e sexualidade apontaram para a interseccionalidade como um próximo razoável em direção a um compromisso global crescente com a justiça social. Aparentemente a diferença entre a eugenia e a interseccionalidade marca uma ruptura em meados do século XX: a interseccionalidade como discurso comprometido com a justiça social desalojou a lógica da eugenia. De certa forma, a interseccionalidade e a eugenia podem ser vistas como imagens espelhadas que giram em torno de suas relações com a justiça social.

Como discurso, a eugenia e a interseccionalidade não compartilham os mesmos objetivos, os mesmos adeptos e adeptas, o mesmo período de tempo ou os mesmos objetivos políticos. No entanto, a eugenia oferece um importante *insight* para a interseccionalidade e o desafio de avaliar os critérios que moldam sua teoria crítica.

Em primeiro lugar, a eugenia fornece um *insight* sobre como a lógica relacional pode ajudar a reproduzir e legitimar a desigualdade social. Os projetos eugenistas e a interseccionalidade contam com uma lógica relacional semelhante na construção de seus respectivos construtos centrais e premissas orientadoras. A lógica relacional da eugenia tem várias características: (1) ela construiu seus argumentos sobre a desigualdade social extraindo ideias sobre raça, classe, gênero, capacidade, sexualidade, etnia e idade de disciplinas distintas e situando-as em uma nova lógica científica abrangente; (2) forneceu uma explicação convincente para a desigualdade social; e (3) permitiu que os projetos eugenistas promovessem um ativismo direcionado à desigualdade social que demonstrasse o uso pragmático da eugenia para as políticas públicas[36]. Uma vez estabelecidos

---

[36] No capítulo 7, examinei o pensamento relacional por adição, articulação e interdependência como forma de analisar os processos de pensamento na interseccionalidade. Aqui, concentro-me no conteúdo de um argumento relacional específico. Como os projetos eugenistas construíram esse argumento é uma questão empírica. Em outras palavras, muitas estratégias diferentes de pensamento relacional têm sido mais intimamente associadas a certos aspectos da eugenia. Como o pensamento relacional por adição, articulação e interdependência extraído de raça, gênero e categorias semelhantes pode moldar a nova lógica científica abrangente?

como ciência normal, os projetos eugenistas não se contentaram em explicar o mundo e decidiram mudá-lo. Os projetos eugenistas tornam as relações de poder especialmente visíveis porque vinculam simultaneamente vários sistemas de poder e influenciam a organização das relações de poder. Esse caso de eugenia sugere que outros projetos que não se autodenominam interseccionais podem se utilizar de uma lógica relacional semelhante com um efeito comparável. Por outro lado, sugere também que os projetos que se identificam como interseccionalidade podem ser muito mais variados do que se presume, e alguns podem se dedicar mais à justiça social que outros. Especificar como a lógica relacional estava ligada na eugenia a resultados políticos específicos sugere que a lógica relacional por si só pode ser necessária, mas não suficiente para a interseccionalidade.

Em segundo lugar, a eugenia pode ser vista como um espaço saturado de relações interseccionais de poder que torna as interconexões entre os sistemas de poder especialmente visíveis[37]. Espaços saturados agrupam práticas, instituições sociais, representações e modelos de interação social cotidiana que aparecem e reaparecem em sistemas de opressão aparentemente separados. Conceituar a eugenia como um espaço saturado de relações de poder não apenas nos permite ver como as práticas eugenistas – por exemplo, as políticas públicas dos Estados-nação – constituem mecanismos de poder, mas também evidencia como as narrativas moldam as relações de poder. A eugenia tinha laços claros com o Estado e o poder econômico; tinha um discurso identificável, que refletia e moldava várias comunidades de praticantes; e era complexa e instável, com a contingência de que os resultados não eram determinísticos, mas, ao contrário, podiam variar, e muito. Embora organizada de forma diferente, a eugenia faz o mesmo trabalho intelectual que a violência e a família fazem na conjuntura de

---

[37] Teoricamente, conceituar a eugenia como um espaço saturado de relações de poder permite à interseccionalidade aprofundar-se no nexo entre conhecimento e poder para desenvolver a abordagem genealógica foucaultiana das relações de conhecimento e poder. Como os projetos eugenistas são locais e específicos, embora de alcance global, eles funcionam como um freio na corrida em direção a uma abstração infundada. Esses espaços também esclarecem a resistência, precisamente por serem tão importantes para reproduzir a hierarquia social. Nesse sentido, os espaços saturados são nós importantes nos campos político e intelectual e fornecem interconexões vitais entre os campos político, intelectual e moral. Espaços saturados de relações de poder fornecem a linguagem para a contestação política, bem como as práticas que tornam as relações de poder visíveis. Identificar espaços que explicam eficazmente as desigualdades sociais de raça, gênero, sexualidade, classe, nação e idade, especialmente se o funcionamento de tais espaços permanece invisível, constitui uma ferramenta importante para a teorização interseccional.

múltiplos sistemas de poder. Ela pode ter uma função semelhante ao contribuir para a articulação dos sistemas de poder.

Nesse sentido, os projetos eugenistas fornecem um *insight* sobre a natureza da própria relacionalidade. A meu ver, os projetos eugenistas demonstram a relacionalidade por meio da articulação. A eugenia se situa na conjuntura de múltiplos projetos de conhecimento e, como discurso, articula-os de novas formas. Aqui, *articulação* se refere à descrição de Stuart Hall de como a linguagem "articula" ou traz um conjunto de ideias que combina elementos existentes em novos padrões ou atribui novas conotações a eles[38]. Nesse uso, conjuntos de ideias podem ser acoplados e desacoplados, mas tanto a nova entidade quanto suas partes são alteradas por essas transações. Nesse caso, a articulação é também uma forma de compreender como os elementos ideológicos de raça, classe, gênero, sexualidade, etnia e nação vieram a confluir, sob diferentes condições políticas, com a eugenia como discurso. A eugenia mostra a articulação em ação. Tais projetos seriam aceitos por muitas comunidades de investigação, principalmente porque poderiam dar um salto conceitual e explicar aspectos menos familiares da realidade social, baseando-se no que sabiam ser verdade. Eles próprios contribuíram com o material sobre raça ou gênero. A articulação também investiga como essas ideias se vinculam a projetos políticos específicos[39]. Nesse caso, a eugenia influenciou políticas públicas. Projetos eugenistas também apontam para uma articulação ao longo do tempo que catalisa uma nova lógica científica baseada no pensamento relacional de interdependência. Na ciência ocidental, as categorias de raça, classe, gênero, idade, sexualidade, idade e nação tornaram-se tão interdependentes que são consideradas certas e indistinguíveis no discurso científico.

Um terceiro *insight* da eugenia diz respeito à importância diferencial de raça, gênero, sexualidade e idade como categorias de análise na elaboração de projetos eugenistas específicos de um contexto social. Em essência, a eugenia se baseava em raça, classe, gênero, idade, sexualidade, capacidade e nação – essas categorias estavam todas presentes. No entanto, na prática, algumas eram mais importantes e visíveis, mesmo que outras parecessem constituir fatores de

---

[38] Lawrence Grossberg, "On Postmodernism and Articulation: An Interview with Stuart Hall", em David Morley e Kuan-Hsing Chen (orgs.), *Stuart Hall: Critical Dialogues in Cultural Studies* (Nova York, Routledge, 1996), p. 141; Stuart Hall, *Familiar Stranger: A Life between Two Islands* (Durham, NC, Duke University Press, 2017), p. 91.

[39] Lawrence Grossberg, "On Postmodernism and Articulation", cit., p. 141-2.

fundo benignos. Não havia uma estrutura fixa de raça/classe/gênero facilmente transportável de um ambiente para o outro. Ao contrário, as categorias de análise eram diferentemente relevantes em diferentes projetos eugenistas. A força da eugenia reside em sua maleabilidade e elasticidade; sua lógica universal poderia ser adaptada às particularidades dos contextos locais.

Essa questão da relevância é importante para vermos que o que interessa é a combinação das categorias, e não que determinadas categorias devam estar sempre presentes para que uma análise seja interseccional. Tomemos, por exemplo, como as categorias de capacidade e nação foram eixos ideológicos ou pontos de ancoragem especialmente relevantes para os projetos eugenistas. A eugenia não teria funcionado sem as ideias de normalidade e anormalidade que repousavam sobre interpretações de corpos capazes/incapazes e projetos políticos de engenharia social. Para os projetos eugenistas, o conceito de incapacidade era fundamental. Capacidade não era uma categoria marginal a ser adicionada à eugenia como uma consideração posterior. Ao contrário, a incorporação da incapacidade exige repensar as análises interseccionais da eugenia em si. O discurso da eugenia torna-se compreensível quando se considera a relevância da incapacidade como categoria de análise. O nacionalismo, por exemplo, baseia-se fortemente em ideias de capacidade e incapacidade para compreender a identidade nacional e as políticas públicas. A noção de corpos capazes e incapazes aparece na literatura sobre o nacionalismo e a masculinidade; por exemplo, o dever dos homens é proteger as mulheres, as crianças, seus bens e sua pátria (nação). A questão conexa da aptidão ou inaptidão de uma pessoa para servir à nação também se baseia no entendimento de capacidade e incapacidade. As mulheres são vistas como menos aptas para o combate e serviços similares atribuídos aos homens capazes, mas são especialmente aptas para a reprodução; o corpo da mulher é valorizado por suas capacidades de prazer sexual, gravidez e educação dos filhos. Os debates sobre a capacidade ou aptidão do *people of color* à educação, emprego, habitação e cidadania também associam uma política de normalidade/anormalidade e aptidão/inaptidão à agenda social do merecimento e do não merecimento. A relevância das categorias de capacidade e nação no discurso da eugenia aponta para a necessidade de nos atermos a contextos sociais específicos.

Finalmente, os projetos eugenistas mostram como as teorias sociais geram resultados políticos, especialmente quando o objetivo das comunidades interpretativas que as promovem é moldar políticas públicas. Ironicamente, inspirando-se em uma premissa do pensamento social marxista, a eugenia como ciência se propôs não apenas a explicar, mas também a mudar o mundo. Muitas vezes as ideias se tornam importantes muito depois de desaparecerem as condições particulares que as moldaram. Esse parece ser o caso da eugenia: a resiliência de suas ideias é sua característica mais significativa. A ideia de que os Estados-nação devem participar de algumas formas de engenharia social para o bem público é um truísmo dado como certo nos Estados democráticos modernos. Os argumentos defendidos tanto por conservadores quanto por progressistas podem discordar acerca do conteúdo da intervenção estatal específica – por exemplo, se abstinência ou educação sexual são a melhor maneira de prevenir a gravidez na adolescência, ou mesmo o alcance da engenharia social, ampliando ou reduzindo o próprio Estado –, mas compartilham um compromisso com a engenharia social amplamente definida como responsabilidade legítima do Estado.

A resiliência das ideias da eugenia levanta uma questão importante: como os projetos de conhecimento, especialmente as teorias sociais críticas, se sustentam no longo prazo? A eugenia persistiu porque seus defensores e defensoras continuaram a abraçar os princípios eugenistas e a lutar por eles nas arenas políticas. Mesmo depois que o termo *eugenia* parou de ser usado, a influência da eugenia persistiu, não porque suas ideias eram inerentemente superiores a outras explicações da desigualdade social, mas sim porque essas ideias exerceram um poder epistêmico que se acumulou ao longo do tempo. A junção de ideias sobre capacidade, raça, classe, gênero, sexualidade, idade, etnia e nação como categorias dos projetos eugenistas tornou-se tão inquestionável na ciência normal que acaba despercebida. A própria ciência normal passou a se apoiar nessas premissas – que claramente não continham essas categorias para ajudar a reproduzir as condições materiais do racismo, do sexismo e outros sistemas de poder semelhantes. Esse discurso em particular ilustra o funcionamento do poder epistêmico e por que é tão difícil derrubá-lo. Baseando-se nas raízes institucionais da ciência e do governo, a lógica da eugenia persistiu porque as normas da ciência normal possibilitavam certas questões e excluíam outras. Praticantes da eugenia não precisavam defender temas, metodologias e descobertas porque trabalhavam dentro das estruturas epistemológicas que eles mesmos criaram e protegiam.

Ideias importam, mas é pouco provável que importem sem quem as defenda e vise institucionalizá-las numa sociedade. Ter o poder de definir as regras do que contará como verdade (por exemplo, o poder epistêmico) tem maior impacto que criticar o conhecimento criado de acordo com essas regras. A resistência epistêmica às regras é muito mais temível que a simples crítica ou dissidência. As pessoas que propõem a interseccionalidade demonstram compromisso semelhante com a "verdade" de suas próprias ideias e práticas? Sob muitos aspectos, esse tipo de certeza é um anátema para as normas acadêmicas predominantes, que evitam verdades absolutas. A atenção com os termos sob os quais a interseccionalidade se desenvolve e encontra apoio institucional desloca o foco das teorias de poder para as realidades políticas das práticas institucionais. Na academia, o apoio institucional aos estudos transformativos diminui cada vez mais graças a estratégias de domínio epistêmico. O sufocamento e o silenciamento testemunhal podem ser estratégias eficazes para suprimir a resistência epistêmica (ver capítulo 4). Os símbolos dos projetos críticos do passado permanecem nas portas da universidade, escondendo as carcaças que restaram. Nesse contexto, a interseccionalidade enfrenta o desafio de construir comunidades sustentáveis de investigação que consideram o desenvolvimento da interseccionalidade uma teoria social crítica como uma necessidade política.

Quando se trata de institucionalizar a interseccionalidade, qual será o longo arco da interseccionalidade? A eugenia se valeu de uma lógica relacional para promover um projeto de conhecimento politicamente bem-sucedido que carece de compromisso com a justiça social. É significativo que os projetos eugenistas forneçam uma linha clara às análises interseccionais das relações de poder contemporâneas, precisamente porque as ideias extraídas dos projetos eugenistas persistem, embora organizadas de formas diferentes, nas relações sociais contemporâneas. Que tipo de linha a interseccionalidade fornecerá no futuro aos projetos interseccionais? Os projetos eugenistas moldaram a ciência e o Estado num período em que ambos estavam passando por mudanças sociais substanciais. Se armada dessa mesma lógica relacional, e de um compromisso com a justiça social, o que a interseccionalidade poderá realizar num período de mudança social?

## INTERSECCIONALIDADE E JUSTIÇA SOCIAL

Como a interseccionalidade é tradicionalmente associada a projetos de justiça social, o compromisso com a justiça social é frequentemente considerado uma de suas dimensões fundamentais. No entanto, a mudança para ambientes acadêmicos que não priorizavam a justiça social suscitou uma nova questão: o compromisso da interseccionalidade com a justiça social é sustentável? A interseccionalidade foi alterada em razão de sua incorporação institucional, mas em que direção e com que efeito[40]?

Não mais vista como certa, a ligação da interseccionalidade com a justiça social é cada vez mais objeto de debate. Alguns acadêmicos e acadêmicas interpretam o enfraquecimento dos laços da interseccionalidade com os projetos de justiça social como uma coisa boa, e argumentam que trazer a justiça social e outras questões politicamente controversas para o âmbito da pesquisa interseccional corrói a estatura acadêmica da interseccionalidade. A justiça social pode ser um tema apropriado para a análise interseccional, mas acrescentar o compromisso com a justiça social às estruturas normativas da investigação interseccional é epistemologicamente inadequado e metodologicamente suspeito. Supostamente, usar a justiça social como um princípio para guiar a investigação crítica da interseccionalidade obscurece a objetividade necessária para realizar uma boa análise teórica. Além disso, pelo fato de a justiça social estar tão fortemente envolvida com a ação política, o rigor acadêmico e a objetividade da interseccionalidade ficariam comprometidos se tivessem fins políticos específicos (por exemplo, a redução da desigualdade social) e reivindicassem princípios éticos específicos (por exemplo, a justiça social).

---

[40] Muitos projetos de conhecimento que são anteriores à interseccionalidade e fazem fronteira com ela encontraram desafios semelhantes de incorporação institucional. Em meados do século XX, quem participava de projetos de justiça social considerava certo seu compromisso com a justiça social. O ativismo intelectual dessas pessoas existia para se opor à opressão e favorecer a justiça social. Tais projetos se apoiavam em estruturas éticas que não tratavam especialmente da substância de sua ação política, mas do motivo pelo qual eram necessários. O ingresso na academia mudou tudo: pressupostos sobre a justiça social dados como certos passaram por um escrutínio epistêmico. O feminismo negro e outros projetos de justiça social semelhantes encontravam um ambiente cada vez mais inóspito em faculdades e universidades que se reformulavam à imagem do mercado neoliberal. Muitos campos de estudo que surgiram durante esse período tentam entender como a justiça social molda sua práxis. Por exemplo, o livro *Interdisciplinary and Social Justice* [Justiça social e interdisciplinar], organizado por Joe Parker, Ranu Samantrai e Mary Romero (Albany, NY, State University of New York Press, 2010), examina muitos desses campos e mostra como eles passaram da crítica das disciplinas acadêmicas para a crítica dos campos interdisciplinares que surgiram dessa crítica, para a investigação da reivindicação interdisciplinar por justiça social. Coletivamente, os ensaios desse livro levantam questões importantes sobre a necessidade dos campos interdisciplinares para que cada um possa olhar além de suas próprias preocupações, em direção a algo que os una. Trabalhos como esse levantam questões importantes sobre a compatibilidade de projetos de conhecimento resistente com normas acadêmicas que resistem às iniciativas voltadas para a justiça social.

O distanciamento da interseccionalidade das supostas especificidades de raça, classe e gênero em favor de uma teoria social ocidental aparentemente mais universal indica, para muitas pessoas, um amadurecimento do discurso. Algumas pessoas sugerem que a interseccionalidade se beneficiará do rompimento com as mulheres negras estadunidenses, as latinas e outro(a)s agentes sociais subordinado(a)s que foram fundamentais para sua formação[41]. Por parecerem paralisadas em uma política identitária particularista e egoísta, que abala os critérios universalistas, elas estão mal equipadas para contribuir para a interseccionalidade. Em um contexto epistemológico que prega o valor da objetividade descontextualizada, projetos que parecem indevidamente políticos ou politizados (a menos que representem os interesses das pessoas que estão no poder) são desvalorizados. Dessa perspectiva, a fim de garantir sua sobrevivência, a interseccionalidade deve aspirar a se adequar aos padrões epistemológicos e metodológicos da academia. Isso significa alinhar a teoria da interseccionalidade aos padrões da teoria social tradicional. Dada a adoção do neoliberalismo pela universidade corporativa, essa recomendação mostra-se prudente[42]. Assimilar e reivindicar respeitabilidade disciplinar são estratégias de sobrevivência atraentes, mas, em última análise, podem ser estratégias fracassadas tanto para a interseccionalidade como um discurso crítico quanto para o(a)s intelectuais que seguem essa recomendação.

Embora bem-intencionado, lutar para ser apenas mais uma teoria social tradicional dentro da academia pode não ser suficiente para proteger a interseccionalidade das difíceis questões éticas e políticas suscitadas pela injustiça social. Fundamentalmente, os projetos de justiça social não apenas consideram injustas as desigualdades sociais, como trabalham rotineira e explicitamente para acabar com elas. E esses projetos não precisam estar fora da academia, em projetos de base ou amplos movimentos sociais. Teorias sociais críticas com um etos de justiça social também conquistaram espaço na academia. Muitas pesquisas acadêmicas foram implícita, senão explicitamente, moldadas por algum tipo de compromisso com a justiça social. Max Horkheimer, em sua análise da teoria crítica, identificou o compromisso com a mudança social e, consequentemente, com a justiça social como premissa central da própria

---

[41] Jennifer C. Nash, "Re-thinking Intersectionality", *Feminist Review*, n. 89, 2008, p. 1-15.
[42] Jennifer C. Nash e Emily A. Owens, "Institutional Feelings: Practicing Women's Studies in the Corporate University", *Feminist Formations*, v. 27, n. 3, 2015, p. vii-xi.

teoria social crítica. A teoria da libertação de Frantz Fanon tinha ligação direta com os movimentos sociais anticoloniais que exigiam justiça social. Os estudos culturais britânicos foram estimulados pelas injustiças sociais de classe, etnia e cidadania na sociedade britânica e criaram um novo campo no qual teorizar essas relações. Na genealogia da interseccionalidade, e na dessas e outras teorias críticas que a moldam, a análise crítica foi colocada a serviço desse objetivo ético abrangente.

O compromisso com a justiça social é especialmente claro nos projetos de conhecimento resistente. Por exemplo, os estudos críticos sobre raça, os estudos feministas e os estudos pós-coloniais manifestam o claro compromisso de tornar o mundo mais justo. A importância da teoria da libertação de Frantz Fanon transcende seus laços com o existencialismo; as ideias de Fanon também contribuíram para um projeto mais amplo de filosofia de luta na diáspora africana[43]. Seu trabalho, junto com o de outras pessoas, propiciou uma resistência intelectual em lutas de libertação concretas. Além disso, a busca por justiça social é uma característica necessária e definidora do pensamento feminista negro que molda a interseccionalidade e a solidariedade flexível como dimensões importantes desse projeto de conhecimento[44]. Não é por acaso que a autobiografia de Ida Wells-Barnett se intitula *Crusade for Justice* [Cruzada pela justiça][45]. Sua campanha antilinchamento e sua longa carreira como ativista intelectual foram explicitamente devotadas à justiça social.

Desligar a interseccionalidade de seu compromisso com a justiça social pode levar à legitimação acadêmica da interseccionalidade, mas também pode minar a integridade da investigação *crítica* da interseccionalidade. O significado da teoria social crítica não está estabelecido, longe disso, e, conforme examino no capítulo 2, a interseccionalidade precisa ser cautelosa ao analisar as contribuições e as limitações da teoria social crítica na academia. A teoria social pós-moderna, por exemplo, fornece um poderoso conjunto de ferramentas analíticas para criticar a sociedade. Essas ferramentas podem ser usadas a serviço da justiça social, mas não precisam ser necessariamente utilizadas para esse propósito.

---

[43] Lucius T. Outlaw Jr., "Africana Philosophy", em Edward N. Zalta (org.), *The Stanford Encyclopedia of Philosophy* (Stanford, CA, Stanford University, 2017); disponível em: <https://plato.stanford.edu/archives/sum2017/entries/africana/>.

[44] Patricia Hill Collins, *Fighting Words: Black Women and the Search for Justice* (Minneapolis, MN, University of Minnesota Press, 1998).

[45] Alfreda M. Duster, *Crusade for Justice: The Autobiography of Ida B. Wells* (Chicago, University of Chicago Press, 1970).

Além disso, a rejeição do pós-estruturalismo às grandes narrativas do Iluminismo torna impossível conciliar o compromisso com a justiça social e a estrutura epistemológica pós-estruturalista. Afastar-se demais de suas raízes intelectuais e políticas (as iniciativas em favor de justiça social) para obter respeitabilidade acadêmica pode privar a interseccionalidade de visão crítica. Evitar o compromisso com a justiça social e suas implicações políticas pode transformar para sempre a interseccionalidade, e para pior. A interseccionalidade pode lançar uma crítica eficaz contra as injustiças sociais quando ela mesma parece ser cúmplice e se beneficiar das desigualdades sociais em seu próprio quintal acadêmico?

Em vez de presumir que a justiça social é parte implícita da interseccionalidade, a questão dos laços entre a interseccionalidade e a justiça social é importante para a teorização da própria interseccionalidade. A justiça social é um construto central da interseccionalidade, mas quais são os benefícios e os riscos de assumir uma posição ética em favor da justiça social como parte das premissas orientadoras da interseccionalidade (quadro 1.1)? Em tempos de turbulência política, quando as desigualdades e as injustiças sociais se intensificam, essa não é uma pergunta teórica. Como tanto as comunidades acadêmicas quanto as comunidades ativistas reivindicam a interseccionalidade, as respostas a essa pergunta têm consequências importantes. A justiça social é um dos construtos centrais da interseccionalidade que aparece em projetos interseccionais heterogêneos. Relacionalidade, desigualdade social e contexto social constituem temas que descrevem o conteúdo da interseccionalidade, bem como as escolhas metodológicas que moldam esses projetos. O poder opera em um registro diferente, e fornece um construto central que distingue a interseccionalidade de projetos que não levam em consideração o poder. Em contrapartida, a justiça social pode parecer mais contingente. A análise detalhada da eugenia apresentada neste capítulo ilustra como um projeto de conhecimento pode se assemelhar cognitivamente à interseccionalidade e, ao mesmo tempo, carecer de um compromisso com a justiça social. O caso da eugenia suscita uma questão importante sobre a necessidade de pensar como o compromisso com a justiça social – um dos construtos centrais da interseccionalidade – pode moldar suas premissas orientadoras.

Um compromisso explícito, ou mesmo implícito, com a justiça social não precisa ser uma premissa da interseccionalidade. Algumas formas de pesquisa interseccional se saem muito bem e fazem contribuições importantes sem se referir explicitamente à justiça social como essencial para seus projetos. Por exemplo, há debates em andamento sobre o modo como a interseccionalidade poderia influenciar os paradigmas das políticas de saúde. Disparidades nos índices de saúde e práticas clínicas de pessoal médico e pacientes estimularam novas questões e estudos. Certamente, acadêmicos, acadêmicas e praticantes são sensíveis às questões de desigualdade social e injustiça social, mas essas não são suas principais preocupações. Eles podem não ver sua produção intelectual como parte de um projeto de justiça social. Nesse sentido, usar a interseccionalidade como um dispositivo heurístico pode contribuir para mudanças de paradigma muito necessárias. Em pesquisas e na prática, pesquisadoras e pesquisadores da saúde levantam uma série de novas questões que aprofundam a interseccionalidade. Interessa realmente que intelectuais que fazem contribuições importantes para a interseccionalidade afirmem explicitamente um compromisso seu com a justiça social?

O desafio que a interseccionalidade enfrenta agora é descobrir como acomodar a heterogeneidade de práticas e perspectivas do(a)s praticantes. Ao longo deste livro, adverti da ênfase prematura de uma expressão da interseccionalidade em detrimento de outras, apontando para o engajamento dialógico entre disciplinas, metodologias, identificações, teorias sociais e práticas políticas como essencial para o desenvolvimento da interseccionalidade como uma teoria social crítica. Também adverti que as diferenças nas comunidades interpretativas e entre elas, as quais fundamentam os projetos de conhecimento que moldam e podem moldar a interseccionalidade, não são simplesmente diferenças de pontos de vista. Ao contrário, elas sinalizam diferenças reais de poder.

O desafio deste livro é pensar as implicações dessas práticas reais e potenciais para a interseccionalidade como teoria social crítica. A visibilidade da interseccionalidade em uma variedade de projetos de conhecimento e por meio delas é boa, mas o que caracteriza a essência da interseccionalidade? O que é essencial para seu ser? A relacionalidade é um construto central da interseccionalidade que impregna as premissas norteadoras desta última. A justiça social pode ser um princípio unificador? Trabalhar dialogicamente em meio a diferenças de poder requer um objetivo, visão ou estrutura unificadora em comum, não para suprimir as diferenças, mas para mantê-las unidas. Justiça social (ou qualquer termo que expresse uma sensibilidade ética semelhante) pode funcionar como estrutura unificadora. Nesse sentido, a justiça social pode não ser tangencial às estruturas epistemológicas da interseccionalidade, mas pode fornecer uma estratégia orientadora importante para a investigação crítica da interseccionalidade, especialmente à medida que o campo cresce.

No entanto, até mesmo a identificação da justiça social como princípio unificador suscita questões. É fácil dizer que defendemos a justiça social. Mas o que exatamente isso significa? E o que isso significa na interseccionalidade? A *forma como* a justiça social aparece nas áreas de investigação e da práxis interseccional é um fator mais significativo do que pensar se a interseccionalidade em sentido amplo enaltece uma ideia amorfa de justiça social. Como os entendimentos de justiça social variam entre as comunidades ativistas e acadêmicas, os significados de justiça social disponíveis para a interseccionalidade são igualmente heterogêneos[46]. A questão da interseccionalidade é menos uma questão de reivindicar uma definição consensual de justiça social e mais de reconhecer que diferentes entendimentos de justiça social emergem e dão forma a diversos projetos interseccionais. Em outras palavras, dependendo do contexto social, visões distintas e frequentemente conflitantes de justiça social podem se alinhar a diferentes dimensões da interseccionalidade. Levanto essas questões para identificar o trabalho sobre justiça social que ainda está por ser feito na interseccionalidade como teoria social crítica. É impossível analisar se a justiça social deve ou não ser central na análise crítica da interseccionalidade sem especificar o sentido de justiça social que se tem em mente. As abordagens multifacetadas do trabalho pela justiça social feitas pela interseccionalidade convergem com as ideias centrais de uma vasta literatura acadêmica interdisciplinar sobre justiça social[47].

---

[46] Amartya Sen, *The Idea of Justice* (Cambridge, MA, Harvard University Press, 2009) [ed. bras.: *A ideia de justiça*, trad. Denise Bottmann e Ricardo Doninelli Mendes, São Paulo, Companhia das Letras, 2011].

[47] Michael Reisch (org.), *The Routledge International Handbook of Social Justice* (Nova York, Routledge, 1996). Na busca por uma compreensão mais nuançada da justiça social para a interseccionalidade, a vasta literatura acadêmica sobre justiça que especifica, por exemplo, tipos de justiça distributiva, restaurativa e reparadora fornece um vocabulário importante para a conceituação da justiça social. Com foco em temas de igualdade de oportunidade e tratamento, a justiça distributiva enfatiza a igualdade de tratamento e oportunidade nas principais instituições sociais. A atualização da justiça distributiva permanece central para muitos projetos ativistas. No entanto, ao reconhecer o dano causado por sistemas injustos de raça, classe, gênero e sexualidade, os projetos ativistas avançaram reivindicações de justiça restaurativa ou reparadora. Mesmo reconhecendo a importância da justiça distributiva, os movimentos sociais são muito mais suscetíveis à necessidade de uma ação social que promova a reparação por danos e restaure a própria sociedade. A justiça distributiva não desafia o individualismo do neoliberalismo. Em contrapartida, as reivindicações por justiça reparadora e restaurativa são especialmente compatíveis com o etos coletivo de grupos subordinados cujas sensibilidades políticas abrangem uma política comunitária. Conforme o contexto social, essas visões distintas e muitas vezes concorrentes de justiça social – por exemplo, as reivindicações de justiça distributiva do mercado capitalista *versus* as reivindicações de justiça restaurativa e reparadora de pessoas subordinadas – podem se alinhar a várias expressões de interseccionalidade.

A interseccionalidade também encontra o uso difundido do termo *justiça* no ativismo político. Assim como o termo *crítica* se tornou uma presença comum numa série de projetos, o termo *justiça* é usado para assinalar a intenção crítica de projetos e movimentos ativistas contemporâneos. O uso convencional da palavra *justiça* para se referir a projetos ativistas parece cada vez mais comum – como é o caso, por exemplo, do movimento pela justiça ambiental. O uso do termo *justiça* também pode identificar dimensões específicas dentro de um movimento social existente, como no caso, por exemplo, das distinções entre direitos reprodutivos e justiça reprodutiva no feminismo. Influenciado por essa ideia mais ampla de justiça social, o termo *justiça* parece circular livremente nos projetos ativistas. Às vezes, alinha-se a categorias tradicionais de raça, classe e gênero, mas com frequência não. Esses usos não suplantam a justiça social como construto universal, mas visam especificar melhor seus contornos.

Se a justiça social deve ser um princípio unificador da interseccionalidade, esta precisa desenvolver uma análise crítica do modo como conceitua e usa a justiça social. Sendo essa literatura tão vasta, o trabalho de crítica de filósofas e teóricas feministas às abordagens acadêmicas tradicionais de justiça social pode ser especialmente útil[48]. Por exemplo, Iris Young, em seu clássico *Justice and the Politics of Difference* [Justiça e a política da diferença], bem como em toda a sua produção intelectual, faz uma análise crítica importante sobre a justiça ter de levar em conta a opressão[49]. Da mesma forma, a filósofa política feminista Nancy Fraser fornece uma estrutura interpretativa abrangente de justiça social como paridade ou igualdade de participação, ou seja, que todas as pessoas devem ter direitos iguais e oportunidades iguais de estar em um grupo público ou social[50].

---

[48] O trabalho de filósofos e filósofas tem sido especialmente útil aqui, fornecendo análises da justiça que têm implicações importantes para certos aspectos da interseccionalidade. Ver, por exemplo, Susan Dieleman, David Rondel e Christopher J. Voparil (orgs.), *Pragmatism and Justice* (Nova York, Oxford University Press, 2017); Nancy Fraser, *Scales of Justice: Reimagining Political Space in a Globalizing World* (Nova York, Columbia University Press, 2009); Cynthia Willett, *The Soul of Justice: Social Bonds and Racial Hubris* (Ithaca, NY, Cornell University Press, 2001); Iris Marion Young, *Justice and the Politics of Difference* (Princeton, NJ, Princeton University Press, 1990).

[49] Iris Young, *Justice and the Politics of Difference*, cit.; e *Responsibility for Justice* (Nova York, Oxford University Press, 2011).

[50] Nancy Fraser, *Scales of Justice*, cit., p. 100-15. De acordo com Fraser, alcançar a paridade de participação depende de três conjuntos de estratégias de justiça social: estratégias de redistribuição econômica, de reconhecimento cultural e de representação política. Para a interseccionalidade – que busca um princípio unificador –, a tripla ênfase na redistribuição, no reconhecimento e na representação como dimensões da justiça social tem implicações importantes para as atuais conquistas da interseccionalidade e seus rumos futuros. Para Fraser, a redistribuição está associada

Cuidar da relação entre incapacidade e justiça social fornece orientações importantes sobre como a interseccionalidade pode desenvolver uma análise crítica da justiça social[51]. Teodore Mladenov afirma que criticar a articulação dos pressupostos de interdependência e autossuficiência com as concepções de equidade e justiça social é uma dimensão importante dos estudos críticos:

> Os estudos críticos da deficiência enfatizam que todos os seres humanos dependem de infraestruturas e relações de apoio. [...] Não temos deficiência apenas temporárias, mas mesmo sem deficiências ainda somos interdependentes – acontece apenas que, em tais circunstâncias, as infraestruturas de apoio e cuidado das quais dependemos permanecem invisíveis ou não reconhecidas, escondidas nos bastidores da familiaridade ou no domínio do poder.[52]

A análise de Mladenov de dependência, independência e interdependência fornece um importante conjunto de ferramentas analíticas para vermos como essas ideias sustentam as ideias de desigualdade social e injustiça social. Ele discute a mudança do valor da autossuficiência como norma social sob o capitalismo industrial, no qual a independência se tornou gradualmente normativa e dependente de um desvio. O sujeito ou cidadão desejável é a pessoa que

---

a profundas mudanças econômicas estruturais do socialismo. Uma estratégia de redistribuição poderia ser a promoção de reformas ou transformações; ela "poderia promover realocações de insumos econômicos sem tocar nas estruturas subjacentes que geram desigualdade econômica, ou poderia tentar uma reestruturação econômica profunda" (Teodor Mladenov, "Disability and Social Justice", *Disability and Society*, v. 31, n. 9, 2016, p. 1.229). Para Fraser, o reconhecimento é igualmente amplo. Em suas palavras, ele "não se limita ao tipo de valorização das diferenças de grupo que é associado ao multiculturalismo dominante. Ao contrário, ele abrange igualmente o tipo de reestruturação profunda da ordem simbólica que é associado à desconstrução" (idem). "Uma estratégia de reconhecimento poderia buscar afirmar, superficialmente, diferenças desvalorizadas ou semelhanças que transcendam as diferenças; ou, alternativamente, poderia tentar transformar a cultura de maneira profunda, desconstruindo as estruturas subjacentes que produzem as diferenças" (idem). A representação segue um caminho semelhante de reforma ou transformação. A representação "engloba ambos os processos democráticos político-ordinários, como [...] votação em eleições nacionais e processos metapolíticos que determinam quem tem direito de participar dos processos políticos ordinários" (idem). Essas estratégias afirmam o sistema existente, tentando corrigi-lo, ou tentam transformar o sistema existente. A redistribuição econômica, o reconhecimento cultural e a representação política podem acomodar a reforma social ou a transformação social, mas somente a transformação pode levar a uma mudança real" (ibidem, p. 1.237).

[51] Teodor Mladenov, "Disability and Social Justice", cit., p. 1.226-41; David Wasserman et al., "Disability", cit.; "Disability and Justice"; em Edward N. Zalta (org.), *The Stanford Encyclopedia of Philosophy* (Stanford, CA, Stanford University, 2015); disponível em: <https://plato.stanford.edu/archives/sum2015/entries/disability-justice/>.

[52] Teodor Mladenov, "Disability and Social Justice", cit., p. 1.235.

toma decisões racionais e independentes, sem restrições externas ou internas. O sujeito ou cidadão indesejável é aquele que depende da ajuda de outras pessoas, ou principalmente do Estado. Essas relações sociais podem ser mudadas por meio de formas de assistência mais humanas. Como as teóricas feministas apontaram, a própria noção de dependência é fundamental para a arquitetura do Estado de bem-estar social, porque promovem categorias de cidadãs e cidadãos merecedores e não merecedores de cuidado[53]. Ainda, para Mladenov, uma estratégia transformadora buscaria "desconstruir a autossuficiência – por exemplo, por meio da exposição da autossuficiência como enraizada em relações de interdependência"[54].

Substituir o binômio independente/dependente por uma ideia de interdependência é um desafio radical para a ideologia da autossuficiência que valoriza a independência e estigmatiza a dependência. Baseando-se em estudos feministas sobre o Estado de bem-estar social e nos *insights* dos estudos críticos da deficiência, Mladenov afirma que "a perspectiva da pessoa cuidadora endossada por feministas precisa ser complementada pela perspectiva da pessoa destinatária dos cuidados destacada por pensadores e pensadoras da deficiência – caso contrário, a cidadania da primeira pode sobrepujar a cidadania da segunda"[55]. Em síntese, o construto de interdependência traz ainda outro vocabulário para o pensamento relacional da interseccionalidade. Ao enfatizar a natureza interconectada e dinâmica das relações interseccionais de poder, das comunidades que organizam essas relações e das relações entre indivíduos, esse construto de interdependência pode moldar os debates sobre a justiça social na interseccionalidade.

O compromisso com a justiça social é um fio condutor tão comum do feminismo, dos projetos descoloniais, dos estudos raciais críticos e de outros projetos de conhecimento resistente que, como é o caso dos estudos críticos da deficiência, esses projetos podem ser espaços importantes para a análise crítica da justiça social. Assim como os estudos críticos da deficiência estimulam que se repense a interdependência, os projetos de conhecimento resistente podem oferecer uma rica tapeçaria de ideias sobre justiça social que ilustra como a ação social como modo de conhecimento contribui para a interseccionalidade.

---

[53] Linda Gordon, *Pitied but Not Entitled*, cit.
[54] Teodor Mladenov, "Disability and Social Justice", cit., p. 1.232.
[55] Ibidem, p. 1.234.

Como a teorização surge com frequência da ação social e contribui para ela, os projetos de conhecimento resistente estão atentos para o modo como as ideias são negociadas em comunidades de investigação injustas. No ativismo de base e em movimentos sociais mais amplos, essa relação recorrente entre ideias e ação social criativa molda a análise crítica. As ideias em ação e as ações por meio de ideias em ambientes ativistas constituem uma forma distinta de teorização que eleva a importância da justiça social. Embora esses grupos enfrentem problemas semelhantes, eles recorrem a entendimentos variados de justiça para elaborar projetos políticos específicos. Ao fazer isso, trazem entendimentos multifacetados de justiça social, implícita e explícita, para a interseccionalidade como uma teoria social crítica em formação.

Ao elaborar compreensões multifacetadas de justiça social, a interseccionalidade se apoia tanto no legado de justiça social dos movimentos sociais quanto no vocabulário conceitual fornecido pela teoria feminista, pelos estudos críticos da deficiência e outros projetos de conhecimento resistente. Assim como o termo *interseccionalidade* promoveu novas relações entre vários movimentos sociais, novos entendimentos de *justiça social* podem se beneficiar do engajamento dialógico entre o(a)s praticantes da interseccionalidade.

## A IMPORTÂNCIA DA ÉTICA

Em boa parte da academia, a justiça social é um problema inconveniente que deve ser ignorado para que não perturbe seu funcionamento. A justiça social é um tema frequente de investigação acadêmica, como, por exemplo, nos cursos sobre filosofias de justiça social ou nos cursos sobre negócios, direito ou ética médica. Houve melhorias substanciais na regulamentação das práticas éticas em certas pesquisas – como é o caso, por exemplo, das respostas às experiências médicas com pessoas negras e populações vulneráveis sem seu consentimento, mediante comitês de revisão institucional (IRBs, na sigla em inglês) que revisam os projetos de pesquisa médica e social[56]. É um passo na direção correta, mas poucos campos reivindicam a ética como parte de suas práticas de autorregulação. Há códigos de ética que pesquisadores e pesquisadoras de determinada área são incentivados a adotar, mas não são obrigados a seguir. No

---

[56] Casos específicos desse fenômeno são, por exemplo, o infame experimento de Tuskegee com a sífilis e a coleta do material genético de Henrietta Lacks. A apropriação de saberes indígenas e substâncias naturais pela indústria farmacêutica é outro exemplo desse fenômeno.

entanto, existem poucos mecanismos formais que mantenham as bases éticas de uma matéria ou conteúdo acadêmico, que coíbam, por exemplo, objetivos antiéticos ou conhecimento perigoso. As preocupações éticas são abandonadas a mecanismos informais, à consciência de cada um(a) ou à suposição de que uma comunidade acadêmica é capaz de regular seu comportamento em relação a suas práticas epistêmicas.

Neste livro, desafio essa perspectiva. Essas estratégias institucionais e informais são um passo na direção correta, mas a interseccionalidade pode precisar de uma referência ética mais sólida. Tal estratégia envolveria um compromisso contínuo com um princípio ético unificador que seria revisitado e reinterpretado como parte da investigação crítica da interseccionalidade. Também englobaria mecanismos de avaliação de tais práticas. Ao fazer tal afirmação, não argumento a favor nem contra uma afirmação ética qualquer ou uma maneira específica de suscitar preocupações éticas na interseccionalidade. Até agora, examinei a justiça social como um desses princípios, em parte porque ela é central na interseccionalidade e em parte porque é uma janela para questões éticas mais amplas. As maneiras pelas quais a ética em geral e o tratamento da justiça social em particular permanecem circunscritos aos espaços acadêmicos são importantes para a investigação crítica da interseccionalidade.

Pode parecer que a interseccionalidade está do lado de uma ética que abraça a justiça social, mas, como discuto neste capítulo, não se deve dar como certa essa suposição. Além disso, com tanta atenção focada na justiça social, é importante ressaltar que outros termos invocam compromissos éticos semelhantes. *Liberdade, igualdade* e *democracia* também são termos que invocam tradições éticas importantes, tradições que foram altamente significativas para as sociedades ocidentais e para os anseios das pessoas subordinadas. Pessoas negras e indígenas resistiram à escravização, ao colonialismo e ao imperialismo aspirando à *liberdade*. As mulheres também invocaram a linguagem emancipatória da liberdade, como no caso de Beauvoir e de sua concepção de liberdade existencial como forma de resistência à opressão imposta às mulheres. As sociedades democráticas ocidentais manifestaram um compromisso com a justiça, com o tratamento igualitário e com as oportunidades iguais para todas as pessoas e todos os cidadãos e cidadãs. Fundado no liberalismo clássico, o termo *igualdade* invoca certas ideias éticas a respeito do tratamento que os seres humanos devem usar uns para com os outros. A ideia de uma *democracia* que repousa sobre a igualdade de oportunidades e a participação de todos os cidadãos e cidadãs têm muito em comum com a interseccionalidade[57].

A relação da interseccionalidade com a ética é um tema importante, embora implícito neste livro, precisamente porque as teorias sociais ocidentais costumam colocar as implicações éticas de suas ideias e práticas *fora* do âmbito intelectual. Se a ética é um assunto pessoal, acadêmicos e acadêmicas devem assumir individualmente sua responsabilidade em relação a ela. Além disso, nas epistemologias ocidentais, a ação política também recebe tratamento diferenciado. Aqui, a ação política é vista como tendenciosa e não objetiva e, portanto, deve permanecer fora da academia. Quando combinadas, essas perspectivas sobre ética e política como alheias à responsabilidade coletiva das comunidades interpretativas tornam mais difícil para a interseccionalidade assumir posturas éticas nos espaços acadêmicos, especialmente se tais posturas parecerem excessivamente politizadas ou tendenciosas.

A interseccionalidade tem de lidar com a política de organização e conceituação da ética nos espaços acadêmicos. As preocupações éticas são frequentemente tratadas como temas especiais nos campos profissionais – por exemplo, nos cursos de ética empresarial ou médica. A organização das disciplinas em especializações também influencia a decisão sobre quais áreas são responsáveis pelo estudo e pesquisa da ética em si. Como especialização da filosofia ocidental, o estudo da ética reflete os quadros epistemológicos e seculares da filosofia ocidental, que historicamente promoveu uma análise crítica da religião. Da mesma forma, apresentar a ética como conhecimento especializado da religião confunde as preocupações éticas das escolas de teologia com um lugar apropriado de análise crítica da religião. Filosofia e religião têm contribuições importantes a fazer para uma análise do engajamento da interseccionalidade com a ética, mas é difícil ter essa conversa dentro dos limites institucionais e epistemológicos da academia.

Em minha opinião, não falta à academia o compromisso com a ética. Na verdade, ela tem se comprometido com uma ética secular que enfatiza a proteção dos direitos individuais em detrimento dos direitos dos grupos e comunidades. Éticas seculares são vitais para a defesa da liberdade de expressão, a qual fundamenta a livre troca de ideias entre indivíduos. Essas éticas são essenciais para a

---

[57] Patricia Hill Collins, "The Difference That Power Makes: Intersectionality and Participatory Democracy", *Investigaciones Feministas*, n. 8, p. 19-39.

análise crítica em si. Valorizo as proteções que a liberdade de expressão fornece ao meu próprio trabalho intelectual, no entanto, também me pergunto se uma ética secular que valoriza os direitos individuais em detrimento das necessidades coletivas pode ser suficiente. Na academia, por exemplo, de que maneira se pode administrar a ética em uma situação de hiperindividualismo que transforma estudantes e docentes em empresários, vendedores e consumidores?

A interseccionalidade também tem uma relação complicada com a forma de organização e conceituação da ética em ambientes não acadêmicos. A ética é importante para as religiões organizadas, já que as teologias e os textos fundamentais das religiões são abertos a muitas interpretações. Interpretações diversas dos mesmos textos religiosos têm em geral enormes consequências sociais, muitas bastante trágicas. A questão tem menos a ver com uma religião e mais com sua interpretação. Por exemplo, em muitas religiões, o fundamentalismo prejudicou mulheres, crianças e vulneráveis. Em resposta, em uma série de religiões, as mulheres se organizaram contra o fundamentalismo[58].

Apesar do importante enfoque no fundamentalismo e na religião, concentro-me aqui no que a ética baseada na fé das tradições religiosas faz pelas pessoas que a ética secular da academia não pode fazer. A ética da fé fornece princípios para vivermos a vida cotidiana e, ao fazê-lo, lhe dá sentido. Ela também oferece explicações para fenômenos que aparentemente estão além da compreensão humana. A ética da fé aborda questões a respeito do sentido da vida, do nascimento, da morte, do sofrimento humano, do mal e da beleza – temas que normalmente não são fundamentais na ética secular. O ponto não é se as explicações baseadas na fé podem ser empiricamente verificadas ou se são verdadeiras. Ao contrário, as tradições de fé oferecem sentido às dificuldades da vida, mesmo que, ironicamente, a explicação consista em não saber[59].

Significativamente, ao oferecer a seus praticantes uma cosmovisão sobre o sentido da vida, as tradições de fé são capazes de controlar emoções, paixões

---

[58] Sukhwant Dhaliwal e Nira Yuval-Davis (orgs.), *Women against Fundamentalism: Stories of Dissent and Solidarity* (Londres, Lawrence and Wishart, 2014).

[59] Para esclarecer, minha discussão sobre as tradições confessionais não pretende celebrar as religiões organizadas. Ao contrário, pretendo apontar aqui o próprio poder da fé. Reconheço que as religiões organizadas têm seus próprios desafios. Esse é um tema vasto, que está além do escopo deste livro. Direi apenas que classificar as religiões de acordo com critérios predeterminados como tolerância e atraso faz parte do legado colonial. O significado das escrituras religiosas está na interpretação de seus "textos" sagrados e no modo como as pessoas tratam essas interpretações na ação social. As mesmas premissas que uso ao estudar a interseccionalidade também podem ser usadas no estudo das religiões.

e compromissos maiores que o interesse individual. A ética da fé é coletiva e comunitária, ganhando força de uma comunidade de crentes. As políticas do corpo não precisam se vincular ao individualismo nem à noção de diferença imutável dos projetos eugenistas. As políticas do corpo podem ser coletivas e atreladas às constituições comunitárias, oferecendo experiências significativas que avivem a noção de pragmatismo da ação social criativa. Essa sensação de pertencermos a algo maior do que somos faz eco às aspirações coletivas das pessoas subordinadas. Os movimentos sociais que conseguiram invocar o poder das tradições de fé e colocá-lo a serviço das ideias éticas como liberdade e justiça social podem catalisar mudanças sociais substanciais. A capacidade de Martin Luther King Jr. de mobilizar as pessoas para construir uma comunidade amada foi moldada pela análise, mas seria impossível sem a fé de que tal comunidade era possível e valia a pena. A análise crítica pode esclarecer, mas o compromisso ético, especialmente se organizado por entendimentos baseados na fé, catalisa a ação. Nesse sentido, quando ancorada em comunidades, a ética baseada na fé realiza um trabalho político considerável.

Para a interseccionalidade, as tensões entre a ética secular e a ética da fé significam que os espaços de exame crítico do significado da justiça social e dos ideais éticos foram ao mesmo tempo circunscritos à academia e situados fora dela. Porque muitos dos adeptos e adeptas da interseccionalidade que não fazem parte da academia reivindicam formas religiosas ou espirituais de conhecimento, essas tensões criam desafios para a interseccionalidade. Por exemplo, na ética secular da academia, o enquadramento binário da razão e da fé nos pressupostos da diferença oposicional deixa pouco espaço para a investigação das diferenças relacionais dessas categorias. Ironicamente, a representação binária do conhecimento secular e da religião está alinha às mesmas categorias binárias que a interseccionalidade se propôs a desconstruir. Os binômios razão/emoção, mente/corpo, masculino/feminino, homem/mulher, branco/negro e racionalidade/irracionalidade, por exemplo, são mais uma restrição epistemológica para pessoas categorizadas como emocionais, físicas, mulheres, negras e irracionais. A lógica relacional da eugenia ilustra a importância desse pensamento binário para estruturar a desigualdade social. Ao mesmo tempo, esse mesmo pensamento apresenta um desafio para as comunidades religiosas. Algumas replicam essas ideias, exigindo lealdade inquestionável de seus membros. Outras confrontam ativamente as hierarquias sociais, tentando desvendar a influência que estas exercem sobre sua prática. Mesmo as tradições de fé mais dedicadas lutam com as ideias de hierarquia social inseridas em práticas e teologias que naturalizam e normalizam a desigualdade. A própria fé pode ser empoderadora para algumas pessoas e desempoderadora para outras.

Essas questões a respeito da política organizacional da ética, bem como do conteúdo das ideias éticas, levantam pontos importantes para a interseccionalidade como teoria social crítica em formação. A ética secular e a ética da fé dizem muito sobre a necessidade de a interseccionalidade avaliar o significado de sua própria práxis. Ambas lutam contra o poder das ideias, mostrando como as pessoas usam e interpretam as ideias como centrais para sua prática. A combinação de racionalidade e fé não precisa ser de oposição; elas podem moldar uma à outra. Ambas podem contribuir para o projeto mais amplo da interseccionalidade. No entanto, são importantes o tipo de análise crítica e o tipo de fé.

Considere-se, por exemplo, como a ética da fé é usada em muitas tradições religiosas para fazer seus membros entenderem que os princípios éticos fornecem orientação, mas não fornecem certeza na compreensão do significado do mundo social, e como a ética secular é usada na academia para fazer seus membros examinarem criticamente todos os aspectos do mundo social, especialmente suas próprias análises e práticas. Em ambos os casos, o significado das ideias não está no próprio texto, mas em sua interpretação. O significado das ideias na teologia de uma religião ou na teoria de uma ciência não está no conteúdo dos textos, mas sim no modo como esses textos são interpretados. A análise crítica é central para ambos os discursos. O conteúdo desses projetos difere: um se concentra na sabedoria adquirida graças a uma reflexão séria sobre o sentido de suas escrituras compartilhadas e o outro se concentra nas tradições de conhecimento herdadas. Além disso, como as emoções e as crenças são importantes tanto para a ética da academia quanto para a ética das religiões organizadas, ambas podem recorrer a paixões semelhantes de seus membros para defender suas causas.

Em ambos os casos, o compromisso com a justiça social pode ter uma profundidade e uma sofisticação que podem levar à ação. No entanto, como sugere a ascensão do ultranacionalismo, compromissos apaixonados, sem análise crítica, podem ser perigosos. As comunidades acadêmicas e religiosas enfrentam o perigo da fé acrítica, pela qual os membros creem simplesmente e obedecem, independentemente do conteúdo do discurso em si. O fundamentalismo religioso e o fascismo são exemplo das armadilhas da fé acrítica nas teologias religiosas e nas ideologias políticas. As teorias sociais podem ser vítimas do mesmo pensamento de grupo se quem as pratica não for vigilante e não desafiar suas próprias e queridas crenças epistemológicas. A interseccionalidade como teoria social crítica deve representar algo, mas precisa permanecer crítica e aberta ao mesmo tempo. Compreender qualquer conjunto de ideias exclusivamente pelas lentes da aplicação do dogma (independentemente das ideias), pela fé acrítica, em vez de fazê-lo pela análise crítica do dogma (inclusive o seu próprio), constitui um importante desafio ético para a interseccionalidade. Uma interseccionalidade rígida e dogmática que se finge de teoria social crítica pode ser pior que nenhuma interseccionalidade.

Ao longo deste livro, tive o cuidado de sublinhar que o significado das ideias não é intrínseco às próprias ideias. Ao contrário, ele está no modo como as pessoas usam essas ideias, não apenas por meio de façanhas intelectuais ou ação política, mas também pela maneira como seus compromissos éticos influenciam suas ideias e ações. Parte do apelo da interseccionalidade é talvez a sua utilidade para buscar um sentido na vida cotidiana, para mobilizar pessoas e comunidades em favor de objetivos sociais e éticos mais amplos (por exemplo, a justiça social), ou a sua versatilidade, já que possui significados diversos para segmentos da sociedade distinguidos por capacidade, classe social, etnia, raça, gênero, sexualidade, status de imigrante, idade e religião. Essa maleabilidade constitui a promessa da interseccionalidade e também seu perigo. Para cumprir sua promessa, a interseccionalidade deve examinar sua posição ética nas relações interseccionais de poder, abraçando com esperança seu potencial como teoria social crítica. Isso não significa abraçar as perspectivas ideológicas de um partido político, religião ou conjunto de costumes estabelecidos, mas sim se posicionar pela defesa do direito de ser crítica. Tanto dentro quanto fora dos espaços acadêmicos, quem de nós apoia ideais visionários de liberdade, democracia, verdade, igualdade e justiça social deve chegar a um acordo sobre a nossa pesquisa e o nosso ativismo promoverem ou corroerem esses ideais. Sendo a interseccionalidade tão intimamente associada a esses ideais, quem de nós trabalha com a interseccionalidade deve avaliar criticamente como os compromissos éticos dela influenciam nossa investigação e nossa prática.

# EPÍLOGO
## INTERSECCIONALIDADE E MUDANÇA SOCIAL

A interseccionalidade oferece uma janela para refletirmos sobre a importância das ideias e da ação social para a promoção da mudança social. Embora tenha se alinhado consistentemente a ideais visionários como liberdade, justiça social, igualdade, democracia e direitos humanos, nem a mudança nem as conexões da interseccionalidade com a mudança são predeterminadas. A única coisa da qual se pode ter certeza sobre a existência humana é que ela mudará, mas não necessariamente no estilo evolucionário e linear das concepções ocidentais de progresso. Em vez disso, a mudança social é um processo cíclico provocado pelas pessoas, por meio do qual o que antes era novo torna-se velho e o que antes parecia velho torna-se novo novamente. Esse é o conceito do *mesmo mutável*: sentimos que "já estivemos aqui antes", mas tudo parece diferente. Nesse contexto social de mudança, temos plena consciência de que ninguém experienciou o que estamos enfrentando agora. As novas formas de telecomunicações e transportes, os novos problemas sociais ocasionados pelos danos ambientais e pela militarização que caracterizam a nova ordem mundial interconectada são os divisores de águas do século XXI. A nostalgia de um passado imaginário que nunca existiu pode ser sedutora. No entanto, não podemos nos apegar a roteiros que já foram escritos para nós e simplesmente seguir as regras. Nossas famílias, escolas, instituições religiosas e crenças culturais sinalizam a forte atração da tradição, mas por meio de análises críticas podemos reinterpretar essas tradições e imaginar novas possibilidades para nós e para as nossas sociedades. Nossas ideias e ações atuais tornam-se as novas tradições.

Em tempos de mudanças tão visíveis e controversas, é razoável questionar o valor do trabalho intelectual, especialmente quando os problemas sociais cotidianos parecem tão urgentes. No entanto, porque já estivemos aqui antes, não podemos buscar certezas, mas sim ferramentas analíticas críticas que nos permitam lidar com os contornos em constante mutação e os efeitos duradouros de importantes problemas sociais. Em uma época em que as armas de destruição em massa são reais e não imaginárias, a investigação crítica que não se esquiva das questões difíceis é essencial. A teoria social crítica que se recusa a se esquivar das questões difíceis que acompanham a opressão e a injustiça social é mais necessária que nunca. A mudança não é nova, e analisar criticamente um mundo social em constante mutação tem sido a tarefa especial da teoria social crítica.

Quando se trata de mudança social, as ideias que examino neste livro refletem apenas uma pequena amostra da miríade de maneiras como as pessoas tentam mudar o mundo pelo poder de suas ideias. A interseccionalidade não é o único projeto de conhecimento que se engaja na solução de problemas sociais, mas é aquele que fala sobre a complexidade de um mundo social em constante mutação. Além disso, o trabalho intelectual que jaz no escopo da interseccionalidade é muito mais amplo do que examinei aqui. Concentrei-me nas dimensões teóricas da interseccionalidade, buscando maneiras de mapear o que há ali no intuito de compreender as possibilidades teóricas críticas da interseccionalidade. No entanto, ao examinar a interseccionalidade, inspirei-me nas questões, análises e ações de projetos ativistas que foram vitais para sua criação e sustentação. Esses projetos trazem cosmovisões distintas para a solução de problemas sociais e demonstram certo grau de comprometimento com a mudança social. Quem vem desses espaços tem a obrigação de reconhecê-los e se pronunciar. Também confiei muito na teoria social de diferentes disciplinas acadêmicas, em parte porque essas teorias trazem *insights* importantes para o trabalho teórico da interseccionalidade e em parte porque esse conhecimento define as disciplinas do poder no panteão das práticas de controle de acesso ideológico da academia. Ao estabelecer as condições epistemológicas do que conta como conhecimento, essas áreas se encontram no ventre da besta, por assim dizer. Quem conseguiu entrar nesses espaços tem a obrigação de falar e falar abertamente.

Neste *Bem mais que ideias: a interseccionalidade como teoria social crítica*, abordo a interseccionalidade como uma teoria social crítica em formação. Este livro não é uma celebração acrítica da interseccionalidade nem uma interpretação prematura de sua morte final. Este projeto não pretende ir além da interseccionalidade, deixando o presente para trás por um futuro melhor e imaginado. Ao contrário, ao se engajar num olhar autorreflexivo sobre a organização e as práticas atuais da interseccionalidade, este livro é um esforço pragmático para fazer a interseccionalidade funcionar no aqui e agora e preparar-se para o futuro. Neste livro, forneço um conjunto de ferramentas analíticas para praticantes da interseccionalidade, atuais e futuros, que desejam desenvolver análises críticas da interseccionalidade visando à resolução de problemas sociais e à mudança social. Fortalecer o cerne teórico da interseccionalidade é essencial para atender a esse objetivo.

Ao longo deste livro, usei os construtos de verdade, poder e ética como pontos de referência para guiar minha análise. A busca pela verdade constitui uma dimensão importante – e em muitos aspectos a mais controversa – de minha investigação sobre a interseccionalidade como teoria social crítica. A verdade não é absoluta. As regras que determinam o que conta como verdade significam que algumas verdades contam mais que outras. Meu foco na epistemologia neste volume deriva da necessidade de especificarmos as regras de teorização e o que conta como teoria social. A epistemologia é crucial para compreendermos por que algumas verdades estão presentes na base de conhecimento da interseccionalidade, enquanto outras são negligenciadas, e porque acreditamos em certas verdades e rejeitamos outras. O modo como passamos a aceitar como verdadeiro o que observamos é tão importante quanto o conteúdo das ideias que consideramos verdadeiras. A maioria de nós sintetiza verdades que são produzidas por outras pessoas e consideramos críveis. Apesar da confusão entre fato e ficção no discurso político, saber que algumas verdades provisórias são substancialmente mais fortes que outras é essencial para o trabalho analítico crítico. Ninguém pode provar definitivamente a verdade sobre as mudanças climáticas. Mas a evidência dessa verdade está ao nosso redor. Ninguém pode provar definitivamente a verdade de uma agressão sexual sem testemunhas. Mas as evidências de agressão sexual como um problema social apresentadas pelas pessoas que foram prejudicadas por tais práticas muito depois do ocorrido devem ser evidências suficientes. A verdade de cada sobrevivente pode ser contestada, mas a verdade do padrão em si não pode mais ser negada.

O desenvolvimento de uma análise robusta do poder é crucial para a compreensão da interseccionalidade como uma teoria social crítica em formação. Não coloco a política fora da teoria social, entendo as relações de poder e as políticas que elas engendram como centrais para a teorização crítica. *Poder* é um termo que é usado em demasia nos círculos acadêmicos, significando muito, mas dizendo pouco do que é teoricamente novo sobre o funcionamento da dominação e da opressão e, sobretudo, sobre a resistência política. Concentro-me nos processos de teorização a fim de destacar o funcionamento multifacetado das relações de poder, da política e da resistência intelectual na interseccionalidade e por ela. Como a teoria social dominante no Ocidente costuma ser mal equipada para explicar as complexas desigualdades sociais e a resistência a elas, ela pode, inadvertidamente, ser um obstáculo para a mudança social. Em contrapartida, para quem a pratica, a interseccionalidade é um projeto de conhecimento de resistência que visa provocar mudanças. Sem resistência política não haveria interseccionalidade. As relações de poder nunca são tão absolutas a ponto de eliminar toda dissidência. Nunca são tão invioláveis que tudo o que se pode fazer é imaginar um mundo melhor, mas inatingível. Essa perspectiva desmente todo o trabalho árduo de tantas pessoas que contribuíram para a construção da interseccionalidade. A sobrevivência e o crescimento da interseccionalidade são testemunhos da resistência intelectual e política.

A ética constitui um terceiro ponto de referência para análise neste livro. A forma como a justiça social é tratada em ambientes ativistas e acadêmicos constitui uma dimensão importante deste livro. Quando diferentes comunidades interpretativas mantêm diferentes valores éticos, o conhecimento que elas produzem é impactado de forma semelhante. Neste livro, desafio o binário simplista de um ativismo heroico situado fora da academia que defende a bandeira da justiça social contraposto à intelectualidade eticamente falida que desvia o olhar das injustiças sociais. Também rejeito a análise equivalente que contrapõe pessoas comuns, supostamente atrasadas, muitas das quais imersas na religião, a intelectuais brilhantes cujos cosmopolitismo e secularismo oferecem um caminho para todas as pessoas seguirem. A interseccionalidade, como a entendo, não tem lugar dentro dessas estreitas caixas epistêmicas. Ao contrário, apresento uma análise crítica autorreflexiva da própria interseccionalidade que levanta questões mais fundamentais: qual é o lugar da ética na interseccionalidade como teoria social crítica? Qual deve ser o papel da ética ou dos princípios normativos na metodologia da interseccionalidade ou em sua forma de chegar às verdades? As questões éticas, como a justiça social, podem ser isoladas e ignoradas de forma tão organizada porque aparentemente estão fora das preocupações teóricas da interseccionalidade?

Os temas da verdade, do poder e da ética não estão apenas no cerne das formas possíveis de teorização da interseccionalidade, mas falam sobre o que significa para o trabalho intelectual tornar-se e permanecer crítico em tempos de mudança social. O desenvolvimento do potencial da interseccionalidade como teoria social crítica se baseia na atenção dada a como sabemos o que sabemos (as verdades da epistemologia), quais ações sociais são possíveis nas complexas desigualdades sociais que organizam nosso cotidiano (as políticas de poder), bem como na agência e nas ações com que respondemos às injustiças sociais que nos confrontam (os compromissos da ética). Juntos, esses temas moldam os contornos da mudança social. Também constituem preocupações de ponta para sustentar a análise crítica da interseccionalidade.

Quando se trata de desenvolver a interseccionalidade como uma teoria social crítica neste livro, concentro-me nas ideias e ações de pessoas e grupos que visam provocar mudanças sociais. Não há dúvida de que li meu quinhão de teorias sociais que explicam a ordem social – ou seja, como as opressões são organizadas e por que parecem tão invencíveis. Essas teorias oferecem uma visão significativa sobre a durabilidade das iniquidades sociais, mas normalmente têm menos a dizer sobre a mudança social, exceto que será difícil. Ainda assim, acho importante destacar os projetos de conhecimento cujas compreensões da verdade, do poder e da ética apontam para uma mudança social significativa. Os projetos de conhecimento resistente que mais tiveram influência sobre a interseccionalidade não fizeram apenas estudar o racismo, o heteropatriarcado ou a opressão de classe como os pilares da ordem social, na esperança de mitigar os danos causados por tais sistemas graças a análises cada vez mais eloquentes da opressão. Ao contrário, eles existiram para transformar esses sistemas de opressão. Alguns o fizeram com ideias e argumentos, enquanto outros deram mais ênfase à ação política. É significativo que esses projetos de conhecimento resistente incorporam um compromisso normativo com a justiça social, a igualdade, a liberdade e os direitos humanos como centrais em seus projetos críticos, e não periféricos.

É necessário algum tipo de comprometimento com a justiça social para a análise crítica da interseccionalidade? Mais importante ainda, deveria ser necessário? Este livro levanta essas questões, mas as respostas estão em nós. Como sugerem a ascensão e a queda da eugenia, as maneiras pelas quais adotamos conjuntos específicos de ideias, em contextos sociais e em momentos específicos, podem ser mais importantes do que a maioria de nós imagina. As metodologias que escolhemos para analisar nossos mundos moldam as verdades que encontramos. E os diversos caminhos que seguimos para chegar ao terreno comum da interseccionalidade enquadram os diálogos que podemos ter quando chegarmos lá. Quando se trata de interseccionalidade como teoria social crítica, fazer as perguntas erradas é muito mais problemático que oferecer respostas eloquentes para o que parecem ser as perguntas certas. A interseccionalidade está a caminho de se tornar uma teoria social crítica com liderança intelectual capaz de trazer mudanças sociais muito necessárias. Nesse sentido, a interseccionalidade não são apenas ideias; ela tem um papel importante a desempenhar no mundo social.

# APÊNDICE
# SUMÁRIO DETALHADO

INTRODUÇÃO
   Por que teoria social crítica? A interseccionalidade na encruzilhada
   Visão geral do livro
   Parte I. Delimitando as questões: interseccionalidade e teoria social crítica
   Parte II. Como o poder tem importância: interseccionalidade e resistência intelectual
   Parte III. Teorizando a interseccionalidade: a ação social como forma de conhecimento
   Parte IV. Aguçando a lâmina crítica da interseccionalidade

PARTE I. DELIMITANDO AS QUESTÕES: INTERSECCIONALIDADE E TEORIA SOCIAL CRÍTICA

1. INTERSECCIONALIDADE COMO INVESTIGAÇÃO CRÍTICA
   Interseccionalidade como metáfora
   Por que metáforas importam
   O pensamento heurístico da interseccionalidade
   Interseccionalidade e mudanças de paradigma
   Construtos centrais e premissas orientadoras
   Interseccionalidade, teoria social e teorização

2. O QUE HÁ DE CRÍTICO NA TEORIA SOCIAL CRÍTICA?
   A Teoria Crítica da Escola de Frankfurt
      *A definição de Teoria Crítica de Horkheimer*
   Análise crítica e estudos culturais britânicos
      *Stuart Hall e a articulação*
   O terreno contestado da teoria social francófona
      *Frantz Fanon, teoria da libertação e existencialismo*
   Reforma, transformação e teoria social crítica

## PARTE II. Como o poder tem importância: interseccionalidade e resistência intelectual

### 3. Interseccionalidade e projetos de conhecimento resistente
Antirracismo e teoria racial crítica
Política feminista e teoria feminista
Descolonização e teoria pós-colonial
Interseccionalidade e conhecimento resistente

### 4. Interseccionalidade e resistência epistêmica
Quem consegue contar a história da interseccionalidade?
*Poder epistêmico e teorização crítica*
*Resistência epistêmica e autoridade testemunhal*
*Política identitária e epistemologia do ponto de vista*
Por que a metodologia é importante para a interseccionalidade
*Trabalhar dialogicamente em meio a diferenças de poder*
*O caso da análise abdutiva*
Teorização interseccional e autorreflexividade crítica

## PARTE III. Teorizando a interseccionalidade: a ação social como modo de conhecimento

### 5. Interseccionalidade, experiência e comunidade
O pensamento feminista negro no contexto social
*Localizando a interseccionalidade: a campanha antilinchamento de Ida B. Wells-Barnett*
*Localizando a solidariedade flexível: o trabalho comunitário das mulheres negras*
Pragmatismo estadunidense e ação social criativa
*Inscrevendo a desigualdade social no pragmatismo: gênero, raça, indigeneidade e nação*
*Comunidade e relações de poder*
Interseccionalidade e ação social

### 6. A interseccionalidade e a questão da liberdade
Simone de Beauvoir, a opressão imposta às mulheres e a liberdade existencial
*A analogia raça/gênero e a opressão imposta às mulheres*
*A opressão imposta às mulheres como um teste de liberdade existencial*
Pauli Murray, ativismo intelectual e justiça social
*A jornada como uma metáfora para a ação social criativa*
*Reconstruindo a teorização interseccional de Pauli Murray*
Implicações para a interseccionalidade

PARTE IV. Afiando a lâmina crítica da interseccionalidade

7. Relacionalidade na interseccionalidade

Estruturas aditivas
*O desafio de adicionar a categoria de classe*

Pensamento relacional por articulação
*A violência como um espaço saturado de relações interseccionais de poder*

Pensamento relacional por interdependência

Metáforas da interdependência

Relacionalidade e interseccionalidade

8. Interseccionalidade sem justiça social?

A lógica relacional da eugenia
*Políticas do corpo e diferença imutável*
*Família e hierarquia naturalizada*
*Engenharia social e Estado-nação*
*Eugenia e interseccionalidade*

Interseccionalidade e justiça social

A importância da ética

Epílogo. Interseccionalidade e mudança social

Referências bibliográficas

Índice remissivo

# REFERÊNCIAS BIBLIOGRÁFICAS

ABBOTT, Andrew. *Chaos of Disciplines*. Chicago, University of Chicago Press, 2001.

_____. *Methods of Discovery:* Heuristics for the Social Sciences. Nova York, W. W. Norton, 2004.

ACKER, Joan. Rewriting Class, Race, and Gender: Problems in Feminist Rethinking. In: FERREE, Myra Marx; LORBER, Judith; HESS, Beth B. (orgs.). *Revisioning Gender*. Thousand Oaks, CA, Sage, 1999. p. 44-69.

ADDAMS, Jane. *Democracy and Social Ethics*. Urbana, IL, University of Illinois Press, 2002.

ADI, Hakim. The Negro Question: The Communist International and Black Liberation in the Interwar Years. In: WEST, Michael O.; MARTIN, William G.; WILKINS, Fanon Che (orgs.). *From Toussaint to Tupac*: The Black International Since the Age of Revolution. Chapel Hill, University of North Carolina Press, 2009. p. 155-78.

AGGER, Ben. *Critical Social Theories*. 3. ed., Nova York, Oxford University Press, 2013.

ALÁRCON, Norma. Chicana Feminism: In the Tracks of "The" Native Woman. In: ALÁRCON, Norma; KAPLAN, Caren; MOALLEM, Minoo (orgs.). *Between Woman and Nation*: Nationalisms, Transnational Feminisms, and the State. Durham, NC, Duke University Press, 1999. p. 63-71.

ALBRIGHT, Madeleine. *Fascism*: A Warning. Nova York, HarperCollins, 2018 [ed. bras.: *Fascismo: um alerta*. Trad. Jaime Biaggio, São Paulo, Planeta, 2018].

ALEXANDER, M. Jacqui. Erotic Autonomy as a Politics of Decolonization: An Anatomy of Feminist and State Practice in the Bahamas Tourist Industry. In: ALEXANDER, M. Jacqui; MOHANTY, Chandra Talpade (orgs.). *Feminist Genealogies, Colonial Legacies, Democratic Futures*. Nova York, Routledge, 1997. p. 63-100.

_____. Imperial Desire/Sexual Utopias: White Gay Capital and Transnational Tourism. In: ALEXANDER, M. Jacqui (org.). *Pedagogies of Crossing*: Meditations on Feminism, Sexual Politics, Memory, and the Sacred. Durham, NC, Duke University Press, 2005. p. 66-88.

_____. *Pedagogies of Crossing*: Meditations on Feminism, Sexual Politics, Memory, and the Sacred. Durham, NC, Duke University Press, 2005.

ALEXANDER, M. Jacqui; MOHANTY, Chandra Talpade (orgs.). *Feminist Genealogies, Colonial Legacies, Democratic Futures*. Nova York, Routledge, 1997.

ALEXANDER, Michelle. *The New Jim Crow*: Mass Incarceration in the Age of Colorblindness. Nova York, New Press, 2010 [ed. bras.: *A nova segregação:* racismo e encarceramento em massa. Trad. Pedro Davoglio, São Paulo, Boitempo, 2017].

ALTHUSSER, Louis. *Lenin and Philosophy and Other Essays*. Nova York, Monthly Review Press, 2001.

AMOTT, Teresa L.; MATTHAEI, Julie. *Race, Gender, and Work*: A Multicultural Economic History of Women in the United States. Boston, South End Press, 1991.

ANDERSEN, Margaret L.; COLLINS, Patricia Hill Collins. *Race, Class, and Gender*: An Anthology. 9. ed., Belmont, Wadsworth Press, 2016.

ANDERSON, Benedict. *Imagined Communities*: Reflections on the Origin and Spread of Nationalism. Londres, Verso, 1983 [ed. bras.: *Comunidades imaginadas:* reflexões sobre a origem e a difusão do nacionalismo. Trad. Denise Bottman, São Paulo, Companhia das Letras, 2008].

ANDERSON-BRICKER, Kristin. "Triple Jeopardy": Black Women and the Growth of Feminist Consciousness in SNCC, 1964-1975. In: SPRINGER, Kimberly (org.). *Still Lifting, Still Climbing*: African American Women's Contemporary Activism. Nova York, Nova York University Press, 1999. p. 49-69.

ANTHIAS, Floya; YUVAL-DAVIS, Nira. *Racialized Boundaries*: Race, Nation, Gender, Colour and Class and the Anti-Racist Struggle. Nova York, Routledge, 1992.

ANZALDÚA, Gloria. *Borderlands/La Frontera*: The New Mestiza. São Francisco, Spinsters/Aunt Lute Press, 1987.

APTHEKER, Bettina. *Woman's Legacy*: Essays on Race, Sex, and Class in American History. Amherst, University of Massachusetts Press, 1982.

ARENDT, Hannah. *The Origins of Totalitarianism*. Nova York, Harcourt, 1968 [ed. bras.: *Origens do totalitarismo*. Trad. Roberto Raposo, São Paulo, Companhia das Letras, 1989].

ARREDONDO, Gabriela F. et al. (orgs.). *Chicana Feminisms*: A Critical Reader. Durham, NC, Duke University Press, 2003.

AZARANSKY, Sarah. *The Dream Is Freedom*: Pauli Murray and American Democratic Faith. Nova York, Oxford University Press, 2011.

BALIBAR, Étienne. Racism and Nationalism. In: BALIBAR, Étienne; WALLERSTEIN, Immanuel (orgs.). *Race, Nation, Class*: Ambiguous Identities. Nova York, Verso, 1991. p. 37-67 [ed. bras.: *Raça, nação, classe:* as identidades ambíguas. Trad. Wanda Caldeira Brant, São Paulo, Boitempo, 2021].

_____. *The Philosophy of Marx*. Nova York, Verso, 2007 [ed. bras.: *A filosofia de Marx*. Trad. Lucy Magalhães, Rio de Janeiro, Zahar, 1995].

BALIBAR, Étienne; WALLERSTEIN, Immanuel (orgs.). *Race, Nation, Class*: Ambiguous Identities. Nova York, Verso, 1991 [ed. bras.: *Raça, nação, classe:* as identidades ambíguas. Trad. Wanda Caldeira Brant, São Paulo, Boitempo, 2021].

BARRETT, Deborah; KURZMAN, Charles. Globalizing Social Movement Theory: The Case of Eugenics. *Theory and Society*, v. 33, n. 5, 2004. p. 487-527.

BASH, Harry. *Sociology, Race, and Ethnicity*: A Critique of Ideological Intrusions upon Sociological Theory. Nova York, Gordon & Breach, 1979.

BATTLE, Juan et al. *Say It Loud, I'm Black and I'm Proud*: Black Pride Survey 2000. Nova York, Policy Institute of the National Gay and Lesbian Task Force, 2002.

BAUMAN, Zygmunt. *Modernity and the Holocaust*. Ithaca, NY, Cornell University Press, 1989 [ed. bras.: *Modernidade e holocausto*. Trad. Marcus Penchel, Rio de Janeiro, Zahar, 1998].

BAY, Mia et al. (orgs.). *Toward an Intellectual History of Black Women*. Chapel Hill, University of North Carolina, 2015.

BEAUVOIR, Simone de. *The Ethics of Ambiguity*. Nova York, Citadel Press, 1976 [1948] [ed. bras.: *Por uma moral da ambiguidade*. Trad. Marcelo Jacques de Moraes, Rio de Janeiro, Nova Fronteira, 2005].

_____. *America Day By Day*. Trad. C. Cosman, Berkeley, CA, University of California Press, 1999 [1954].

_____. *The Second Sex*. Trad. Constance Borde e Sheila Malovany-Chevallier, Nova York, Vintage, 2011 [1949] [ed. bras.: *O segundo sexo*. Trad. Sérgio Milliet, 5. ed., Rio de Janeiro, Nova Fronteira, 2019].

BELL-SCOTT, Patricia. *The Firebrand and the First Lady*: Portrait of a Friendship. Nova York, Vintage, 2016.

BELL, Derrick. *Faces at the Bottom of the Well*: The Permanence of Racism. Nova York, Scottsboro Boys, 1992.

BERGER, Michele; GUIDROZ, Kathleen (orgs.). *The Intersectional Approach*: Transforming the Academy through Race, Class, & Gender. Chapel Hill, University of North Carolina Press, 2009.

BERNSTEIN, Richard J. The Resurgence of Pragmatism. *Social Research*, v. 59, n. 4, 1992. p. 813-40.

BETTCHER, Talia. Feminist Perspectives on Trans Issues. In: ZALTA, Edward N. (org.). *The Stanford Encyclopedia of Philosophy*. Stanford, CA, Stanford University Press, 2014. Disponível em: <https://plato.stanford.edu/archives/spr2014/entries/feminism-trans/>.

BHABHA, Homi K. Foreword: Framing Fanon. In: FANON, Frantz. *The Wretched of the Earth*. Nova York, Grove Press, 2004 [1963]. p. vii-xli.

BLACKWELL, Maylei. *Chicana Power!* Contested Histories of Feminism in the Chicano Movement. Austin, University of Texas Press, 2011.

BLAUNER, Bob. *Racial Oppression in America*. Nova York, Harper and Row, 1972.

BLEA, Irena I. *La Chicana and the Intersection of Race, Class, and Gender*. Nova York, Praeger, 1992.

BOHMAN, James. "Critical Theory". In: Edward N. Zalta (org.), *The Stanford Encyclopedia of Philosophy* (Palo Alto, CA, Stanford University, 2016).

BONILLA-SILVA, Eduardo. *Racism without Racists*: Color-Blind Racism and the Persistence of Racial Inequality in the United States. Lanham, MD, Rowman and Littlefield, 2003 [ed. bras.: *Racismo sem racistas:* o racismo da cegueira de cor e a persistência da desigualdade na América. Trad. Margarida Goldsztajn, São Paulo, Perspectiva, 2020].

BOURDIEU, Pierre. *The Logic of Practice*. Stanford, CA, Stanford University Press, 1980.

_____. *Distinction*: A Social Critique of the Judgement of Taste. Cambridge, Harvard University Press, 1984 [orig. *La Distinction*: critique sociale du jugement, Paris, Les Éditions de Minuit, 1979; ed. bras.: *A distinção:* crítica social do julgamento. Trad. Daniela Kern e Guilherme J. F. Teixeira, 2. ed. rev., Porto Alegre, Zouk, 2011].

BOURDIEU, Pierre; PASSERON, Jean-Claude. *Reproduction in Education, Society, and Culture*. Beverly Hills, Sage, 1977.

BOURDIEU, Pierre; WACQUANT, Loïc J. D. *An Invitation to Reflexive Sociology*. Chicago, University of Chicago Press, 1992.

BOURDIEU, Pierre; WACQUANT, Loïc. On the Cunning of Imperialist Reason. *Theory, Culture and Society*, v. 16, n. 1, 1999. p. 41-58.

BROWN, Michael I. et al. *Whitewashing Race*: The Myth of a Color-Blind Society. Berkeley, CA, University of California Press, 2003.

BROWNE, Irene; MISRA, Joya. The Intersection of Gender and Race in the Labor Market. *Annual Review of Sociology*, v. 29, 2003. p. 487-513.

BUSS, Doris. Sexual Violence, Ethnicity, and Intersectionality in International Criminal Law. In: COOPER, Davina (org.). *Intersectionality and Beyond*: Law, Power and the Politics of Location. Nova York, Routledge, 2009. p. 105-23.

BUTLER, Judith. *Gender Trouble*: Feminism and the Subversion of Identity. Nova York, Routledge, 1990 [ed. bras.: *Problemas de gênero:* feminismo e subversão da identidade. Trad. Renato Aguiar. 15. ed., Rio de Janeiro, Civilização Brasileira, 2017].

_____. *Bodies That Matter: On the Discursive Limits of "Sex"*. Nova York, Routledge, 1993 [ed. bras.: *Corpos que importam:* os limites discursivos do "sexo". Trad. Veronica Daminelli e Daniel Yago Françoli, São Paulo, Crocodilo Edições/Nº 1 Edições, 2019].

CABRAL, Amilcar. National Liberation and Culture. In: AFRICA INFORMATION SERVICE (org.). *Return to the Source*: Selected Speeches of Amilcar Cabral. Nova York, Monthly Review Press, 1973. p. 39-56.

CALHOUN, Craig. *Critical Social Theory*: Culture, History, and the Challenge of Difference. Malden, Blackwell, 1995.

CAMPBELL, James. *Recovering Benjamin Franklin*. Chicago, Open Court, 1999.

CANNON, Katie G. *Black Womanist Ethics*. Atlanta, Scholars Press, 1988.

CARASTATHIS, Anna. Identity Categories as Potential Coalitions. *Signs*, v. 38, n. 4, 2013. p. 941-65.

_____. The Concept of Intersectionality in Feminist Theory. *Philosophy Compass*, v. 9, n. 5, 2014. p. 304-14.

_____. *Intersectionality*: Origins, Contestations, Horizons. Lincoln, University of Nebraska Press, 2016.

CARBADO, Devon W. et al. Intersectionality: Mapping the Movements of a Theory. *Du Bois Review*, v. 10, n. 2, 2013. p. 303-12.

CARBY, Hazel V. The Multicultural Wars. In: WALLACE, Michele; DENT, Gina (orgs.). *Black Popular Culture*. Seattle, Bay Press, 1992. p. 187-99.

CARMICHAEL, Stokely; HAMILTON, Charles V. *Black Power*: The Politics of Liberation in America. Nova York, Vintage, 1967 [ed. bras.: *Black Power*: a política de libertação nos Estados Unidos. Trad. Arivaldo Santos de Souza, São Paulo, Jandaíra, 2021].

CARRUTHERS, Charlene A. *Unapologetic*: A Black, Queer, and Feminist Mandate for Radical Movements. Boston, Beacon Press, 2018.

CASTELLS, Manuel. *The Rise of Network Society*. 2. ed., Malden, Blackwell, 2000 [ed. bras.: *A sociedade em rede*. Trad. Roneide Venancio Majer, 21. ed. rev., Rio de Janeiro, Paz e Terra, 2020].

CAYGILL, Howard. *On Resistance*: A Philosophy of Defiance. Londres, Bloomsbury, 2013.

CENTRE FOR CONTEMPORARY CULTURAL STUDIES. *The Empire Strikes Back*: Racism in 70s Britain. Londres, Routledge, 1982.

CHERKI, Alice. *Frantz Fanon*: A Portrait. Ithaca, NY, Cornell University Press, 2006.

CHO, Sumi; CRENSHAW, Kimberlé Crenshaw; McCALL, Leslie. Toward a Field of Intersectionality Studies: Theory, Applications, and Praxis. *Signs*, v. 38, n. 4, 2013. p. 785-810.

CHOO, Hae Yeon; FERREE, Myra Marx. Practicing Intersectionality in Sociological Research: A Critical Analysis of Inclusions, Interactions, and Institutions in the Study of Inequalities. *Sociological Theory*, v. 28, n. 2, 2010. p. 129-49.

CLARKE, Cheryl. Lesbianism: An Act of Resistance. In: GUY-SHEFTALL, Beverly (org.). *Words of Fire*: An Anthology of African-American Feminist Thought. Nova York, New Press, 1995. p. 241-51.

COHEN, Anthony P. *The Symbolic Construction of Community*. Londres, Tavistock, 1985.

COHEN, Bill. The Spider's Web: Creativity and Survival in Dynamic Balance. *Canadian Journal of Native Education*, v. 25, n. 2, 2001. p. 140-8.

COHEN, Cathy J. Contested Membership: Black Gay Identities and the Politics of AIDS. In: SEIDMAN, Steven (org.). *Queer Theory/Sociology*. Malden, Blackwell, 1996. p. 362-94.

_____. *The Boundaries of Blackness*: AIDS and the Breakdown of Black Politics. Chicago, University of Chicago Press, 1999.

COHEN, Cathy J.; JONES, Tamara. Fighting Homophobia versus Challenging Heterosexism: "The Failure to Transform" Revisited. In: BRANDT, Eric. *Dangerous Liaisons*: Blacks, Gays, and the Struggle for Equality. Nova York, New Press, 1999. p. 80-101.

COLLIER, Jane; ROSALDO, Michelle Z.; YANAGISAKO, Sylvia. Is There a Family? New Anthropological Views. In: THORNE, Barrie; YALOM, Marilyn (orgs.). *Rethinking the Family*: Some Feminist Questions. Boston, Northeastern University Press, 1992. p. 31-48.

COLLINS, Patricia Hill. Reflections on Doing Difference. *Gender and Society*, v. 9, n. 4, 1995. p. 505-9.

_____. *Fighting Words*: Black Women and the Search for Justice. Minneapolis, MN, University of Minnesota Press, 1998.

_____. It's All in the Family: Intersections of Gender, Race, and Nation. *Hypatia*, v. 13, n. 3, 1998. p. 62-82.

_____. The Tie That Binds: Race, Gender and U.S. Violence. *Ethnic and Racial Studies*, v. 21, n. 5, 1998. p. 918-38.

_____. *Black Feminist Thought*: Knowledge, Consciousness, and the Politics of Empowerment. 2. ed., Nova York, Routledge, 2000 [ed. bras.: *Pensamento feminista negro:* conhecimento, consciência e a política do empoderamento. Trad. Jamille Pinheiro Dias, São Paulo, Boitempo, 2019].

_____. Like One of the Family: Race, Ethnicity, and the Paradox of US National Identity. *Ethnic and Racial Studies*, v. 24, n. 1, 2001. p. 3-28.

_____. Introduction to *On Lynchings*. In: WELLS-BARNETT, Ida (org.). *On Lynchings*. Amherst, Humanity Books, 2002. p. 9-24.

_____. *Black Sexual Politics*: African Americans, Gender, and the New Racism. Nova York, Routledge, 2004.

_____. *From Black Power to Hip Hop*: Essays on Racism, Nationalism, and Feminism. Filadélfia, Temple University Press, 2006.

_____. *Another Kind of Public Education*: Race, Schools, the Media and Democratic Possibilities. Boston, Beacon Press, 2009.

_____. The New Politics of Community. *American Sociological Review*, v. 75, n. 1, 2010. p. 7-30.

_____. *On Intellectual Activism*. Filadélfia, Temple University Press, 2013.

_____. Intersectionality's Definitional Dilemmas. *Annual Review of Sociology*, n. 4, 2015. p. 1-20.

_____. The Difference That Power Makes: Intersectionality and Participatory Democracy. *Investigaciones Feministas*, n. 8, 2017. p. 19-39.

_____. On Violence, Intersectionality and Transversal Politics. *Ethnic and Racial Studies*, v. 40, n. 9, 2017. p. 1-14.

_____. Simone de Beauvoir, Women's Oppression and Existential Freedom. In: BAUER, Nancy; HENGEHOLD, Laura (orgs.). *A Companion to Simone de Beauvoir*. Nova York, Blackwell/Wiley, 2017. p. 325-38.

_____. Controlling Images. In: WEISS, Gail; MURPHY, Ann; SALAMON, Gayle (orgs.). *50 Concepts for a Critical Phenomenology*. Evanston, IL, Northwestern University Press, 2018.

COLLINS, Patricia Hill; BILGE, Sirma. *Intersectionality*: Key Concepts. Cambridge, GB, Polity, 2016 [ed. bras.: *Interseccionalidade*. Trad. Rane Souza, São Paulo, Boitempo, 2021].

COMBAHEE RIVER COLLECTIVE. A Black Feminist Statement. In: GUY-SHEFTALL, Beverly (org.). *Words of Fire*: An Anthology of African-American Feminist Thought. Nova York, New Press, 1995 [1975]. p. 232-40.

CONNELL, Raewyn. *Southern Theory*: The Global Dynamics of Knowledge in Social Science. Cambridge, GB, Polity, 2007.

COONTZ, Stephanie. *The Way We Never Were*: American Families and the Nostalgia Trap. Nova York, Basic Books, 1992.

COOPER, Anna Julia. *A Voice from the South*: By a Black Woman of the South. Xenia, OH, Aldine, 1892.

COOPER, Brittney. *Beyond Respectability*: The Intellectual Thought of Race Women. Champaign, University of Illinois Press, 2017.

COOPER, Brittney; MORRIS, Susana M.; BOYLORN, Robin M. (orgs.). *The Crunk Feminist Collection*. Nova York, Feminist Press at Cuny, 2017.

COX, Oliver C. *Caste, Class, and Race:* A Study in Social Dynamics. Nova York, Modern Reader Paperbacks, 1948.

CRAVEN, Christa; DAVIS, Dana-Ain (orgs.). *Feminist Activist Ethnography*: Counterpoints to Neoliberalism in North America. Lanham, MD, Lexington Books, 2013.

CREWNSHAW, Kimberlé Williams. Demarginalizing the Intersection of Race and Sex: A Black Feminist Critique of Anti-Discrimination Doctrine, Feminist Theory and Anti-Racist Politics. *The University of Chicago Legal Forum 1989*, art. 8, 1989.

_____. Mapping the Margins: Intersectionality, Identity Politics, and Violence against Women of Color. *Stanford Law Review*, v. 43, n. 6, 1991. p. 1241-99.

_____. Whose Story Is It Anyway? Feminist and Antiracist Appropriations of Anita Hill. In: MORRISON, Toni (org.). *Race-ing Justice, En-Gendering Power*. Nova York, Pantheon Books, 1992. p. 402-40.

CREWNSHAW, Kimberlé Williams et al. (orgs.). *Critical Race Theory*: The Key Writings that Formed the Movement. Nova York, New Press, 1995.

CROWELL, Steven. Existentialism. In: ZALTA, Edward N. (org.). *The Stanford Encyclopedia of Philosophy* (Stanford, CA, Stanford University Press, 2015).

D'AVIGDOR, Lewis. Participatory Democracy and New Left Student Movements: The University of Sydney, 1973-1979. *Australian Journal of Politics and History*, v. 61, n. 2, 2015. p. 233-47.

DAVIDSON, Maria Del Guadalupe; GINES, Kathryn T.; MARCANO, Donna-Dale L. (orgs.). *Convergences:* Black Feminism and Continental Philosophy. Albany, NY, State University of New York Press, 2010.

DAVIS, Angela Y. Rape, Racism and the Capitalist Setting. *Black Scholar*, v. 9, n. 7, 1978. p. 24-30.

_____. *Women, Race, and Class*. Nova York, Random House, 1981 [ed. bras.: *Mulheres, raça e classe*. Trad. Heci Regina Candiani, São Paulo, Boitempo, 2016].

DAVIS, Kathy. Intersectionality as a Buzzword: A Sociology of Science Perspective on What Makes a Feminist Theory Successful. *Feminist Theory*, v. 9, n. 1, 2008. p. 67-85.

DE WAAL, Cornelis. *On Pragmatism*. Belmont, Wadsworth Press, 2005 [ed. bras.: *Sobre o pragmatismo*. Trad. Cassiano Terra Rodrigues, São Paulo, Loyola, 2007].

DEVAULT, Marjorie L. *Liberating Method*: Feminism and Social Research. Filadélfia, Temple University Press, 1999.

DENZIN, Norman K.; LINCOLN, Yvonna S. (orgs.). *Handbook of Qualitative Research*. Londres, Sage, 1994.

DEWEY, John. *The Public and Its Problems*. Athens, Ohio University Press, 1954.

DHALIWAL, Sukhwant, YUVAL-DAVIS, Nira (orgs.). *Women Against Fundamentalism*: Stories of Dissent and Solidarity. Londres, Lawrence and Wishart, 2014.

DIELEMAN, Susan; RONDEL, David; VOPARIL, Christopher J. (orgs.). *Pragmatism and Justice*. Nova York, Oxford University Press, 2017.

DILL, Bonnie Thornton. Work at the Intersections of Race, Gender, Ethnicity, and Other Dimensions of Difference in Higher Education. *Connections: Newsletter of the Consortium on Race, Gender, and Ethnicity*, 2002. p. 5-7.

_____. Intersections, Identities, and Inequalities in Higher Education. In: DILL, Bonnie Thornton; ZAMBRANA, Ruth (orgs.). *Emerging Intersections*: Race, Class, and Gender in Theory, Policy, and Practice. New Brunswick, Rutgers University Press, 2009. p. 229-52.

DILL, Bonnie Thornton; KOHLMAN, Marla H. Intersectionality: A Transformative Paradigm in Feminist Theory and Social Justice. In: HESSE-BIBER, Sharlene (org.). *Handbook of Feminist Research, Theory and Praxis*. Thousand Oaks, CA, Sage, 2012. p. 154-74.

DILL, Bonnie Thornton ZAMBRANA, Ruth (orgs.). *Emerging Intersections*: Race, Class, and Gender in Theory, Policy, and Practice. New Brunswick, Rutgers University Press, 2009.

DOTSON, Kristie. Tracking Epistemic Violence, Tracking Practices of Silencing. *Hypatia*, v. 26, n. 2, 2011. p. 236-57.

_____. Conceptualizing Epistemic Oppression. *Social Epistemology*, v. 28, n. 2, 2014, p. 115-38.

DOUGLAS, Kelly Brown. *Sexuality and the Black Church*: A Womanist Perspective. Maryknoll, Orbis, 1999.

DOUVEN, Igor. Abduction. In: ZALTA, Edward N. (org.). *The Stanford Encyclopedia of Philosophy*. Stanford, CA, Stanford University Press, 2017. Disponível em: <https://plato.stanford.edu/archives/sum2017/entries/abduction/>.

DUFFY, Mignon. Doing the Dirty Work: Gender, Race and Reproductive Labor in Historical Perspective. *Gender and Society*, v. 21, n. 3, 2007. p. 313-36.

DUSTER, Alfreda M. *Crusade for Justice*: The Autobiography of Ida B. Wells. Chicago, University of Chicago Press, 1970.

DUSTER, Troy. *Backdoor to Eugenics*. Nova York, Routledge, 2003.

_____. A Post-Genomic Surprise: The Molecular Reinscription of Race in Science, Law and Medicine. *British Journal of Sociology*, v. 66, n. 1, 2015. p. 1-27.

EL SAADAWI, Nawal. *Woman at Point Zero*. Londres, Zed Books, 2015.

EMIRBAYER, Mustafa. Manifesto for a Relational Sociology. *American Journal of Sociology*, v. 103, n. 2, 1997. p. 281-317.

EMIRBAYER, Mustafa; DESMOND, Matthew. *The Racial Order*. Chicago, University of Chicago Press, 2015.

FANON, Frantz. *The Wretched of the Earth*. Trad. Richard Philcox, Nova York, Grove Press, 1963 [ed. bras.: *Os condenados da Terra*. Trad. José Laurênio de Melo, Rio de Janeiro, Civilização Brasileira, 1968].

_____. *Black Skin, White Masks*. Nova York, Grove Press, 1967 [ed. bras.: *Pele negra, máscaras brancas*. Trad. Renato da Silveira, Salvador, EDUFBA, 2008].

FARMER, Ashley D. *Remaking Black Power*: How Black Women Transformed an Era. Chapel Hill, University of North Carolina Press, 2017.

FERGUSON, Roderick A. *Aberrations in Black*: Toward a Queer of Color Critique. Minneapolis, MN, University of Minnesota Press, 2004.

FISCHER, Nancy L.; SEIDMAN, Steven (orgs.). *Introducing the New Sexuality Studies*. 3. ed., Nova York, Routledge, 2016.

FONOW, Mary Margaret; COOK, J. A. Feminist Methodology: New Applications in the Academy and Public Policy. *Signs*, v. 30, n. 4, 2005. p. 2.211-30.

FOUCAULT, Michel. *Discipline and Punish*: The Birth of the Prison. Nova York, Vintage, 1979 [ed. bras.: *Vigiar e punir*: nascimento da prisão. Trad. Raquel Ramalhete, Petrópolis, Vozes, 1987].

_____. *Power/Knowledge*: Selected Interviews and Other Writings, 1972-1977. Trad. Colin Gordon, Nova York, Pantheon Books, 1980.

_____. *The History of Sexuality, Vol. I: An Introduction*. Nova York, Vintage, 1990 [ed. bras.: *História da sexualidade I*: a vontade de saber. Trad. Maria Thereza da Costa Albuquerque e J. A. Guilhon Albuquerque, 11. ed., Rio de Janeiro, Graal, 2020].

_____. *The Birth of the Clinic*: An Archeology of Medical Perception. Nova York, Vintage, 1994 [ed. bras.: *O nascimento da clínica*. Trad. Roberto Machado. 7. ed., Rio de Janeiro, Forense Universitária, 2020].

_____. *Society Must Be Defended*: Lectures at the College de France, 1975-1976. Nova York, Picador, 2003 [ed. bras.: *Em defesa da sociedade*: curso no Collège de France, 1975-1976. Trad. Maria Ermantina Galvão, 2. ed., São Paulo, WWF Martins Fontes, 2012].

FRASER, Nancy. Another Pragmatism: Alain Locke, Critical "Race" Theory, and the Politics of Culture. In: DICKSTEIN, Morris (org.). *The Revival of Pragmatism*: New Essays on Social Thought, Law, and Culture. Durham, NC, Duke University Press, 1998. p. 157-75.

_____. *Scales of Justice*: Reimagining Political Space in a Globalizing World. Nova York, Columbia University Press, 2009.

GANDHI, Leela. *Postcolonial Theory*: A Critical Introduction. Nova York, Columbia University Press, 1998.

GARCIA, Alma M. The Development of Chicana Feminist Discourse. In: WEST, Lois A. (org.). *Feminist Nationalism*. Nova York, Routledge, 1997. p. 247-68.

GIDDINGS, Paula J. *When and Where I Enter*: The Impact of Black Women on Race and Sex in America. Nova York, William Morrow, 1984.

_____. *Ida*: A Sword Among Lions. Nova York, Amistad, 2008.

GILKES, Cheryl Townsend. *If It Wasn't for the Women*: Black Women's Experience and Womanist Culture in Church and Community. Maryknoll, Orbis, 2001.

GILROY, Paul. *"There Ain't No Black in the Union Jack"*: The Cultural Politics of Race and Nation. Chicago, University of Chicago Press, 1987.

_____. *The Black Atlantic*: Modernity and Double Consciousness. Cambridge, Harvard University Press, 1993 [ed. bras.: *O Atlântico negro*: modernidade e dupla consciência, 2. ed. Trad. Cid Knipel Moreira, São Paulo, Editora 34, 2012].

GINES, Kathryn T. Sartre, Beauvoir, and the Race/Class Analogy: A Case for Black Feminist Philosophy. In: DAVIDSON, Maria Del Guadalupe; GINES, Kathryn T; MARCANO, Donna-Dale L. (orgs.). *Convergences*: Black Feminism and Continental Philosophy. Albany, NY, State University of New York Press, 2010. p. 35-51.

_____. Anna Julia Cooper. In: ZALTA, Edward N. (org.). *The Stanford Encyclopedia of Philosophy*. Stanford, CA, Stanford University Press, 2015. Disponível em: <https://plato.stanford.edu/archives/sum2015/entries/anna-julia-cooper/>.

GLAUDE, Eddie S. *In a Shade of Blue*: Pragmatism and the Politics of Black America. Chicago, University of Chicago Press, 2007.

GLENN, Evelyn Nakano. *Unequal Freedom*: How Race and Gender Shaped American Citizenship and Labor. Cambridge, Harvard University Press, 2002.

GOERING, Sara. Eugenics. In: ZALTA, Edward N. (org.). *The Stanford Encyclopedia of Philosophy*. Stanford, CA, Stanford University Press, 2014. Disponível em: <https://plato.stanford.edu/archives/fall2014/entries/eugenics/>.

GOLDBERG, David Theo. *Racist Culture*: Philosophy and the Politics of Meaning. Cambridge, Blackwell, 1993.

_____. *The Racial State*. Malden, Blackwell, 2002.

GOLDBERG, David Theo; QUAYSON, Ato. *Relocating Postcolonialism*. Malden, Blackwell, 2002.

GORDON, Linda. *Pitied but Not Entitled*: Single Mothers and the History of Welfare. Cambridge, Harvard University Press, 1994.

GQOLA, Pumla Dineo. *Rape*: A South African Nightmare. Joanesburgo, Jacana Media, 2015.

GRAMSCI, Antonio. *Selections from the Prison Notebooks*. Londres, Lawrence and Wishart, 1971.

GRANT, Jacqueline. *White Women's Christ and Black Women's Jesus*: Feminist Christology and Womanist Response. Atlanta, Scholars Press, 1989.

GROSS, Neil. Pragmatism, Phenomenology, and Twentieth-Century American Sociology. In: CALHOUN, Craig (org.). *Sociology in America*: A History. Chicago, University of Chicago Press, 2007. p. 183-224.

GROSSBERG, Lawrence. On Postmodernism and Articulation: An Interview with Stuart Hall. In: MORLEY, David; CHEN, Kuan-Hsing (orgs.). *Stuart Hall*: Critical Dialogues in Cultural Studies. Nova York, Routledge, 1996. p. 131-50.

GROSSBERG, Lawrence; NELSON, Cary; TREICHLER, Paula A. (orgs.). *Cultural Studies*. Nova York, Routledge, 1992.

GRZANKA, Patrick R. (org.). *Intersectionality*: A Foundations and Frontiers Reader. Boulder, CO, Westview Press, 2014.

GUIDROZ, Kathleen; BERGER, Michele Tracy. A Conversation with Founding Scholars of Intersectionality: Kimberlé Williams Crenshaw, Nira Yuval-Davis, and Michelle Fine. In: GUIDROZ, Kathleen; BERGER, Michele Tracy (orgs.). *The Intersectional Approach*: Transforming the Academy Through Race, Class and Gender. Chapel Hill, University of North Carolina Press, 2009. p. 61-78.

GUILLAUMIN, Colette. *Racism, Sexism, Power and Ideology*. Nova York, Routledge, 1995.

HALL, Stuart. The After-Life of Frantz Fanon: Why Fanon? Why Now? Why Black Skin, White Masks? In: READ, Alan (org.). *The Fact of Blackness*: Frantz Fanon and Visual Representation. Seattle, Bay Press, 1996. p. 12-37.

_____. For Allon White: Metaphors of Transformation. In: MORLEY, David; CHEN, Kuan--Hsing (orgs.). *Stuart Hall*: Critical Dialogues in Cultural Studies. Nova York, Routledge, 1996. p. 287-305.

_____. The Meaning of New Times. In: MORLEY, David; CHEN, Kuan-Hsing (orgs.). *Stuart Hall*: Critical Dialogues in Cultural Studies. Nova York, Routledge, 1996. p, 223-37.

_____. The Problem of Ideology: Marxism without Guarantees. In: MORLEY, David; CHEN, Kuan-Hsing (orgs.). *Stuart Hall*: Critical Dialogues in Cultural Studies. Nova York, Routledge, 1996. p. 25-46.

_____. *Familiar Stranger*: A Life between Two Islands. Durham, NC, Duke University Press, 2017.

HANCHARD, Michael G. *Orpheus and Power*: The Movimento Negro of Rio de Janeiro and Sao Paulo, Brazil, 1945-1988. Princeton, NJ, Princeton University Press, 1994 [ed. bras.: *Orfeu e o poder:* o movimento negro no Rio de Janeiro e São Paulo (1945-1988). Trad. Vera Ribeiro, Rio de Janeiro, Eduerj, 2001].

_____. Acts of Misrecognition: Transnational Black Politics, Anti-Imperialism, and the Ethnocentrisms of Pierre Bourdieu and Loïc Wacquant. *Theory, Culture and Society*, v. 20, n. 4, 2003. p. 5-29.

HANCOCK, Ange-Marie. *Intersectionality*: An Intellectual History. Nova York, Oxford University Press, 2016.

HARDING, Sandra. The Science Question in Feminism. Ithaca, NY, Cornell University Press, 1986.

_____. Introduction: Is There a Feminist Method? In: HARDING, Sandra (org.). *Feminism and Methodology*. Bloomington, Indiana University Press, 1987. p. 1-14.

_____. *Whose Science? Whose Knowledge? Thinking from Women's Lives*. Ithaca, NY, Cornell University Press, 1991.

HARRIS, Cheryl I. Whiteness as Property. *Harvard Law Review*, v. 106, n. 8, 1993. p. 1.707-91.

HARRIS, Leonard. *The Critical Pragmatism of Alain Locke*. Lanham, MD, Rowman and Littlefield, 1999.

HARTSOCK, Nancy. The Feminist Standpoint: Developing the Ground for a Specifically Feminist Historical Materialism. In: HARDING, Sandra; HINTIKKA, Merrill B. (orgs.). *Discovering Reality*. Boston, D. Reidel, 1983. p. 283-310.

HECHTER, Michael. *Internal Colonialism*: The Celtic Fringe in British National Development. Nova York, Routledge, 2017 [1975].

HESSE, Barnor (org.). *Un/Settled Multiculturalisms*: Diasporas, Entanglements, Transruptions. Londres, Zed Books, 2000.

HELD, David. *Introduction to Critical Theory*: Horkheimer to Habermas. Berkeley, CA, University of California Press, 1980.

HENGEHOLD, Laura; BAUER, Nancy (orgs.). *A Companion to Simone de Beauvoir*. Hoboken, Wiley Blackwell, 2017.

HICKMAN, Larry A. *Pragmatism as Post-Postmodernism*: Lessons from John Dewey. Nova York, Fordham University Press, 2007.

HIGGINBOTHAM, Evelyn Brooks. *Righteous Discontent*: The Women's Movement in the Black Baptist Church 1880-1920. Cambridge, Harvard University Press, 1993.

HINE, Darlene Clark. Rape and the Inner Lives of Black Women in the Middle West: Preliminary Thoughts on the Culture of Dissemblance. *Signs*, v. 14, n. 4, 1989. p. 912-20.

HINE, Darlene Clark; BROWN, Elsa Barkley; TERBORG-PENN, Rosalyn (orgs.). *Black Women in America*: An Historical Encyclopedia. Nova York, Carlson, 1993.

HOKOWHITU, Brendan. Indigenous Existentialism and the Body. *Cultural Studies Review* v. 15, n. 2, 2009. p. 101-18.

HOKOWHITU, Brendan et al. (orgs.). *Indigenous Identity and Resistance:* Researching the Diversity of Knowledge. Dunedin, Otago University Press, 2010.

HONDAGNEU-SOTELO, Pierrette. *Domestica*: Immigrant Workers Cleaning and Caring in the Shadow of Affluence. Berkeley, CA, University of California Press, 2001.

HORKHEIMER, Max. Traditional and Critical Theory In: HORKHEIMER, Max (org.). *Critical Theory*: Selected Essays. Nova York, Continuum, 1982. p. 188-243 [ed. bras.: *Teoria crítica*, São Paulo, Perspectiva, 1982].

HORKHEIMER, Max; ADORNO, Theodor W. *Dialectic of Enlightenment*. Nova York, Continuum, 1969 [ed. bras.: *Dialética do esclarecimento*: fragmentos filosóficos. Trad. Guido Antônio de Almeida, Rio de Janeiro, Zahar, 1985].

HOY, David Couzens. *Critical Resistance*: From Poststructuralism to PostCritique. Cambridge, MIT Press, 2004.

JAMES, Stanlie M. Mothering: A Possible Black Feminist Link to Social Transformation? In: JAMES, Stanlie M.; BUSIA, Abena P. A. (orgs.). *Theorizing Black Feminisms*: The Visionary Pragmatism of Black Women. Nova York, Routledge, 1993. p. 44-54.

JAMES, Stanlie M; BUSIA, Abena P. A. (orgs.). *Theorizing Black Feminisms*: The Visionary Pragmatism of Black Women. Nova York, Routledge, 1993.

JAMES, V. Denise. Theorizing Black Feminist Pragmatism: Forethoughts on the Practice and Purpose of Philosophy as Envisioned by Black Feminists and John Dewey. *Journal of Speculative Philosophy*, v. 23, n. 2, 2009. p. 92-9.

JESUS, Carolina Maria de. *Child of the Dark*: The Diary of Carolina Maria de Jesus. Trad. David St. Clair, Nova York, Penguin, 2003 [1960] [ed. bras.: *Quarto de despejo*: diário de uma favelada. São Paulo, Ática, 2014].

JOAS, Hans. *Pragmatism and Social Theory*. Chicago, University of Chicago Press, 1993.

JORDAN, June. *Technical Difficulties*: African-American Notes on the State of the Union. Nova York, Pantheon Books, 1992.

KALSEM, Kristin; WILLIAMS, Verna L. Social Justice Feminism. *UCLA Women's Law Journal*, v. 18, n. 1, 2010. p. 131-93.

KEATING, AnaLouise. Introduction: Reading Gloria Anzaldúa, Reading Ourselves... Complex Intimacies, Intricate Connections. In: KEATING, AnaLouise (org.). *The Gloria Anzaldúa Reader*. Durham, NC, Duke University Press, 2009. p. 1-15.

_____ (org.). *The Gloria Anzaldúa Reader*. Durham, NC, Duke University Press, 2009.

KELLEY, Robin D. G. *Race Rebels*: Culture, Politics, and the Black Working Class. Nova York, Free Press, 1994.

_____. *Freedom Dreams*: The Black Radical Imagination. Boston, Beacon Press, 2002.

KEN, Ivy. Beyond the Intersection: A New Culinary Metaphor for Race-Class-Gender Studies. *Sociological Theory*, v. 26, n. 2, 2008. p. 152-72.

KIDD, Ian James; MEDINA, José; POHLHAUS JR. Gaile (orgs.). *The Routledge Handbook of Epistemic Justice*. Nova York, Routledge, 2017.

KIM-PURI, H. J. Conceptualizing Gender-Sexuality-State-Nation: An Introduction. *Gender and Society*, v. 19, n. 2, 2005. p. 137-59.

KIM, Kyung-Man. *Discourses on Liberation*: An Anatomy of Critical Theory. Boulder, CO, Paradigm, 2005.

KING, Richard H. *Civil Rights and the Idea of Freedom*. Athens, University of Georgia Press, 1996.

KLAW, Barbara. The Literary and Historical Context of Beauvoir's Early Writings: 1926-27. In: KLAW, Barbara; SIMONS, Margaret A. (orgs.). *Simone de Beauvoir*: Diary of a Philosophy Student. Urbana, IL, University of Illinois Press, 2006. p. 7-28.

KLINE, Wendy. *Building a Better Race*: Gender, Sexuality, and Eugenics from the Turn of the Century to the Baby Boom. Berkeley, CA, University of California Press, 2001.

KOOPMAN, Colin. Genealogical Pragmatism: How History Matters for Foucault and Dewey. *Journal of the Philosophy of History*, v. 5, n. 3, 2011. p. 533-56.

KUHN, Thomas S. *The Structure of Scientific Revolutions*. Chicago, University of Chicago Press, 1970 [ed. bras.: *A estrutura das revoluções científicas*. Trad. Beatriz Vianna Boeira e Nelson Boeira, 13. ed., São Paulo, Perspectiva, 2019].

LAKOFF, George; JOHNSON, Mark. *Metaphors We Live By*. Chicago, University of Chicago Press, 2003 [1980].

LAWSON, Bill E.; KOCH, Donald F. (orgs.). *Pragmatism and the Problem of Race*. Bloomington, Indiana University Press, 2004.

LE SUEUR, James D. *Uncivil War*: Intellectuals and Identity Politics during the Decolonization of Algeria. Lincoln, University of Nebraska Press, 2008.

LEE, Richard. *Life and Times of Cultural Studies*: The Politics and Transformation of the Structures of Knowledge. Durham, NC, Duke University Press, 2003.

LEMERT, Charles; BHAN, Esme. *The Voice of Anna Julia Cooper*. Lanham, MD, Rowman and Littlefield, 1998.

LEWIS, Amanda E. "What Group?" Studying Whites and Whiteness in the Era of "Color-Blindness". *Sociological Theory*, v. 22, n. 4, 2004. p. 623-46.

LEWIS, David Levering. *W. E. B. Du Bois*: A Reader. Nova York, Henry Holt, 1995.

LINDBLOM, Charles E.; COHEN, David K. *Usable Knowledge*: Social Science and Social Problem Solving. New Haven, CT, Yale University Press, 1979.

LOCKE, Alain LeRoy. *Race Contacts and Interracial Relations*. Washington, Howard University Press, 1992.

LOOMBA, Ania. *Colonialism/Postcolonialism*. Nova York, Routledge, 1998.

LORDE, Audre. *Sister Outsider*: Essays and Speeches. Freedom, CA, Crossing Press, 1984 [ed. bras.: *Irmã outsider*. Trad. Stephanie Borges, São Paulo/Belo Horizonte, Autêntica, 2019].

_____. There Is No Hierarchy of Oppressions. In: BRANDT, Eric (org.). *Dangerous Liaisons:* Blacks, Gays, and the Struggle for Equality. Nova York, New Press, 1999. p. 306-7.

LUTZ, Helma; VIVAR, Maria Teresa Herrera; SUPIK, Linda. *Framing Intersectionality*: Debates on a Multi-Faceted Concept in Gender Studies. The Feminist Imagination – Europe and Beyond. Surrey, GB, Ashgate, 2011.

MANN, Susan Archer. *Doing Feminist Theory*: From Modernity to Postmodernity. Nova York, Oxford University Press, 2012.

MARABLE, Manning. Groundings with My Sisters: Patriarchy and the Exploitation of Black Women. In: MARABLE, Manning (org.). *How Capitalism Underdeveloped Black America*. Boston, South End Press, 1983. p. 69-104.

_____. *How Capitalism Underdeveloped Black America*. Boston, South End Press, 1983.

_____. Beyond Identity Politics: Towards a Liberation Theory for Multicultural Democracy. *Race and Class*, v. 35, n. 1, 1993. p. 113-30.

MARINO, Gordon (org.). *Basic Writings of Existentialism*. Nova York, Modern Library, 2004.

MATSUDA, Mari J. Public Responses to Racist Speech: Considering the Victim's Story. *Michigan Law Review*, v. 87, n. 8, 1989. p. 2.380-1.

MATSUDA, Mari J. et al. *Words that Wound*: Critical Race Theory, Assaultive Speech, and the First Amendment. Boulder, CO, Westview Press, 1993.

MAY, Vivian M. *Anna Julia Cooper, Visionary Black Feminist*: A Critical Introduction. Nova York, Routledge, 2007.

_____. *Pursuing Intersectionality, Unsettling Dominant Imaginaries*. Nova York, Routledge, 2015.

MCCALL, Leslie. The Complexity of Intersectionality. *Signs*, v. 30, 2005. p. 1.771-800.

MCCLINTOCK, Anne. *Imperial Leather*: Race, Gender, and Sexuality in the Colonial Contest. Nova York, Routledge, 1995 [ed. bras.: *Couro imperial:* raça, gênero e sexualidade no embate colonial. Trad. Plinio Dentzien, Campinas, Ed. Unicamp, 2010].

MCKEE, James B. *Sociology and the Race Problem*: The Failure of a Perspective. Urbana, IL, University of Illinois Press, 1993.

MCKENNA, Erin; PRATT, Scott L. (orgs.). *American Philosophy*: From Wounded Knee to the Present. Londres, Bloomsbury Academic, 2015.

MEDINA, José. *The Epistemology of Resistance*. Nova York, Oxford University Press, 2013.

MEMMI, Albert. *The Colonizer and the Colonized*. Boston, Beacon Press, 1965.

MENAND, Louis. *The Metaphysical Club*: A Story of Ideas in America. Nova York, Farrar, Straus and Giroux, 2001.

MENCHÚ, Rigoberta. *I, Rigoberta Menchu*: An Indian Woman in Guatemala. Elizabeth Burgos--Debray (org.). Trad. Ann Wright. Londres, Verso, 2010 [ed. bras: *Meu Nome é Rigoberta Menchú:* e assim nasceu minha consciência. Trad. Lolio Lourenço de Oliveira, Rio de Janeiro, Paz e Terra, 1993].

MENDIETA, Eduardo. Philosophy of Liberation. In: ZALTA, Edward N. (org.). *Stanford Encyclopedia of Philosophy*. Stanford, CA, Metaphysics Research Lab, Stanford University, 2016

MERCER, Kobena. *Welcome to the Jungle*: New Positions in Black Cultural Studies. Nova York, Routledge, 1994.

_____. Introduction. In: MERCER, Kobena. *The Fateful Triangle*: Race, Ethnicity, Nation. Cambridge, MA, Harvard University Press, 2017. p. 1-30.

_____ (org.). *The Fateful Triangle*: Race, Ethnicity, Nation. Cambridge, MA, Harvard University Press, 2017.

MIHESUAH, Devon Abbott; WILSON, Angela Cavender. *Indigenizing the Academy*: Transforming Scholarship and Empowering Communities. Lincoln, University of Nebraska Press, 2004.

MLADENOV, Teodor. Disability and Social Justice. *Disability and Society*, v. 31, n. 9, 2016. p. 1.226-41.

MOHANTY, Chandra Talpade. *Feminism without Borders*: Decolonizing Theory, Practicing Solidarity. Durham, NC, Duke University Press, 2003.

MOLESWORTH, Charles (org.). *The Works of Alain Locke*. Nova York, Oxford University Press, 2012.

MORLEY, David; KUAN-HSING, Chen (orgs.). *Stuart Hall*: Critical Dialogues in Cultural Studies. Nova York, Routledge, 1996.

MORRIS, Aldon. *The Scholar Denied*: William E. B. Du Bois and the Birth of Modern Sociology. Berkeley, CA, University of California Press, 2015.

MORRISON, Toni. *Playing in the Dark*: Whiteness and the Literary Imagination. Cambridge, MA, Harvard University Press, 1992.

MOSSE, George L. *Nationalism and Sexuality:* Middle-class Morality and Sexual Norms in Modern Europe. Nova York, H. Fertig, 1985.

MOYA, Paula. Chicana Feminism and Postmodernist Theory. *Signs*, v. 26, n. 2, 2001. p. 441-83.

MURRAY, Pauli. *Dark Testament and Other Poems*. Norwalk, CT, Silvermine, 1970.

_____. The Liberation of Black Women. In: THOMPSON, Mary Lou (org.). *Voices of the New Feminism*. Boston, Beacon Press, 1970. p. 87-102.

_____. *Proud Shoes*: The Story of an American Family. Nova York, Harper and Row, 1978 [1956].

_____. *Song in a Weary Throat*: An American Pilgrimage. Nova York, Harper and Row, 1987.

MURRAY, Pauli; RUBIN, Leslie. *The Constitution and Government of Ghana*. Londres, Sweet and Maxwell, 1961.

MURRAY, Pauli; EASTWOOD, Mary O. Jane Crow and the Law: Sex Discrimination and Title VII. *George Washington Law Review*, v. 34, n. 2, 1965. p. 232-56.

NAGEL, Joane. Masculinity and Nationalism: Gender and Sexuality in the Making of Nations. *Ethnic and Racial Studies*, v. 21, n. 2, 1998. p. 242-69.

NASH, Jennifer C. Re-thinking Intersectionality. *Feminist Review*, n. 89, 2008. p. 1-15.

NASH, Jennifer C; OWENS, Emily A. Institutional Feelings: Practicing Women's Studies in the Corporate University. *Feminist Formations*, v. 27, n. 3, 2015. p. vii-xi.

NEGRO, Isabel. "Corruption is Dirt": Metaphors for Political Corruption in the Spanish Press. *Bulletin of Hispanic Studies*, v. 92, n. 3, 2015. p. 213-37.

NELSON, Cary; TREICHLER, Paula A.; GROSSBERG, Lawrence. Cultural Studies: An Introduction. In: NELSON, Cary; TREICHLER, Paula A.; GROSSBERG, Lawrence (orgs.). *Cultural Studies*. Nova York, Routledge, 1992. p. 1-22.

NOBLE, Safiya Umoja; TYNES, Brendesha M. (orgs.). *The Intersectional Internet*: Race, Sex, Class, and Culture Online. Nova York, Peter Lang, 2016.

NOROCEL, Ov Cristian. "Give Us Back Sweden!" A Feminist Reading of the (Re) Interpretations of the Folkhem Conceptual Metaphor in Swedish Radical Right Populist Discourse. *Nordic Journal of Feminist and Gender Research*, v. 21, n. 1, 2013. p. 4-20.

OMI, Michael; WINANT, Howard. *Racial Formation in the United States:* From the 1960s to the 1990s. Nova York, Routledge, 1994.

ONG, Aihwa. *Flexible Citizenship*: The Cultural Logics of Transnationality. Durham, NC, Duke University Press, 1999.

ORDOVER, Nancy. *American Eugenics:* Race, Queer Anatomy, and the Science of Nationalism. Minneapolis, MN, University of Minnesota Press, 2003.

ORTEGA, Mariana. "New Mestizas", "World-Travelers", and "Dasein": Phenomenology and the Multi-Voiced, Multi-Cultural Self. *Hypatia*, v. 16, n. 3, 2001. p. 1-29.

_____. *Speaking in Resistant Tongues:* Latina Feminism, Embodied Knowledge, and Transformation. *Hypatia*, v. 31, n. 2, 2016. p. 313-8.

OUTLAW JR., Lucius T. Africana Philosophy. In: ZALTA, Edward N. (org.). *The Stanford Encyclopedia of Philosophy*. Stanford, CA, Stanford University, 2017. Disponível em: <https://plato.stanford.edu/archives/sum2017/entries/africana/>.

PALACIOS, Jone Martinez. Equality and Diversity in Democracy: How Can We Democratize Inclusively? *Equality, Diversity and Inclusion: An International Journal*, v. 35, n. 5-6, 2016. p. 350-63.

PARKER, Joe; SAMANTRAI, Ranu; ROMERO, Mary (orgs.). *Interdisciplinarity and Social Justice*: Revisioning Academic Accountability. Albany, NY, State University of New York Press, 2010.

PARRY, Benita. Directions and Dead Ends in Postcolonial Studies. In: GOLDBERG, David Theo; QUAYSON, Ato. *Relocating Postcolonialism*. Oxford, Blackwell, 2002. p. 66-81.

PASSMORE, Kevin. *Fascism*: A Very Short Introduction. Nova York, Oxford University Press, 2002.

PEPPARD, Christiana Z. Democracy, the Verb: Pauli Murray's Poetry as a Resource for Ongoing Freedom Struggles. *Journal of Feminist Studies in Religion*, v. 29, n. 1, 2013. p. 148-55.

PETERSON, V. Spike. Thinking Through Intersectionality and War. *Race, Gender and Class*, v. 14, n. 3-4, 2007. p. 10-27.

PETZEN, Jennifer. Queer Trouble: Centring Race in Queer and Feminist Politics. *Journal of Intercultural Studies*, v. 33, n. 3, 2012. p. 289-302.

PHOENIX, Ann; PATTYNAMA, Pamela. Intersectionality. *European Journal of Women's Studies*, v. 13, n. 3, 2006. p. 187-92.

PINN, Anthony B. *Becoming "America's Problem Child"*: An Outline of Pauli Murray's Religious Life and Theology. Eugene, OR, Pickwick Publications, 2008.

_____ (org.). *Pauli Murray*: Selected Sermons and Writings. Nova York, Orbis, 2006.

POSNOCK, Ross. How It Feels to Be a Problem: Du Bois, Fanon, and the "Impossible Life" of the Black Intellectual. *Critical Inquiry*, v. 23, n. 2, 1997. p. 323-49.

_____. Going Astray, Going Forward: Du Boisian Pragmatism and Its Lineage. In: DICKSTEIN, Morris (org.). *The Revival of Pragmatism*: New Essays on Social Thought, Law, and Culture. Durham, NC, Duke University Press, 1998. p. 176-89.

POWELL, Christopher; DEPELTEAU, François (orgs.). *Conceptualizing Relational Sociology*: Ontological and Theoretical Issues. Nova York, Palgrave MacMillan, 2013.

PRATT, Scott L. *Native Pragmatism*: Rethinking the Roots of American Philosophy. Bloomington, Indiana University Press, 2002.

PROCTOR, Robert N. *Racial Hygiene*: Medicine under the Nazis. Cambridge, MA, Harvard University Press, 1988.

PUTNAM, Lara. Nothing Matters but Color: Transnational Circuits, the Interwar Caribbean, and the Black International. In: WEST, Michael O.; MARTIN, William G.; WILKINS, Fanon Che (orgs.). *From Toussaint to Tupac*: The Black International since the Age of Revolution. Chapel Hill, University of North Carolina Press, 2009. p. 107-29.

RAMAMURTHY, Priti; TAMBE, Ashwindi. Decolonial and Postcolonial Approaches. *Feminist Studies*, v. 43, n. 3, 2017. p. 503-11.

RAMOS-ZAYAS, Ana Y. *National Performances*: The Politics of Race, Class, and Space in Puerto Rican Chicago. Chicago, University of Chicago Press, 2003.

RANSBY, Barbara. *Ella Baker and the Black Freedom Movement*: A Radical Democratic Vision. Chapel Hill, University of North Carolina Press, 2003.

_____. *Making All Black Lives Matter*: Reimagining Freedom in the 21st Century. Oakland, University of California Press, 2018.

READ, Alan. *The Fact of Blackness*: Frantz Fanon and Visual Representation. Seattle, Bay Press, 1996.

REISCH, Michael (org.). *The Routledge International Handbook of Social Justice*. Nova York, Routledge, 1996.

RICHIE, Beth. *Arrested Justice*: Black Women, Violence and America's Prison Nation. Nova York, New York University Press, 2012.

ROLLINS, Judith. *Between Women*: Domestics and Their Employers. Filadélfia, Temple University Press, 1985.

RORTY, Richard. *Philosophy and Social Hope*. Nova York, Penguin, 1999.

ROSENBERG, Rosalind. *Jane Crow*: The Life of Pauli Murray. Nova York, Oxford University Press, 2017.

ROTH, Benita. *Separate Roads to Feminism*: Black, Chicana, and White Feminist Movements in America's Second Wave. Nova York, Cambridge University Press, 2004.

SAID, Edward. *Orientalism*. Nova York, Vintage, 1978 [ed. bras.: *Orientalismo*: o Oriente como invenção do Ocidente. Trad. Rosaura Eichenberg, São Paulo, Companhia das Letras, 2007].

_____. *Culture and Imperialism*. Nova York, A. A. Knopf, 1993 [ed. bras.: *Cultura e imperialismo*. Trad. Denise Bottmann, São Paulo, Companhia das Letras, 2011].

_____. *Representations of the Intellectual*. Nova York, Vintage, 1994 [ed. bras.: *Representações do intelectual*. Trad. Milton Hatoum, São Paulo, Companhia das Letras, 2005].

SANDOVAL, Chela. *Methodology of the Oppressed*. Minneapolis, MN, University of Minnesota Press, 2000.

SANTOS, Boaventura de Sousa (org.). *Another Knowledge Is Possible:* Beyond Northern Epistemologies. Nova York, Verso, 2007.

SANTOS, Boaventura de Sousa; NUNES, João Arriscado; MENESES, Maria Paula. Opening Up the Canon of Knowledge and Recognition of Difference. In: SANTOS, Boaventura de Sousa (org.). *Another Knowledge Is Possible:* Beyond Northern Epistemologies. Nova York, Verso, 2007. p. xvix-lxii.

SARTRE, Jean-Paul. Preface. In: FANON, Frantz. *The Wretched of the Earth*, Nova York, Grove Press, 1963. p. xliii-lxii [ed. bras.: Prefácio. In: FANON, Frantz. *Os condenados da Terra*. Trad. José Laurênio de Melo, Rio de Janeiro, Civilização Brasileira, 1968].

_____. *Anti-Semite and Jew*: An Exploration of the Etiology of Hate. Trad. George J. Becker, Nova York, Schocken Books, 1995 [1948] [ed. bras.: *A questão judaica*. Trad. Mário Vilela, São Paulo, Ática, 1995].

_____. *Colonialism and Neocolonialism*. Nova York, Routledge, 2006 [1964] [ed. bras.: *Colonialismo e neocolonialismo*. Rio de Janeiro, Tempo Brasileiro, 1968].

SCANLON, Jennifer. *Until There Is Justice*: The Life of Anna Arnold Hedgeman. Nova York, Oxford University Press, 2016.

SCHALK, David L. *War and the Ivory Tower*: Algeria and Vietnam. Lincoln, University of Nebraska Press, 2005.

SCHULZ, Kathryn. The Many Lives of Pauli Murray. *New Yorker*, 10 abr. 2017.

SCOTT, Anne Firor (org.). *Pauli Murray and Caroline Ware:* Forty Years of Letters in Black and White. Chapel Hill, University of North Carolina Press, 2006.

SEIGFRIED, Charlene Haddock. *Shared Communities of Interest*: Feminism and Pragmatism. *Hypatia*, v. 8, n. 2, 1993. p. 1-14.

_____. *Pragmatism and Feminism*: Reweaving the Social Fabric. Chicago, University of Chicago, 1996.

SEN, Amartya. *The Idea of Justice*. Cambridge, MA, Harvard University Press, 2009 [ed. bras.: *A ideia de justiça*. Trad. Denise Bottmann e Ricardo Doninelli Mendes, São Paulo, Companhia das Letras, 2011].

SHELBY, Tommie. *We Who Are Dark*: The Philosophical Foundations of Black Solidarity. Cambridge, MA, Harvard University Press, 2005.

SHERRATT, Yvonne. *Continental Philosophy of Social Science:* Hermeneutics, Genealogy, and Critical Theory from Greece to the Twenty-First Century. Nova York, Cambridge University Press, 2006.

SIMONS, Margaret A. *Beauvoir and the Second Sex*: Feminism, Race, and the Origins of Existentialism. Lanham, MD, Rowman and Littlefield, 1999.

_____. Beauvoir's Early Philosophy. In: KLAW, Barbara; SIMONS, Margaret A. (orgs.). *Simone de Beauvoir:* Diary of a Philosopher. Urbana, IL, University of Illinois Press, 2006. p. 29-50.

SIRIANNI, Carmen. *Investing in Democracy*: Engaging Citizens in Collaborative Governance. Washington, Brookings Institution Press, 2009.

SITHOLE, Tendayi. Frantz Fanon: Africana Existentialist Philosopher. *African Identities*, v. 14, n. 2, 2016. p. 177-90.

SLACK, Jennifer Daryl. The Theory and Method of Articulation in Cultural Studies. In: MORLEY, David; KUAN-HSING, Chen (orgs.). *Stuart Hall*: Critical Dialogues in Cultural Studies. Nova York, Routledge, 1996. p. 112-27.

SMITH, Barbara. *Home Girls*: A Black Feminist Anthology. Nova York, Kitchen Table Press, 1983.

SMITH, Linda Tuhiwai. *Decolonizing Methodologies*. 2. ed., Londres, Zed Books, 2012 [ed. bras.: *Descolonizando metodologias: pesquisa e povos indígenas*. Trad. Roberto G. Barbosa, Curitiba, Editora UFPR, 2019].

SMITH, Valerie. *Not Just Race, Not Just Gender:* Black Feminist Readings. Nova York, Routledge, 1998.

SOMERVILLE, Siobhan B. *Queering the Color Line*: Race and the Invention of Homosexuality in American Culture. Durham, NC, Duke University Press, 2000.

STANLEY, Jason. *How Fascism Works*: The Politics of Us and Them. Nova York, Random House, 2018.

STEELE, Catherine Knight. Signifyin, Bitching, and Bloggins: Black Women and Resistance Discourse Online. In: NOBLE, Safiya Umoja; TYNES, Brendesha M. (orgs.). *The Intersectional Internet:* Race, Sex, Class, and Culture Online. Nova York, Peter Lang, 2016. p. 73-94.

STEPAN, Nancy. Race and Gender: The Role of Analogy in Science. In: GOLDBERG, David (org.). *Anatomy of Racism*. Minneapolis, MN, University of Minnesota Press, 1990. p. 38-57.

_____. "*The Hour of Eugenics*": Race, Gender, and Nation in Latin America. Ithaca, NY, Cornell University Press, 1991 [ed. bras.: *A hora da eugenia:* raça, gênero e nação na América Latina. Trad. Paulo M. Garchet, Rio de Janeiro, Fiocruz, 2005].

STOETZLER, Marcel; YUVAL-DAVIS, Nira. Standpoint Theory, Situated Knowledge and the Situated Imagination. *Feminist Theory*, v. 3, n. 3, 2002. p. 315-33.

STOLER, Ann Laura. *Race and the Education of Desire*: Foucault's History of Sexuality and the Colonial Order of Things. Durham, NC, Duke University Press, 1995.

STORY, Kaila Adia (org.). *Patricia Hill Collins*: Reconceiving Motherhood. Bradford, ON, Demeter Press, 2014.

STUHR, John J. Introduction: Classical American Philosophy. In: STUHR, John (org.). *Pragmatism and Classical American Philosophy*: Essential Readings and Interpretive Essays. Nova York, Oxford University Press, 2000. p. 1-9.

SULLIVAN, Shannon. Reconfiguring Gender with John Dewey: Habit, Bodies, and Cultural Change. *Hypatia*, v. 15, n. 1, 2000. p. 23-42.

_____. Intersections between Pragmatist and Continental Feminism. In: ZALTA, Edward N. (org.). *The Stanford Encyclopedia of Philosophy*. Stanford, CA, Stanford University, 2015. Disponível em: <https://plato.stanford.edu/archives/spr2015/entries/femapproach-prag-cont/>.

SWEDBERG, Richard. *The Art of Social Theory*. Princeton, NJ, Princeton University Press, 2014.

TAKAGI, Dana. First Precepts for Democracy and Research Practices in Ethnic Studies. *Cultural Studies, Critical Methodology*, v. 15, n. 2, 2015. p. 100-11.

TAKAKI, Ronald T. *A Different Mirror*: A History of Multicultural America. Boston, Little, Brown, 1993.

TAVORY, Iddo; TIMMERMANS, Stefan. *Abductive Analysis*: Theorizing Qualitative Research. Chicago, University of Chicago Press, 2014.

TAYLOR, Keeanga-Yamahtta. *From #BlackLivesMatter to Black Liberation*. Chicago, Haymarket Books, 2016 [ed. bras.: *#VidasNegrasImportam e libertação negra*. Trad. Thalita Bento, São Paulo, Elefante, 2020].

TERRIQUEZ, Veronica. Intersectional Mobilization, Social Movement Spillover, and Queer Youth Leadership in the Immigrant Rights Movement. *Social Problems*, v. 62, n. 3, 2015. p. 343-62.

THOMSEN, Carly. The Post-Raciality and Post-Spatiality of Calls for LGBTQ and Disability Visibility. *Hypatia*, v. 30, n. 1, 2015. p. 149-66.

THOME, Barrie. Feminism and the Family: Two Decades of Thought. In: THOME, Barrie; YALOM, Marilyn (orgs.). *Rethinking the Family*: Some Feminist Questions. Boston, Northeastern University Press, 1992. p. 3-30.

THURMAN, Judith. Introduction. In: BEAUVOIR, Simone de. *The Second Sex*. Nova York, Vintage, 2011 [1949]. p. ix-xvi.

TOMASKOVIC-DEVEY, Donald; STAINBACK, Kevin. *Documenting Desegregation*: Racial and Gender Segregation in Private Sector Employment Since the Civil Rights Act. Nova York, Russell Sage Foundation, 2012.

TOMLINSON, Barbara. To Tell the Truth and Not Get Trapped: Desire, Distance, and Intersectionality at the Scene of Argument. *Signs*, v. 38, n. 4, 2013. p. 993-1.017.

TORGOVNICK, Marianna. *Gone Primitive*: Savage Intellects, Modern Lives. Chicago, University of Chicago Press, 1990.

TORRES, Carlos A. Critical Social Theory: A Portrait. *Ethics and Education*, v. 7, n. 2, 2012. p. 115-24.

TRONTO, Joan C. *Caring Democracy: Markets, Equality, and Justice*. Nova York, New York University Press.

TROUT, Lara. *The Politics of Survival*: Peirce, Affectivity, and Social Criticism. Nova York, Fordham University Press, 2010.

TUCKER, William H. *The Science and Politics of Racial Research*. Urbana, IL, University of Illinois Press, 1994.

TURNER, Stephen T. British Sociology and Public Intellectuals: Consumer Society and Imperial Decline. *British Journal of Sociology*, v. 57, n. 2, 2006. p. 169-88.

URRY, John. The Complexity Turn. *Theory, Culture and Society*, v. 22, n. 5, 2005. p. 1-14.

VAN DEBURG, William L. *Modern Black Nationalism*: From Marcus Garvey to Louis Farrakhan. Nova York, New York University Press, 1997.

VAUGHN, Diane. Analogy, Cases, and Comparative Social Organization. In: SWEDBERG, Richard (org.). *Theorizing in Social Science*: The Context of Discovery. Stanford, CA, Stanford University Press, 2014. p. 61-84.

WAILOO, Keith; NELSON, Alondra; LEE, Catherine (orgs.). *Genetics and the Unsettled Past*: The Collision of DNA, Race, and History. New Brunswick, Rutgers University Press, 2012.

WALBY, Sylvia. Complexity Theory, Systems Theory, and Multiple Intersecting Social Inequalities. *Philosophy of the Social Sciences*, v. 37, n. 4, 2007. p. 449-70.

WASSERMAN, David et al. Disability and Justice. In: ZALTA, Edward N. (org.). *The Stanford Encyclopedia of Philosophy*. Stanford, CA, Stanford University, 2015. Disponível em: <https://plato.stanford.edu/archives/sum2015/entries/disability-justice/>.

WASSERMAN, David et al. Disability: Definitions, Models, Experience. In: ZALTA, Edward N. (org.). *The Stanford Encyclopedia of Philosophy*. Stanford, CA, Stanford University, 2016. Disponível em: <https://plato.stanford.edu/archives/sum2016/entries/disability/>.

WEINDLING, Paul. International Eugenics: Swedish Sterilization in Context. *Journal of Scandinavian History*, v. 24, n. 2, 1999. p. 179-97.

WEINGART, Peter. "Science and Political Culture: Eugenics in Comparative Perspective", *Journal of Scandinavian History*, v. 24, n. 2, 1999. p. 163-77.

WELLS-BARNETT, Ida B. *On Lynchings*. Amherst, Humanity Books, 2002.

WEST, Candace; FENSTERMAKER, Sarah. Doing Difference. *Gender and Society*, v. 9, n. 1, 1995. p. 8-37.

WEST, Cornel. *The American Evasion of Philosophy*: A Genealogy of Pragmatism. Madison, University of Wisconsin Press, 1989.

WIEGMAN, Robyn. *Object Lessons*. Durham, NC, Duke University Press, 2012.

WILLETT, Cynthia. *The Soul of Justice:* Social Bonds and Racial Hubris. Ithaca, NY, Cornell University Press, 2001.

WILLIAMS, Brackett F. Classification Systems Revisited: Kinship, Caste, Race, and Nationality as the Flow of Blood and the Spread of Rights. In: YANAGISAKO, Sylvia; DELANEY, Carol (orgs.). *Naturalizing Power*: Essays in Feminist Cultural Analysis. Nova York, Routledge, 1995. p. 201-36.

WILLIAMS, Patrick; CHRISMAN Laura (orgs.). *Colonial Discourse and PostColonial Theory*: A Reader. Nova York, Columbia University Press, 1994.

WINANT, Howard. Race and Race Theory. *Annual Review of Sociology*, v. 26, 2000. p. 169-85.

WINGFIELD, Adia Harvey; ALSTON, Renee Skeete. The Understudied Case of Black Professional Men: Advocating an Intersectional Approach. *Sociology Compass*, v. 6, n. 9, 2012. p. 728-39.

YEĞENOĞLU, Meyda. *Colonial Fantasies*: Toward a Feminist Reading of Orientalism. Cambridge, GB, Cambridge University Press, 1998.

YOUNG, Iris Marion. *Justice and the Politics of Difference*. Princeton, NJ, Princeton University Press, 1990.

_____. *Responsibility for Justice*. Nova York, Oxford University Press, 2011.

YUVAL-DAVIS, Nira. *Gender and Nation*. Thousand Oaks, CA, Sage, 1997.

_____. *The Politics of Belonging*: Intersectional Contestations. Londres, Sage, 2011.

ZUBERI, Tukufu. *Thicker Than Blood*: How Racial Statistics Lie. Minneapolis, MN, University of Minnesota Press, 2001.

ZUBERI, Tukufu; BONILLA-SILVA, Eduardo (orgs.). *White Logic, White Methods*: Racism and Methodology. Lanham, MD, Rowman and Littlefield, 2008.

# ÍNDICE REMISSIVO

ação social criativa, 243-56, 257-8, 285-92; Ida B. Wells-Barnett e, 245. *Ver também* pragmatismo estadunidense
ação social, 17, 26-8, 258, 261-5, 268, 271-2, 279-84, 381-2
Addams, Jane, 250-1, 253
Adorno, Theodor, 85-7
Alexander, M. Jacqui, 152-3
Althusser, Louis, 97
análise abdutiva, 209-15, 218; engajamento dialógico, 209-13; etnografia, 211-2; metodologia para estudar Pauli Murray, 282-5; pesquisa-ação participativa, 212-16
análise de classe, 318-21; Angela Y. Davis, 319; Pauli Murray, 287-9, 296-8; Simone de Beauvoir, 276-7; teorização interseccional, 323
análise do discurso, 84, 223-5
Anzaldúa, Gloria, 52-3, 152, 154, 161, 185, 192, 199, 284, 337
*apartheid*, 130, 138
Arendt, Hannah, 185, 267, 330
arquitetura cognitiva da interseccionalidade, 41, 74-5, 218; construtos centrais, 68-74; premissas orientadoras, 68-9, 73-6; uso heurístico, 21, 41, 46-7, 55-63, 178-9, 236; uso metafórico, 21, 40-1, 178-9, 337-43; uso paradigmático, 21, 40-1, 65-70
articulação, 321-32; comparação com a interdependência, 332-3; e Oliver Cox, 321; modo de pensamento relacional, 104-6; engajamento dialógico como metodologia, 105; mudança social, 330; projetos eugenistas, 369; significados duplos, 323; teorização interseccional, 323
ativismo intelectual 14-5, 24, 30-2, 235--7, 306; Ida B. Wells-Barnett, 227-36;

intelectuais em exílio, 98-7, 162-3; Pauli Murray, 282-92
autoridade testemunhal, 131, 188-95, 217; Sul global, 196

Bauman, Zygmunt, 185, 267, 329-30, 362-4; sobre a engenharia social, 362-3
Beauvoir, Simone de, 28, 112-3, 250-1, 267-9, 316; ação social e liberdade, 271-2; ambiguidade e liberdade, 271-3; diferença oposicional, 304-5; experiência e liberdade, 271-2; liberdade existencial, 270-3; raciocínio analógico, 268; relação com Jean--Paul Sartre, 270; sobre a classe, 276-7; sobre idade e opressão, 276; sobre o feminismo, 280; sobre pessoas negras como escravas, 274; uso da analogia de raça/gênero, 273-8. *Ver também Por uma moral da ambiguidade*; *Segundo sexo, O*
Bhabha, Homi, 160
Bourdieu, Pierre, 98, 102, 114-6, 135, 184; influência na sociologia, 114-5; perspectiva sobre as lutas de libertação, 116
Butler, Judith, 59, 145-6, 148-9, 184, 320; existencialismo, 145-6; pós-estruturalismo, 149; *Problemas de gênero* [*Gender Trouble*], 146, 148; sobre a identidade, 59

capacidade/incapacidade, 23-4, 355-6; eugenia, 370-1; normalidade/anormalidade, 353
capitalismo, 24, 97, 296-7, 329-30; violência, 230-3
Carastathis, Anna, 47, 178, 193
Center for Contemporary Cultural Studies (CCCS), 84, 96. *Ver também* estudos culturais britânicos
classe social, 317-20; nação e etnia como sinônimos, 56-7; na interseccionalidade, 316-21

colaboração, 213-5; estudos culturais britânicos, 96-9; relações de poder, 187. *Ver também* engajamento dialógico
colonialismo interno, 167
Combahee River Collective, 142-3, 154, 197; comunidade, 27-8, 223, 256-62; comunidade imaginada, 362; epistemologias acadêmicas e ativistas, 179-81; relações de poder, 256-61; símbolos, 261; teorização interseccional, 264; trabalho comunitário, 224, 236-8. *Ver também* comunidades interpretativas
complexidade, 72-3, 334-5
comunidades interpretativas, 20, 183, 223, 258; contexto social, 71; intelectuais nas, 184, 187; interseccionalidade e, 183; justiça social, 347; poder epistêmico, 182-7; verdade, 189-90. *Ver também* comunidade
*Condenados da terra, Os* [*The Wretched of the Earth*] (Frantz Fanon), 107-8, 113, 115-6
conjuntura, 323-7; articulação, 323-7; espaços saturados de relações de poder, 325; exemplo de família 325-6; exemplo de violência, 327-32
construtos centrais da interseccionalidade. *Ver* complexidade; contexto social; desigualdade social; justiça social; relacionalidade; relações de poder
contexto social, 26, 71-3, 225
Crenshaw, Kimberlé, 175, 177-80, 193-7, 230, 319; uso heurístico da interseccionalidade, 54-6; uso metafórico da interseccionalidade, 41-4, 46-8
cultura, 86-8, 96-9, 114

darwinismo social, 353-4
Davis, Angela Y., 185, 227-8, 230, 319-20; colonialismo, 24, 158-9; descolonização, 108-9, 156-69; feminismo descolonial, 156- -8; Guerra de Independência da Argélia, 106-7, 111-5; metodologias de descolonização, 204-5, 208-9; projetos de conhecimento, 24, 156-9, 165-8, 179-81
*Decolonizing Methodologies* (L. T. Smith), 204, 209, 216
deficiência. *Ver* capacidade/incapacidade
democracia, 247-9, 260-2, 298-9, 383
demografia, 363-4

desigualdade social, 71, 323; interseccionalidade como metáfora, 48-50; no pragmatismo estadunidense, 248-50, 258-62; sistemas de opressão, 329-31
Dewey, John, 247-8
*Dialética do esclarecimento, A* [*Dialectic of Enlightenment*] (Max Horkheimer e Theodor Adorno), 86
diferença, 40; diferença imutável, 354-6; diferença oposicional: 303-4, 386; diferença relacional, 303-5, 312, 386-7; teoria social pós-moderna, 116
*Discourses on Liberation* (Kyung-Man Kim), 118-20, 164
*Distinction: A Social Critique of the Judgement of Taste* (Pierre Bourdieu), 114, 140, 193
dominação, 328-31
Dotson, Kristie, 191
Du Bois, William E. B., 108-9, 135, 185, 231, 267; filosofia, 250-2; pragmatismo estadunidense, 252; sociologia, 136-7

emoções, 352-3, 385-7
engajamento dialógico, 19-20, 28, 219, 305-6; análise abdutiva, 209-15; análise dialética, 92-3; como prática metodológica, 206, 208-11; comunidades democráticas, 215-6; desafios, 215; liberdade e opressão, 28-9; metáfora da jornada, 317; metodologia, 312; música, 339-40; pelas diferenças de poder, 316; pensamento comparativo, 304
engenharia social, 361-6
epistemologia, 176-7, 182-3, 391; jazz, 339-40; metáfora da fronteira, 337-8; metodologia, 25; povos indígenas, 341; teoria e ciência tradicionais, 92-3; teoria social crítica, 176
epistemologia do ponto de vista, 72, 146, 195- -6, 199-201; como teoria da verdade, 200-1; críticas, 199-201; pontos de vista situados, 200
Escola de Frankfurt. *Ver* teoria crítica (Escola de Frankfurt)
espaços saturados de poder: como conjunturas, 324-6; como eugenia, 368; como família, 325-6; como violência, 327-32; e resistência, 368
estruturas aditivas, 313-21

ÍNDICE REMISSIVO 419

estudos críticos da deficiência, 355, 380-2. *Ver também* capacidade/incapacidade
estudos culturais, 95
estudos culturais britânicos, 84, 95-105, 121-2, 128, 319; como se trata a cultura popular, 97-8; interseccionalidade e, 100-2; multiculturalismo na Grã-Bretanha, 99-100
estudos étnicos críticos, 213-6
ética, 382-8, 391-2; ética baseada na fé, 268-9, 290-1, 300-1, 385-8; ética secular, 384-7; na academia, 384-6; Simone de Beauvoir e, 271-3
etnografia: análise abdutiva, 209-11; como metodologia, 211
experiência, 26-7, 223-5, 245-6, 261-2; no pensamento feminista negro, 224, 261-2; no pragmatismo estadunidense, 262-4
experimentalismo na filosofia pragmatista, 246-7, 272

família, 325-6, 358-61
Fanon, Frantz, 107-11, 160, 165, 185, 187, 267
fascismo, 87. *Ver também* projetos eugenistas
feminismo, 129, 143-56, 319
feminismo *chicano*, 52-4, 152. *Ver também* Anzaldúa, Gloria; latinas
feminismo negro, 226-8, 241-3; nas comunidades negras, 140-4; política identitária, 195; significado da violência, 227; trabalho materno como trabalho reprodutivo, 237-40
feminismo transnacional, 151-2
filosofia feminista, 16-7, 49-50, 145-6, 182. *Ver também* Butler, Judith; Carastathis, Anna; Fraser, Nancy; Harding, Sandra; Seigfried, Charlene
*Firebrand and the First Lady, The* (Patricia Bell--Scott), 292-5
Foucault, Michel, 40, 117-8; conhecimentos subjugados, 123-4
Fraser, Nancy, 253; filosofia da justiça social, 379-80

Gandhi, Mahatma, 165, 287
genealogia, 13-6, 40, 129; da interseccionalidade, 177-81
Grande Cadeia do Ser, 146, 356, 359
Guillaumin, Colette, 324

Habermas, Jürgen, 83; processo dialógico, 119-20
Hall, Stuart, 45-6, 96, 101-2, 160, 185, 267-8, 321-3, 369; articulação, 101-5; cultura, 102; identidade, 58-9; mudanças de paradigma e teoria social, 75-6
Harding, Sandra, 49, 182
heteropatriarcado, 149-51, 314, 329-30
hierarquia naturalizada, 354
Hill, Anita, 188-91
Horkheimer, Max, 85-94

idade, 23-4, 268-9, 276, 284
identidade: análise política, 196; identidades coletivas, 197-9; identificações e subjetividade, 149-50; interseccionalidade como heurística, 58-60; Pauli Murray, 285; política de coalizão, 60; pragmatismo estadunidense, 245-6
igualdade, 14, 202-3, 383-4
Instituto de Pesquisa Social. *Ver* teoria crítica (Escola de Frankfurt)
interdependência, 332-43; análise do discurso, 335; capacidade/incapacidade, 355-6; cocausalidade, 335; em comparação com a articulação, 332; metáforas, 337-44; movimento contrapontístico na música, 340; nas ciências humanas e sociais, 333-6
interdisciplinaridade, 144-7, 373
interseccionalidade como discurso, 14-9, 21, 39-41, 73-4; arquitetura cognitiva, 28-9, 74-5, 77-9; categorias internas, 62-74, 302-4; comentário crítico, 26-7, 37-41; como teoria identitária, 59-60; comparação com os estudos de raça/classe/gênero, 62-4; comunidades interpretativas, 183; genealogia, 175-81; importância de nomear, 179-81; justiça social, 29-30, 207, 299-300; narrativa de "cunhagem", 175, 177-8, 216--7; teóricas feministas *queer* negras e latinas, 154
interseccionalidade como metáfora, 21, 41, 178-9; como metáfora espacial, 46; da transformação social, 46; limites da metáfora, 52; metáfora conceitual central para a desigualdade social, 48-50. *Ver também* metáforas
interseccionalidade como metodologia, 25-7, 205-6; construtos centrais, 69-74; contexto

de descoberta, 208-9; relevância das categorias, 369-71
interseccionalidade e conhecimento resistente, 23-4, 127-30, 140-1, 168-73; estudos culturais britânicos, 99-102; feminismo, 144-156; teoria pós-colonial, 156-68; teoria racial crítica, 129-44. *Ver também* feminismo negro; pensamento feminista negro
interseccionalidade e epistemologia, 25-6, 175; autoridade epistêmica, 201; ética, 382-8; lógica da segregação, 314-5; lógica relacional, 30; significado pelo uso, 40

*Jane Crow* (Rosalind Rosenberg), 292-3, 295-6
jazz como metáfora, 339-40. *Ver também* interdependência; metáforas
jornada como metáfora. *Ver* metáforas; Murray, Pauli; reflexividade
justiça social, 14, 72-3, 181-2, 375; comparação com a liberdade, 261; desafios para a interseccionalidade, 377-81; incorporação institucional, 373; interdependência, 381-2; na academia, 372-5, 382; Nancy Fraser, 379-80; Pauli Murray, 292-3, 299-301; poder epistêmico, 182-3; projetos interseccionais, 347; reação contrária, 179; teoria crítica, 91-3; teoria social crítica, 374-5; visões conflitantes, 378

Kuhn, Thomas, 65-7

latinas, 42, 155, 199-202; feminismo latino, 52-4, 151-2; teorização e, 199-200. *Ver também* Anzaldúa, Gloria
liberdade, 14, 28, 268-77, 383-4; justiça social, 267; luta negra pela liberdade, 26-7, 285-6
liberdade existencial, 111-4, 128, 270-3
Locke, Alain, 135, 252-3; teoria racial, 252-3
*Logic of Practice* (Pierre Bourdieu), 114
lógica da segregação, 314-5; essencialismo, 315
Lorde, Audre, 154, 193

matriz de dominação, 330
McCall, Leslie: análise categorial, 334-5
Medina, José, 182-4
Memmi, Albert, 176
metáforas, 48-54; análise abdutiva, 285; como centros e margens, 51; como ferramenta de pensamento, 44; da interdependência, 336-44; da jornada, 284-6, 301, 306; da teia de aranha, 340-4; de poder, 50-2; de visão, 338-9; do som, 340; normalidade/anormalidade, 352-6; pensamento cognitivo, 283-4; perspectivas parciais, 302; resistência epistêmica, 343; teoria da metáfora conceitual, 49-51; teorização social, 49-50; transformação social, 46
metáforas espaciais, 52-4, 337-8
metodologia, 176-7, 203-16; contexto de descoberta, 28-9, 93, 343; epistemologia, 25; etnografia, 211-2; pesquisa-ação participativa, 213-6; projetos de conhecimento resistente, 169-70; reflexividade, 92-3, 97-101; relações de poder, 50-2, 204. *Ver também* análise abdutiva; engajamento dialógico
*Methodology of the Oppressed* (Chela Sandoval), 51
*Mob Rule in New Orleans* (Ida B. Wells-Barnett), 228-9
Mohanty, Chandra Talpade, 152
movimento Black Lives Matter, 172, 242
mudança social, 181; de explicações eugenistas, 365-6; e teoria da formação racial, 139-40; e teoria social crítica, 16-8; e teorização crítica, 129-30; mesmo mutável, 89-92, 389, mulher *of color*, 153, 197, 200-1
mundo social. *Ver* desigualdade social; justiça social; mudança social; resolução de problemas sociais
Murray, Pauli, 28, 180, 185, 267-9, 282-301, 317, 323-4, 336; ação social, 268; diferença relacional, 304-5; escopo de escritos, 290-1; exploração de classe, 288; justiça social, 299-300; metáfora da jornada, 285-92, 301, 306; metodologia, 282-5; opressão de gênero, 289; práxis crítica, 299-300; racismo, 287-8; sexualidade como opressão, 289; transgênero, 289

nacionalismo, 23-4, 26, 60-1, 298; comunidade imaginada, 362; fascismo, 87; nacionalismo branco, 137-40; retórica familiar, 360. *Ver também* projetos eugenistas
*Native Pragmatism* (Scott L. Pratt), 254-6
neocolonialismo, 166-7, 330; colonialismo formal e, 167; colonialismo interno, 167

opressão, 24, 26, 28
opressão epistêmica, 185-6, 233; pós--estruturalismo e teoria pós-colonial, 117-8
*Orientalismo* [*Orientalism*] (Edward Said), 162-5

paradigma, 65-6; como dispositivo heurístico, 66; mudanças de paradigma, 65-7, 253; na filosofia, 253-6; teoria social, 75-6
*Pele negra, máscaras brancas* [*Black Skin, White Masks*] (Frantz Fanon), 107-8
pensamento binário, 146, 150, 296, 303, 356; essencialismo, 315
pensamento crítico, 16, 74-5, 217-9; análise abdutiva, 218
pensamento feminista negro, 27-8, 224-43, 256; ativismo político, 155-6, 199-203, 241; como projeto de conhecimento resistente, 224, 226; epistemologia, 234; experiência, 261-3; historiografia, 227; ideias e ações internas, 226; interseccionalidade e, 224; pragmatismo visionário, 264, 30; produção intelectual, 227-8; trabalho comunitário, 236-43
pensamento social e político negro estadunidense, 130-2, 134-5, 141-3, 286-8; feminismo negro, 140-3; filosofia africana, 132; intelectuais, 134-7; produção intelectual LGBTQ, 42, 142, 154-5, 242. *Ver também* feminismo negro; pensamento feminista negro
performatividade, 149
poder epistêmico, 176-7; comunidades interpretativas, 183; dominação política, 182-3; eugenia, 370-2; mecanismos, 187-9; violência epistêmica, 190-5
política do corpo, 150-1, 324, 354-8; forma de teorizar, 53; fronteira como metáfora: interdependência, 337-8; metáfora espacial, 53. *Ver também* interdependência; metáforas
política identitária, 195, 198; ação epistêmica e resistência, 195-200; críticas, 195-9; Combahee River Collective, 142-3; feminismo negro, 196-7; política identitária lésbica, 148-9, 155
*Por uma moral da ambiguidade* [*The Ethics of Ambiguity*] (Simone de Beauvoir), 270-4, 279
pós-estruturalismo, 105, 113-8, 128, 169
povo judeu: raciocínio analógico, 274-5, 277-8

povos indígenas, 42, 166, 356-7; crítica da "cosmovisão indígena", 341; metodologia, 203-5; mulheres, 155, 199; pensamento social, 253-6, 341-3, 356-7; povo okanagan, 341-2; pragmatismo estadunidense, 254-6
pragmatismo estadunidense, 40-1, 224, 243-9; ação social criativa, 243-56; análise de poder, 257-9; comunidade, 27, 256-8; crítica racial interna, 250-3; desigualdade social interna, 148-50; experiência, 243-6, 262-87; experimentalismo, 246-7; feminismo, 250-1; fenomenologia, 245; influência, 249; povos indígenas, 254-5
pragmatismo visionário, 264, 301
Pratt, Scott L.: *Native Pragmatism*, 254-5
práxis, 129-30, 169-70
primitivismo, 356-7
*Problemas de gênero* [*Gender Trouble*] (Judith Butler), 145-6, 148-9
produção intelectual francófona, 105-20; Guerra de Independência da Argélia, 106-7, 111-5; intelectuais, 105-6; teoria social, 83-4
projeto racial, 133-4, 137-40
projetos de conhecimento resistente, 24, 42, 127-9, 168-73, 139-40; antirracismo, 168--9; antiviolência, 329-31; crítica interna dos, 140-1; epistemologia do ponto de vista, 199-200; estudos críticos da deficiência, 354-6; estudos étnicos críticos, 213-4; estudos minoritários, 168; experiência, 170; feminismo, 144-56; liberdade, 267-8; metodologia, 169; relações entre, 171-3; teoria pós-colonial, 156-68; teoria racial crítica, 129-44; teóricas sociais, 184-5
projetos eugenistas, 347-66; articulação, 369; capacidade/incapacidade, 370-1; como ciência, 350-2, 371; controle populacional, 347-8, 364; diferença imutável, 324-6; engenharia social, 361-6; espaços saturados pelas relações interseccionais de poder, 368; evolução, 353-4; interseccionalidade e, 366-72; lógica relacional, 30-1, 348-54; nacionalismo branco, 137-40
*Proud Shoes* (Pauli Murray), 295, 298

raça, 23, 357-8, 360; discussão interna nas disciplinas acadêmicas ocidentais, 132-5
raça, classe e gênero, 21, 56-7, 62-4; relevância das categorias, 284-5

*Racial Order, The* (Mustafa Emirbayer e Matthew Desmond), 195, 311
raciocínio analógico, 273; analogia de raça/gênero, 273; estereótipos, 352-3; metáforas internas, 274; metodologia, 282; normalidade/anormalidade, 353; pensamento binário, 146, 149, 303; sexualidade, 352-3; Simone de Beauvoir, 273-8; uso no pensamento crítico, 273
racismo, 24, 46-7, 130-4, 328-31
reflexividade, 93-4, 99, 217-9; jornada como metáfora, 284-5, 301, 306; pesquisa-
-ação participativa, 214-5. *Ver também* engajamento dialógico; metodologia
relacionalidade, 29-30, 69-70, 311-3; adicionar *versus* agregar, 314; articulação nos estudos culturais britânicos, 104-5; categorias mestras, 314-6; importância, 31, 344-6
relações de poder, 23, 30, 50-2, 70-1, 391-2; no pragmatismo estadunidense, 257-9
relações interseccionais de poder, 30, 43-4, 49-50, 53
resistência, 24-5, 42, 127-8, 331-2
resistência epistêmica, 25, 175-7, 182, 185, 197; ação epistêmica, 186, 194-5; metáforas, 343; violência epistêmica, 192-4
resolução de problemas sociais, 43, 47, 262

Said, Edward, 160-3, 185
Sandoval, Chela, 51-2
Sartre, Jean-Paul, 107, 110-2, 115, 267; antissemitismo e, 112; neocolonialismo, 112
segregação racial, 130, 138-9, 155, 240
*Segundo sexo, O* [*The Second Sex*] (Simone de Beauvoir), 145, 270-1, 277-82
Seigfried, Charlene, 250, 255
*sexage*, 324
sexualidade, 23-4, 148-9
silenciamento: em comunidades negras estadunidenses, 142; como violência epistêmica, 191
silenciamento de testemunho, 191-3, 198-9
Smith, Linda Tuhiwai, 204-5, 216
Smith, Valerie, 216, 335-6
sociologia: ênfase na ordem social, 135; eugenia, 348
solidariedade flexível, 237-43. *Ver também* feminismo negro; pensamento feminista negro

Stuhr, John, 39
sufocamento de testemunho, 191-2, 203
Sul global, 127, 158
Swedberg, Richard, 77

Takagi, Dana, 213-4
teia de aranha (povo okanagan), 340-3. *Ver também* interdependência; metáforas
teoria crítica (Escola de Frankfurt), 85-95, 121-2, 194, 329-31; abolição da injustiça social, 91; concepção de cultura, 86-8; conhecimento resistente, 128; influência do pensamento social marxista, 88-9; Instituto de Pesquisa Social, 83; mudança social e interseccionalidade, 90-1; responsabilidade reflexiva, 93
teoria da formação racial, 137-41; ação social criativa, 139-40; implicações para a interseccionalidade, 140-1; influências, 137
teoria da libertação, 127-8, 180, 319; conceito de libertação, 111-5; *Discourses on Liberation*, 118-20, 164; filosofia, 112; Frantz Fanon, 110-1; teoria crítica, 164; transformação social, 122-3
teoria da metáfora conceitual, 44-5, 49
teoria feminista, 24, 27-8, 144-56; críticas *queer of color*, 153-5; teoria *queer*, 149-50
teoria pós-colonial, 129-30, 156-68; feminismo pós-colonial *versus* feminismo descolonial, 157-8; terminologia respectiva, 157, 165
teoria *queer*, 148-50; crítica *queer of color*, 153-
-5; teoria feminista, 149-51
teoria racial crítica, 24, 130-44, 319
teoria social, 16-23; ciências humanas *versus* ciências sociais, 22, 77-9; comparação com a teorização social, 76-7; ênfase insuficiente na raça, 132-5; linguagem abstrata, 120; paradigmas, 75-6; teorização *versus* teoria, 76-7; teorizando a interdependência, 335-6
teoria social crítica, 15-8, 22-3, 81-4, 123-34, 390-4; epistemologia, 176-7; meta de promover a libertação, 119; mudança social, 17, 389-94; reforma e transformação interna, 120-4, 168-73; teoria social tradicional, 88-9; uso do termo crítica, 81-4
teoria social marxista, 88-9, 128, 180, 317-20; em contexto francófono, 113-4, 97; força de trabalho, 324; lutas de libertação, 114; transformação social, 122-3

teoria social pós-moderna, 116-8, 204-5
teoria social tradicional, 88-9
teorização crítica, 17-22; ação social, 264-5; análise abdutiva, 212; ativismo, 43; desigualdade social e comunidade, 259-61; engajamento dialógico, 305-6; experiência, 223-4; no Norte global, 128; práxis, 169-71; utilidade da comunidade, 263-5
teorização interseccional: articulação, 321-4; análise de classe, 319-21; interdependência, 336-7; metáfora da fronteira, 337-8
Thomas, Clarence, 188-90
trabalho, 57-8, 288; capitalismo e mercados de trabalho, 58; Pauli Murray desempregada, 287, 291, 294; trabalho materno como trabalho reprodutivo, 237-8
transformação social, 42, 45-6, 110, 120-4
transgênero, 149-51, 154-5

verdade, 189-90, 391
violência: capitalismo, 232; como espaço saturado de poder, 56-7, 328-31; conjunturas, 326-7; eugenia, 352-4; genderização, 230-1; linchamento e relações estruturais de poder, 230; sistemas de opressão, 328-9; teorização interseccional, 328-32

Wells-Barnett, Ida B., 135, 185, 227, 267, 319; autoridade testemunhal, 230; como feminista, 235-6; contranarrativa do linchamento, 227-36; cruzada antilinchamento, 227-8; metodologia, 234

Yeğenoğlu, Meyda, 163-4

Mídia NINJA/Creative Commons

Publicado em março de 2022, mês em que se completam quatro anos do assassinato da mulher, negra e ativista Marielle Franco, este livro foi composto em Adobe Garamond Pro, corpo 11,5/15,5, e impresso em papel Pólen Soft 70 g/m² pela Rettec para a Boitempo, com tiragem de 6.000 exemplares.